누가복음 40일 묵상 ❶

하나님 나라의 복음

유요한 목사 성서강해 7

누가복음 40일 묵상 ❶
하나님 나라의 복음
The Gospel of the Kingdom of God

2023년 6월 1일 처음 펴냄

지은이 | 유요한
펴낸이 | 김영호
펴낸곳 | 도서출판 동연
등 록 | 제1-1383호(1992년 6월 12일)
주 소 | 서울시 마포구 월드컵로 163-3
전 화 | 02-335-2630
팩 스 | 02-335-2640
이메일 | yh4321@gmail.com
인스타그램 | instagram.com/dongyeon_press

Copyright ⓒ 유요한, 2023

ISBN 978-89-6447-903-2 04230
ISBN 978-89-6447-582-9 04230(유요한 목사 성서 강해 시리즈)

| 누가복음 40일 묵상 ❶ |

우요한 목사 성서강해 7

THE GOSPEL
of the Kingdom of God
JESUS CHRIST

하나님 나라의 복음

유요한 지음

동연

하나님의 나라

사순절 묵상의 길

사순절(四旬節)은 '영적인 밭갈이의 계절'입니다. 마치 농부가 봄철에 쟁기로 논밭을 갈아엎음으로 한 해의 농사를 시작하듯이, 하나님 말씀의 쟁기로 우리의 마음 밭을 갈아엎음으로 한 해의 신앙생활을 시작하는 계절이기 때문입니다. 멀리서, 가까이에서 새벽을 깨우며 달려 나온 성도님들과 함께 매년 말씀을 묵상하며 뜨겁게 기도해 온 그 시간이 차곡차곡 쌓여서 지금의 제 모습을 만들었습니다.

그런데 40일은 결코 짧은 시간이 아닙니다. 그 시간에 과연 어떤 말씀을 묵상해야 할지 매번 고민스럽습니다. 그런 고민 속에서 저는 '하나님의 일하심'(God's Working)과 '하나님의 백성'(The People of God)이라는 키워드를 발견했습니다. '하나님의 일하심'은 창세기와 로마서와 요한계시록 묵상으로 이어졌고, '하나님의 백성'은 출애굽기와 여호수아 그리고 누가복음 묵상으로 이어졌습니다. 물론 처음부터 그럴 의도를 가지고 시작한 것은 아니었습니다. 한 권씩 말씀을 묵상하는 가운데 하나님이 저를 그렇게 인도해 가신 것이지요.

그 뒤를 이어 제가 이번에 새롭게 붙들게 된 키워드가 있습니다. 그것은 바로 '하나님의 나라'(The Kingdom of God)입니다. 인류를 구원하시는 '하나님의 일하심'은 이집트에서 종살이하던 히브리인을 불러내어 당신의 백성으로 삼으시는 일로 드러났습니다. 그렇게 하나님이 다스리는 나라 이스라엘의 역사가 시작되었지만, 그들은 약속의 땅에 들어가자마자 '하나님의 백성'으로 사는 일에 실패하고 맙니다. 그래서 하나님의 아들이 직접 사람이 되어 이 세상에 오실 수밖에 없었던 것입니다.

예수 그리스도의 모든 가르침과 사역은 '하나님의 나라'로 귀결됩니다. 하나님의 나라를 선포하고 또한 그 나라를 이 땅에 완성하기 위해서 오신 것입니다. 이와 같은 예수님의 메시지를 가장 잘 정리해 놓은 사람이 바로 '누가'(Luke)입니다. 그는 누가 문서(누가복음, 사도행전)를 통해서 갈릴리에서 예수님이 선포한 하나님 나라의 복음이 어떻게 예루살렘과 온 유대와 사마리아를 거쳐서 땅끝으로 퍼져가게 되었는지 그 과정을 차근차근 설명합니다.

그 모든 과정을 자세히 살펴보면 좋겠다는 강한 호기심이 제 마음에 자리 잡기 시작한 것은 '하나님의 백성' 시리즈를 완성한 후였습니다. 저는 그 또한 하나님의 이끄심이라고 확신합니다. '하나님의 나라'는 지금까지 묵상해온 '하나님의 일하심'과 '하나님의 백성'에 자연스럽게 연결되는 성경의 주제이기 때문입니다.

천국(天國)과 신국(神國)

이 대목에서 '하나님의 나라'에 대한 성경의 용어와 개념을 먼저 정리해볼 필요가 있습니다. 하나님 나라를 지칭하는 두 가지 용어가 복음서에 나옵니다. 마태복음은 주로 '천국'(天國)을 사용하는 데 비해서, 나머지 복음서는 '하나님 나라', 즉 '신국'(神國)을 사용합니다. 그러니까 '천국'보다는 '신국'이 대세인 셈입니다. 유독 누가복음에 압도적으로 많이 등장합니다. 그만큼 누가복음이 하나님 나라의 메시지를 특별히 강조하고 있다는 증거입니다.

우리말 '나라'에 해당하는 헬라어는 '바실레이아'(*basileia*)입니다. 이것은 그냥 '나라'(國)가 아니라 '왕이 다스리시는 나라'(王國)입니다. 영어로는 '킹덤'(kingdom)이라고 번역합니다. 주님이 가르쳐주신 기도에 보면 우리말로는 그냥 '나라가 임하시오며…'(마 6:10a)라고 되어 있지만, 헬라어 원어에는 '바실레이아' 뒤에 '수'(sou)라는 단어가 붙어있습니다. '당신의'(your)라는 뜻입니다. 물론 '당신'은 '하나님 아버지'를 가리킵니다. 그러니까 하나님이 다스리시는 왕국이 임하도록 기도하라고 가르치신 것이지요.

자, 그런데 그 왕국이 어디에 임하는 것일까요? 물론 우리가 사는 이 땅으로 임합니다. 바로 뒤에 있는 말씀, '뜻이 하늘에서 이루어진 것같이 땅에서도 이루어지이다'(마 6:10b)가 바로 그에 대한 구체적인 보충 설명입니다. 하늘에서는 하나님의 뜻이 이미 이루어졌습니다. 다시 말씀드려서 하늘에는 이미 하나님의 뜻대로 통치되는 왕국이 있다는 겁니다. 그것을 가리켜서 우리는 '천국'(天國)이라고 말합니다.

'천국'을 헬라어로는 '바실레이아 톤 우라논'(the kingdom of heaven)이라고 합니다. '하늘에 있는 하나님이 통치하시는 나라'를 의미합니다. 그것과 똑같이 '이 땅에'(on earth), 즉 우리가 두 발을 딛고 살아가는 이 지구 위에 하나님의 뜻대로 통치되는 왕국이 이루어지도록 기도하라는 것입니다. 이 땅 위에 이루어지는 하나님 왕국이 바로 '바실레이아 투 데우'(the kingdom of God), 즉 '신국'(神國)입니다.

따라서 '신국'이나 '천국'은 수식어가 조금 다를 뿐 사실상 같은 개념입니다. '하늘'이든 '땅'이든 장소가 중요한 게 아닙니다. 하나님의 다스림이 이루어지느냐가 더 중요한 문제입니다. 또한 이것을 죽고 난 후에 가는 내세(來世)로만 생각해서도 안 됩니다. 하나님의 다스림이 이루어진다면 언제라도 하나님 나라가 이루어집니다. 예수 그리스도는 하나님 나라의 선봉(先鋒)으로 이 세상에 오셨습니다. 따라서 예수님을 영접하는 사람에게 이미 하나님의 나라는 임한 것입니다. 물론 그 나라는 주님이 재림하실 때

완성될 테지만 말입니다.

이와 같은 하나님 나라의 개념을 잘 이해하지 못해서 그동안 얼마나 많은 오해가 만들어졌는지 모릅니다. 예수님이 선포하신 하나님 나라를 바르게 이해하지 못하면서 어떻게 바르게 신앙생활을 할 수 있겠습니까. 이제 우리는 성경의 가장 핵심적인 메시지인 '하나님 나라' 묵상의 길을 떠나보려고 합니다. 그런데 누가복음과 사도행전의 말씀은 단시간에 해치울 수 있는 분량이 아닙니다. 중요한 내용을 곱씹어보려면 적어도 네 번의 40일 특새가 필요합니다.

올해는 우선 '하나님 나라의 복음'(The Gospel of the Kingdom of God)이라는 주제로 누가복음 전반부(눅 1:1-9:50)의 말씀을 묵상하려고 합니다. 그다음에는 '하나님 나라의 길'(The Way to the Kingdom of God)이라는 주제로 누가복음 후반부(눅 9:51-24:53)의 말씀을 묵상하게 될 것입니다. 그리고 계속해서 '하나님 나라의 증인'(The Witnesses for the Kingdom of God)과 '하나님 나라의 사명'(The Job for the Kingdom of God)이라는 주제로 사도행전 말씀을 나누어 묵상할 계획입니다.

그렇게 하고 나면 신구약성경이 담고 있는 중요한 주제들을 얼추 다 살펴본 셈이 됩니다. 그 첫 번째 주제가 '하나님의 일하심'이었습니다. '창세기'는 하나님이 시작하신 일에 대한 기록입니다. 그 일은 인류의 역사를 통해서 계속 이어져 왔고, 역사의 마지막 때에 마침내 완성하실 것입니다. 그 일이 바로 '하나님의 나라'입니다. '로마서'는 지금도 일하고 계시는 하나님을, '요한계시록'은 마침내 그 일을 완성하실 하나님을 증언합니다.

그리고 나서 두 번째 주제인 '하나님의 백성'을 묵상했지요. 하나님은 혼자서 일하지 않으시고 당신의 백성을 불러내어 함께 일하십니다. '출애굽기'는 하나님의 백성이 탄생하는 기록입니다. 그러나 출애굽 세대는 약속의 땅으로 들어가지 못했습니다. 그 일에 성공한 사람들은 '여호수아'가 이끄는 광야 세대였습니다. 그런데 약속의 땅에 들어간 하나님의 백성은 불행하게도 자신의 정체성을 지키는 일에 실패하고 맙니다. 그것이 바로 '사사기'가 담고 있는 이야기입니다.

이스라엘의 역사는 실패의 역사입니다. 그러나 하나님은 실패하지 않으십니다. 이 세상을 구원하시려는 하나님의 계획은 중단없이 계속 진행되어, 마침내 하나님의 독생자 예수 그리스도가 이 세상에 태어나셨습니다. 갈릴리에서 선포된 하나님 나라의 복음은 신약의 하나님 백성인 교회를 통해서 땅끝까지 전해지게 됩니다. 그리고 그 일은 지금도 우리를 통해서 계속 이어지고 있습니다. 그것이 바로 우리가 묵상하려고 하는 세 번째 주제 '하나님 나라' 시리즈의 내용입니다.

따라서 '하나님의 나라' 묵상이 끝나고 나면 '하나님의 일하심'과 '하나님의 백성' 묵상 시리즈와 더불어 성경 전체가 담고 있는 구원사(救援史)의 진짜 삼부작을 완성하게 되는 것입니다. 그래서 더더욱 기대됩니다. 물론 하나님의 인도하심이 있어야 가능한 일이긴 합니다. 그러나 여기까지 오게 하신 분이 하나님이시니 이 묵상의 길을 끝까지 걷게 하실 것이라 확신합니다. 성도 여러분이 함께 걸어주신다면 저에게 큰 힘이 되겠습니다.

2023년 2월 22일
《하나님 나라의 복음》 묵상을 시작하며
그리스도의 종 한강중앙교회 담임목사 유요한

말씀 묵상을 위한 팁

저는 한 지역 교회(a local church)를 섬기는 목회자입니다. 교회 안에서 목회자가 감당해야 할 많은 사역이 있지만, 그중에서 가장 중요한 것은 뭐니 뭐니 해도 '말씀 사역'일 것입니다. 지금까지 그 수를 헤아릴 수 없을 만큼 많은 설교를 해오면서 또한 얼마나 많은 시행착오를 겪어왔는지 모릅니다. 말씀을 묵상하고 설교를 준비하는 일은 언제나 힘에 부치는 압박이었습니다.

그러던 어느 날 설교에 대한 새로운 원칙을 발견하게 되었습니다. 이 원칙은 성경을 대하는 자세와 말씀을 묵상하는 태도를 근본적으로 바꾸어놓았습니다.

"성경이 말하게 하라!"(Let the Bible Speak!)

그동안 저는 성경을 하나님의 말씀이라 고백하면서도, 성경이 직접 말하게 하지는 않았습니다. 오히려 시대적인 상황 속에서 또는 성도들의 현실 속에서 직면하고 있는 여러 가지 문제들에 대한 답을 성경에서 찾으려고 해왔습니다. 설교는 제가 찾은 근사한 답을 전하는 통로였습니다. 그러다 보니 새로운 설교를 만들어 내는 일이 점점 더 힘들어질 수밖에요. 그렇게 성경을 열심히 두리번거린다고 해서 말씀 묵상의 깊이가 더해지는 것도 아니었습니다. 성경 본문은 단지 필요에 따라서 취사선택하는 대상이고, 많은 경우에 미리 정해놓은 답을 증명하기 위한 수단으로 사용되었기 때문입니다.

그러던 저에게 "성경이 말하게 하라!"는 가르침이 아프게 부딪혀왔습니다. 그리고 그 앞에 무릎 꿇었습니다. 그렇습니다. 성경의 주인공은 하나님이십니다. 하나님은 지금도 성경을 통해서 우리에게 말씀하고 싶어 하십니다. 하나님이 우리의 목적을 달성하기 위한 수단이 아니듯이, 성경 또한 우리의 필요를 채우는 수단으로 사용하면 안 됩니다. 겸손하게 하나님의 말씀 앞에 서야 합니다. 그리고 그 말씀에 귀를 기울여야 합니다.

따라서 저와 같은 설교자가 해야 할 일은 '성경을 잘 해석하여 전하는 것'이 아니라 '성경이 직접 말하게 하는 것'이어야 합니다. 성도들이 성경 본문에 대한 설교자의 해석을 듣게 할 것이 아니라, 성경이 말하려고 하는 메시지를 들을 수 있도록 도와주어야 합니다. 그러기 위해서 우선 성도들이 성경을 충분히 읽게 해야 합니다. 성경 이야기가 어렵게 느껴지지 않도록 해야 합니다. 그러면 하나님이 말씀하십니다. 그 말씀이 삶을 변화시킵니다.

어떻게 성경이 말하게 할 것인가 씨름하던 중에 제 나름대로 한 가지 방법을 터득하게 되었습니다. 그것은 바로 '성경을 성경으로 풀이하는 것'입니다. 이는 흔히 알고 있는 것처럼, 신약이나 구약의 다른 부분의 말씀을 가져다가 본문에 대한 이해를 높이는 그런 방식이 아닙니다. 오히려 한 본문에 대한 여러 가지 성경의 번역을 직접 읽으면서 비교해 보는 것입니다.

성경 번역 그 자체에 이미 뜻풀이가 담겨있기 때문에, 그것을 자세히 들여다보는 것만으로도 본문의 메시지를 어느 정도 파악할 수 있습니다. 저는 '개역개정판 성경'을 주로 사용하지만, 그 외에도 한글로 번역된 다른 성경들을 반드시 참조합니다. 예전에는 '공동번역'과 '새번역'을 많이 읽었는데, 요즘에는 '메시지성경'을 더 많이 읽고 있습니다.

필요한 경우에는 히브리어나 헬라어 원어 성경을 찾아보기도 하지만, 대부분은 영어 성경을 활용합니다. 제가 주로 활용하는 번역은 NIVNew International Version, KJBKing James Bible, NASBNew American Standard Bible, AMPAmplified Bible, CEVContemporary English Version, ESVEnglish Standard Version 그리고 MSGThe Message

등입니다. 그 외에도 사용 가능한 여러 가지 번역을 참조합니다.

그러다 보니까 한 본문을 묵상할 때에 저는 최소한 10개 정도의 번역을 읽게 됩니다. 특히 영어 성경은 그 어순이 성경의 원어와 거의 일치하고 있기 때문에 우리말 성경으로는 잘 드러나지 않는 메시지의 강조점을 발견하는 데 큰 도움이 됩니다. 물론 반드시 이렇게 해야 성경의 메시지를 발견할 수 있다고 주장하려는 것은 아닙니다.

저는 말씀을 묵상할 때마다 다음과 같은 원칙에 충실하려고 애써 왔습니다.

1. 성경을 직접 충분히 읽게 하자

성경 본문을 가능한 한 많이 기록해 놓았습니다. 여러분이 따로 성경을 찾으실 필요가 없을 정도입니다. 다른 내용은 그냥 눈으로 읽어가더라도 성경 본문이 나오면 반드시 소리를 내어 읽어 주십시오. 자신의 목소리가 귀에 들리도록 소리 내어 읽으면 그만큼 더 잘 이해가 되고 또한 은혜가 됩니다.

2. 본문을 잘 이해하게 하자

가능한 한 쉽게 본문의 내용을 이해할 수 있도록 애를 썼습니다. 필요한 부분에서는 영어 성경이나 다른 번역을 인용하기도 했습니다. 혹시라도 성경의 원어인 히브리어나 헬라어 또는 영어가 자주 인용되는 것에 거부감을 느끼는 분들이 있다면, 본문의 의미를 보다 잘 설명하기 위한 저의 선한 의도를 생각하여 널리 양해해 주시기 바랍니다.

목회자가 성도들을 가르치려고만 하면 그 설교는 딱딱한 강의가 되기 쉽습니다. 목회자는 말씀을 가르치는 교사이기 전에 먼저 말씀을 묵상하는 사람이어야 합니다. 본문에 담겨 있는 메시지의 영적인 의미들을 깨닫고 그것을 먼저 자신에게 적용하려고 해야 합니다. 제가 말씀을 묵상하면서 받은 은혜를 성도들과 함께 솔직하게 나누려고 애를 썼습니다.

이것이 말씀을 묵상하는 유일한 방법이라고 말할 수는 없습니다. 단지 이 방법은 제게 주어진 목회의 자리에서 말씀을 붙들고 치열하게 살아온 삶을 통해 얻은 열매입니다. 이 묵상이 누군가에게 하나님의 메시지를 발견하는 통로로 사용되기를 소망합니다.

차 례

"그의 나라를 구하라!"

꧁꧂

읽을 말씀: 누가복음 4:42-44, 12:29-32

새길 말씀: "예수께서 이르시되 내가 다른 동네들에서도 하나님의 나라 복음을 전하여
야 하리니 나는 이 일을 위해 보내심을 받았노라…"(눅 4:43).

'하나님의 나라'(The Kingdom of God)는 신구약성경 전체를 관통하는
핵심 주제입니다. 창세기에서 요한계시록까지의 모든 성경책은 인류 역사
속에 당신의 나라를 이루어가시는 '하나님의 일하심'(God's Working)에 대해
서 증언합니다. 그런데 하나님은 혼자서 그 일을 하지 않으십니다. 반드시
'하나님의 백성'(The People of God)을 부르셔서 그들과 함께 일하십니다.

구약성경은 출애굽 사건과 시내산 계약을 통해서 만들어진 하나님의
백성 '이스라엘'의 이야기입니다. 하나님은 그들이 약속의 땅에서 하나님이
다스리는 나라를 세워가기를 기대하셨습니다. 그러나 그들은 하나님의 계약
백성답게 살아가는 일에 실패하고 말았지요. 그래서 하나님은 당신의 독생자
예수 그리스도를 이 땅에 보내셔야 했고, 그분의 가르침과 사역과 모든

생애를 통해서 하나님이 이루어 가시는 나라가 어떤 것인지 몸소 보여주셔야 했습니다. 그리고 그 일을 함께할 새로운 하나님의 백성 '교회'를 세우셨습니다. 그것이 바로 신약성경이 담고 있는 이야기입니다.

따라서 '하나님의 나라'는 신구약성경이 일관되게 선포하는 가장 중요한 메시지입니다. 태초에 하나님께서 이 세상을 창조하신 이유와 인류의 역사를 이끌어가시는 과정과 역사의 종말에 완성하실 구원이 바로 하나님의 나라로 설명됩니다. 또한 하나님의 백성으로서 우리의 정체성과 삶의 방식이 바로 하나님의 나라를 어떻게 이해하는가에 달려 있습니다. 하나님의 나라가 무엇인지 알지 못하면 그 누구도 올바르게 신앙생활을 할 수가 없습니다.

예수님이 선포하신 '하나님의 나라' 메시지가 땅끝을 향해 점점 확장되어 가는 과정에 특별히 주목한 한 사람이 있습니다. 바로 누가복음과 사도행전의 저자인 누가(Luke)입니다. 그는 갈릴리에서 시작된 '하나님 나라의 복음'이 어떻게 예루살렘과 온 유대와 사마리아를 거쳐서 땅끝까지 퍼져가게 되었는지를 아주 탁월하게 설명합니다. 우리가 누가 문서(누가복음, 사도행전)를 차례대로 살펴보려고 하는 이유입니다.

하나님 나라의 복음

우선 예수님이 선포하셨던 '하나님 나라의 복음'(The Gospel of the Kingdom of God)에 대해서 생각해보겠습니다. 우리 주님은 공생애 기간에 수많은 사람을 만나고 또한 여러 가지 사역을 감당하느라 늘 바쁘게 지내셔야 했습니다. 그러나 아무리 바빠도 하나님의 아들이라는 자신의 정체성과 더불어 자신에게 주어진 가장 중요한 사명이 무엇인지 절대로 잊지 않으셨습니다. 그것은 바로 '하나님 나라의 복음'을 전하는 것이었습니다.

⁴²날이 밝으매 예수께서 나오사 한적한 곳에 가시니 무리가 찾다가 만나서 자기들에게서 떠나시지 못하게 만류하려 하매 ⁴³예수께서 이르시되 내가 다른 동네들에서도 하나님의 나라 복음을 전하여야 하리니 나는 이 일을 위해 보내심을 받았노라 하시고 ⁴⁴갈릴리 여러 회당에서 전도하시더라(눅 4:42-44).

예수님은 지금 가버나움에 머물고 계십니다. 날이 밝자마자 예수님은 외딴곳으로 혼자 가셨습니다. 아마도 조용히 기도하는 시간을 가지기 위해서였을 것입니다. 예수님이 보이지 않자 사람들은 야단법석을 떱니다. 사방팔방으로 찾아다니다가 만나자 그들은 자기들에게서 떠나가지 못하시게 예수님을 붙들었습니다. 메시지성경은 더욱 적극적으로 "떠나지 못하게 그분께 매달렸다"(they clung to him so he couldn't go on, MSG)라고 번역합니다. 그 이유가 무엇일까요?

그 이유를 알려면 전날 저녁으로 돌아가야 합니다. 해 질 무렵까지 사람들은 온갖 병자를 데리고 예수님에게 왔습니다(눅 4:40). 예수님은 그들을 마다하지 않으시고 일일이 다 고쳐주셨습니다. 사실 그들이 아침부터 예수님을 찾아 나선 것은 병을 고쳐 달라고 부탁하기 위해서입니다. 그래서 예수님이 떠나지 못하게 붙들어 두려고 했던 것이지요. 그러나 우리 주님은 단지 그들의 병을 고치기 위해서 이 세상에 오신 것이 아닙니다. 메시아가 해야 할 가장 중요한 사명은 '하나님 나라의 복음'을 전하는 것입니다. "나는 이 일을 위해 보내심을 받았노라!"(because that is why I was sent. NIV).

그 복음은 가버나움 사람들만을 위한 게 아니었습니다. 메시지성경은 "내가 다른 마을들에서도 하나님 나라의 메시지를 전해야 한다. 바로 그 일을 하라고 하나님께서 나를 보내셨다. 너희는 그것을 알지 못하느냐?"라고 풀이합니다. 그렇습니다. 가버나움 사람들은 '그것'을 알지 못했습니다. 예수님의 병 고치는 능력에 대해서 감탄하기는 했지만, 그것을 통해서 전하려고 하시는 '하나님 나라의 메시지'를 깨닫지 못했습니다. 또한 그 메시지가 다른 사람들에게도 전해져야 한다는 사실을 미처 생각하지 못했습니다. 그래서 그들은 예수님을 독점하려고 했던 것입니다.

바로 이 대목에서 우리는 '하나님 나라의 복음'(the Gospel of the Kingdom of God)이라는 말을 한번 곱씹어보아야 하겠습니다. 누가복음은 특히 '하나님 나라'(the Kingdom of God), 즉 신국(神國)이라는 용어를 즐겨 사용합니다. 이는 '하늘나라'(the Kingdom of Heaven), 즉 천국(天國)을 즐겨 사용하는 마태복음과 아주 대조적입니다. 그러나 프롤로그에서 이미 설명했듯이, 사실 '하늘나라'든 '하나님 나라'든 모두 하나님이 통치하시는 왕국(王國)을 의미한다는 점에서 조금도 다르지 않습니다.

여기에서 중요한 것은 '하나님의 나라'가 '복음'이라는 말씀입니다. 하나님의 다스리심이 사람들에게 '좋은 소식'이 된다는 것입니다. 왜 그럴까요? 그것은 오늘 본문 바로 직전에 있었던 '더러운 귀신 들린 사람'을 고친 사건을 살펴보면 잘 알 수 있습니다(눅 4:31-37).

우리 주님이 어느 안식일에 가버나움 회당에서 가르치실 때, 귀신 들린 사람이 크게 소리를 지르며 난동을 부렸습니다.

'귀신 들린 사람'(a man possessed by a demon, NIV)은 귀신에게 사로잡힌 사람입니다. 육체적으로는 멀쩡하지만, 귀신의 다스림을 받는 사람입니다. 그래서 사람답게 살 수가 없습니다. 왜요? 귀신이 시키는 대로 해야 하기 때문입니다. 귀신은 절대로 좋은 일을 시키지 않습니다. 더러운 귀신은 더러운 일만 시키고, 악한 영은 악한 일만 시킵니다. 예수님은 그 귀신을 말씀으로 꾸짖어 쫓아내셨습니다. "잠잠하고 그 사람에게서 나오라!"(눅 4:35) 그러자 귀신 들린 사람이 고침을 받아 본래의 정신으로 돌아왔습니다. 이것이 바로 구원이요, 하나님의 다스림이 회복된 모습입니다.

빛이 사라지면 그 자리에 어둠이 들어옵니다. 어둠의 지배를 받게 되어 있습니다. 그러나 그곳에 다시 빛이 들어오면 순식간에 어둠의 세력은 사라집니다. 마찬가지로 악한 영이 다스리던 곳에 참 빛이신 예수님이 들어오면 하나님이 다스리는 나라가 회복됩니다. 악한 영에 의해 고통받던 사람이 구원받아 참 자유와 기쁨을 누리게 됩니다. 악한 영의 다스림은 인간을 죽음으로 끌고 가지만, 하나님의 다스림은 인간에게 참 생명을 회복시켜줍니다. 그래서 '하나님의 나라'가 '복음'인 것입니다.

이와 같은 하나님 나라의 복음이 가장 먼저 가버나움 사람들에게 전해졌습니다. 그것만 해도 특별한 은혜입니다. 그러나 이 복음은 그들이 독점할 수 있는 게 아닙니다. 이 복음은 세상 모든 사람이 필요로 하는 것입니다. 우리 주님은 다른 동네에서도 하나님 나라의 복음을 전해야 합니다. 그 일을 하라고 하나님 아버지의 보내심을 받으신 것입니다. 실제로 이때 예수님은 '갈릴리 여러 회당'에서 전도하셨다고 합니다. 가버나움을 떠나 갈릴리의 여러 마을을 방문하면서 하나님 나라의 복음을 전하셨던 것입니다.

그리고 하나님 나라의 복음은 장차 갈릴리를 넘어서 예루살렘과 온 유대와 사마리아와 땅끝까지 전해지게 될 것입니다. 그 일이 시작되는 역사적인 장면을 우리는 오늘 본문을 통해 목격하고 있는 것입니다.

우상 숭배의 유혹

그런데 하나님이 다스리는 나라를 통해 인류를 구원하시려는 하나님의 계획은 신약 시대에 와서 갑작스럽게 시작된 일이 아닙니다. 구약의 하나님 백성 '이스라엘'을 부르신 것도 바로 그 때문이었습니다. '이스라엘'이라는 이름 자체가 하나님이 다스리는 나라에 대한 비전입니다. 약속의 땅에 하나님이 다스리는 나라, 이스라엘을 세우시고 그 나라를 통해 열방을 구원하려고 하셨습니다. 그러나 이스라엘의 역사는 하나님의 기대와 완전히 다른 방향으로 흘러가고 말았지요. 약속의 땅에 들어온 후에 그들은 줄곧 우상 숭배의 유혹에 넘어갔고, 하나님 백성으로서 자신의 정체성과 본분을 상실하고 말았던 것입니다.

그 책임을 물어 하나님은 북이스라엘과 남유다를 각각 아시리아(앗수르)제국과 바빌론 왕국을 통해 심판하실 수밖에 없었던 것입니다. 물론 그들을 완전히 망하게 하신 것은 아닙니다. 그들을 다시 회복시켜 본래 하나님의 계획을 이루어가도록 새로운 기회를 주셨지요. 그렇지만 포로 생활에서 돌아온 후에도 그들은 편협한 민족주의와 선민사상에 빠져 하나님의 뜻을 헤아리지 못했습니다.

그래서 마침내 하나님의 독생자를 이 땅에 보내셔서 하나님 나라의 복음을 직접 선포하신 것입니다. 하나님은 앞으로 신약의 하나님 백성 '교회'를 통해서 그 일을 계속 이어가게 하실 것입니다. 자, 그렇다면 신약의 교회는 구약의 이스라엘처럼 실패하지 않을까요? 하나님 백성의 정체성을 잃어버렸던 이스라엘이 전철을 밟지 않고, 하나님 나라를 확장해가는 사명을 과연 끝까지 잘 감당하게 될까요?

바로 이 대목에서 우리는 구약의 이스라엘이 실패한 원인이 무엇인지 주의 깊게 살펴보아야 합니다. 약속의 땅에 들어가기 직전에 하나님은 모세를 통해서 이스라엘 백성에게 분명히 경고하셨습니다. 그들이 가나안에 정착하여 아들을 낳고 손자를 보면서 안정적인 삶을 누리게 될 때 우상 숭배의 유혹에 넘어가지 않도록 조심해야 한다고, 그러다가는 약속의 땅에서 쫓겨난다고 말입니다(신 4:25-26). 그런데도 그들은 우상 숭배의 죄에 빠지고 말았습니다. 어떻게 그럴 수 있을까요?

여기에는 적어도 두 가지 이유가 있습니다. 하나는 하나님의 은혜를 잊어버렸기 때문이요, 다른 하나는 물질에 대한 탐욕을 품게 되었기 때문입니다. 안정적인 삶을 넘어서 이제는 남들보다 더 많이 가지려고 욕심을 부리기 시작한 것입니다. 그래서 그들의 욕심을 채워줄 새로운 신(神)이 필요했던 것이지요. 그러니까 약속의 땅에서 하나님이 다스리는 나라를 시작하시려고 했던 하나님의 꿈이 결국 물질에 대한 탐욕의 시험에 빠져든 하나님 백성의 타락으로 무너진 셈이 됩니다.

사실 하나님은 그렇게 되지 않도록 광야 생활을 통해서 줄곧 '일용한 만나'로 만족하는 삶을 가르치셨습니다. 사람이 떡으로만 사는 것이 아니라 하나님의 입에서 나오는 모든 말씀으로 사는 줄을 알게 하셨습니다(신 8:3). 그리고 아무 부족함이 없는 땅, 젖과 꿀이 흐르는 땅으로 그들을 인도하셨습니다. 그런데 사람들은 조금 가지면 더 많은 것을 가지겠다고 욕심을 부립니다. 그러다가 그만 하나님의 백성이라는 자신의 정체성을 잃어버리고 아예 하나님을 떠나고 맙니다. 구약의 하나님 백성, 이스라엘의 실패는 바로 거기에서부터 시작되었던 것입니다.

먹고사는 문제

신약의 하나님 백성도 역시 마찬가지입니다. 먹고사는 문제가 그들을 유혹하게 될 것을 아시고, 주님은 제자들에게 이렇게 가르치셨습니다.

> 29너희는 무엇을 먹을까 무엇을 마실까 하여 구하지 말며 근심하지도 말라. 30이 모든 것은 세상 백성들이 구하는 것이라. 너희 아버지께서는 이런 것이 너희에게 있어야 할 것을 아시느니라(눅 12:29-30).

여기에서 '너희'는 주님의 '제자들'을 가리키는 말입니다. 장차 그들을 통해서 신약의 하나님 백성인 교회가 만들어질 것입니다. 이는 뒤에 나오는 '세상 백성들'(all the nations of the world)과 대조되는 말입니다. 주님을 따르는 제자들은 모든 면에서 세상 백성과 확실하게 구분되어야 합니다. 기도하는 내용에서도 그렇습니다. 주님은 제자들에게 '무엇을 먹을까, 무엇을 마실까' 의 문제로 구하지 말고 근심하지도 말라고 하십니다. 왜냐면 그것은 하나님을 알지 못하는 '세상 백성'이나 구하는 일이기 때문입니다.

자, 그렇다면 제자들은 무엇을 구해야 할까요?

> 31다만 너희는 그의 나라를 구하라. 그리하면 이런 것들을 너희에게 더하시리라. 32 적은 무리여. 무서워 말라. 너희 아버지께서는 그 나라를 너희에게 주시기를 기뻐하시느니라(눅 12:31-32).

하나님의 백성은 '그의 나라', 즉 '하나님이 다스리시는 나라'를 구해야 합니다. 그것은 '하나님의 다스리심이 내 삶에 임하는 것을 구하라'는 뜻입니다. 주기도문에서 '나라가 임하시오며…'라고 기도하는 것과 똑같습니다. 그러니까 개인적인 소원이나 필요를 채워달라고 안달할 것이 아니라, 하나님의 다스림을 온전히 받아들일 수 있도록 기도하라는 것입니다. 하나님의 다스림을 온전히 받아들인다면 세상 사람들처럼 그렇게 염려하면서 살게 되지는 않을 것입니다. 하나님은 우리를 사랑하시고, 우리에게 필요한 모든 것을 아시고 채워주시는 분이기 때문입니다.

그래서 '하나님의 나라'를 구하면 우리에게 '이런 것들을 더하신다'라고 주님은 말씀하시는 것입니다. 여기에서 '이런 것들'은 우리의 삶에 필수적인 의식주(衣食住)의 문제를 의미합니다. 물론 돈이 필요합니다. 돈이 있어야 의식주의 문제를 해결할 수 있습니다. 그러나 우리 인생의 주인은 돈이 아닙니다. 하나님이 주인이십니다. 하나님의 다스리심이 가장 중요한 문제입니다. 하나님과의 관계가 제대로 세워지면, 의식주 문제는 그냥 덤으로 해결되는 것입니다.

아무튼 먹고사는 문제를 결코 가볍게 생각해서는 안 됩니다. 하나님 백성의 성공 여부가 바로 그 문제에 달려 있습니다. 주님은 '하나님과 재물을 겸하여 섬길 수 없다'(눅 16:13)고 말씀하셨습니다. 하나님을 섬기든지 재물을 섬기든지 하나를 선택해야 합니다. 만일 우리가 하나님 나라를 먼저 구하기 시작하면 나머지는 저절로 주어집니다. 이것이 하나님을 아버지로 믿고 살아가는 하나님 백성이 받는 진정한 복입니다. 그러나 만일 우리가 먹고사는 문제를 먼저 구하기 시작하면 세상 사람들과 다를 바가 하나도 없어집니다. 하나님 백성의 정체성을 잃어버리고 결국에는 하나님 나라와 상관없이 살아가게 되는 것입니다.

자, 그렇다면 신약의 하나님 백성인 교회는 지금까지 과연 성공했을까요? 더러는 성공했고, 더러는 실패했습니다. 그러나 여전히 하나님은 실패하지 않으십니다. 역사의 종말에 반드시 하나님의 나라를 완성하실 것입니다. 그때 언제나 하나님의 나라를 구하며 하나님의 백성답게 살았던 사람은 하나님 나라의 주인공으로 새 예루살렘에 당당히 입성하게 될 것입니다. 그렇지만 하나님 나라를 구하지 않고 먹고사는 문제에만 매달려 하나님의 백성답게 살지 못한 사람은 새 예루살렘에 들어가지 못하고 밖에서 이를 갈게 될 것입니다.

따라서 이제부터 우리가 해야 할 일은 분명합니다. 그의 나라를 구하면서 살기 시작하는 것입니다. 그런데 하나님의 나라가 무엇을 의미하는지 제대로 알아야 그것을 구하면서 살지 않겠습니까?

이제 앞으로 40일 동안 우리는 그 일을 시작해 보려고 합니다. 하나님 나라의 복음을 묵상하는 가운데 그것이 우리의 삶에 자연스럽게 녹아들어 언제나 그의 나라를 구하면서 살아가는 우리의 나머지 생애가 되기를 간절히 소망합니다.

묵상 질문: 그동안 나는 '하나님의 나라'를 어떻게 생각해왔는가?

오늘의 기도: 오늘부터 우리는 하나님 나라 묵상의 길을 떠납니다. 우리의 발걸음을 선한 길로 인도하셔서 이 묵상이 마치는 날 하나님의 나라가 무엇인지 분명히 알게 하시고, 이제부터 먼저 하나님의 나라를 구하면서 살아가게 하옵소서. 그리하여 마침내 하나님이 완성하실 그 나라에 들어가는 복을 누리게 하옵소서. 예수님의 이름으로 기도합니다. 아멘.

제 1 막

하나님 나라의
선봉(先鋒)

누가복음 1-3장

데오빌로전서(前書)

읽을 말씀: 누가복음 1:1-4

새길 말씀: 그 모든 일을 근원부터 자세히 미루어 살핀 나도 데오빌로 각하에게 차례대

로 써 보내는 것이 좋은 줄 알았노니 이는 각하가 알고 있는 바를 더 확실하게

하려 함이로라(눅 1:3-4).

이제 오늘부터 우리는 본격적으로 누가복음 본문의 말씀을 하나씩 자세히

묵상해보려고 합니다. 그에 앞서서 누가복음과 사도행전에 대한 기본적인

이해가 우리에게 필요합니다. 그래야 '하나님의 나라'를 묵상하면서 왜 이

두 권의 책을 함께 묶어서 살펴보려고 하는지 그 이유를 알 수 있습니다.

누가 문서의 저자

누가복음과 사도행전은 같은 사람이 기록한 책입니다. 그런데 이 말은

단순히 두 책의 저자가 같다는 정도의 의미가 아닙니다. 두 책은 마치 '전편과

후편', 또는 '상권과 하권' 같습니다. 물론 이 책들이 현재 신약성경에서는 별개의 자리에 놓여있지만, 이들을 한 묶음으로 생각하여 계속 이어서 묵상하는 게 좋습니다. 그렇게 해야 우리는 그 일관된 주제와 메시지를 보다 더 잘 이해할 수 있습니다.

우선 누가복음과 사도행전의 저자가 누구인지부터 살펴보겠습니다. 두 책에서는 저자의 이름이 직접적으로 언급되지는 않습니다. 단지 일인칭 단수의 주어 '나'를 사용할 뿐입니다(눅 1:3; 행 1:1). 그러나 성서 학자들은 바울의 동료였던 '의사 누가'를 누가복음과 사도행전의 저자로 이견(異見) 없이 받아들입니다. 바울은 기회가 있을 때마다 누가를 자신의 '동역자'로 소개합니다(딤후 4:11; 몬 1:24). 특별히 골로새교회에 보낸 편지에서 바울은 누가를 언급하며 이렇게 말합니다.

사랑을 받는 의사 누가와 또 데마가 너희에게 문안하느니라(골 4:14).

골로새서는 에베소서, 빌립보서, 빌레몬서와 함께 옥중서신으로 잘 알려져 있습니다. 바울이 로마의 감옥에 있을 때 쓴 편지이기 때문입니다. 그렇다면 이때 누가가 바울 곁에서 함께 옥살이하고 있었다는 이야기가 됩니다. 바울은 누가를 가리켜서 '사랑을 받는 의사 누가'(Our dear friend Luke, the doctor, NIV)라고 표현하는데, 이로 미루어서 누가는 바울에게 좋은 친구(dear friend) 였을 뿐만 아니라 개인 주치의(the doctor)였다는 사실을 알게 됩니다.

우리가 잘 알고 있듯이, 바울은 그가 스스로 '가시'라고 부르는 고질병이 있었습니다(고후 12:7). 그 '가시'를 제거하기 위해서 여러 번 간구했지만, 하나님은 그의 기도를 들어주지 않으셨지요. 물론 바울은 오히려 그것을 신앙적으로 이해하고 하나님의 은혜로 받아들였습니다만, 그 고질병으로 인해 적지 않은 고통을 겪어야만 했습니다. 그러던 그에게 누가는 큰 도움이 되었을 것입니다.

그런데 헬라 사람이었던 누가가 어떻게 유대 사람 바울을 만나서 함께 복음의 동역자가 되었는지 우리로서는 그 자세한 내막을 알 길이 없습니다. 단지 사도행전 16장에 보면 바울 일행이 드로아에서 마게도냐 사람의 환상을 보고 그곳으로 건너가는 이야기가 나오는데(행 16:8-10), 바로 그때 바울이 누가와 처음으로 만났을 것으로 보입니다. 이 일에 대해서는 사도행전 본문을 살펴볼 때 충분히 설명할 기회가 있을 것입니다.

아무튼 누가의 직업과 바울의 질병이 두 사람의 만남에 접촉점으로 작용했을 것이 분명합니다. 그 이후로 누가는 평생 바울의 동역자가 되었습니다. 바울의 마지막 서신인 디모데후서에서 바울은 '누가만 나와 함께 있다'(딤후 4:11)고 말합니다. 그것으로 미루어서, 마지막 순간까지 누가는 바울과 함께 남아 있었던 것으로 보입니다. 그리고 사도 바울이 순교한 후에 누가복음과 사도행전을 차례대로 기록한 장본인이 되었습니다. 이 두 권의 책을 묶어서 우리는 '누가 문서'라고 부릅니다.

누가의 저작 동기

그런데 누가는 왜 누가복음과 사도행전을 차례대로 기록하려고 했을까, 그 동기가 궁금해집니다. 누가복음을 시작하는 오늘 본문에서 그는 이렇게 밝힙니다.

> ¹우리 중에 이루어진 사실에 대하여 ²처음부터 목격자와 말씀의 일꾼 된 자들이 전하여 준 그대로 내력을 저술하려고 붓을 든 사람이 많은지라(눅 1:1-2).

여기에서 누가는 예수 그리스도의 복음을 '우리 중에 이루어진 사실'이라고 선포합니다. 이것은 정말 대단한 메시지를 담고 있는 말씀입니다. 이 부분을 NIV는 '우리 가운데 성취된 일들'(the things that have been fulfilled among us, NIV)이라고 표현합니다. 무엇이 성취되었다는 것입니까? 하나님의 약속이 성취되었습니다. 인류를 구원하기 위해 메시아를 보내시겠다는 약속이 예수 그리스도 안에서 성취되었다는 것입니다. 그것이 '우리 중에 이루어진 사실'입니다.

그래서 메시지성경은 이 부분을 '우리 가운데 일어난 성경과 역사의 놀라운 추수 이야기'(a story of the wonderful harvest of Scripture and history that took place among us, MSG)라고 풀어서 설명합니다. 성경을 통해서 씨앗이 뿌려졌고 역사를 통해서 자라났던 하나님의 나라가 예수님의 십자가와 부활 그리고 성령강림과 땅끝까지 복음이 전해지는 이 모든 일을 통해서 무르익어 추수하게 되는 이야기라는 말씀입니다.

그러면서 누가는 이 이야기를 진해온 사람과 기록한 사람이 많았고, 자신은 그 모든 것을 조사하고 수집하여 자세히 살폈다고 말합니다. 그는 우선 최초의 '목격자들'(eyewitnesses)의 증언을 들었다고 합니다. '목격자들'은 예수님과 함께 지내던 제자들을 가리키는 말입니다. 누가는 사실 예수님을 직접 목격한 사람은 아니었습니다. 그러나 그는 복음의 역사를 생생하게 목격한 사람들의 증언을 통해서 예수 그리스도의 생애와 사역을 자세히 알게 되었습니다.

또한 누가는 '말씀의 일꾼 된 자들'(servants of the word)의 증언도 들었다고 합니다. 이들은 예수님의 직속 제자들은 아니지만 예수 그리스도의 복음을 접하여 구원받은 후에 말씀을 전하는 사역에 헌신하게 된 사람들을 가리킵니다. 그 대표적인 인물이 바로 사도 바울입니다. '사도'란 본래 예수님의 열두 제자에게 붙여진 호칭이었지만, 바울은 스스로 예수님을 통해 보내심을 받은 '사도'라고 확신했습니다. 이런 사람들이 바로 '말씀의 일꾼 된 자들'입니다. 만일 이들의 헌신이 없었다면 땅끝까지 복음이 전해지는 일은 불가능했을 것입니다.

이와 같은 사람들의 증언뿐만 아니라 그가 참고하여 열심히 공부했던 기록물(reports)이 있었다는 사실을 밝힙니다. "전하여 준 그대로 내력을 저술하려고 붓을 든 사람이 많았다"라는 부분이 바로 그것을 말해줍니다. 예수님의 행적과 교훈에 대하여 기록한 자료들은 복음서가 등장하기 전에 이미 존재했습니다. 그렇지만 마태복음과 누가복음이 공동으로 사용한 이른바 'Q자료'(독일어 Quelle: 출처)와 같은 소수의 기록만이 확인되고 있습니다. 복음서 중에서는 마가복음이 가장 먼저 기록되었지요. 그러니까 누가는 누가복음을 기록하기 전에 그 모든 자료를 자세히 살펴보고 공부했다는 것입니다.

여기에는 의사로서 누가가 가진 성품과 직업적인 습관이 크게 작용하고 있습니다. 의사는 병을 치료하기 위해서 환자의 상태와 표정, 성격과 환경에 이르기까지 모든 것을 자세히 살필 줄 알아야 합니다. 누가는 직업적으로 '자세히 살피는' 관찰력과 판단력이 아주 뛰어난 사람이었습니다. 그 예리한 관찰력을 가지고 예수 그리스도 복음의 역사에 대해 근원부터 자세히 살펴서 정리한 결과물이 바로 누가 문서였던 것이지요.

누가가 얼마나 대단한 혜안을 가진 역사가요 신학자였는지는 누가 문서 전편과 후편의 구조적인 통일성을 살펴보면 잘 알 수 있습니다. 누가복음은 예수님의 탄생에서부터 그의 부활과 승천까지를 다루고 있는데, 그 속편이라고 할 수 있는 사도행전에서는 예수님의 승천 이후부터 바울이 로마에 입성할 때까지를 다루고 있습니다. 결국 전편은 예수님의 활동을, 후편은 제자들의 활동을 종합적으로 정리하여 기록한 것입니다.

거기에다 지리적인 관점에서도 누가복음은 하나님 나라의 복음이 갈릴리로부터 예루살렘까지 전파되는 과정을 기록하고 있지만, 사도행전은 그 복음이 예루살렘에서부터 로마까지 이르는 과정을 다루고 있습니다. 그러니까 누가복음을 '예루살렘으로 가는 길'(the road to Jerusalem)이라고 한다면, 사도행전은 '로마로 가는 길'(the road to Rome)이라고 말할 수 있는 것입니다.

오늘날 우리는 이런 누가의 기록을 당연하게 받아들입니다. 그렇지만 2천 년 전 복음의 역사가 그저 '진행형'이었던 당시의 상황에서 이렇게 '근원'과 '핵심'을 정확하게 짚어서 시대적으로 구분하고 정리해 내었다는 것은 정말 누가의 대단한 업적이 아닐 수 없습니다. 아무나 흉내 낼 수 있는 일이 아닙니다.

데오빌로 각하

그런데 누가가 이렇게 누가복음과 사도행전을 전편과 후편으로 정리하여 기록하게 된 중요한 동기가 있었습니다. 그것은 바로 '네오빌로 각하'라는 한 사람에게 헌정하기 위해서였습니다.

> ³그 모든 일을 근원부터 자세히 미루어 살핀 나도 데오빌로 각하에게 차례대로 써 보내는 것이 좋은 줄 알았노니 ⁴이는 각하가 알고 있는 바를 더 확실하게 하려 함이로라(눅 1:3-4).

누가는 '데오빌로'(Theophilus)에게 '각하'(most excellent)라는 호칭을 사용합니다. 이 호칭은 로마 총독 벨릭스(Governor Felix)에게 사용된 것입니다 (행 23:26, 24:3, 26:25). 그러니까 '각하'는 그냥 보통 사람들을 조금 높여서 부르는 존칭 정도가 아닙니다. 아쉽게도 성경은 이 인물에 대해서 더 이상 언급하지 않습니다. 그래서 그가 누구인지 정확하게 알 길은 없지만, 아마도 로마제국의 총독급에 해당하는 고위 관리였을 것으로 짐작할 수 있습니다.

아무튼 누가는 처음부터 데오빌로 각하에게 '차례대로 써 보내는 것'을 생각하고 있었습니다. 다시 말해서 누가복음으로 끝나지 않고 그다음 글이 계속 이어질 것을 예고하고 있는 것입니다. 그다음 글이 바로 '사도행전'입니다.

> ¹데오빌로여 내가 먼저 쓴 글에는 무릇 예수께서 행하시며 가르치시기를 시작하심부터 ²그가 택하신 사도들에게 성령으로 명하시고 승천하신 날까지의 일을 기록하였노라(행 1:1-2).

사도행전을 시작하는 첫 부분에도 역시 '데오빌로'가 등장합니다. 그러면서 '먼저 쓴 글'이 있었다는 점을 분명히 밝힙니다. 그 글이 바로 '누가복음'입니다. 그러니까 누가복음과 사도행전은 같은 인물에게 헌정된 글이요, 전편과 후편으로 이어지는 시리즈입니다.

우리가 더 중요하게 생각해야 할 것은, 데오빌로가 이미 예수 그리스도의 복음을 받아들였다는 사실입니다. "이는 각하가 알고 있는 바를 더 확실하게 하려 함이로라"(눅 1:4). 여기에서 우리는 데오빌로에게 복음을 전한 장본인이 누가였음을 추정할 수 있습니다. 그러니까 누가가 전한 예수 그리스도의 복음을 데오빌로가 이미 받아들여 잘 알고 있지만, 그것을 더욱 확실하게 해주기 위해서 누가복음과 사도행전을 차례대로 기록하여 보낸 것이지요.

따라서 누가가 데오빌로에게 보낸 두 권의 책은 마치 사도 바울이 디모데에게 보낸 두 통의 편지와 같습니다. 그것을 가리켜서 우리는 '디모데전서'와 '디모데후서'라고 부르지요. 그렇다면 같은 의미에서 누가복음과 사도행전을 각각 '데오빌로전서'와 '데오빌로후서'라고 부를 수 있지 않을까요? 물론 전편의 내용이 '예수님의 행함과 가르치심'에 관한 것이기 때문에 현재

복음서로 분류되고 있지만, 누가 스스로가 밝힌 의도를 우리가 존중한다면 최소한 두 권의 책을 '차례대로' 앞뒤에 배치하는 것이 더 자연스럽지 않을까 싶습니다.

이미, 그러나 아직

아무튼 데오빌로는 이미 예수 그리스도의 복음을 잘 아는 상태입니다. 그런데 누가는 왜 그것을 더욱 확실하게 알게 해주겠다고 하면서 이렇게 방대한 분량의 누가 문서를 기록하는 수고를 마다하지 않는 것일까요? 여기에서 우리는 누가에게 어떤 특별한 의도가 있다고 생각하지 않을 수 없습니다.

누가는 기존의 복음서가 담고 있는 내용, 즉 예수님이 이 세상을 구원하러 오신 메시아라는 전통적인 기독교 신앙의 메시지를 뛰어넘어서, '하나님 나라의 확장'이라는 새로운 관점에서 예수 그리스도의 생애와 그 이후 교회의 역사를 힘께 묶어서 조망(眺望)하려고 했던 것입니다. 그것이 데오빌로 각하한 사람에게뿐만 아니라 주님의 다시 오심을 기다리는 모든 세대의 그리스도인에게 꼭 필요한 일이었기 때문입니다.

이 대목에서 우리는 누가복음을 기록한 동기를 밝히고 있는 '이는 각하가 알고 있는 바를 더 확실하게 하려 함이라'(눅 1:4)는 말을 다시 한번 곱씹어보아야 합니다. 이 부분을 메시지성경은 다음과 같이 표현합니다. "의심의 그림자를 넘어서서 그동안 배운 것이 참으로 믿을 만하다는 사실을 알 수 있도록…"(So you can know beyond the shadow of a doubt the reliability of what you were taught). 그렇습니다. 이것이 우리가 또한 데오빌로전서를 묵상해야 하는 이유입니다.

우리는 이미 복음을 받아들인 사람들입니다. 예수님을 구세주로 믿고 있는 사람들입니다. 예수님에 대해서 사실 알 만큼 압니다. 그러나 그것으로는 충분하지 않다는 겁니다. 왜냐면 우리 속에 '의심의 그림자'가 여전히 남아 있기 때문입니다. 특히 '파루시아'(Parousia)의 지연으로 인해 그동안 많은 그리스도인의 믿음이 흔들려 왔습니다. 2천 년을 기다려왔음에도 아직 이루어 지지 않은 주님의 재림을 계속 기다려야 하는지, 아니면 포기해야 하는지 참으로 고민스럽습니다. 그래서 더러는 세상과 적당히 타협하면서 신앙생활 하기도 하고, 아니면 아예 교회를 떠나기도 합니다.

그런데 누가가 데오빌로전서와 데오빌로후서를 통해서 우리에게 특별히 강조하는 메시지가 있습니다. 우리 주님이 선포하신 하나님의 나라는 지금 '현재진행형'이라는 메시지입니다. 하나님 나라의 선봉장으로 오신 예수 그리스도를 통해 이미 그 나라는 시작되었습니다. 신약의 하나님 백성인 교회를 통해서 지금도 그 나라는 계속 확장되는 중입니다. 그리고 역사의 종말에 마침내 하나님께서 그의 나라를 완성하실 것입니다.

이것을 영어로 표현하면 'already, but not yet'(이미 그러나 아직)입니다. 하나님의 나라는 이미 우리 가운데 임했지만, 아직은 완성된 것은 아니라는 뜻입니다. 그렇다면 우리는 지금 어디에 있습니까? 우리가 신앙생활하는 현재의 시간은 바로 그 목표를 향해 나아가는 연장선상에 놓여있습니다. 그리고 하나님 나라가 완성을 향해 나아가는 바로 그 자리에 우리를 포함하여 오고 오는 모든 세대 그리스도인의 사명이 놓여있다는 것입니다.

그렇기에 우리는 누가가 기록한 하나님 나라의 복음을 더 확실하게 배워서 알아야 합니다. 그래야 하나님께서 이루어 가시는 구원사의 흐름 속에서 우리 삶의 의미와 목적이 무엇인지 어떻게 살아야 할 것인지 더욱 분명하게 알 수 있습니다. 그래야 우리 속에 남아있던 의심의 그림자를 넘어서서 그동안 우리가 배운 것이 참으로 믿을 만하다는 사실을 더욱 확실히 깨닫게 될 것입니다. 그렇게 주님이 다시 오실 그때까지 한 점의 의심도 없이 우리 앞에 놓인 믿음의 길을 당당히 걸어갈 수 있게 되는 것입니다.

그러니 하나님 나라의 복음을 묵상하는 것이 우리에게 얼마나 중요한 일인지 모릅니다. 앞으로 계속해서 누가복음과 사도행전을 묵상하는 가운데 그와 같은 신앙의 진보가 우리 모두에게 나타나기를 간절히 소망합니다.

묵상 질문: 내가 하나님 나라의 복음을 깊이 묵상해야 할 이유는 무엇인가?

오늘의 기도: 그동안 우리는 복음에 대해서 잘 아는 줄로만 생각해왔습니다. 그런데 인제 와서 생각하니 제대로 알지 못했습니다. 하나님 나라의 복음이 현재진행형이라는 사실을 깨닫지 못했습니다. 우리 속에 드려진 의심의 그림자를 완전히 걷어내지 못한 채 겨우겨우 신앙생활해왔습니다. 우리의 부족함을 긍휼히 여겨주시고, 우리가 마땅히 깨달을 바를 깨달을 수 있도록 은혜를 더하여 주옵소서. 예수님의 이름으로 기도합니다. 아멘.

사가랴에게 이루어진 사실

읽을 말씀: 누가복음 1:5-25

새길 말씀: 천사가 그에게 이르되 사가랴여 무서워하지 말라. 너의 간구함이 들린지라.
네 아내 엘리사벳이 네게 아들을 낳아 주리니 그 이름을 요한이라 하라(눅
1:13).

앞에서 살펴본 말씀 중에 '우리 중에 이루어진 사실'에 대하여 여러
목격자의 증언들과 말씀의 일꾼 된 자들의 가르침과 또한 기록으로 남겨진
저술을 자세하게 살펴서 누가복음을 기록했다고 했습니다. 그중에서 누가가
첫 번째로 다룬 이야기는 세례 요한의 아버지 사가랴(Zechariah)에 관한
일입니다. 즉, '사가랴에게 이루어진 사실'을 가장 먼저 다루고 있는 것입니다.
그런데 왜 하필 사가랴일까요?

마태복음은 제일 먼저 아브라함으로부터 내려오는 예수님의 족보를 자세
하게 다루고 있습니다. 마가복음은 이사야의 예언처럼 광야에서 주의 길을
준비하던 세례 요한의 사역에서부터 출발합니다. 요한복음은 아예 태초로

거슬러 올라가 말씀이 육신이 되신 사건의 영적인 의미를 설명하는 것으로 시작합니다. 예수님의 족보나 주님의 오심을 준비하던 세례 요한의 사역이나 말씀이 육신이 되신 사건의 영적인 의미나 모두 예수 그리스도의 생애와 구원역사를 설명하는 아주 적절한 출발점이라고 할 수 있습니다.

그러나 사가랴는 무슨 관계일까요? 누가는 왜 굳이 사가랴의 가족사부터 시작하고 있을까요? 누가의 의도를 알려면 '사가랴의 이야기'와 그다음에 이어지는 '마리아의 이야기'가 똑같은 패턴으로 소개되고 있다는 사실을 기억할 필요가 있습니다. 두 아이의 출생에 대한 두 번의 수태고지(受胎告知)를 같은 패턴으로 소개하면서, 누가는 두 사람의 반응이 어떻게 다른지를 비교합니다. 다시 말해서 '우리 중에 이루어진 사실'에 대해서 모든 사람이 믿음으로 받아들이지는 않는다는 사실을 보여주려고 합니다. 그 부정적인 예로 사용된 사람이 바로 사가랴였습니다.

사가랴와 엘리사벳

상식적으로 생각하면 긍정적인 모델이 되어야 할 사람은 바로 사가랴였습니다. 그는 성경과 믿음을 가르치며 예배를 인도하던 제사장이었기 때문입니다. 그러나 그는 긍정적인 모델이 되지 못했습니다. 그 이유가 무엇인지 오늘 함께 살펴보겠습니다. 먼저 사가랴가 어떤 사람이었는지부터 알아보아야 하겠습니다.

유대 왕 헤롯 때에 아비야 반열에 제사장 한 사람이 있었으니 이름은 사가랴요 그의 아내는 아론의 자손이니 이름은 엘리사벳이라(눅 1:5).

여기에서 '유대 왕 헤롯'은 예수님 탄생 시에 유아 학살 사건(마 2:13)을 일으킨 '헤롯 대 왕'을 가리킵니다. 이는 세례 요한을 참수했던 '분봉 왕 헤롯'(마 14:1)과는 다른 사람입니다. 사가랴는 '아비야 반열'(the priestly division of Abijah)의 제사장이었습니다. 그의 아내 엘리사벳 또한 '아론의 자손'이었습니다. 그러니까 세례 요한은 부모가 모두 제사장의 정통성을 이어 온 이른바 종교적 '성골'(聖骨)의 가문에서 태어난 것입니다. 게다가 그들은 신실한 믿음을 가지고 있었습니다.

> 이 두 사람이 하나님 앞에 의인이니 주의 모든 계명과 규례대로 흠이 없이 행하더라
> (눅 1:6).

성경에서 '의인'이라고 불리는 사람이 그리 많지 않습니다. 구약에서는 노아가 유일한 경우입니다(창 6:9). 노아는 혼자서 '의인'이라 불리었지만, 사가랴는 그의 아내와 함께 '의인'이라고 불립니다. 아무리 제사장 가문이라고 해도 부부가 함께 경건한 신앙생활을 하는 것은 쉽게 찾아볼 수 없는 특별한 경우입니다. 만일 하나님이 복을 주셔야 할 사람들이 있다면 사가랴와 엘리사벳 부부가 일 순위가 되어야 합니다. 그런데 그 부부에게는 문제가 있었습니다.

> 엘리사벳이 잉태를 못하므로 그들에게 자식이 없고 두 사람의 나이가 많더라(눅 1:7).

자식을 낳지 못한다는 것은 부부에게 심각한 문제입니다. 누가는 '엘리사벳이 잉태를 못했다'고 하여 마치 불임의 원인을 엘리사벳 탓으로 말하는

것처럼 보이지만, 이는 의학적으로 검증된 이야기는 아닙니다. 당시 사람들은 하나님께서 태의 문을 열어야 임신할 수 있다고 믿었습니다. 그러니까 엘리사벳의 태의 문이 닫혀있어서 아이를 잉태하지 못했다는 뜻입니다. 그러나 그 문제로 인해 부부 사이에 불화가 생기지는 않았습니다.

우리말 번역 '두 사람의 나이가 많더라'라는 부분을 NIV성경은 '두 사람이 나이가 들도록 서로 잘 지냈다'(they were both well along in years.)로 번역합니다. 세상에 이런 부부가 과연 있을까요? 함께 신실하게 하나님을 섬기는 부부, 불임이라는 문제를 가지고도 서로 사랑하면서 나이가 들도록 행복하게 살아가는 부부…. 정말 그들에게 '의인'이라는 호칭이 아깝지 않다는 생각이 듭니다.

그런데 앞에서 사가랴가 긍정적인 모델이 아니라 부정적인 예로 사용되었다고 했습니다. 그 이유가 무엇일까요? 하나님이 어떤 말씀을 하셔도 믿고 순종할 것처럼 보이던 의인 사가랴가 실제로 그의 삶 속에서 하나님이 놀라운 일을 이루려고 하실 때는 정반대의 반응을 보였기 때문입니다.

천사의 수태고지

진정한 믿음은 하나님의 일에 대한 반응으로 검증됩니다. 사가랴의 믿음은 천사의 수태고지를 통해서 그 수준을 드러냅니다.

> [8]마침 사가랴가 그 반열의 차례대로 하나님 앞에서 제사장의 직무를 행할새 [9]제사장의 전례를 따라 제비를 뽑아 주의 성전에 들어가 분향하고 [10]모든 백성은 그 분향하는 시간에 밖에서 기도하더니…(눅 1:8-10).

'반열'을 쉬운 말로 바꾸면 '조'(division)입니다. 전통적으로 제사장들은 모두 24개 조로 나누어져 한 달씩 돌아가면서 제사장의 직무를 수행했는데, 마침 사가랴가 속한 '아비야 조' 차례가 되었습니다. 같은 조에도 제사장들이 여럿 있었기 때문에 지성소에 들어가 하나님께 분향하는 가장 중요한 직책을 맡을 사람을 제비로 뽑아 정했는데, 때마침 사가랴가 뽑힌 것입니다. 사실 그것은 평생 한 번 있을까 말까 할 아주 특별하고 영광스러운 일이었습니다.

그러나 동시에 그것은 목숨을 걸어야 하는 심각한 일이기도 했습니다. 사가랴가 주의 성전에 들어가 분향하는 동안 모든 백성은 '밖에서' 기도했다고 합니다. 무슨 기도를 했을까요? 그들의 기도는 지성소에 들어가 있는 사가랴를 위한 것이었습니다. 왜냐면 하나님께서 그를 치실 수도 있기 때문입니다. 그래서 제사장의 두루마기 아랫자락에는 방울이 달려 있었습니다. 그리고 발목에 끈을 매어서 지성소 바깥으로 내놓았습니다. 만일 방울 소리가 난다면 살아있다는 뜻이고, 그렇지 않다면 죽임을 당했다는 뜻이기에 밖에서 끈을 잡아당겨서 끌어내야 했기 때문입니다.

그런데 왜 하필 그때가 아비야 반열이 봉사하던 때였고, 왜 하필 사가랴가 지성소에 들어가도록 뽑혔을까요? 제비를 뽑는 행위는 어떤 일의 결정권과 선택권을 하나님께 내어드린다는 의미입니다. 결국 사가랴가 뽑힌 것은 하나님의 결정이었습니다. 사가랴를 통해서 이루어질 일들을 예고하기 위해서 하나님이 특별히 그를 선택하신 것입니다. 실제로 지성소에서 분향하는 동안에 사가랴는 하나님의 사자를 만나게 됩니다.

[11]주의 사자가 그에게 나타나 향단 우편에 선지라. [12]사가랴가 보고 놀라며 무서워하니 [13]천사가 그에게 이르되 사가랴여 무서워하지 말라 너의 간구함이 들린지라 네 아내 엘리사벳이 네게 아들을 낳아 주리니 그 이름을 요한이라 하라. (눅1:11-13)

지성소에는 제사장 한 사람 외에는 아무도 들어갈 수 없습니다. 그곳에서 누군가를 만나게 되리라 기대하지 않았는데, 뜻밖에 '주의 사자'를 만났으니 얼마나 기절초풍할 일이겠습니까? 사자는 사가랴를 향해 대뜸 '두려워 말라'고 하면서 '너의 간구함이 들렸다'라고 말합니다. 여기에서 우리는 그동안 사가랴 부부가 불임 문제를 놓고 기도해왔다는 사실을 알 수 있습니다. 그 기도가 이루어지게 되었다는 소식을 하나님의 사자를 통해 지금 직접 듣고 있는 것입니다. 이보다 더 극적일 수는 없습니다.

그런데 그에게 태어날 아들은 보통 사람이 아니라고 하십니다. 어렸을 때부터 하나님께 바쳐진 나실 인으로 살면서, 이스라엘 자손을 하나님께로 많이 돌아오게 할 것이라고 하십니다(눅1:14-16). 그냥 평범한 자식 하나 주셔도 감사한데, 하나님이 특별히 사용하시는 인물이 될 것이라니 그 얼마나 감격할 일입니까? 이것이 바로 사가랴에게 이루어진 사실이었습니다. 이 말씀을 하시려고 사가랴를 지성소로 불러들이신 것이지요.

사가랴의 반응

그런데 사가랴는 이 말씀에 대하여 시큰둥한 반응을 보입니다.

> 사가랴가 천사에게 이르되 내가 이것을 어떻게 알리요. 내가 늙고 아내도 나이가 많으니이다. (눅1:18)

천사는 사가랴가 감격하는 모습을 기대했습니다. 그러나 사가랴의 반응은 정반대였습니다. "내가 이것을 어떻게 알겠습니까?" 메시지 성경은 이를 '내가 그 말씀을 믿을 줄로 기대하십니까?'(Do you expect me to believe this?)라고 풀이합니다. 사가랴가 정말 하나님 앞에서 의인으로 살던 바로 그 사람이 맞습니까? 언제나 율법을 묵상하면서 하나님께 예배드리며 기도하면서 말씀대로 살아오던 제사장 맞습니까?

하나님에 대한 지식이 부족한 것도 아니었습니다. 하나님에 대한 헌신이나 경건 생활이 부족한 것도 아니었습니다. 그러나 하나님이 사가랴의 삶에 이루어가는 사실에 대한 믿음이 없었습니다. 만일 다른 사람에게 그런 일이 이루어졌다면 그의 반응이 달라졌을지 모릅니다. 그러나 자신에게, 자기 가족에게 이루어진다고 하니까 믿기지 않는 것입니다. 그래서 '어떻게 그런 일이 일어날 수 있겠습니까?' 하면서 부정적인 대답을 하게 된 것이지요.

'기쁜 소식'을 전하기 위해서 보내심을 받은 하나님의 사자는 사가랴의 믿음 없는 반응에 적잖이 실망했을 것입니다.

> ¹⁹천사가 대답하여 이르되 나는 하나님 앞에 서 있는 가브리엘이라. 이 좋은 소식을 전하여 네게 말하라고 보내심을 받았노라. ²⁰보라. 이 일이 되는 날까지 네가 말 못 하는 자가 되어 능히 말을 못하리니 이는 네가 내 말을 믿지 아니함이거니와 때가 이르면 내 말이 이루어지리라 하더라. (눅1:19-20)

천사는 사가랴의 눈을 열어주기 위하여 비로소 자신의 이름을 '가브리엘'이라고 밝힙니다. 만일 가브리엘이 자신의 이름을 미리 말해주었더라면 사가랴가 그 말을 믿었을까요? 그렇지 않습니다. 이름을 몰라도 그가 하나님이 보낸 사자라는 사실은 얼마든지 알 수 있습니다. 믿음이 없기에 가브리엘이 전한 말을 곧이곧대로 받아들이지 않은 것이지요. 그동안 그럴듯하게 포장되어 왔던 사가랴의 믿음이 그 밑바닥을 드러낸 것입니다.

그러자 가브리엘은 사가랴에게 한동안 '언어장애인'으로 살아야 하는 벌을 내립니다. 이것은 우리에게 아주 심각한 신앙적 교훈을 줍니다. '좋은 소식'을 '좋은 소식'으로 받아들이지 못하고 믿지 못하는 사람은 언어장애인으로 살 수밖에 없습니다. 오늘날 많은 그리스도인이 그렇게 살아갑니다. 찬양해야 할 때 찬양하지 못하고, 기도해야 할 때 기도하지 못하고, 전도해야 할 때 전도하지 못하는 그런 영적인 장애가 있는 사람이 참 많습니다. 그런데 정말 문제는 그게 믿음 없음에 대한 벌이라는 사실을 모르고 있다는 겁니다.

가브리엘은 사가랴가 그 말을 믿지 않았기 때문에 '이 일이 되는 날까지' 언어장애인으로 살아야 할 것이라 말했습니다. 이 말을 뒤집으면 사가랴가 믿음을 가질 때 비로소 말을 할 수 있을 것이라는 뜻이 됩니다. 하나님의 때에 하나님이 약속하신 그 모든 일들이 이루어지는 것을 보면 사가랴는 하나님의 말씀을 믿지 않을 수 없게 될 것입니다. 그때 사가랴가 다시 말을 하게 될 것이라는 예고입니다. 그리고 실제로 그렇게 됩니다.

엘리사벳의 반응

비록 사가랴에게 벌을 내리기는 했지만, 하나님은 당신의 계획을 취소하지는 않으셨습니다. 사가랴에게 약속하신 것처럼 마침내 엘리사벳이 아이를 갖게 되었던 것입니다. 이번에는 그 일에 대한 엘리사벳의 반응이 궁금합니다.

> ²⁴이 후에 그의 아내 엘리사벳이 잉태하고 다섯 달 동안 숨어 있으며 이르되 ²⁵주께서 나를 돌보시는 날에 사람들 앞에서 내 부끄러움을 없게 하시려고 이렇게 행하심이라 하더라. (눅1:24-25)

아마도 사가랴는 집에 돌아온 후에 한동안 말없이 넋을 놓고 살았던 것 같습니다. 사가랴는 말을 잃어버렸을 뿐 아니라 청력까지도 잃어버렸습니다(눅1:62). 그만큼 예루살렘 성전에서 일어난 사건은 사가랴에게 충격적이었던 것이지요.

그런데 더욱더 충격적인 일이 벌어졌습니다. 엘리사벳이 그만 임신하게 된 것입니다. 아브라함의 아내 사라처럼 90세까지 된 것은 아니지만, 여자로서는 나이가 상당히 든 상태에서 아이를 갖게 된 것입니다. 본문은 엘리사벳이 임신한 후에 다섯 달 동안 숨어서 지냈다고 기록합니다. 이 대목이 잘 이해가 되지 않습니다. 평생 소원하던 일이 기적적으로 이루어졌는데, 왜 아무에게도 알리지 않고 숨어서 지냈을까요?

엘리사벳의 말이 우리를 더 혼란스럽게 합니다. "주께서 나를 돌보시는 날에 사람들 앞에서 내 부끄러움을 없게 하시려고 이렇게 행하심이라."(25절) 엘리사벳은 이 일이 분명 '주님께서 행하신 것'임을 잘 알고 있었습니다. 말하자면 주님이 기적 같은 일을 자신에게 행하셨다는 것입니다. 그 이유를 엘리사벳은 '내 부끄러움(disgrace)을 없게 하시려고' 그러셨다고 고백합니다. 하나님의 놀라운 은혜(grace)라는 고백입니다.

그렇다면 엘리사벳은 왜 임신한 사실을 사람들에게 알리지 않고 숨어 있었을까요? 하나님께서 아이를 갖지 못하는 부끄러움을 없게 하시려고 은혜를 베풀어주셨는데, 사람들 보기에 부끄러워서 숨어 있었다고 한다면 앞뒤가 맞지 않는 이야기입니다. 실제로 엘리사벳은 마리아가 가브리엘의 수태고지를 통해서 엘리사벳이 임신한 사실을 알게 되어 그녀를 직접 방문하여 확인할 때까지 6개월 동안 조용히 숨어 지냅니다. 그러다가 마리아에 의해서 그녀의 임신 사실이 공식적으로 알려지게 됩니다.

여기에서 우리는 하나님의 말씀이 자신에게 적용될 때 그 약속을 온전히 믿음으로 받아들이기가 참 쉽지 않다는 사실을 다시 한번 확인하게 됩니다. 그래도 엘리사벳은 사가랴보다 낫습니다. 사가랴는 '내가 이것을 어떻게 알겠느냐?'고 부정적으로 말했지만, 엘리사벳은 '주님께서 이 일을 행하셨다!'라고 고백하고 있으니 말입니다. 그러나 혼자서만 고백했지, 그것을 사람들에게 당당히 선포하지는 못했습니다. 엎치나 메치나 매한가지입니다.

믿음은 다른 사람에게 당당히 고백하기 전까지 진정한 믿음이 아닙니다. 어떤 분들은 '마음으로 믿는다'라고 말합니다. 교회는 다니지 않아도, 세례는 받지 않았어도 마음으로는 하나님을 믿고 있다고 말합니다. 미안하지만 그것은 믿음이 아닙니다. '비밀 세례'는 없습니다. 어떤 경우에도 세례는 비밀스럽게 행해지면 안 됩니다. 많은 회중이 지켜보는 앞에서 자신의 신앙을 고백하고 세례를 받아야 합니다. 왜냐면 공적인 자리에서 고백하지 않는 믿음은 믿음이 아니기 때문입니다.

오늘 말씀을 묵상하면서, 우리는 매우 중요한 교훈을 얻게 되었습니다. 우리가 아무리 오랫동안 신앙생활을 해왔다고 하더라도, 하나님의 역사하심이 구체적으로 우리의 삶에 나타날 때 그것을 믿음으로 받아들이고 또한 그것을 사람들에게 선포하기란 절대로 쉬운 일이 아닙니다. '아는 것'과 '아는 대로 사는 것', '기도하는 것'과 '기도한 대로 사는 것'은 또 다른 이야기입니다. 그러기에 우리의 인생이 하나님의 일하심이 드러나는 통로로 쓰임 받도록 기도하고, 또한 기도한 대로 살아야 합니다. 그럴 때 우리를 통해서 하나님의 나라가 점점 확장되어 갈 것입니다.

*묵상 질문: 나는 '하나님의 일하심'에 기꺼이 믿음으로 응답할 수 있는가?
*오늘의 기도: 앞장서서 예배를 인도하지만 진정한 예배자가 되지 못하는 우리를 용서하옵소서. 하나님의 말씀을 배우기는 하지만 그것을 삶에 실제로 적용하지 못하는 우리를 용서하옵소서. 매번 기도는 하지만 정작 하나님의 응답에 믿음으로 반응하지 못하고 영적인 언어장애인으로 살아가는 우리를 용서하옵소서. 앎과 삶이 일치하는 신앙생활을 할 수 있도록 우리를 도와주옵소서. 예수님의 이름으로 기도합니다. 아멘.

마리아에게 이루어진 사실

읽을 말씀: 누가복음 1:26-38

새길 말씀: ³⁰천사가 이르되 마리아여 무서워하지 말라 네가 하나님께 은혜를 입었느니라. ³¹보라 네가 잉태하여 아들을 낳으리니 그 이름을 예수라 하라(눅 1:30-31).

다른 복음서들과 달리 누가복음은 사가랴의 이야기로 시작합니다. 거기에는 분명한 의도가 있습니다. 그것은 '우리 중에 이루어진 사실'에 대한 사가랴와 마리아의 반응을 서로 비교해 보기 위해서입니다. 앞 장에서 이미 살펴본 대로 사가랴는 부정적인 태도를 보였습니다. 그러나 오늘 우리가 살펴볼 마리아는 긍정적인 믿음의 모습을 보여줍니다. 무엇이 그런 차이를 만들었을까 궁금해집니다.

우리가 가진 상식으로는 그 반대가 되어야 정상입니다. 사가랴는 율법의 전문가였고, 성전에서 예배를 인도하던 제사장이었습니다. 그는 경건한 삶을 통해 그동안 의인으로 인정받던 사람이었습니다. 그런데 결정적인 순간에 하나님의 계획에 믿음으로 반응하지 못합니다. 반면 마리아는 십 대 소녀였습니다. 세상도 인생도 잘 알지 못할 나이입니다. 그러나 그녀는 하나님의 계획에 믿음으로 반응합니다.

여기에서 우리는 믿음을 측정하는 잣대가 성경의 지식도, 신앙생활의 연륜도, 심지어 경건한 모습도 아니라는 사실을 확인하게 됩니다. 진정한 믿음은 오로지 하나님의 일하심에 대한 반응으로 증명됩니다. 일반적인 기대와 달리 사가랴에게는 믿음이 없었고 마리아에게는 믿음이 있었다는 사실이 드러납니다. 이를 통해서 누가는, 하나님이 다스리는 나라는 오직 하나님께 자기 삶을 선뜻 내어드릴 수 있는 믿음의 사람을 통해 이루어진다는 메시지를 선포하려고 합니다.

요셉과 약혼한 처녀

자, 그런데 마리아는 과연 어떤 사람이었을까요? 오늘 본문에서 우리는 마리아에 대한 몇 가지 정보를 얻을 수 있습니다.

> ²⁶여섯째 달에 천사 가브리엘이 하나님의 보내심을 받아 갈릴리 나사렛이란 동네에 가서 ²⁷다윗의 자손 요셉이라 하는 사람과 약혼한 처녀에게 이르니 그 처녀의 이름은 마리아라(눅 1:26-27).

예루살렘 성전에서 사가랴에게 나타났던 가브리엘이 이번에는 나사렛 동네에 살던 마리아에게 나타납니다. 마리아는 단순히 '다윗의 자손 요셉이라 하는 사람과 약혼한 처녀'라고 소개되고 있습니다. 그 당시 대부분 여자가 그랬듯이, 마리아의 운명은 어떤 남편을 만나느냐에 따라 달라집니다. 따라서 앞으로 그녀의 인생은 약혼자 요셉이 어떤 사람인지에 따라서 결정될 것입니다.

본문은 요셉을 '다윗의 자손'(a descendant of David)으로 근사하게 소개하고 있지만, 사실 그는 오래전에 몰락한 왕가의 후손입니다. 현재 그의 직업은 목수입니다. 특별히 내세울 것이 없는 그저 평범한 인생일 뿐입니다. 그와 약혼한 마리아 역시 마찬가지입니다. 그렇다면 나사렛 산골에서 앞으로 요셉과 마리아가 함께 만들어 갈 인생은 뻔합니다. 다른 사람의 눈에 띄지 않는 지극히 평범한 모습이 될 것입니다.

그런데 천사 가브리엘이 마리아에게 나타남으로써 놀라운 반전이 일어납니다. 지극히 평범한 인생이 비범한 인생으로 바뀌게 됩니다.

> 28그에게 들어가 이르되 은혜를 받은 자여 평안할지어다 주께서 너와 함께 하시도다 하니 29처녀가 그 말을 듣고 놀라 이런 인사가 어찌함인가 생각하매…(눅 1:28-29).

마리아는 가브리엘의 인사를 듣고 '이런 인사가 어찌함인가'(what kind of greeting this might be, NIV)라고 생각했습니다. 이 부분을 메시지성경은 '이와 같은 인사에 감추어진 뜻이 무엇인지 궁금하게 생각했다'(… wondering what was behind a greeting like that, MSG)라고 풀이합니다. 마리아가 가브리엘이 말한 인사의 어떤 부분에서 특별히 그 감추어진 의미를 궁금하게 생각하게 되었을까요?

'평안'을 비는 인사나 "주께서 너와 함께하신다"라는 인사는 유대인들이 일상적으로 사용하는 표현입니다. 그것 때문에 마리아가 궁금해하지는 않았을 것입니다. 문제는 "은혜를 받은 자여"라는 말입니다. 누군가가 나타나서 아무런 설명도 없이 "은혜를 받으셨군요!"라고 말한다면 "내가 무슨 은혜를 받았다는 거지?"라고 궁금해할 것입니다. 마찬가지로 마리아는 자기가 무슨 은혜를 받았다는 것인지 그 감추어진 뜻을 궁금하게 생각한 것입니다.

여기에 아주 중요한 메시지가 숨겨져 있습니다. 마리아가 받은 은혜가 구체적으로 무엇입니까? NIV성경은 이 부분을 "당신은 특별한 호의를 받고 있다"(you are highly favored!)라고 표현합니다. 누구의 호의를 받고 있다는 뜻입니까? 이 뒤에는 'by God'이라는 말이 생략되어 있습니다. 즉, 하나님의 호의, 하나님의 편애입니다. 하나님께서 마리아를 특별히 사랑하셔서 하나님의 뜻을 이루는 통로로 그녀의 인생을 사용하기로 하셨다는 것입니다.

앞으로 마리아가 겪게 될 일들은 사실 '은혜'라고 할 수 없습니다. 결혼하지도 않은 상태에서 아기를 가져야 합니다. 만삭의 몸으로 베들레헴에 가야 합니다. 지낼 곳이 없어 마구간에서 아기를 낳아야 합니다. 헤롯의 살해 위협을 피해서 도망 다녀야 합니다. 그리고 그 후로 겪어야 할 엄청난 일들을 모두 고려해보면, 마리아에게 주어지는 '은혜'는 세상 사람들이 받고 싶어 하는 그런 '은혜'와는 거리가 멉니다.

그러나 마리아는 '하나님의 특별한 은혜를 받은 자'였습니다. 왜냐면 하나님의 아들이 이 세상에 태어나는 통로가 되었기 때문입니다. 태초에 말씀으로 계시던 그분이 육신이 되어 오는데 마리아의 삶을 하나님께서 특별히 사용하셨기 때문입니다. 물론 마리아는 이와 같은 엄청난 하나님의 계획에 대해서 아직은 알지 못합니다. 단지 가브리엘의 인사말을 궁금하게 생각했을 뿐입니다.

여기에서 우리는 마리아가 가지고 있는 영적인 예민함을 발견할 수 있습니다. 이것은 사가랴나 엘리사벳의 이야기에서 전혀 찾아볼 수 없던 것입니다. "내가 무슨 은혜를 받았다는 것일까?" 궁금해하는 마리아에게 하나님의 놀라운 계획이 알려집니다.

계속해서 가브리엘은 마리아에게 이렇게 말합니다.

³⁰천사가 이르되 마리아여 무서워하지 말라 네가 하나님께 은혜를 입었느니라. ³¹보라 네가 잉태하여 아들을 낳으리니 그 이름을 예수라 하라(눅 1:30-31).

"네가 하나님께 은혜를 입었다"를 메시지성경은 "하나님께서 너에게 주실 놀라운 선물이 있다"(God has a surprise for you. MSG)로 풀이합니다. 그 선물이 무엇입니까? 바로 아기를 잉태하는 것이었습니다. 결혼한 부부에게 아기가 생기는 것은 정말 놀라운 선물입니다. 그러나 아직 결혼하지 않은 처녀가 아이를 잉태한다는 것은 사실 '기쁜 소식'이 아니라 '두려운 소식'입니다. 그런데 어떻게 마리아가 하나님께 은혜를 입은 자라고 말할 수 있을까요?

이와 같은 은혜는 물질적인, 자기중심적인 그리고 감정적인 차원으로는 도무지 이해할 수 없습니다. 사람들은 불치의 병이 고쳐지거나 뜻밖의 돈이 생기거나 무엇인가 자기에게 좋은 일이 생길 때 '하나님의 은혜'를 거론합니다. 하다못해 설교 말씀을 듣고 마음에 어떤 감동이 느껴져야 겨우 "은혜를 받았습니다"라고 말하지요.

그러나 진짜 은혜는 나 같은 죄인이 하나님께 쓰임 받는 것입니다. 그것이 하나님께서 나를 특별하게 생각하신다는 뜻입니다. 마리아는 그러한 은혜의 신비를 아직은 깨닫지 못하고 있습니다. 가브리엘의 말이 계속 이어집니다.

³²그가 큰 자가 되고 지극히 높으신 이의 아들이라 일컬어질 것이요 주 하나님께서 그 조상 다윗의 왕위를 그에게 주시리니 ³³영원히 야곱의 집을 왕으로 다스리실 것이

며 그 나라가 무궁하리라(눅 1:32-33).

가브리엘이 앞서 사가랴에게 요한이 태어날 것을 예고하면서 '그가 주 앞에서 큰 자가 될 것'(눅 1:15)이라고 했습니다. 지금 마리아에게도 똑같은 표현을 사용합니다. 그러나 세례 요한과 예수님의 사명은 전혀 다릅니다. 세례 요한은 '엘리야의 심령과 능력으로'(눅 1:17) 메시아의 길을 준비하는 사람이었지만, 예수님은 바로 메시아 자신이었기 때문입니다.

그런데 가브리엘의 말은 7백여 년 전에 이사야가 예언한 말씀과 거의 일치합니다(사 9:6-7). 유대인들은 다윗의 가문에서 한 아기가 태어나 다윗의 왕권을 회복하고 다시금 그 옛날 다윗 시대 이스라엘의 영광을 되찾을 것을 기대해 왔습니다. 그러나 이사야의 예언이나 가브리엘의 말에 등장하는 '그 나라'는 사실 '다윗 같은 왕이 다스리는 나라'가 아니라 '하나님이 다스리는 나라'를 가리킨다는 사실을 그들은 몰랐습니다.

물론 마리아도 마찬가지였습니다. 지금 그것까지 생각할 겨를이 없습니다. 단지 자기가 처녀의 몸으로 아이를 가져야 한다는 말에 황당해하고 있을 뿐입니다. 이때 마리아는 어떤 말을 할까요?

마리아가 천사에게 말하되 나는 남자를 알지 못하니 어찌 이 일이 있으리이까(눅 1:34).

이것은 아주 실제적이고 합리적인 질문입니다. 여자가 남자를 '알아야' 임신하게 되어 있습니다. 여기에서 '안다'라는 것은 남녀의 성관계를 우회적으로 표현하는 말입니다(창 4:1). 최소한 남자와 여자가 육체관계를 가져야 아이를 갖게 됩니다. 그것이 일반적인 상식입니다. 마리아의 질문은 '내가 이 일을 어떻게 알리요?'라고 말한 사가랴와는 차원이 다릅니다. 사가랴는

'절대로 믿지 못하겠다'라는 뜻으로 말했지만, 마리아는 지금 가능한 방법에 대한 상식적인 질문을 하고 있습니다.

이때 가브리엘은 마리아가 미처 알지 못하는 하나님의 지식을 전하기 시작합니다.

천사가 대답하여 이르되 성령이 네게 임하시고 지극히 높으신 이의 능력이 너를 덮으시리니 이러므로 나실 바 거룩한 이는 하나님의 아들이라 일컬어지리라(눅 1:35).

가브리엘의 대답은 분명합니다. 사람의 상식으로는 이해할 수 없는 신비이지만, 하나님의 능력으로는 그저 일상적인 일이라는 겁니다. 부부관계 없이 아이를 잉태한다는 것도 그렇고, 하나님의 아들을 낳는다는 것도 그렇고, 하나님을 믿지 않는 사람에게는 도무지 설명할 수 없는 일입니다. 그러나 하나님을 믿는 사람에게는 그다지 어려운 일이 아닙니다.

우리가 만일 창조주 하나님을 믿는다면 믿지 못할 게 없습니다. 이 세상을 창조하시고 그 안에 사람을 만드신 분이 하나님이신데, 하나님의 아들을 사람으로 태어나게 하시는 것이 무슨 큰일이나 되겠습니까? 오병이어로 5천 명을 먹이고, 불치의 병자들을 고치고, 죽은 사람을 살려내는 것이 하나님에게 힘든 일일까요? 창조주 하나님을 믿지 못한다면 하나님이 행하시는 다른 어떤 일도 믿을 수 없습니다.

가브리엘은 마리아를 설득하기 위해 엘리사벳의 임신 사실을 증거로 제시합니다(눅 1:36). 마리아와 엘리사벳이 '친족'(사촌) 관계라는 것을 알려주는 대목은 여기가 유일합니다. 마리아는 엘리사벳을 잘 알고 있었습니다. 그녀가 오랫동안 불임의 고통을 받아왔다는 사실도 잘 알고 있었습니다. 그런데 엘리사벳이 임신한 지 벌써 6개월이나 되었다는 걸 천사를 통해 알게 된 것입니다. 그것 또한 하나님의 능력으로 되었다는 천사의 말에 마리아는 믿음의 반응을 보이기 시작합니다.

상식을 뛰어넘는 믿음

신앙은 상식을 포함합니다. 그러나 때로는 상식을 훌쩍 뛰어넘기도 합니다. 지금 마리아에게는 상식적으로 전혀 이해할 수 없는 일들이 전개되고 있습니다. 결혼도 하지 않은 처녀가 아이를 갖는다는 게 어떻게 가능한 일이며, 특별히 당시의 보수적인 유대 사회에서 그것이 과연 가당키나 한 일입니까? 아무리 하나님의 사자가 전해주는 이야기라고 하더라도 결코 믿을 수도 없고 또한 받아들일 수도 없는 상식 밖의 일입니다.

그러나 마리아는 '상식적인 믿음'이 아니라 '상식을 뛰어넘는 믿음'을 가지고 있었습니다. 가브리엘은 엘리사벳의 기적적인 임신 사실을 알려주면서 이렇게 말합니다. "하나님의 모든 말씀은 능하지 못함이 없느니라"(눅 1:37). 정말 그렇습니다. 상식적으로 가능한 일만 믿는다면 그건 믿음이 아닙니다. 하나님 안에서 불가능한 일이 없음을 선포하는 것이 진짜 믿음입니다. 마침내 마리아는 하나님의 계획을 받아들입니다.

> 마리아가 이르되 주의 여종이오니 말씀대로 내게 이루어지이다 하매 천사가 떠나가 니라(눅 1:38).

"나는 주님의 종입니다!" 이 말로 마리아가 가지고 있는 믿음의 수준이 충분히 드러납니다. 종은 주인의 명령에 순종할 뿐입니다. 종이 이해할 수 있는지 또는 믿을 수 있는지는 둘째 문제입니다. 하나님이 말씀하시면 그대로 따를 뿐입니다. 하나님께서 내 삶을 사용하시겠다면 그대로 내어드릴 뿐입니다. 그게 종입니다. 하나님의 종이라는 자기 정체성이 곧 이런 믿음을 갖게 하는 것입니다.

그런데 사람들은 알아야 믿을 수 있다고 생각합니다. 아닙니다. 믿으면 곧 알게 됩니다. 보아야 믿을 수 있는 것이 아닙니다. 믿으면 볼 수 있게 되는 겁니다. 언제나 믿음이 먼저입니다. 믿음으로 섬길 준비가 되어 있는 사람에게 감추어진 하나님의 신비가 보이고 하나님의 놀라운 계획들을 알게 되는 것입니다.

여기에서 우리가 기억해야 할 한 가지 중요한 진리가 있습니다. 그것은 우리가 동의하든지, 동의하지 않든지 간에 하나님의 뜻은 반드시 이루어진다는 사실입니다. 사가랴가 믿음의 반응을 보이지 않았다고 해서 그에게 약속한 요한의 출생이 취소되었나요? 아니지요. 세례 요한이 출생할 때까지 사가랴가 말 못 하며 지내게 되었을 뿐, 하나님의 본래 계획은 그대로 진행되었습니다. 이것을 아는 것이 믿음입니다.

마리아는 그것을 알았습니다. 비록 상식적으로는 이해할 수 없다고 하더라도, 비록 그것으로 인해 자신이 큰 손해를 보게 된다고 하더라도, 만일 하나님께서 그렇게 계획을 세우셨다면 어떻게든 하나님의 뜻이 이루어지게 될 것입니다. 그러니 하나님이 하시려고 하는 일에 대해서 되니, 안 되니 할 필요가 없습니다. 그냥 "말씀대로 내게 이루어지기를 원합니다!"라고 하면 되는 것입니다.

이 대목에서 우리는 주기도문의 내용을 다시 한번 곱씹어보아야 합니다. 주님은 하나님이 다스리시는 나라가 이 땅에 이루어지기를 기도하라고 하시면서, 그 구체적인 내용을 이렇게 설명하셨습니다. "뜻이 하늘에서 이루어진 것같이 땅에서도 이루어지이다"(마 6:10). 자, 그런데 앞에서 하나님의 뜻은 사람들의 반응과 상관없이 결국 이루어진다고 그랬습니다. 그렇다면 "하나님의 뜻이 이루어지도록 기도하라"는 말은 무슨 의미일까요? 우리가 굳이 기도하지 않아도 그렇게 될 텐데 말입니다.

그것은 하나님을 바꾸는 기도가 아니라 우리를 바꾸는 기도를 하라는 것입니다. 우리가 하나님의 뜻을 순순히 받아들일 수 있도록 그렇게 기도하라는 것입니다. 능력 있는 기도는 하나님의 뜻을 꺾어서라도 어떻게든 우리의 뜻을 관철하는 것이 아닙니다. 오히려 하나님의 뜻에 우리 자신을 쳐서 복종하는 것이 진정한 기도요, 능력 있는 기도입니다.

마리아는 겨우 십 대 소녀였습니다. 당시 보통 여자들이 그랬듯이 많이 배우지도 못했습니다. 정혼한 요셉과 조만간 결혼하여 나사렛 산골 마을에서 그저 평범하게 살아갈 사람이었습니다. 눈에 뜨일 만한 특별한 모습이 없었습니다. 그러나 하나님은 마리아를 주목하셨습니다. 마리아에게서 믿음을 보셨습니다. 자기 삶을 하나님의 뜻을 이루는데 통째로 내어드릴 수 있는 믿음을 보신 것입니다. 그 믿음이 하나님의 아들을 이 땅에 태어나게 했습니다. 지금도 하나님의 나라는 그런 믿음을 가진 사람들을 통해 계속 확장되고 있습니다.

묵상 질문: 나에게는 '상식을 뛰어넘는 믿음'이 있는가?
오늘의 기도: 마리아의 영적인 예민함이 우리에게도 있게 하옵소서. 하나님의 말씀에는 불가능이 없다는 사실을 우리도 믿을 수 있게 하옵소서. 하나님의 결정을 믿음으로 받아들일 수 있는 용기 있는 사람이 되게 하옵소서. 그리하여 우리 인생이 하나님의 뜻을 이루는 통로로 쓰임 받는 은혜를 맛보게 하옵소서. 예수님의 이름으로 기도합니다. 아멘.

엘리사벳의 찬가

읽을 말씀: 누가복음 1:39-45

새길 말씀: 엘리사벳이 마리아가 문안함을 들으매 아이가 복중에서 뛰노는지라. 엘리사
벳이 성령의 충만함을 받아 큰 소리로 불러 이르되 여자 중에 네가 복이 있으
며 네 태중의 아이도 복이 있도다(눅 1:41-42).

누가복음은 하나님의 뜻을 알려주는 가브리엘 천사의 수태고지를 들은
두 사람, 사가랴와 마리아를 비교하는 것으로 시작합니다. 표면적으로 볼
때 사가랴와 마리아는 아주 대조적인 조건을 가지고 있었습니다. 남자와
여자, 이름이 널리 알려진 공적인 인물과 이름이 알려지지 않은 무명의
처녀, 나이가 지긋한 사람과 어린 사람 그리고 예루살렘과 갈릴리의 나사렛….
이 모두는 사가랴의 상대적인 우월성을 잘 드러내고 있는 조건들입니다.

마리아는 사가랴처럼 '제사장'도 아니었고, '하나님 앞에 의인'이라는
설명도 등장하지 않습니다. 사가랴처럼 '모든 계명과 규례대로 행했는지'의
여부도 확인되지 않습니다. 그저 나사렛이란 조그만 산골 동네에서 지극히

평범한 남편과 결혼하여 지극히 평범한 인생을 살아갈 소박한 꿈을 꾸던 시골 처녀였을 뿐입니다. '나사렛에서 무슨 선한 게 날 수 있겠느냐'(요 1:46)는 나다나엘의 말처럼, 마리아에게서 그 어떤 선한 것도 기대할 수 없습니다.

그러나 가브리엘 천사의 수태고지를 듣고서 마리아는 "주의 여종이오니 말씀대로 내게 이루어지기를 바랍니다"(눅 1:38)라고 하면서 신앙적인 반응을 보입니다. 이것은 "내가 그것을 어떻게 알겠습니까?"(눅 1:18)라고 하면서 불신앙적인 반응을 보인 사가랴와는 아주 대조적인 모습입니다. 어디에서 그런 차이가 생긴 것일까요?

마리아가 사가랴보다 월등하게 뛰어난 이해력을 가졌기 때문일까요? 아닙니다. 오히려 인생의 연륜이나 경험을 보거나, 율법에 대한 지식을 보더라도 사가랴보다 나은 게 하나도 없습니다. 차이가 있다면 사가랴는 '상식적인 믿음'을 가지고 있었고, 반면에 마리아는 '상식을 뛰어넘는 믿음'을 가지고 있었다는 사실입니다. 그랬기에 하나님의 뜻 앞에 온전히 순종할 수 있었던 것입니다.

사실 하나님의 뜻은 사람들의 반응과 상관없이 이루어지게 되어 있습니다. 그 뜻 앞에 겸손하게 순종할 수 있는 것이 진정한 믿음의 지혜입니다. 마리아는 그 지혜를 가지고 있었습니다. 그 결과에서도 두 사람은 큰 차이를 보이게 됩니다. 사가랴는 한동안 말을 하지 못하는 상태로 지내야 했지만, 마리아는 하나님을 찬양하는 일을 하게 되었기 때문입니다. 오늘부터 우리가 살펴볼 내용입니다.

마리아와 엘리사벳

마리아는 가브리엘 천사가 떠나자마자 곧바로 엘리사벳의 집으로 갑니다.

³⁹이 때에 마리아가 일어나 빨리 산골로 가서 유대 한 동네에 이르러 ⁴⁰사가랴의 집
에 들어가 엘리사벳에게 문안하니…(눅 1:39-40).

마리아와 엘리사벳은 친족이었습니다. 사촌지간이었던 것으로 보입니다.
그러나 그들은 서로 가까이에 살지는 않았습니다. 마리아는 지금 갈릴리
지방 나사렛에 있고, 엘리사벳의 집은 유대 지방에 있었습니다. 본문에 '유대
한 동네'(a town in the hill country of Judea)라고 표현된 곳을 성서 학자들은
대개 헤브론(Hebron)으로 추정합니다.

헤브론은 전통적으로 제사장들의 성읍이었습니다. 특별히 아론 자손에게
분배해준 성읍이었습니다(수 21:13). 헤브론과 나사렛은 약 100마일 정도
떨어졌는데, 교통 수단이 발달하지 않았던 당시에는 여행하기에 상당히
먼 거리였습니다. 그러니까 그들이 가까운 친척이기는 했지만 서로 자주
왕래하지는 못했던 것으로 보입니다.

아무튼 마리아는 가브리엘이 떠나자마자 즉시 '일어나 빨리' 엘리사벳을
찾아가서 문안합니다. 메시지성경의 표현대로 하자면 "마리아는 잠시도
지체하지 않고"(Mary didn't waste a minute. MSG) 서둘러 갔던 것입니다.
처녀의 몸으로 혼자서 여행하기에 쉽지 않은 길입니다. 그런데도 주저함이
없이 훌쩍 떠난 이유가 무엇일까요? 그것은 자기에게 전해진 일들이 사실인지
아닌지 두 눈으로 확인하고 싶었기 때문입니다.

예고 없는 마리아의 갑작스러운 방문에 엘리사벳은 아주 특별한 반응을
보입니다.

⁴¹엘리사벳이 마리아가 문안함을 들으매 아이가 복중에서 뛰노는지라. ⁴²엘리사벳
이 성령의 충만함을 받아 큰 소리로 불러 이르되…(눅 1:41-42a)

가장 먼저 민감한 반응을 보인 사람은 놀랍게도 엘리사벳의 복중에 있던 아기였습니다. 이 아기가 후에 세례 요한이 될 사람입니다. 본문은 '아이가 복중에서 뛰놀았다'라고 합니다. 메시지성경은 '그 아기가 배 속에서 펄쩍펄쩍 뛰었다'(the baby in her womb leaped.)라고 표현합니다. 사람들이 너무 기쁠 때 그러듯이 아기가 펄쩍펄쩍 뛰었다는 것입니다.

이것은 엘리사벳이 임신 기간 동안 한 번도 느껴보지 않았던 격한 반응이었습니다. 어머니는 아기의 움직임을 가장 잘 압니다. 마리아가 문안하는 목소리를 듣고 배 속의 아기가 이처럼 특별한 반응을 보이자 엘리사벳은 놀라지 않을 수 없었을 것입니다. 그런데 이번에는 엘리사벳 자신에게도 특별한 반응이 나타납니다.

그녀가 '성령의 충만함을 받아' 큰 소리로 말하기 시작한 것입니다. 우리말 '성령이 충만하였다'라는 부분을 NIV성경은 "She was filled with the Holy Spirit"이라고 표현합니다. 이는 성령의 다스림이 엘리사벳의 모든 부분에 가득 채워졌다는 그런 뜻입니다. 다시 말해서 그녀 자신의 감정이나 의지가 아니라 성령의 감동과 의지에 따라서 생각하고 말하고 행동하게 되었다는 것입니다.

성령의 충만함을 받은 엘리사벳은 '큰 소리로' 말하기 시작했습니다. 메시지성경은 이 부분을 "생기에 차서 뜨겁게 노래했다"(and sang out exuberantly)라고 표현합니다. 엘리사벳은 본래 조용한 성격의 사람이었습니다. 세례 요한을 임신하고 난 후에 그 사실을 아무에게 알리지 않고 지냈던 것은, 부끄러움을 많이 타고 남들에게 잘 나서지 않는 그런 성격이 작용했기 때문입니다. 그런데 마리아의 문안을 받으면서 엘리사벳은 자기도 모르게 생기에 찬 목소리로 뜨겁게 노래하기 시작한 것입니다. 그것은 사실 엘리사벳의 노래가 아니었습니다. 그녀의 입술을 통해서 성령님이 직접 말씀하시는 것이었습니다.

그래서 이 부분에(42b-45절) '엘리사벳의 찬가'라고 하지 않고 '성령의 찬가'라는 제목을 붙이기도 합니다.

> 42…여자 중에 네가 복이 있으며 네 태중의 아이도 복이 있도다. 43내 주의 어머니가 내게 나아오니 이 어찌 된 일인가. 44보라 네 문안하는 소리가 내 귀에 들릴 때에 아이가 내 복중에서 기쁨으로 뛰놀았도다(눅 1:42b-44).

엘리사벳을 만나고 나서 지금까지 마리아는 아무런 말도 하지 않았습니다. 아니 말을 꺼낼 틈도 없었습니다. 그런데 엘리사벳은 "여자 중에 네가 복이 있으며 네 태중의 아이도 복이 있도다"라고 합니다. 엘리사벳은 마리아의 태중에 아기가 있다는 사실을 알고 있었던 것입니다. 어떻게 알게 되었을까요? 여자에게는 흔히 육감(六感)이 있다고 그러는데, 그래서 알게 된 것일까요? 아닙니다. 성령님이 알게 하신 것입니다.

그러면서 엘리사벳은 마리아를 가리켜 '내 주의 어머니'(the mother of my Lord)라고 말합니다. 그러니까 마리아가 지금 태중에 가지고 있는 아기가 이스라엘 사람들이 그토록 오랫동안 학수고대하며 기다려오던 '메시아'이며 '주님'이라는 사실을 선포하고 있는 것입니다. 엘리사벳은 경험이나 직감으로 이러한 사실을 알게 된 게 아닙니다. 단지 성령의 충만함으로 깨달았을 뿐입니다.

엘리사벳은 그렇다고 하더라도 엘리사벳의 복중에 있던 아기는 어떻게 예수님을 알아보고 기쁨으로 뛰놀았을까요? 그 역시 마찬가지입니다. 성령의 충만함이 있었기 때문입니다. 이것은 가브리엘이 사가랴에게 수태고지를 할 때 이미 예고한 일이었습니다.

¹⁵이는 그가 주 앞에서 큰 자가 되며 포도주나 독한 술을 마시지 아니하며 모태로부터 성령의 충만함을 받아 ¹⁶이스라엘 자손을 주 곧 그들의 하나님께로 많이 돌아오게 하겠음이라(눅 1:15-16).

가브리엘은 세례 요한을 가리켜서 '모태로부터 성령의 충만함을 받은 사람'이라고 분명히 말했습니다. 마리아의 태중에 있는 예수님을 알아보고 펄쩍펄쩍 뛰놀았던 것이 바로 그 증거입니다. 생각해보십시오. 어머니 배 속에서 이제 6개월밖에 자라지 않은 아기입니다. 그 아기가 무슨 능력이 있다고 그럴 수 있겠습니까? 성령님이 역사하신 것이지요.

여기에서 우리는 한 가지 중요한 진리를 깨닫습니다. 성령의 충만함을 받는 일에 나이의 제한이 없다는 사실입니다. '성령 충만'을 어른들만의 전유물처럼 생각하는 사람들이 있는데, 아닙니다! 아이들도 얼마든지 성령의 충만함을 받을 수 있습니다. 심지어 태중의 아기도 성령의 충만함을 받을 수 있습니다. 하나님은 일찍이 요엘 선지자를 통해서 이것을 말씀해 주셨습니다.

그 후에 내가 내 영을 만민에게 부어 주리니 너희 자녀들이 장래 일을 말할 것이며 너희 늙은이는 꿈을 꾸며 너희 젊은이는 이상을 볼 것이며 그때에 내가 또 내 영을 남종과 여종에게 부어 줄 것이며…(욜 2:28-29).

쉬운 말로 바꾸면 하나님께서 당신의 영을 '남녀노소' 구별 없이 부어 주시겠다는 예언입니다. 사람들은 이 예언이 오순절 성령강림 사건으로 성취되었다고 생각합니다. 아닙니다. 요엘의 예언은 그 이전에 '모태로부터 성령이 충만했던' 아기 요한을 통해서 성취되기 시작했습니다. 이 얼마나 놀라운 일입니까?

믿은 사람이 복 있다!

계속해서 엘리사벳은 성령의 충만함으로 찬양을 이어갑니다.

주께서 하신 말씀이 반드시 이루어지리라고 믿은 그 여자에게 복이 있도다(눅 1:45).

지금까지 마리아는 그동안 자기에게 무슨 일이 있었는지 한마디도 이야기하지 않았습니다. 그런데 어떻게 알았는지 엘리사벳은 "하나님께서 하신 말씀이 반드시 이루어지리라 믿은 여자에게 복이 있다!"라고 말합니다. 이는 마리아를 가리켜서 한 말입니다. 가브리엘 앞에서 마리아가 보여준 모습을 이보다 더 정확하게 묘사할 수는 없을 것입니다. 실제로 당시에 어떤 일이 있었는지 다시 한번 살펴보겠습니다.

가브리엘은 불임으로 고생하던 엘리사벳의 임신 사실을 밝히면서 마리아에게 이렇게 말했지요. "보아라, 하나님께는 불가능한 일이 없다"(Nothing is impossible with God, 눅 1:37. MSG). 그렇습니다. 만일 하나님에게 불가능한 일이 있다면 그런 하나님은 진짜 하나님이 아닙니다. 만일 하나님이 천지를 창조하신 전능하신 분이라면, 폐경기를 넘긴 여인도 아기를 가지게 할 수 있어야 하고 남자를 알지 못하는 처녀도 아기를 가지게 할 수 있어야 합니다.

이 말씀은 마리아의 믿음을 확인하는 도전이 되었습니다. 만일 마리아가 하나님을 믿는다면 하나님에게는 불가능한 일이 전혀 없다는 사실을 또한 믿어야 합니다. 만일 그 하나님께서 마리아를 통해서 이 세상을 구원할 메시아를 태어나게 하시겠다면 거기에 대해서 '아니!'라고 하면 안 됩니다. '어떻게?'라고 해서도 안 됩니다. 전능하신 하나님의 계획에 동의하지 않으면서 어떻게 하나님을 믿는다고 말할 수 있겠습니까?

마리아는 결국 이렇게 대답합니다. "이제야 모두 알겠습니다. 나는 섬길 준비가 된 주님의 여종입니다. 당신의 말씀대로 내게 이루어지기를 원합니다"(눅 1:38, 메시지). 마지막 부분을 영어 원어는 이렇게 표현합니다. "Let it be with me just as you say." 사람들은 '렛잇비'(let it be)를 그냥 순리에 따라서 사는 것이나, 아니면 아예 그냥 될 대로 되라는 의미로 이해합니다. 하나님의 말씀이 그렇다니까 감히 어떻게 거부하겠느냐는 뜻으로 생각하는 것이지요.

그러나 마리아의 '렛잇비'는 자포자기하고 그냥 되는 대로 사는 '렛잇비'가 아니었습니다. 하나님의 말씀대로 사는 '렛잇비'였습니다. 다시 말해서 하나님의 약속을 믿고 하나님이 이끄시는 대로 걸어가는 삶의 결단입니다. 물론 인간의 상식으로는 도무지 이해할 수도 없고 받아들일 수도 없습니다. 그렇지만 만일 그것이 나를 향한 하나님의 뜻이라면 그 뜻 앞에 내 생각을 쳐서 복종하는 '렛잇비'입니다. 하나님의 말씀에 순종하여 따르는 '렛잇비'입니다. 그것이 바로 마리아의 믿음이었습니다.

놀랍게도 엘리사벳은 마치 그 현장을 생생하게 목격한 사람처럼 정확하게 짚어서 말합니다. 그러면서 마리아를 향해 '복 있는 여자'라고 선포합니다. 이것은 사실 엘리사벳이 소유한 특별한 능력이 아닙니다. 그 현장을 생생하게 목격하셨던 성령님만이 하실 수 있는 말씀입니다. 마리아는 '주께서 하신 말씀이 반드시 이루어질 것'을 분명히 믿었습니다. 그 믿음을 엘리사벳의 찬가를 통해서 성령님이 다시 확증하고 계시는 것이지요.

바로 이 대목에서 마리아는 하나님이 자기 삶을 통해서 이루어 가시는 일에 대해 분명한 확신을 얻게 되었습니다. 하나님의 뜻에 먼저 믿음으로 순종했던 마리아에게 하나님은 엘리사벳의 입을 빌어 그 믿음을 확증해 주신 것입니다. 우리가 먼저 믿음으로 순종하고 나중에 하나님이 그 믿음을 확증해 주는 이것이 제대로 된 순서입니다.

그런데 사람들은 먼저 증거를 보여달라고 하나님께 요구합니다. 증거를 보여주시면 믿겠다고 그럽니다. 그 대표적인 인물이 바로 소심한 사사 기드온이었습니다. 그는 하나님에게 '양털 뭉치 표징'을 요구했습니다. 타작마당에 양털 한 뭉치를 둘 테니 이슬이 양털에만 있고 주변 땅이 마르게 해달라는 것입니다. 그러면 하나님의 약속처럼 자신을 통해 이스라엘을 구원하실 것을 믿겠다는 것입니다(삿 6:37). 실제로 하나님은 그의 요구대로 들어주었습니다. 그러자 그는 또 다른 증거를 요구하지요.

사실 기드온은 도망갈 구멍을 찾고 있었습니다. 만일 자기의 요구대로 되지 않으면 그것을 핑계 삼아 미디안과의 전쟁에 나가지 않으려고 했던 것입니다. 먼저 증거를 보여달라고 요구하는 사람치고 믿음 있는 사람을 찾아볼 수 없습니다. 하나님은 기드온의 믿음 없음을 잘 아셨습니다. 그러나 그를 책망하지 않으시고 그의 요구대로 다 들어주었습니다. 그렇게 기드온을 이스라엘을 구원하는 사사로 세우셨던 것입니다. 따라서 이스라엘을 구원한 것은 기드온의 믿음이나 용기가 아닙니다. 오직 하나님의 은혜였습니다.

마리아는 기드온처럼 그러지 않았습니다. 그녀는 하나님의 말씀에 먼저 믿음으로 순종했습니다. 그러자 하나님은 엘리사벳의 찬가, 아니 성령의 찬가를 통해서 마리아의 믿음을 확증해 주셨습니다. 그래서 하나님의 아들이 이 세상에 태어나는 일에 실제로 자신의 삶을 온전히 드릴 수 있었던 것입니다.

우리에게도 마리아와 같은 믿음이 있어야 하겠습니다. 알아야 믿는 것이 아닙니다. 믿어야 알게 됩니다. 믿는 사람이 복 있는 사람입니다. 믿음의 사람을 통해 하나님의 나라가 이루어집니다.

묵상 질문: 하나님에게는 불가능한 일이 없다고 나는 믿는가?
오늘의 기도: 우리의 믿음 없음을 용서하옵소서. 먼저 증거를 보여주어야

만 믿을 수 있다고 고집하는 우리를 깨우쳐주옵소서. 눈에 보이지 않아도 손에 잡히지 않아도 먼저 믿음을 보이게 하시고, 먼저 주님의 말씀에 순종하는 자가 되게 하시고, 그런 자에게 믿음을 확증해 주시는 하나님의 놀라운 은혜를 체험하게 하옵소서. 예수님의 이름으로 기도합니다. 아멘.

마리아의 찬가

읽을 말씀: 누가복음 1:46-56

새길 말씀: 마리아가 이르되 내 영혼이 주를 찬양하며 내 마음이 하나님 내 구주를 기뻐하
였음은 그의 여종의 비천함을 돌보셨음이라. 보라 이제 후로는 만세에 나를
복이 있다 일컫으리로다"(눅 1:46-48).

마리아는 가브리엘에게 수태고지를 들은 후에 즉시 엘리사벳의 집을
찾아갑니다. 갑작스러운 마리아의 방문에 가장 먼저 엘리사벳의 태중에
있던 아기가 펄쩍펄쩍 뛰며 반응합니다. 그것은 가브리엘이 사가랴에게
예고한 그대로였습니다. 세례 요한은 모태로부터 성령 충만함을 받을 사람이
었던 것입니다. 그래서 아기 예수님의 출현에 그렇게 격한 반응을 보였던
것이지요.

이때 엘리사벳도 성령 충만함을 받았습니다. 마리아는 자기에게 어떤
일이 일어났는지 아직 이야기를 꺼내지 않았지만, 엘리사벳은 마리아가
이미 임신 중이라는 사실까지 알아차렸습니다. 그것도 이 세상을 구원할

구세주를 잉태했음을 공개적으로 선포합니다. 그러니까 엘리사벳과 복중의 아기가 모두 성령 충만함을 받아 마리아의 믿음의 순종을 분명히 확증해 주었던 것입니다.

마리아는 하나님께서 자기 삶을 통해서 이루어가시는 일에 대해서 분명한 확신을 얻었습니다. 그러자 주체할 수 없는 뜨거운 감격으로 하나님을 찬양하기 시작합니다. 오늘 우리가 살펴볼 내용입니다. <마리아의 찬가>는 믿음으로 순종하는 사람들을 통해 이루어가시는 하나님의 나라를 선포합니다.

마그니피카트

<마리아의 찬가>를 <마그니피카트>(Magnificat)라고 부르는데, 이 노래를 시작하는 첫 단어 '찬양합니다'의 라틴어 번역에서 따온 것입니다. 그 내용적인 구조는 구약성경에 나오는 '한나의 기도'(삼상 2:1-10)와 아주 비슷합니다. 거기에서 한나는 자신이 임신하지 못하여 사람들의 조롱을 받았지만, 하나님께서 은혜를 베푸심으로 그 처지가 역전되었음을 강조합니다. 이와 비슷하게 마리아는 <마그니피카트>에서 비천한 자기를 높이시고 인류를 구원하시는 하나님을 찬양합니다.

> 46...내 영혼이 주를 찬양하며 47내 마음이 하나님 내 구주를 기뻐하였음은 48그의 여종의 비천함을 돌보셨음이라. 보라 이제 후로는 만세에 나를 복이 있다 일컬으리로다(눅 1:46-48).

마리아는 '영혼'으로 찬양하며 '마음'으로 기뻐하고 있습니다. 이는 그냥 의례적으로 하는 말이 아닙니다. 그녀는 속에서부터 주체할 수 없이 끓어오르는 감격을 이렇게 표현하고 있는 것입니다. 그래서 이 부분을 메시지성경은

"나는 하나님의 뉴스로 인해 마음이 터질 듯하여, 구원자 하나님을 춤추며 노래한다"(I'm bursting with God-news; I'm dancing the song of my Savior God. MSG)라고 표현합니다.

마리아가 들은 '하나님의 뉴스'(God-news)가 무엇입니까? 이 땅에 오시는 구세주에 대한 소식입니다. 하나님의 아들을 자신이 잉태하였다는 소식입니다. 그런데 사실 그것은 '기쁜 소식'이 아니라 '큰일 날' 소식입니다. 두렵고 무서운 소식입니다. 처녀가 아기를 가졌다는 것도 그렇고, 마리아와 정혼한 요셉에게 그 소식을 알리는 것도 그렇고, 정말 걱정이 태산 같아야만 할 일입니다. 그런데도 마리아는 기쁨으로 충만합니다. 염려하고 근심해야 할 일인데도 마리아는 오히려 춤추면서 기뻐합니다.

그 이유를 마리아는 이렇게 설명합니다. "그의 여종의 비천함을 돌보셨음 이라"(For he has been mindful of the humble state of his servant. NIV). 하나님께서 마리아 자신의 보잘것없는 상태를 염두에 두고 계셨다는 고백입니다. 마리아는 자신이 무명의 존재라는 사실을 잘 알고 있습니다. 사람들의 주목을 받을 형편도 아니고, 특히 하나님의 주목을 받을 존재는 더더욱 아니라는 걸 잘 압니다. 그런데 어찌 된 일인지 하나님께서 그 많은 사람 가운데서 유독 자신을 주목하셔서 당신의 뜻을 이루는 통로로 사용하신다고 하니 그 얼마나 감격스러운지 모르겠다는 것입니다.

여기에서 우리는 하나님의 부르심에 바르게 응답하는 믿음의 자세를 발견합니다. 사람들은 '겸손'이라는 포장으로 하나님의 말씀에 '불순종'하곤 합니다. "나는 부족합니다", "나는 자격이 없습니다"라고 말하는 것까지는 좋습니다. 그런데 결국 '나는 못 합니다!'라고 하면서 하나님의 부르심을 거절합니다. 그것은 겸손이 아닙니다. 겸손을 가장한 불순종입니다. 믿음의 사람은 그렇게 하지 않습니다. "나는 부족하고 자격이 없지만, 하나님께서 말씀하시니 그대로 순종하겠습니다!" 그러면서 감격하는 것이 제대로 된 믿음의 반응입니다.

그런데 사람들은 왜 하나님의 부르심을 거절할까요? 계산이 많아서 그렇습니다. 무거운 짐을 지는 것이 싫고, 어려운 일을 해야 하는 것이 부담스럽고, 일상적인 편안한 삶을 포기해야 하는 것이 귀찮기 때문입니다. 그런데 사람들이 모르는 것이 하나 있습니다. 하나님의 부르심을 거절할 때 또한 복 받을 기회를 놓쳐버린다는 사실입니다. 마리아는 말씀에 순종하는 것이 놀라운 복을 받을 기회라는 걸 알았습니다. 그래서 이렇게 선언합니다. "나는 이 땅에서 가장 복된 여자다!"(눅 1:48, 메시지).

실제로 마리아는 오고 오는 모든 세대에서 가장 복된 여자가 되었습니다. 지극히 평범했던 이름 '마리아'가 '예수 그리스도의 어머니 마리아'로 불리게 되었습니다. 이 모두는 하나님의 부르심에 믿음으로 순종했기 때문입니다. 그것도 마지못해서가 아니라, 기쁨과 감사함으로 하나님의 부르심에 응답했기 때문입니다. 마음이 터질 것 같아 춤추면서 하나님을 찬양했기 때문입니다.

지금도 하나님은 당신의 뜻을 이루기 위해서 세계 곳곳에서 당신의 백성을 부르십니다. 그 부르심 앞에 불순종하는 사람들은 사가랴처럼 입술을 닫고 말하지 못하게 됩니다. 그러나 믿음으로 순종하는 사람들은 마리아처럼 입술을 벌려 하나님을 찬양합니다. 그래서 찬양을 '믿음의 꽃'이라고 표현하는 것입니다. 마리아의 찬양은 마리아의 믿음을 보여주는 가장 아름다운 꽃입니다.

거룩과 긍휼

계속해서 <마리아의 찬가>는 하나님의 두 가지 속성을 드러내어 선포합니다.

⁴⁹능하신 이가 큰일을 내게 행하셨으니 그 이름이 거룩하시며 ⁵⁰긍휼하심이 두려워

하는 자에게 대대로 이르는도다(눅 1:49-50).

여기에서 '능하신 이'(the Mighty One)는 본래 아브라함에게 나타나셨던 하나님의 이름입니다. 아브라함이 99세가 되었을 때 하나님이 나타나셔서 '나는 전능한 하나님이라'(창 17:1)고 하시면서 그의 아내 사라를 통해서 아이를 낳게 될 것을 약속하셨습니다. '전능하신 하나님'은 히브리어로는 '엘 샷다이'(El Shadday), 영어로는 'God the Almighty'라고 표현합니다. 오늘 본문의 '능하신 이'가 바로 '엘 샷다이'를 가리키는 말입니다.

전능하신 하나님께서 마리아를 위해 '큰일'(great things)을 행하셨다고 하는데, 무엇이 '큰일'입니까? 남자를 알지 못하는 몸으로써 구세주를 잉태하게 된 것이 큰일입니다. 마리아는 그 일이 하나님의 능력으로 말미암은 것임을 분명히 확신하고 있습니다. 만일 마리아에게 이런 확신이 없었다면 그렇게 감격하면서 춤추며 찬양할 수 없었을 것입니다.

전능하신 하나님의 임재 앞에서 사람들이 표현할 수 있는 가장 적절한 말은 바로 '거룩'(holy)입니다. 마리아는 '그 이름이 거룩하시다'(Holy is his name, NIV)라고 고백합니다. '거룩'은 하나님의 능력을 체험한 사람들의 입에서 자연스럽게 터져 나오는 고백입니다. 일찍이 출애굽 하던 하나님 백성이 홍해를 건너는 이적을 체험한 후에 이렇게 노래했습니다.

여호와여 신 중에 주와 같은 자가 누구니이까. 주와 같이 거룩함으로 영광스러우며 찬송할 만한 위엄이 있으며 기이한 일을 행하는 자가 누구니이까(출 15:11).

하나님의 은혜로 얻게 된 사무엘을 드리면서 한나는 다음과 같이 찬양합니다.

여호와와 같이 거룩하신 이가 없으시니 이는 주밖에 다른 이가 없고 우리 하나님 같은 반석도 없으심이니이다(삼상 2:2).

이사야가 성전에서 본 '보좌 환상' 중에 스랍들이 날면서 이렇게 찬양합니다.

서로 불러 이르되 거룩하다 거룩하다 거룩하다 만군의 여호와여 그의 영광이 온 땅에 충만하도다 하더라(사 6:3).

우리말 '거룩하다'에 해당하는 헬라어 '하기오스'(hagios)는 '구별되다', '완전히 다르게 성별되다'라는 뜻입니다. 이것은 오직 하나님에게만 붙일 수 있는 수식어입니다. 왜냐면 하나님과 같은 분은 이 세상에 없기 때문입니다. 하나님과 비교할 수 있는 신은 없습니다. 따라서 하나님은 거룩하신 분이십니다. 하나님의 거룩하심은 하나님의 임재와 구원의 능력을 체험하고 나서야 비로소 알게 됩니다. 따라서 전능하신 하나님의 임재를 체험한 사람들만이 '거룩'을 바른 의미로 사용할 수 있는 것입니다.

또한 마리아는 "긍휼하심이 두려워하는 자에게 대대에 이른다"(His mercy extends to those who fear him, from generation to generation. NIV)라고 고백합니다. '거룩'이 구별됨과 감히 근접할 수 없는 거리를 의미한다면 '긍휼'(mercy)은 아주 가까이에 있는 밀접한 관계를 의미합니다. '긍휼' 또는 '자비'에 해당하는 히브리어는 '헷세드'입니다. '헷세드'는 '일방적인 계약적 사랑', '항상 변함없는 사랑'을 의미합니다. 하나님께서 아브라함을 선택하신 것이나, 이스라엘 민족을 선택하신 것이나, 마리아를 선택하신 것도 바로 하나님의 '헷세드' 때문입니다.

또한 '두려워하는 자'는 하나님을 경외하는 자를 가리킵니다. 전능하신 하나님의 능력과 거룩함과 긍휼하심을 체험하는 사람들에게 나타나는 자연스러운 현상은 하나님을 경외하게 되는 것입니다. 만일 하나님의 능력을 체험하고 나서도 하나님을 경외하지 않는다면, 그것은 앞뒤가 맞지 않는 이야기입니다. 그것은 아직 하나님을 제대로 경험하지 못했다는 증거일 뿐입니다.

자, 그렇다면 하나님의 능력은 어떤 방식으로 나타날까요? 마리아는 '좋은 소식'(good news)과 '나쁜 소식'(bad news) 형식으로 설명합니다.

> 51그의 팔로 힘을 보이사 마음의 생각이 교만한 자들을 흩으셨고 52권세 있는 자를 그 위에서 내리치셨으며 비천한 자를 높이셨고 53주리는 자를 좋은 것으로 배불리셨으며 부자는 빈손으로 보내셨도다(눅 1:51-53).

하나님의 능력은 교만한 자, 권세 있는 자, 부자들에게는 '나쁜 소식'으로 나타납니다. 하나님의 능력으로 그들을 흩으시고 내리치시고 빈손으로 보내실 것이기 때문입니다. 그러나 비천한 자와 주리는 자에게는 좋은 소식입니다. 하나님의 능력으로 그들을 높이시고 좋은 것으로 배부르게 하실 것이기 때문입니다.

'한나의 기도'에서도 마찬가지입니다. '교만한 말을 하지 말라'(삼상 2:3)고 합니다. 왜냐하면 '하나님은 행동을 달아보시기 때문'이라는 겁니다. 하나님 앞에 오만하면 풍족하던 자들이라도 품을 팔게 될 것입니다(삼상 2:5). 그러나 가난하더라도 하나님 앞에 겸손한 자들은 높여주셔서 영광의 자리를 차지하게 하신다는 것입니다(삼상 2:8). 왜냐면 하나님은 낮추기도 하시고 높이기도 하시는 분이시기 때문입니다(삼상 2:7).

따라서 지금 우리가 얼마나 높은 자리에 앉았는지는 그리 중요하지 않습니다. 또는 얼마나 많이 가졌는지도 그다지 중요한 문제가 아닙니다. 오히려 하나님의 뜻 앞에 겸손하게 순종할 수 있는지가 더 중요합니다. 하나님의 능력은 얼마든지 순식간에 그 처지를 역전시키실 수 있기 때문입니다.

<마리아의 찬가>는 정말 놀라운 메시지를 우리에게 전하고 있습니다. 나사렛 시골 마을의 평범한 처녀의 입에서 나왔다고 상상하기 힘든 메시지입니다. 이는 엘리사벳과 마찬가지로 성령님이 마리아를 감동하셨기 때문에 가능한 일입니다.

앞날에 대한 예언

<마리아의 찬가>는 이스라엘 민족의 앞날에 대한 예언으로 끝을 맺습니다. 여기에서 우리는 또다시 <마리아의 찬가>가 마리아의 개인적인 역량으로 빚어낸 작품이 아니라는 사실을 확인하게 됩니다. 물론 마리아의 개인적인 경험과 신앙고백이 바탕에 깔려있지만, 또한 분명히 마리아 개인의 차원을 넘어서고 있습니다. '엘리사벳의 찬가'와 마찬가지로 <마리아의 찬가>를 '성령의 찬가'라고 말하는 이유입니다.

> ⁵⁴그 종 이스라엘을 도우사 긍휼히 여기시고 기억하시되 ⁵⁵우리 조상에게 말씀하신 것과 같이 아브라함과 그 자손에게 영원히 하시리로다 하니라(눅 1:54-55).

이스라엘 민족은 하나님께서 가장 먼저 선택하신 '장자'요 '그의 종'입니다. 그런데 하나님은 왜 하필 이스라엘 민족을 선택하셨을까요? 그것은 하나님의 절대적인 주권에 속해 있는 문제입니다. 그것은 하나님이 마리아를 선택하신 이유와 같습니다. 하나님은 왜 하필 마리아를 선택하셨을까요? 그것 역시 하나님의 절대적인 주권입니다. 어찌 된 이유인지 모르지만, 하나님은 마리아를 통해서 하나님의 아들이 이 세상에 태어나게 하셨습니다. 온 인류를 구원하는 통로로 마리아를 사용하신 것입니다.

하나님께서 이스라엘을 그렇게 특별히 선택하시고 계속해서 도와주셨던 이유는 그들이 의롭거나 온전했기 때문이 아닙니다. 오히려 그들은 하나님의 말씀에 불순종했고 하나님을 배반하여 우상을 숭배했고 하나님의 뜻을 거역했습니다. 그래서 하나님은 때로 심판의 매를 들기도 하셨습니다. 그런데도 하나님의 사랑은 계속되었습니다. 그 사랑이 바로 앞에서 언급한 '헷세드'입니다. 한번 사랑하신다고 약속하셨기 때문에 그 약속을 기억하시고 어김없이 지키시는 것입니다.

그런데 그 사랑이 언제부터 시작되었습니까? 이스라엘 민족의 조상 아브라함 때부터입니다. 하나님께서 갈대아 우르 지방에서 평범한 한 집안의 아버지로 살아가던 아브람에게 나타나셔서 세 가지 약속, 즉 '후손에 대한 약속'과 '땅에 대한 약속'과 '복의 근원에 대한 약속'을 해주시며 그를 '믿음의 조상'으로 선택하셨지요. 그런데 그 세 가지 약속은 아브람이 하나님께 요구한 것이 아닙니다. 그냥 하나님이 주시겠다고 먼저 일방적으로 약속하신 것입니다.

아브라함이 대단한 인물이었기 때문에 하나님이 그를 선택하신 것이 아닙니다. 이스라엘 민족 역시 마찬가지입니다. 그들은 이집트에서 종살이하던 히브리인에 불과했습니다. 그들은 대단하지 않았지만, 그들을 당신의 백성으로 불러내신 하나님이 대단하신 분이셨습니다. 하나님의 계획이 대단한 것이었습니다. 마리아도 마찬가지입니다. 하나님께서 비천한 자를 높이 세우시는 이유는 그를 통해 하나님의 위대하신 계획을 성취하기 위함이었습니다.

이와 같은 하나님의 역사는 지금도 계속되고 있습니다. 하나님은 당신의 위대한 계획을 이루기 위해서 보잘것없는 우리를 부르셔서 사용하십니다. 믿음으로 순종하는 자들의 입술을 통해서 아름다운 찬양을 받으실 것이요, 불신앙으로 불순종하는 자들의 입술은 굳게 닫아버리실 것입니다. 그리고 하나님의 일하심에 기꺼이 자신의 인생을 드리는 사람들을 통해 하나님의 나라는 계속 확장되어 갈 것입니다.

묵상 질문: 나의 입술은 지금 어떤 상태인가? 하나님을 찬양하고 있는가, 아니면 굳게 닫혀있는가?

오늘의 기도: 주님은 전능하신 하나님이십니다. 주님의 이름은 거룩하시고 주님의 사랑은 하나님을 경외하는 자에게 대대에 이르게 될 것을 믿습니다. 주님은 교만한 자들을 내치시고 겸손한 자들을 높이신다고 말씀하셨사오니, 이제부터 어떤 경우에도 하나님 앞에 교만하지 않게 하시고, 언제나 겸손하게 하나님의 말씀에 순종하는 믿음의 사람이 되게 하옵소서. 예수님의 이름으로 기도합니다. 아멘.

세례 요한의 출생

읽을 말씀: 누가복음 1:57-66, 80

새길 말씀: 아이가 자라며 심령이 강하여지며 이스라엘에게 나타나는 날까지 빈들에 있으니라(눅 1:80).

마리아는 가브리엘 천사의 수태고지를 받은 후에 즉시 엘리사벳의 집으로 갑니다. 그리고 엘리사벳의 증언을 통해서 하나님이 계획하신 큰일이 실제로 자신에게 벌어지고 있다는 사실을 확신하게 됩니다. 마리아는 비천한 자신을 통해 하나님의 아들이 태어나신다는 것에 대해 끓어오르는 감격을 안고 '마그니피카트'를 찬양했습니다. 이 일이 있고 난 후에 마리아는 거기에 3개월쯤 더 머뭅니다.

마리아가 석 달쯤 함께 있다가 집으로 돌아가니라(눅 1:56).

마리아가 엘리사벳의 집을 방문한 시점이 엘리사벳이 임신한 지 6개월쯤 되었을 무렵이니까(눅 1:36), 마리아가 나사렛의 집으로 돌아가던 때는 아마도 해산이 거의 임박했을 무렵으로 보입니다. 그런데 누가복음에 따르면 마리아는 분명히 세례 요한이 출생하는 것을 보지 못하고 집으로 돌아갔습니다.

가까운 거리도 아닌데 기 왕에 방문했다면 해산까지 지켜보는 게 좋을 것을, 마리아는 왜 그렇게 돌아가야 했을까요? 무슨 일이 있었던 것일까요? 게다가 마리아가 본래 자기 친정집으로 돌아갔는지, 아니면 요셉의 집으로 돌아갔는지도 정확하게 알 수 없습니다. 분명한 것은 마리아 자신이 해산할 무렵에는 분명히 요셉과 함께 살고 있었다는 사실입니다(눅 2:4-5). 마태복음의 도움을 받아 이때의 상황을 한번 정리해볼 필요가 있겠습니다.

요셉의 침묵

마태복음은 '마리아가 요셉과 약혼하고 동거하기 전에 성령으로 잉태된 것이 나타났다'(마 1:18)라고 기록합니다. 그러니까 결혼식을 치르기 전에 마리아가 아기를 잉태했다는 사실을 요셉이 알게 된 것이지요. 요셉의 마음이 무척 상했을 게 분명합니다. 그렇지만 마리아에게 욕이 되지 않도록 조용히 문제를 매듭지으려고 했습니다. 가능한 방법을 찾던 중에, 꿈속에서 나타난 하나님의 천사를 통해서 요셉은 그것이 하나님의 계획 속에 이루어진 일임을 알게 됩니다. 그리고 마리아를 데려오라는 명령에 즉시 순종하여 따릅니다(마 1:24).

이 대목에서 요셉이 어떻게 마리아의 임신 사실을 알게 되었을까 궁금해집니다. 제삼자를 통해서 전해 들은 것은 아닐 듯싶습니다. 만일 그랬다면 마리아의 신변이 안전하지 못했을 것입니다. 가장 있음 직한 상황은 마리아가 그 사실을 요셉에게 직접 털어놓는 것입니다. 물론 처음에 요셉은 마리아의 이야기를 믿을 수 없었을 것입니다. 그러나 그 후에 천사를 통해서 똑같은 말씀을 듣게 되자 마침내 요셉은 그 사실을 받아들일 수밖에 없었던 것이지요.

이런 일들은 마리아가 엘리사벳의 집에 머무는 동안에 일어났을 것으로 보입니다. 마리아가 엘리사벳과 함께 헤브론에 머무는 동안 요셉은 서둘러서 결혼을 준비했고, 결국 마리아를 나사렛의 자기 집으로 서둘러서 데려왔던 것이지요. 따라서 마리아는 엘리사벳이 아들을 출생하는 것을 지켜보지 못하고 요셉의 집으로 거처를 옮기게 되었고, 아직은 그 누구도 마리아의 임신 사실을 알아차리지 못할 시기에 그들은 함께 동거하게 되었던 것입니다. 물론 아기를 낳을 때까지 그들은 동침하지 않았다고 마태복음은 기록합니다(마 1:25).

아무튼 예수님의 탄생 이야기를 읽다 보면 마리아만큼이나 요셉 또한 대단한 믿음을 가진 사람이라는 사실을 인정하지 않을 수 없습니다. 만일 이때 요셉이 하나님이 행하시는 일을 믿음으로 받아들이지 못했다면 예수님의 탄생 이야기는 생겨나지 못했을지도 모릅니다. 요셉은 별로 말이 없는 인물입니다. 그렇지만 그의 무거운 침묵이 마리아와 아기 예수님을 보호하는 든든한 울타리가 되었습니다.

물론 사랑하는 여인을 하나님의 아들이 태어나는 통로로 내어드린다는 것은 요셉에게 절대로 쉽지 않은 일이었을 겁니다. 그러나 그는 하나님의 뜻에 온전히 순종했습니다. 그의 희생적인 믿음을 통해 하나님의 아들이 이 세상에 태어난 것입니다. 하나님께서 왜 요셉과 마리아 부부를 하나님의 아들이 태어나는 통로로 선택하셨는지 그 이유를 알 수 있는 대목입니다.

사가랴의 회복

아무튼 이런 일들이 진행되는 동안 엘리사벳은 드디어 아들을 낳게 됩니다. 오랫동안 불임의 고통을 겪던 집에 기적적으로 자식이 생긴 것입니다. 그것도 아들을 낳게 되었으니 겹경사인 셈입니다. 요즘이야 다른 볼거리가 많아서 아기를 낳는 것이 사람들의 주목을 끌만큼 대단한 일이 아니지만, 당시에 이 사건은 온 동네 사람들에게 초미의 관심사가 되고도 남을 일이었습니다. 그런데 이 아기의 이름을 정하는 과정에서 더욱 사람들의 주목을 받게 되었습니다.

출생 후 팔 일이 되면 할례를 행하면서 그 아이의 이름을 정하는 것이 당시 유대인의 관습이었습니다. 동네 어른들은 그 아버지의 이름을 따라 '사가랴'로 부르려고 했습니다. 그러자 엘리사벳은 '요한'이라고 해야 한다고 강력하게 우깁니다(눅 1:59-60). 사가랴를 통해 사전에 들은 이야기가 있었기 때문일까요? 아닙니다. 사가랴는 오랫동안 말을 하지 못했습니다. 게다가 청력까지 잃은 상태였습니다. 엘리사벳은 사가랴로부터 그 어떤 이야기도 듣지 못했음이 분명합니다.

그러나 엘리사벳은 성령이 충만한 사람이었습니다. 마리아가 하나님의 아들을 임신했다는 사실을 알아차린 것도 순전히 성령의 이끄심 때문입니다. 따라서 아들의 이름을 '요한'이라고 지어야 한다는 것도 성령을 통해 알게 되었을 것입니다. 사람들은 사가랴에게 손짓하여, 아이에게 어떤 이름을 지어 주려고 하는지 물었습니다. 그러자 사가랴가 서판을 달라고 하더니 '요한'이라는 이름을 쓴 것입니다(눅 1:63). 사람들은 모두 깜짝 놀랐습니다. 우연치고는 너무나 놀라운 일치였기 때문입니다.

사람들을 더욱 놀라게 한 것은 그동안 굳었던 사가랴의 혀가 풀려 말을 하면서 하나님을 찬송하게 된 일이었습니다.

> 64이에 그 입이 곧 열리고 혀가 풀리며 말을 하여 하나님을 찬송하니 65그 근처에 사는 자가 다 두려워하고 이 모든 말이 온 유대 산골에 두루 퍼지매 66듣는 사람이 다 이 말을 마음에 두며 이르되 이 아이가 장차 어찌 될까 하니 이는 주의 손이 그와 함께 하심이러라 (눅 1:64-66).

사가랴는 믿음의 반응을 보여야 할 때 보이지 못했습니다. 그 벌로 거의 일 년 동안을 말을 하지 못하며 지냈습니다. 사람들은 사가랴에게 어떤 일이 벌어졌는지 알지 못했기 때문에, 그가 다시 말을 할 수 있으리라 생각하지 않았습니다. 사가랴 집에 아기가 태어난 것도 놀라운 일이었지만, 그동안 말을 하지 못하던 사가랴가 갑자기 입이 터져 말을 하면서 하나님을 찬양하게 된 것은 더더욱 놀랄 일이었습니다.

사가랴가 다시 말을 하기 시작했다는 것은 이 모든 과정을 통해서 하나님에 대한 믿음을 회복했다는 뜻입니다. 마치 다메섹 도상에서 강력한 빛에 의해 시력을 잃었던 사울이 아나니아가 안수하여 다시 보게 될 때까지 침묵하며 하나님에 대한 바른 신앙을 회복해갔듯이, 사가랴도 말도 하지 못하고 듣지도 못하는 상태로 지내면서 오히려 하나님에 대한 믿음을 회복하게 되었던 것입니다.

믿음이 회복된 사람에게 가장 먼저 나타나는 변화가 바로 '찬양의 회복'입니다. 사가랴는 말을 하게 되자 제일 먼저 하나님을 찬양하기 시작했습니다. 만일 예루살렘 성전에서 천사의 수태고지를 들었을 때 믿음으로 반응했었더라면 그 즉시 찬양했을 것입니다. 그러나 믿음이 없었기에 그는 그동안 말 못 하는 사람으로 지내야 했습니다. 그런데 이제 다시 찬양하게 되었으니 이것이 바로 사가랴의 믿음이 회복되었다는 증거입니다.

이 사건이 그 근처에 사는 모든 유대 사람에게 큰 반향을 일으켰습니다. 그 근처에 사는 사람들이 '다 두려워했다'라고 합니다. 이 부분을 메시지성경은 '깊은 경외심이 이웃을 덮었다'라고 풀이합니다. 유대 온 산지 사람들이 온통 그 이야기만 했습니다. 그러면서 '이 아이가 장차 어찌 될까?' 궁금해했습니다. 천사 가브리엘이 수태고지를 하면서 장차 요한이 이스라엘 자손을 그들의 하나님께로 많이 돌아오게 하는 사람이 될 것이라 예언했는데(눅 1:16), 어렸을 때부터 그는 뭇사람의 주목을 받는 그런 사람이 된 것입니다.

그렇습니다. 하나님은 말씀하시고 이루시는 분입니다. 믿음으로 반응하는 사람은 찬양하게 될 것이고, 불신앙으로 반응하는 사람은 입이 있어도 말 못 하는 사람이 될 것입니다. 하나님은 지금도 믿음의 사람들을 찾고 계십니다.

심령이 강해짐

세례 요한이 성인이 되어 역사의 전면에 등장하는 이야기는 누가복음 3장에 나옵니다. 그렇다면 세례 요한의 출생과 등장 사이에 과연 어떤 일들이 있었을까요? 그 공백을 메워주는 이야기가 오늘 본문에 나옵니다.

아이가 자라며 심령이 강하여지며 이스라엘에게 나타나는 날까지 빈 들에 있으니라
(눅 1:80).

짧지만 많은 이야기를 담고 있는 구절입니다. 누가는 세례 요한이나 예수님의 유년 시절에 특별한 관심을 보입니다. 사복음서 중에서 오직 마태복음과 누가복음만이 예수님의 탄생 이야기를 기록하고 있는데, 마태복음은 예수님의 탄생에서 곧바로 예수님이 요한에게 세례를 받는 이야기로 옮겨갑니다. 그러나 누가복음은 예수님의 정결 예식과 열두 살 시절의 이야기까지 비교적 자세하게 묘사합니다.

이는 누가 자신이 서두에 밝힌 바와 같이 '그 모든 일을 근원부터 자세히 미루어 살핀'(눅 1:3a) 때문이라 할 수 있습니다. 의사였던 누가는 직업적으로 예리한 관찰력을 가지고 있었습니다. 그 관찰력을 가지고 예수 그리스도 복음의 역사에 대해 근원부터 자세히 살펴서 정리한 것입니다. 그래서 다른 복음서 저자들이 건너뛰었던 예수님의 유년 시절을 언급하게 된 것이지요.

세례 요한의 이야기도 마찬가지입니다. 다른 복음서는 요단강에서 '회개의 세례'를 전파하는 대목에서부터 세례 요한의 이야기를 시작합니다(마 3:2; 막 1:4). 그러나 누가복음은 세례 요한이 어머니 배 속에서부터 예수님과 어떤 관계가 있었는지 아주 자세하게 다룹니다. 그리고 공적으로 대중에게 그의 모습을 드러내기 전까지의 삶에 대해서도 짧은 문장으로 많은 정보를 제공하고 있습니다. 오늘 본문에서 우리는 세례 요한에 대한 두 가지 중요한 단서를 발견합니다.

그 첫 번째는 그가 "자라며 심령이 강해졌다"(He became strong in spirit, NIV)는 것입니다. 이것을 표준새번역은 "심령이 굳세어졌다"라는 식으로 풀이합니다. 그렇지만 오히려 우리말 '심령'으로 번역된 '프뉴마'(pneuma)를 '성령'으로 번역하여 '성령이 강해졌다'라고 풀이하는 게 더 좋다고 봅니다. 왜냐면 세례 요한은 '모태로부터 성령의 충만함을 받은 사람'(눅 1:15, 41)이었기 때문입니다. "성령이 강해졌다"라는 것은 '성령의 충만함'이 더욱 강해졌다는 그런 뜻입니다.

그는 '주의 길을 준비하는 사람'으로 선택되었습니다. 그는 이미 모태에서 성령이 충만하여 마리아의 태중에 있는 아기 예수님을 알아보고 그분 앞에서 기뻐 뛰놀았습니다. 아직 세상에 태어나지도 않은 태중의 아기가 어떻게 그럴 수가 있겠습니까? 그것은 성령의 역사가 아니면 다른 말로 설명할 수 없는 일입니다.

또한 그것은 일회성 사건이 아니었습니다. 세례 요한이 태어나서 자라면서 더욱 성령의 역사가 강해졌습니다. 그의 삶에 성령의 충만함이 더 강하게 나타난 것입니다. 그 구체적인 내용이 무엇인지 우리가 자세히 알 수는 없습니다. 그렇지만 세례 요한의 삶에 대한 또 다른 단서에서 그 내용을 미루어 짐작해 볼 수 있습니다.

두 번째 단서는 "이스라엘에 나타나는 날까지 빈 들에 있었다"라는 것입니다. 여기에서 '빈 들'은 '광야'를 가리키는 말입니다. '광야'는 '사막'과 구별됩니다. 광야는 비가 오지 않아서 사람이 살기에 힘든 곳이긴 하지만, 모래로 이루어진 사막과는 달리 사람이 생존할 수 있습니다. 팔레스타인에는 많은 광야가 있는데, 그중에서 유대 광야가 가장 유명합니다. NIV성경은 "그 광야에서 살았다"(He lived in the desert.)라고 번역합니다. 그러니까 세례 요한이 아무 광야에 나가서 혼자 있었던 것이 아닙니다. 이스라엘 사람들이 모두 알 수 있는 '그 광야(the desert)에서 있었던 것입니다. 그곳이 과연 어디일까요?

1세기의 유대인 역사가 요세푸스(Flavius Josephus)는 '에세네파'(the Esse- nes)를 주목합니다. 예수님 당시 유대교(Judaism)에는 적어도 네 개의 종파가 있었습니다. 바리새파(the Pharisees)와 사두개파(the Sadducees)는 신약성경에 자주 등장합니다. 그리고 열심당(the Zealots)에 대한 언급도 있습니다. 그러나 에세네파는 전혀 등장하지 않습니다. 그들은 세속주의를 배격하고 광야에서 은둔하는 소수의 공동체였기 때문입니다.

이들은 임박한 종말에 대한 기대를 품고 광야에 들어가서 은둔하며 금욕적인 신앙생활에 몰두했습니다. 가장 유명한 공동체가 바로 유대 광야의 남쪽 사해 근처에서 발견된 '쿰란(Qumran) 공동체'입니다. 1947년에 이 지역에서 발견된 그 유명한 사해사본(Dead Sea Scrolls)이 바로 이들의 작품으로 알려져 있습니다. 요한은 어렸을 때부터 이들과 함께 지냈을 것으로 보입니다. 왜냐면 요한이 세례를 베푼 장소가 여기에서 그리 멀지 않았기 때문입니다. 그리고 요한이 베푼 세례 예식도 사실 쿰란 공동체에서 배운 것이었습니다.

그러나 여기에서 우리가 주목해야 할 것은 세례 요한과 에세네파와의 연관성이 아니라, 그가 광야에 들어가서 살았다는 사실입니다. 세례 요한은 정통 제사장 가문에서 태어났습니다. 그의 아버지 사가랴는 아비야 반열의 제사장이었고 어머니 엘리사벳 또한 아론의 자손이었습니다. 제사장직이 세습되던 당시의 관습에 비추어 보면, 세례 요한은 자동으로 제사장이 될 자격을 충분히 갖추고 있었습니다. 확실한 미래가 보장된 셈입니다. 그러나 그는 그 모든 것을 내려놓고 빈 들로 들어갔습니다. 그 이유가 무엇일까요?

성령이 강해졌기 때문입니다. 그의 삶에 성령의 충만함이 점점 더 강하게 역사했기 때문입니다. 세례 요한의 앞길에는 제사장으로서 편안한 삶이 보장되어 있었지만, 그 안에 안주할 수 없도록 성령이 그의 삶을 강하게 이끄셨던 것이지요. 그가 태어나기 전부터 받은 사명은 장차 오실 메시아의 길을 예비하는 것이었지, 이 세상에서 성공하거나 높은 자리에 올라가는 것이 아니었습니다. 점점 철이 들면서 요한에게 더욱 성령이 강하게 역사하셨고, 결국 광야로 들어가서 자신의 사역을 준비하며 때를 기다렸던 것입니다.

이렇게 한동안 광야에서 지내면서 하나님의 때를 기다렸던 성경의 인물은 세례 요한 혼자만이 아니었습니다. 모세가 그랬고, 엘리야가 그랬고, 또한 예수님이 그랬습니다. 누가복음 4장에 보면 예수님이 세례 요한에게 세례를 받은 후에 '성령의 충만함을 입어… 광야에서 사십 일 동안 성령에게 이끌리셨다'(눅 4:1)라고 기록되어 있습니다. 본격적으로 메시아의 사역을 시작하기 전에 예수님에게도 광야 생활이 필요했습니다. 그래서 성령님이 예수님을 광야로 이끄셨던 것입니다.

지금도 성령님은 하나님의 백성을 광야로 이끄십니다. 때때로 제법 긴 광야 생활을 경험하게 하십니다. 우리의 삶에 성령의 역사가 강해지면 강해질수록 복잡한 세상에서 멀어지게 됩니다. 성령의 충만함은 우리를 세상의 헛된 욕심과 편안한 삶에서 멀어지게 합니다. 오직 하나님만 바라보게 합니다.

먼저 그의 나라와 그의 의를 구하게 합니다. 그렇게 함으로써 우리를 이 땅에 보내주신 하나님의 사명대로 살아가게 하는 것입니다.

주님의 초림(初臨)을 준비하는 자로 선택받은 세례 요한은 자라면서 성령이 더욱 강해졌습니다. 그는 제사장으로 보장된 안전한 미래를 포기하고 광야로 들어갔습니다. 거기에서 하나님과 교제하며 말씀을 묵상하면서 '광야에서 외치는 자', '그분의 길을 준비하는 자'로서의 사명을 준비했습니다. 그리고 때가 되자 그는 이스라엘 사람들에게 나타나서 굵고 짧은 생애를 마음껏 불살랐습니다. 그렇다면 주님의 재림(再臨)을 준비하는 우리는 과연 어떻게 살고 있습니까?

묵상 질문: 나는 세월이 흘러갈수록 성령의 역사가 더욱 강해짐을 느끼고 있는가?

오늘의 기도: 우리에게 성령의 충만함을 부어 주옵소서. 어제보다 오늘이 하나님의 임재를 더 강하게 느끼는 날이 되게 하시고, 오늘보다 내일이 하나님의 다스림을 더 강하게 경험하는 날이 되게 하옵소서. 때때로 빈 들을 경험하게 하시더라도 감사하게 받아들이며, 오로지 주신 사명 따라 살아가게 하옵소서. 예수님의 이름으로 기도합니다. 아멘.

사가랴의 예언

읽을 말씀: 누가복음 1:67-79

새길 말씀: 이 아이여 네가 지극히 높으신 이의 선지자라 일컬음을 받고 주 앞에 앞서

가서 그 길을 준비하여 주의 백성에게 그 죄 사함으로 말미암는 구원을 알게

하리니…(눅 1:76-77).

사가랴는 거의 일 년 동안 말을 하지 못하는 상태로 지내야 했습니다. 그것은 하나님이 행하시는 일을 믿음으로 받아들이지 못한 것에 대한 벌이었습니다. 그러나 그렇게 강제로 침묵하면서 지내는 동안 그는 오히려 영적으로 회복되기 시작했습니다. 마침내 하나님의 사자가 예고한 대로 아들이 태어나자, 사가랴는 혀가 풀리고 다시 말을 할 수 있게 되었습니다. 그러면서 가장 먼저 한 일은 바로 하나님을 찬양하는 것이었습니다.

그런데 사가랴의 찬양은 그냥 노래가 아니었습니다. 그 속에는 예언이 담겨있었습니다.

그 부친 사가랴가 성령의 충만함을 받아 예언하여 이르되···(눅 1:67).

여기에서 우리는 또다시 '성령의 충만함'을 만나게 됩니다. 이것은 누가가 즐겨 사용하는 특징적인 표현입니다. 누가복음 1장에서만 벌써 몇 번째인지 모를 정도입니다. 세례 요한의 출생에 대한 가브리엘의 수태고지 속에 처음으로 등장합니다(1:15). 실제로 마리아가 방문했을 때 요한은 '모태로부터 성령의 충만함을 받아' 어머니 배 속에서 마구마구 뛰었지요. 그다음에는 엘리사벳에게 이 표현이 사용됩니다(1:41). 본래 조용한 성격이었던 그녀는 '성령의 충만함을 받아' 큰 소리로 마리아의 태중에 있는 예수님을 드러내며 찬양했습니다.

마리아의 경우에는 이 표현이 직접적으로 사용되지는 않지만, 이미 우리가 살펴본 대로 <마리아의 찬가>는 내용상 '성령의 찬가'라고 해야 합니다(1:46). 마리아 자신이 만든 노래가 아니라 성령님이 마리아의 입술을 통해 노래한 것이기 때문입니다. 그리고 나서 이번에는 사가랴에게 '성령의 충만함'이 사용되고 있습니다(1:67). 거기에다가 세례 요한이 자라면서 '심령이 강해졌다'(1:80)라고 하는데, 그 말씀이 성령의 강한 역사를 의미하는 것이라면, 누가복음 1장은 정말 '성령의 충만함'으로 가득 채워진 성경의 특별한 장이라고 할 수 있습니다.

'성령의 충만함'이란 성령의 다스림이 모든 부분에 가득 채워졌다(be filled with the Holy Spirit)는 뜻이라고 했습니다. 다시 말해서 사람의 이성이나 감정이나 의지에 따라서가 아니라, 오로지 성령님의 감동과 이끄심에 따라서 생각하고 말하고 행동하는 것을 의미합니다. 지금까지 우리가 살펴본 내용은 오로지 그와 같은 성령의 역사로만 설명될 수 있습니다. 심지어 예수님도 세례 요한에게 세례를 받으신 후에 성령의 충만함을 입으셨습니다(눅 4:1).

데오빌로후서(사도행전)에 가보면 성령의 충만함이 더 많이 등장합니다. 성령강림절 사건(행 2:4)으로부터 시작해서 베드로가 설교하는 장면(4:8), 예루살렘 교회에 일곱 집사를 세우는 일(행 6:5)과 스데반 집사님이 순교할 때(7:55), 그 밖에도 성령의 충만함과 관련된 이야기들이 끊이지 않고 계속 나옵니다. 그래서 '사도행전(使徒行傳)'이 아니라 아예 '성령행전(聖靈行傳)' 으로 불러야 할 정도입니다. 이 땅에 임하는 '하나님의 나라'는 그렇게 성령의 충만함으로 시작되고 있습니다. 오늘날 우리 모두에게 성령의 충만함이 필요한 이유입니다.

그다음에 주목해야 할 단어는 '예언'입니다. 사람들은 '예언'(豫言)을 "미래의 일에 대하여 미리 말하는 것"으로 이해합니다. 그러나 본래는 "하나님 을 대신하여 말한다"라는 뜻입니다. 우리말로는 '대언'(代言)이 이에 가장 잘 어울리는 표현입니다. 따라서 예언의 메시지는 반드시 하나님에게서 나와야 합니다. 그래서 사가랴는 성령의 충만함을 받아 예언했던 것입니다. 사가랴의 예언은 그동안 혼자서 곰곰이 생각하면서 깨달은 것이 아니라, 성령님의 감동으로 선포하게 된 하나님의 말씀입니다.

사실 사가랴는 지금까지 이렇게 해 본 적이 없습니다. 그가 제사장으로 수많은 예배에 참여했고, 열심히 율법을 공부했으며, 신실하게 하나님의 계명을 지켜왔지만 단 한 번도 '예언'하지는 못했습니다. 왜요? 성령의 충만함 이 없었기 때문입니다. 성령의 충만함이 없었던 이유가 무엇일까요? 믿음이 없었기 때문입니다. '경건의 모양'은 있었지만 '경건의 능력'은 체험하지 못하고 있었던 것입니다(딤후 3:5). 그렇다면 지금 사가랴가 대언하고 있다는 것은 무엇을 의미할까요? 평생 처음으로 사가랴는 하나님을 믿기 시작한 것입니다!

대속적인 구원

따라서 사가랴의 예언은 사가랴의 말이 아닙니다. 하나님께서 앞으로 이루어가실 일들을 사가랴의 입술을 통해서 직접 밝히고 계시는 것입니다. 여기에서 우리는 적어도 세 가지의 메시지를 발견하게 됩니다. 그 첫 번째는 '대속적인 구원'에 대한 말씀입니다.

> [68]찬송하리로다 주 이스라엘의 하나님이여 그 백성을 돌보사 속량하시며 [69]우리를 위하여 구원의 뿔을 그 종 다윗의 집에 일으키셨으니 [70]이것은 주께서 예로부터 거룩한 선지자의 입으로 말씀하신 바와 같이 [71]우리 원수에게서와 우리를 미워하는 모든 자의 손에서 구원하시는 일이라(눅 1:68-71).

'속량'(贖良)은 전쟁 포로나 노예를 값을 대신 치러주고 자유롭게 풀어주는 것을 의미합니다. '구원의 뿔'은 다윗의 혈통으로 나신 메시아 곧 예수 그리스도를 가리킵니다. 즉, 하나님의 아들 예수 그리스도께서 이 땅에 오셔서 십자가에서 보혈을 흘리심으로써 모든 인류의 죗값을 치르시고 구원해 주신다는 기독교 신앙의 가장 핵심적인 메시지를 여기에서 선포하고 있는 것입니다.

메시아의 오심에 대한 예언은 구약의 '거룩한 선지자'의 입을 통해서 거듭 반복되어 전해진 메시지였습니다. 그중에서 사가랴는 '우리 원수에게서와 우리를 미워하는 모든 자의 손에서 구원하신다'(71절)는 말씀을 언급하고 있는데, 이것은 시편 106편을 인용한 것입니다.

> **그들을 그 미워하는 자의 손에서 구원하시며 그 원수의 손에서 구원하셨고…(시 106:10).**

이 세상에는 하나님의 백성을 미워하는 사람들이 있습니다. 하나님의 뜻대로 살려고 애쓰는 믿음의 사람을 싫어하고 죽이려고 덤벼듭니다. 그것은 구약 시대나 신약 시대나 지금이나 전혀 다르지 않습니다. 하나님 나라의 복음이 팔레스타인에 전해지던 당시에, 예수님을 믿고 따르는 사람들보다, 예수님을 미워하는 사람들이 훨씬 더 많았습니다. 서로 앙숙 관계에 있던 정치 권력과 종교 권력이 예수님을 죽이는 일에는 한 마음, 한 뜻이 되었습니다. 그래서 아무런 죄도 없으신 하나님의 아들이 십자가에서 억울하게 죽임을 당하신 것입니다.

그러나 우리 주님은 죽음 권세 이기시고 부활하셔서 잠자는 자들의 첫 열매가 되셨습니다. 그리고 그를 믿는 모든 사람을 그 원수의 손에서 구원하십니다. 이와 같은 핵심적인 구원의 메시지를 지금 사가랴가 선포하고 있는 것입니다. 이 얼마나 놀라운 일입니까? 인류 역사를 관통하는 이와 같은 하나님의 역사를 사가랴가 어떻게 알게 되었을까요? 그에게 성령의 충만함이 있었기 때문입니다.

세례 요한의 역할

두 번째 메시지는 '세례 요한의 역할'에 대한 말씀입니다.

> [76]이 아이여, 네가 지극히 높으신 이의 선지자라 일컬음을 받고 주 앞에 앞서가서 그 길을 준비하여 [77]주의 백성에게 그 죄 사함으로 말미암는 구원을 알게 하리니…(눅 1:76-77).

여기에서 사가랴는 자신의 아이, 즉 세례 요한이 앞으로 감당하게 될 세 가지 역할에 대해서 말합니다. 그 첫 번째는 '지극히 높으신 이의 선지자'로 불리게 될 것이라는 예언입니다. 성경에서 '선지자'나 '예언자'라는 말이 나오면 '대언자'로 바꾸어 읽는 것이 좋습니다. 대언자는 하나님의 말씀을 대신 전하는 사람이라고 했습니다. 세례 요한이 바로 그런 사람이 될 것이라고 사가랴는 말합니다.

세례 요한이 감당해야 할 두 번째 역할은 '주 앞에 앞서가서 그 길을 준비하는 것'입니다. 이것은 이미 구약성경 곳곳에 기록된 말씀입니다. 이사야가 예언한 말씀입니다.

> 외치는 자의 소리여 이르되 너희는 광야에서 여호와의 길을 예비하라. 사막에서 우리 하나님의 대로를 평탄하게 하라(사 40:3).

구약 시대의 마지막 선지자 말라기가 예언한 말씀입니다.

> 만군의 여호와가 이르노라. 보라 내가 내 사자를 보내리니 그가 내 앞에서 길을 준비할 것이요 또 너희가 구하는 바 주가 갑자기 그의 성전에 임하시리니 곧 너희가 사모하는바 언약의 사자가 임하실 것이라(말 3:1).

여기에서 '언약의 사자'는 메시아, 즉 예수 그리스도를 가리키는 표현입니다. 그가 임하시기 전에 그 길을 준비할 사자를 보내시겠다고 말씀하셨습니다. 사가랴는 자기 아들이 바로 '광야에서 여호와의 길을 예비하는 자'요, '언약의 사자 앞에서 그 길을 준비하는 자'로 사용될 것을 선포하고 있는 것입니다.

세례 요한이 감당해야 할 세 번째 역할은 "주의 백성에게 그 죄 사함으로 말미암는 구원을 알게 하는 것"입니다. 이것을 NIV성경은 '죄의 용서를 통한 구원'(salvation through the forgiveness)이라고 풀이합니다. "죄가 용서되어야 구원받을 수 있다"라는 메시지는 기독교 신앙의 가장 중요한 진리입니다.

이 말은 죗값을 치렀다고 해서 자동으로 구원에 이르게 되는 것이 아니라는 뜻입니다. 진정한 구원은 하나님과의 관계가 회복되는 것입니다. 구약 시대의 희생 제물은 다분히 죗값을 치르는 의미로 사용되었습니다. 그러나 다른 짐승에게 자신의 죄를 전가하여 희생 제물로 죽여 바친다고 죄의 문제가 근본적으로 해결되는 것은 아닙니다. 하나님과의 관계가 온전히 회복되지 않으면 똑같은 죄를 매번 반복하고 그럴 때마다 애꿎은 짐승들만 계속해서 죽임을 당하게 될 뿐입니다.

따라서 진정한 구원을 위해서는 하나님으로부터 주어지는 '죄 사함', 즉 '용서'가 필요합니다. 하나님께서 우리의 죄를 용서해주시기 전까지는 진정한 구원이란 없습니다. 따라서 죄의 용서를 위해서 '회개'가 필요합니다. 자기 잘못을 솔직하게 인정하고 삶의 방향을 180도 돌이키는 것입니다. 물론 그런다고 해서 당연히 하나님으로부터 용서를 '획득'할 수 있는 것은 아닙니다.

다행스럽게 하나님은 사랑의 하나님이십니다. 하나님은 우리를 구원하기 위해 당신의 독생자를 보내셨습니다. 예수 그리스도의 십자가 사건은 하나님께서 우리의 죄를 용서하시는 사건이었습니다. 예수님을 그리스도로 영접하고 십자가를 통해서 보여주신 하나님의 용서를 받아들이는 사람들은 누구나 구원받아 하나님과의 관계가 회복되는 것입니다. 그와 같은 구원의 길을 준비하라고 세례 요한이 보내심을 받았다는 것입니다.

그런데 이런 이야기를 사가랴가 어떻게 알게 되었을까요? 성령의 충만함이 아니면 알 수도 없고 또한 대언할 수도 없는 메시지입니다.

하나님의 긍휼

마지막 메시지는 '하나님의 긍휼'에 대한 것입니다.

> 78이는 우리 하나님의 긍휼로 인함이라 이로써 돋는 해가 위로부터 우리에게 임하여 79어둠과 죽음의 그늘에 앉은 자에게 비치고 우리 발을 평강의 길로 인도하시리로다 하나라(눅 1:78-79).

'하나님의 긍휼'은 우리의 죄를 용서해주시는 '하나님의 심정'을 가리키는 말입니다. '긍휼'을 NIV성경은 '부드러운 자비'(the tender mercy)로, MSG성경은 '자비로우신 마음'(the heartfelt mercies)으로 풀이합니다만, 오히려 긍휼(矜恤)의 한자어가 하나님의 심정을 더욱 실감 나게 잘 설명하고 있습니다. 특히 '휼'(恤)자를 보면 '마음 심(忄)'변에 '피 혈(血)' 자로 되어 있습니다. 즉, 심장에서 피가 스며 나오는 그런 모습입니다.

하나님의 사랑은 그런 것입니다. 하나님은 우리를 그냥 말로만 사랑하고 말로만 용서하지 않으십니다. 심장에서 피가 스며 나오는 안타까움과 절박함으로 우리를 사랑하십니다. 그 사랑이 당신의 독생자 예수 그리스도를 세상에 보내게 하셨고, 십자가의 죽음에 기꺼이 내어주셨던 것입니다. 하나님은 우리를 용서하기 위하여 당신의 독생자를 포기하셨습니다. 그게 진정한 용서입니다. 가장 소중한 것을 포기해야 진정한 용서가 가능해지는 것입니다.

하나님의 용서를 받기 위해서는 물론 우리의 회개가 필요합니다. 그러나 우리의 회개보다 더 필요한 것이 있습니다. 그것은 십자가에서 보여주신 하나님의 사랑, 독생자를 포기하면서까지 우리를 사랑하시는 하나님의 '긍휼'을 믿음으로 받아들이는 것입니다. 그럴 때 우리에게 구원이 주어집니다. 우리를 구원하기 위해서 하나님께서 마치 심장에서 스며 나온 피를 뚝뚝 흘리는 듯한 아픔을 겪어야 했다는 사실을 이해하고 받아들여야 비로소 하나님과의 관계가 회복되는 진정한 구원이 주어지는 것입니다.

이러한 하나님의 죄 사함의 은총은 마치 '돋는 해'(the rising Sun)와 같다고 사가랴는 표현합니다. 일출을 직접 보신 분들은 그 감동을 잘 이해하실 것입니다. 개인적으로 제 평생 가장 감동적인 일출은 성지 순례 중에 시내산에서 본 것입니다. 시내산 일출을 보려면 새벽 두 시쯤에 산을 오르기 시작해야 합니다. 산세가 아주 험해서 걸어서 올라가는 게 쉽지 않습니다. 게다가 새벽에는 기온이 가장 떨어져 있을 때입니다. 바람이 얼마나 세게 부는지 시내 산 정상에서 일출을 기다리는 어둠의 시간은 참으로 고통스럽습니다. 그러다가 저 멀리서 붉은빛의 태양이 솟아오르면 순식간에 세상이 달라집니다.

하나님으로부터 죄 사함의 은총을 경험하고 구원받는 것도 마찬가지입니다. '어둠과 죽음의 그늘에 앉은 자'에게 위로부터 '돋는 해'가 임하는 것입니다. 이 표현은 일찍이 이사야 선지자를 통해서 예언된 말씀입니다.

> ¹전에 고통 받던 자들에게는 흑암이 없으리로다. 옛적에는 여호와께서 스불론 땅과 납달리 땅이 멸시를 당하게 하셨더니 후에는 해변 길과 요단 저쪽 이방의 갈릴리를 영화롭게 하셨느니라. ²흑암에 행하던 백성이 큰 빛을 보고 사망의 그늘진 땅에 거주하던 자에게 빛이 비치도다(사 9:1-2).

갈릴리 지역은 예로부터 경제적으로나 정치적으로 늘 소외되던 변두리 땅이었습니다. 이사야는 심지어 '이방의 갈릴리'라고 불렀습니다. 이스라엘 땅이면서도 이방 땅처럼 취급됐던 곳이기 때문입니다. 그런데 그곳에 '큰 빛'이 비치게 될 것이라고 예언합니다. 그 '큰 빛'이 누구입니까? 인류를 구원하기 위해 오시는 메시아, 하나님의 아들 예수 그리스도이십니다. 예수님의 사역이 갈릴리 지역에서 시작된 것은 결코 우연이 아니었습니다. 갈릴리는 하나님의 구원을 가장 갈급해하던 곳이었기 때문입니다.

그렇다고 예루살렘 도시 사람들에게는 하나님의 구원이 필요 없는 것은 아닙니다. 물질적인 풍요가 삶의 편리함을 줄 수 있을지는 모르지만, '평강'은 줄 수 없기 때문입니다. 그래서 사가랴는 "하나님의 긍휼이 우리의 발을 평강의 길로 인도하신다"(눅 1:79)라고 선포합니다. 그렇습니다. 사람들은 하나님과의 바른 관계 안에서만 평강을 누리도록 창조되었습니다. 죄의 문제가 해결되기 전까지 사람들은 진정한 평화를 누릴 수 없습니다. '돋는 해' 같은 '하나님의 긍휼'을 받아들인 사람들만이 '평강의 길'로 인도함을 받는 것입니다.

이처럼 사가랴의 찬양 속에는 정말 놀라운 복음의 진리가 담겨 있습니다. 여기에서 우리는 한 사람의 믿음이 회복되고 그의 삶에 찬양이 회복될 때 하나님이 그를 얼마나 놀랍게 사용하실 수 있는지를 새삼스럽게 확인하게 됩니다. 만일 우리가 지금 영적인 언어장애인으로 살아가고 있다면, 우리의 믿음을 빨리 회복해야 합니다. 그러기 위해서 우리는 성령의 충만함을 받아야 합니다. 그러면 '나 같은 죄인'도 얼마든지 하나님 나라의 복음을 위해 쓰임 받을 수 있습니다. 바로 그것을 위해 하나님은 예수 그리스도를 하나님 나라의 선봉으로 우리에게 보내주신 것입니다.

묵상 질문: 나는 진심으로 죄를 회개하여 하나님의 용서를 받았는가?

오늘의 기도: 십자가에서 보여주신 하나님의 사랑을 믿을 수 있게 하옵소서. 우리를 구원하기 위해 심장에 피를 뚝뚝 흘리는 하나님의 긍휼과 아픔을 깨닫게 하옵소서. 그리하여 죄 사함의 은총을 입은 새사람이 되어 이제부터 오직 하나님 나라의 복음을 위해 살아가게 하옵소서. 예수님의 이름으로 기도합니다. 아멘.

구유에 누인 메시아

읽을 말씀: 누가복음 2:1-7

새길 말씀: 거기 있을 그때에 해산할 날이 차서 첫아들을 낳아 강보로 싸서 구유에 뉘었으니 이는 여관에 있을 곳이 없음이러라(눅 2:6-7).

지금까지 우리는 누가복음 1장 말씀을 묵상해왔습니다. 그러면서 하나님 나라의 선봉으로 오신 아기 예수님의 탄생과 직접적으로 관련된 몇몇 사람들의 이야기를 살펴보았습니다. 크게 보면 두 가정이 등장합니다. 하나는 사가랴와 엘리사벳의 가정이고, 다른 하나는 요셉과 마리아의 가정입니다. 그러나 두 가정은 서로 모르는 사이가 아닙니다. 엘리사벳과 마리아는 사촌지간으로 서로의 형편을 너무나 잘 알고 있었습니다. 따라서 두 가정이라고는 하지만 사실은 한 집안의 이야기나 다름이 없습니다.

가브리엘 천사가 두 가정에 각각 수태고지(受胎告知)를 합니다. 사가랴에게는 그들이 오랫동안 간절히 기도해 오던 아들이 태어날 것을 알립니다. 아직 결혼하지 않은 마리아에게도 아들이 태어날 것을 알립니다. 사가랴는 그 말을 도무지 믿을 수 없었습니다. 반면에 마리아는 말도 되지 않는 황당한 일이었지만 있는 그대로 받아들입니다. 하나님의 일하심에 대한 믿음의 반응은 서로 달랐던 것입니다. 그렇지만 하나님의 계획은 그들에게 알려진 그대로 이루어졌습니다.

누가의 의도

이 이야기는 누가가 만들어낸 창작품이 아닙니다. 실제로 그들 중에 이루어진 역사적인 사실입니다. 누가는 여러 목격자의 증언과 말씀의 일꾼들이 전해준 이야기와 여러 가지 기록물을 참조했다고 말했습니다(눅 1:1). 그러면서 다른 복음서 저자가 아무도 주목하지 않은 이야기를 제일 앞에 나란히 배치해둡니다. 이를 통해 누가는 우리에게 무엇을 말하려고 하는 것일까요?

지금까지 묵상해온 말씀에서 적어도 두 가지의 메시지를 발견할 수 있습니다. 첫 번째 메시지는 이 땅에 하나님의 나라를 세우시려는 하나님의 의지가 확고하다는 사실입니다. 사람들은 하나님의 뜻에 동의할 수도 있고, 동의하지 않을 수도 있습니다. 하나님의 일하심을 믿음으로 받아들일 수도 있고, 믿지 못하므로 거부할 수도 있습니다. 그러나 어떤 경우에도 하나님의 계획은 이루어지게 되어 있습니다. 단지 그들이 하나님 나라를 위해 긍정적인 모습으로 쓰임 받거나, 아니면 부정적인 모습으로 쓰임 받거나의 차이가 있을 뿐입니다.

두 번째 메시지는 하나님 나라의 주인공들은 처음부터 그리 대단한 사람들이 아니었다는 사실입니다. 오래전에 몰락한 다윗 왕가의 후손이었던 요셉과 정혼한 마리아를 눈여겨보는 사람은 당시에 아무도 없었습니다. 그들에게서 이 세상을 구원할 메시아가 탄생하리라 그 누가 기대했겠습니까?

사가랴도 마찬가지입니다. 그가 비록 제사장의 직분을 가지고 있었지만, 알고 보니 대단한 믿음을 가진 사람은 아니었습니다. 그렇지만 그들을 통해 메시아의 길을 준비하는 세례 요한과 메시아의 길을 걸으실 예수님이 태어났습니다.

이 세상의 종교는 그들만의 폐쇄적인 멤버십을 강조함으로써 '소외된 사람'(outsiders)을 계속 만들어왔습니다. 예수님 당대의 유대교도 크게 다르지 않았습니다. 아니 그들의 율법주의 종교 생활은 오히려 더욱 적극적으로 소외된 사람과 죄인을 양산해냈습니다. 그렇지만 예수님이 선포하는 하나님 나라는 거꾸로입니다. 소외된 바깥사람을 어떻게든 안으로 포함하려고 합니다. 그들을 하나님 나라의 주인공으로 세워갑니다.

우리 주님은 삭개오에게 이렇게 말씀하셨습니다. "인자가 온 것은 잃어버린 자를 찾아 구원하려 함이니라"(눅 19:10). 삭개오는 이 세상의 사회적인 구조나 종교가 만들어낸 '소외된 사람' 중 하나였습니다. 그런 사람들을 하나님의 백성으로 회복시킴으로써 하나님이 다스리는 나라는 점점 더 확장됩니다.

사실 예수님 자신도 처음에는 별로 눈에 띄지 않았습니다. 예수님은 베들레헴의 어느 축사(畜舍)에서 태어나셨습니다. 예수님을 찾아와서 경배했던 사람들은 들에서 양을 치던 목자들이었습니다. 그러나 예수님은 하나님 나라의 선봉으로 오신 바로 그분입니다. 잃어버린 자를 찾아 구원하러 오신 그를 통해 하나님의 나라는 점점 더 확장될 것입니다.

그러고 보면 누가 자신도 '잃어버린 자'였습니다. 유대인으로 구성된 신약성경 기자들 가운데 누가만이 유일한 이방인이었습니다. 그래서인지 누가는 하나님 나라의 비전을 접하고 나서 그것에 자신의 모든 생애를 투자했습니다. 그런 노력의 결실로 지금 우리가 묵상하고 있는 누가 문서가 기록된 것입니다.

다시 누가복음 본문으로 돌아갑니다. 세례 요한이 출생한 지 6개월 후에 예수님이 탄생하시게 됩니다. 세례 요한은 비록 나이 많은 부모님을 통해 기적적으로 태어났지만, 그의 출생은 누구에게나 축하받을 일이었습니다. 그러나 예수님의 경우는 달랐습니다. 마리아는 성령의 능력으로 예수님을 잉태했습니다. 엘리사벳을 방문했을 때 이미 마리아는 태중에 아이를 가지고 있었습니다. 거기에서 3개월을 지내다가 세례 요한이 태어나기 직전에 고향 나사렛으로 돌아와서 요셉의 집으로 들어가게 되었습니다.

이때 요셉과 마리아는 약식으로라도 급하게 결혼예식을 올렸을 것으로 보입니다. 따라서 요셉과 마리아가 나사렛 동네 사람들에게 공식적인 부부로서 인정된 것은 바로 이때부터였습니다. 그런데 6개월 후에 아이를 낳아야 하는 겁니다. 이것은 아무리 둘 사이에 생긴 아이라고 하더라도 결혼하기 전에 부부관계를 가졌다는 증거가 됩니다. 더욱이 그들은 아들을 낳을 때까지 동침하지 않았습니다(마 1:25). 그 사실이 사람들에게 알려지면 더 곤란해집니다. 그 누가 성령의 능력으로 아이가 잉태되었다는 사실을 믿으려고 하겠습니까?

아이를 낳을 수도 없고 낳지 않을 수도 없는 그런 곤란한 상황 속에서, 참으로 뜻밖의 일이 벌어집니다. 때마침 고향으로 돌아가서 호적을 등록하라는 로마 당국의 명령이 떨어진 것입니다.

> [1]그때에 가이사 아구스도가 영을 내려 천하로 다 호적하라 하였으니 [2]이 호적은 구레뇨가 수리아 총독이 되었을 때에 처음 한 것이라(눅 2:1-2).

여기에 등장하는 '가이사 아구스도'는 기원전 27년부터 서기 14년까지 로마를 다스렸던 제정 로마제국 초대 황제 옥타비아누스 아우구스투스

(Octavius Augustus)를 가리킵니다. 그가 로마제국의 모든 지역을 대상으로 인구조사를 시행했던 것입니다. 역사 기록에 따르면 이 인구조사는 기원전 8년경에 처음 시작되어 14년마다 실시되었다고 합니다. 아기 예수님을 죽이려고 했던 헤롯 대 왕이 기원전 4년경에 죽었으니까, 예수님은 기원전 8년에서 기원전 4년 사이에 탄생하셨다는 계산이 나옵니다.

그런데 본문 2절에서 누가는 '이 호적은 구레뇨가 수리아 총독이 되었을 때 처음 한 것'이라는 설명을 붙입니다. 여기에서부터 혼동이 오기 시작합니다. 왜냐면 구레뇨(Quirinus)가 수리아(Syria) 총독으로 부임한 해는 서기 6년경이기 때문입니다. 물론 구레뇨 총독 시절에 인구조사가 있었습니다. 이때 갈릴리의 유다(Judas the Galilean)가 인구조사에 반대하며 대규모 반란을 일으키지요(행 5:37). 문제는 이때의 인구조사는 앞에서 언급한 14년 전의 인구조사와 전혀 다른 것이었다는 사실입니다.

자, 그렇다면 이러한 상충을 우리는 어떻게 이해해야 할까요? 어떤 학자들은 이 부분에서 누가의 착오가 있었다고 주장하기도 합니다. 그러나 누가의 세밀한 관찰력을 염두에 두면 이것을 착오로 설명하기가 쉽지 않습니다. 그래서 NIV성경은 이 부분을 그냥 괄호로 묶어둡니다. 즉, 구레뇨가 수리아 총독이 되었을 때도 인구조사가 있었다는 사실을 그냥 덧붙여서 설명하는 것처럼 보게 하는 것입니다.

또는 아우구스투스가 실시한 인구조사는 세금을 거둬들이기 위한 기초작업이었고, 그것에 근거하여 실제로 세금이 부과된 것은 구레뇨 총독 때의 일이었다고 설명하는 학자도 있습니다. 그렇게 본다면 갈릴리의 유다가 반란을 일으킨 사건과 아주 자연스럽게 연결됩니다. 실제로 인구를 조사하는 것보다는 세금을 징수하는 것이 당시 유대인에게는 가장 심각한 이슈였기 때문입니다.

아무튼 갈릴리 나사렛 동네에 살던 요셉과 마리아 부부에게 로마제국의 인구조사 명령은 그들이 직면한 곤란한 상황을 돌파하는 좋은 기회가 되었습니다. 본적지로 가서 호적 신고를 하려면 지금까지 살던 나사렛을 잠시라도 떠나야 했기 때문입니다.

유대 땅 베들레헴

그들은 요셉의 고향이었던 유대 땅 베들레헴으로 가는 긴 여행을 떠납니다.

> ³모든 사람이 호적하러 각각 고향으로 돌아가매 ⁴요셉도 다윗의 집 족속이므로 갈릴리 나사렛 동네에서 유대를 향하여 베들레헴이라 하는 다윗의 동네로 ⁵그 약혼한 마리아와 함께 호적하러 올라가니 마리아가 이미 잉태하였더라(눅 2:3-5).

요셉은 '다윗의 집 족속'이었습니다. 다윗의 동네는 예루살렘 남쪽의 베들레헴이라는 작은 마을이었습니다(삼상 16:17-20, 20:6). 나사렛에서 베들레헴까지는 130km가 넘는 거리라, 당시로서는 여행하기에 무척 부담스러운 거리였습니다. 게다가 산모까지 동행하려면 더더욱 그랬을 것입니다. 사실 인구조사를 하는데 가족들을 모두 데리고 갈 필요는 없었습니다. 그러나 요셉은 굳이 마리아와 함께 베들레헴으로 올라갑니다.

이는 호적 등록하기 위해 잠시 다녀오는 짧은 여행이 아니었기 때문입니다. 새로운 삶의 터전을 찾아가기 위한 긴 여행이었습니다. 그들을 알지 못하는 새로운 동네에서 새롭게 삶을 시작하려는 계획이었습니다. 그래야 아이와 산모 모두 안전할 수 있다고 요셉은 판단했던 것이지요. 실제로 요셉은 베들레헴에서 생각보다 오랫동안 머물렀습니다. 이 사실은 누가복음과 마태복음의 예수 탄생 기사를 자세히 비교해 보면 알 수 있습니다.

누가복음에는 목자들이 아기 예수님께 경배하지만, 마태복음에는 동방으로부터 온 박사들이 경배합니다. 흔히들 목자들과 박사들이 첫 번째 성탄절에 거의 동시에 등장하는 것으로 알고 있지만, 실제로는 그들이 등장하는 시점에 큰 차이가 있습니다. 목자들은 예수님이 탄생하시던 당일 밤에 '구유'에 누워계신 아기 예수님을 찾아뵙고 경배합니다(눅 2:12). 그러나 동방박사들이 찾아왔을 때 마리아와 아기 예수님은 이미 어느 '집'에 자리 잡고 살고 있었습니다(마 2:11).

성서 학자들은 그 시차(時差)를 최소 몇 주에서부터 최대 2년까지 보고 있습니다. 베들레헴 근방에서 양을 치고 있었던 목자들은 금방 올 수 있었지만, 박사들이 아기 예수님의 탄생을 알리는 별을 보고 멀리 동방에서 출발하여 이곳 베들레헴까지 오려면 제법 많은 시간이 필요했을 것이기 때문입니다.

게다가 박사들은 베들레헴으로 직접 오지 않고 먼저 예루살렘으로 갑니다. 헤롯 대왕은 그들을 통해 새로운 유대인의 왕이 태어났다는 소식을 알게 됩니다. 그리고 박사들이 말해준 때를 기준으로 하여 베들레헴 근처에 있는 두 살 아래의 모든 사내아이를 죽이지요(마 2:16). 만일 예수님이 방금 태어나셨다면 그렇게까지 할 필요가 없었을 것입니다.

아무튼 요셉과 마리아가 나사렛을 떠나 이곳 베들레헴에 오게 된 것은 모두 하나님의 계획과 섭리 가운데서 이루어진 일입니다. 메시아를 이 땅에 보내시기 위해 로마의 역사를 하나님의 뜻대로 주장하셨던 것입니다. 때마침 옥타비아누스 아우구스투스가 로마제국 황제로 즉위하게 된 것이나, 때마침 그를 통해서 로마제국 최초의 인구조사가 시행된 것이나, 요셉이 호적 등록하러 온 고향이 하필이면 메시아가 태어나실 곳으로 예언된 베들레헴(미 5:2)이라는 사실은 그냥 어쩌다가 생긴 우연의 일치가 아닙니다. 이 모두 하나님 나라의 선봉으로 오시는 아기 예수님의 탄생을 위해 하나님께서 준비해 놓으신 일입니다.

이것은 예수님에게만 적용되는 이야기가 아닙니다. 하나님은 우리 한 사람, 한 사람을 구원하기 위하여 인류의 역사를 사용하시며 섭리하고 계십니다. 우리는 누군가에게 복음을 들었습니다. 그 누군가는 또 다른 누군가를 통해서 하나님을 알게 되었습니다. 이렇게 거슬러 올라가 보면 그 배후에 누가 계실까요? 그렇습니다. 하나님이 계십니다. 우리에게 일어나는 크고 작은 사건과 모든 만남은 우리를 구원하기 위한 하나님의 섭리입니다. 이 엄청난 사실 앞에 우리는 전율하지 않을 수 없습니다.

하나님의 의도

요셉과 마리아는 긴 여행 끝에 무사히 베들레헴에 도착했습니다. 문제는 거기에 마땅히 머물 곳이 없었다는 사실입니다.

> [6]거기 있을 그 때에 해산할 날이 차서 [7]첫아들을 낳아 강보로 싸서 구유에 뉘었으니 이는 여관에 있을 곳이 없음이러라(눅 2:6-7).

'거기 있을 그때'(while they were there)라는 말로 미루어 요셉과 마리아는 베들레헴에 한동안 머물렀던 것으로 보입니다. 아마도 호적 등록의 절차에 따라서 순서가 돌아오기를 기다려야 했을 것입니다. 그러던 중에 그만 해산할 날이 찼습니다. 그런데 여관에 있을 곳이 없었습니다. 사실 베들레헴은 그리 큰 동네가 아닙니다. 본래부터 여관이 많은 곳이 아니었습니다. 게다가 다윗의 자손이 한둘이 아닐 텐데, 한꺼번에 사람들이 모여들면 빈방을 구하기가 쉽지 않았겠지요.

그러나 아무리 그렇다고 해도 아는 사람이 하나라도 있다거나 아니면 돈을 두둑이 가지고 있다면 얼마든지 구할 수 있었을 것입니다. 그런데 요셉은 아는 사람도 돈도 없었습니다. 말하자면 그는 가진 게 아무것도 없는 사람이었습니다. 더욱이 어떤 수단과 방법을 활용해서라도 아내가 아이를 낳을 안전한 장소를 찾으려고 해야 할 텐데, 요셉에게는 그런 적극성도 보이지 않습니다. 기껏해서 찾은 장소가 사람들이 아무도 가지 않는 축사 옆에 붙어있는 냄새나는 작은 공간이었으니 말입니다.

어쨌든 마리아는 그곳에서 아이를 낳았습니다. 그리고 소 먹이통인 구유를 요람 삼아 아이를 뉘었습니다. 상상만 해도 처량하기 짝이 없는 모습입니다. 그곳에서 무슨 거룩이나 경건을 찾을 수 있겠습니까? 이 세상을 구원하러 오시는 하나님의 아들이 어떻게 그런 곳에서 태어나야 할까요? 하나님의 뜻과 계획을 이루는데 필요한 어떤 일들도 행하실 수 있는 하나님께서 여관방 하나쯤은 준비해 두셔야 하는 게 아닐까요?

하지만 그것 역시 하나님의 계획 속에 포함되어 있었습니다. 하나님의 아들은 가장 낮은 곳으로 오셔야 했습니다. 사도 바울은 이와 같은 하나님의 의도를 잘 알고 있었습니다. 그래서 이렇게 말합니다.

> ⁶그는 근본 하나님의 본체시나 하나님과 동등됨을 취할 것으로 여기지 아니하시고 ⁷오히려 자기를 비워 종의 형체를 가지사 사람들과 같이 되셨고 ⁸사람의 모양으로 나타나사 자기를 낮추시고 죽기까지 복종하셨으니 곧 십자가에 죽으심이라(빌 2:6-8).

하나님 나라를 다스리는 통치자는 사람들 위에 군림하는 정치적인 메시아가 아닙니다. 소외된 사람, 잃어버린 자를 구원하여 하나님의 백성으로 회복하기 위해 기꺼이 십자가에 달려 죽는 겸손한 메시아입니다. 따라서 구유에 누인 아기는 이 세상을 구원하는 메시아로서 체면을 구기는 수치스러운 모습이 아닙니다. 오히려 가장 잘 어울리는 모습입니다. 스스로 소외된 사람이 되심으로써 이 세상의 모든 소외된 사람을 구원하시는 거룩한 모습입니다.

그런데 예나 지금이나 사람들은 하나님의 아들을 왕궁에서 찾으려고 합니다. 하나님의 나라를 높은 곳에서 찾으려고 합니다. 아닙니다. 하나님의 아들은 바로 구유에 누워계십니다. 하나님의 나라는 그렇게 가장 낮은 곳에서 시작되었던 것입니다.

묵상 질문: 나는 지금 하나님의 나라를 어디에서 찾고 있는가?

오늘의 기도: 하나님의 나라를 먼저 구하라고 말씀하셨는데, 오히려 먹고 사는 일을 먼저 구하는 우리의 믿음 없음을 긍휼히 보옵소서. 하나님의 아들은 지금 베들레헴 구유에 누워계시는데, 여전히 예루살렘 왕궁에서 하나님의 아들을 찾으려고 하는 우리의 어리석음을 용서하옵소서. 가장 낮은 곳으로 오신 예수님의 마음을 닮아 갈 수 있도록 성령님 우리를 다스려 주옵소서. 예수님의 이름으로 기도합니다. 아멘.

목자들에게 이루어진 사실

읽을 말씀: 누가복음 2:8-20

새길 말씀: 목자들은 자기들에게 이르던 바와 같이 듣고 본 그 모든 것으로 인하여 하나님께 영광을 돌리고 찬송하며 돌아가니라(눅 2:20).

구주 성탄의 본질적인 메시지를 가장 잘 드러내는 이미지가 있다면 무엇일까요? 그것은 구유에 누이신 아기 예수님의 모습과 그를 경배하는 목자들의 모습입니다. 이 세상을 구원하러 오시는 예수님이 축사에 태어나셨다는 사실은 성육신하신 하나님의 낮아지심을 의미한다고 했습니다. 화려한 왕궁에 태어나셔도 모자랄 판인데, 굳이 초라한 축사를 출생의 장소로 택하신 이유가 무엇일까요?

그것은 이 세상의 가난하고 연약하며 소외된 죄인들을 구원하시고 그들을 통해 하나님의 나라를 세워가시려는 하나님의 뜻을 드러내기 위해서입니다. 그런 의미에서 구유에 누이신 아기 예수님을 찾아와서 경배한 사람들이 돈 있고 힘 있는 고관대작(高官大爵)이 아니라 들에서 양을 치던 목자들이었다는 사실은 우연이 아니라 필연입니다. 첫 번째 성탄절에 가장 잘 어울리는 이미지입니다.

큰 기쁨의 소식

사실 그것은 모두 하나님의 의도와 섭리 속에 진행된 일이었습니다. 목자들에게 천사를 보내어 예수님의 탄생 소식을 가장 먼저 알려주신 분은 바로 하나님 자신이었습니다.

> ⁸그 지역에 목자들이 밤에 밖에서 자기 양 떼를 지키더니 ⁹주의 사자가 곁에 서고 주의 영광이 그들을 두루 비추매 크게 무서워하는지라(눅 2:8-9).

정통 유대인들은 양치기를 천한 직업으로 생각했습니다. 그 이유는 단지 목자들의 삶이 거칠고 척박하기 때문만은 아닙니다. 그들은 늘 양 떼와 같이 지내야 했기에 율법의 가르침을 온전히 지킬 수 없었습니다. 유대교의 종교 지도자들은 언제나 그런 식으로 사람들을 소외시켜왔습니다. 목자들은 '소외된 사람들'(outsiders) 중의 하나였습니다. 그런데 이 세상을 구원하실 메시아의 탄생 소식이 오히려 그들에게 가장 먼저 전해진 것입니다.

하나님 나라의 복음은 물론 세상 모든 사람에게 필요합니다. 그러나 특별히 소외된 사람에게 더더욱 필요합니다. 우리 주님의 말씀처럼 의사는 병든 사람에게 더 필요합니다(눅 5:31). 마찬가지로 구원의 소식은 죄인들에게 더 필요합니다. 예수님은 가난하고 소외된 사람들을 구원하여 하나님 나라의 주인공으로 삼기 위하여 오셨습니다. 그렇다고 부자들이나 권력자들에게 예수님이 필요하지 않다는 이야기는 아닙니다. 그들에게도 하나님 나라의 복음이 필요합니다.

실제로 메시아의 탄생 소식이 동방박사들을 통해서 예루살렘에도 알려지기도 했습니다. 그런데 어떤 일들이 벌어졌습니까? 새로운 왕이 태어났다는 소식에 헤롯 왕과 온 예루살렘이 발칵 뒤집혔습니다(마 2:3). 그리고 결국 베들레헴 근처의 두 살 이하 아이들이 학살당하는 엄청난 비극이 벌어지고 말았습니다. 힘 있는 사람들이 하는 일이란 언제나 그렇습니다. '복음'을 '비극'으로 만들어버립니다.

아무튼 들에서 밤을 새우며 양을 지키던 목자들에게 주의 사자가 나타났습니다. 주의 영광이 그들을 두루 비추자 두려움에 떨었습니다. 그들에게 천사는 '큰 기쁨의 좋은 소식'을 전합니다.

> [10]천사가 이르되 무서워하지 말라. 보라 내가 온 백성에게 미칠 큰 기쁨의 좋은 소식을 너희에게 전하노라. [11]오늘 다윗의 동네에 너희를 위하여 구주가 나셨으니 곧 그리스도 주시니라. [12]너희가 가서 강보에 싸여 구유에 뉘어있는 아기를 보리니 이것이 너희에게 표적이니라…(눅 2:10-12).

사가랴나 마리아와 마찬가지로 목자들도 '무서워하지 말라'는 말을 듣습니다. 수태고지에 등장한 가브리엘이 지금 여기에도 나타난 것이 아닐까 싶습니다. 그는 계속해서 '온 백성에게 미칠 큰 기쁨의 좋은 소식'을 전합니다. 여기에서 '온 백성'(all the people)이라는 말에 주목하십시오. '온 백성'은 말 그대로 이 땅에 사는 모든 백성입니다. 다윗의 동네 베들레헴에 메시아가 탄생하셨다는 소식은 이스라엘 사람만이 아니라 이 세상의 모든 백성에게 좋은 소식이라는 겁니다.

이 말씀에서 우리는 예수 그리스도가 이스라엘 민족의 울타리를 훌쩍 뛰어넘어서 온 인류를 구원할 메시아로 오셨다는 메시지를 다시 한번 확인하게 됩니다. 이스라엘 사람들은 오랜 세월 메시아를 기다려왔습니다. 그러나 그들이 기다리던 메시아는 로마의 압제에서 그들을 구원할 정치적인 메시아였습니다. 따라서 그들의 기다림은 사실 하나님의 계획과 별로 상관없는 기다림이었습니다. 조금만 더 세밀하게 하나님의 말씀에 귀를 기울였더라면 하나님의 본래 계획이 무엇인지 충분히 알아차릴 수 있었을 텐데 그러지 못했던 것이지요.

우리도 조심해야 합니다. 무조건 열심히 기도하는 것이 전부가 아닙니다. 하나님의 뜻을 헤아려 알고 나서 기도해야 합니다. 그래서 우리 주님은 '하나님의 나라와 그 뜻을 먼저 구하라'(마 6:33)고 말씀하신 것입니다. 예수님은 우리를 구원하기 위해 오신 메시아이지만 동시에 온 인류를 구원하기 위해 오신 분이기도 합니다. 이 세상을 구원하려는 하나님의 높은 뜻에 초점을 맞추지 못한 상태에서 우리가 열심히 기도하면, 기껏해야 다른 사람을 소외시키는 배타적인 신앙을 가지게 될 뿐입니다.

자, 그런데 온 백성에게 미칠 큰 기쁨의 좋은 소식의 구체적인 내용이 무엇일까요? 그것은 이 세상을 구원할 구세주(the Savior)가 태어나셨다는 소식입니다. 그것도 다윗의 동네, 즉 베들레헴에 태어나셨다는 것입니다. 그것을 어떻게 알 수 있을까요? 천사는 말합니다. "구유에 누인 아기가 '표적'이다." '표적'(a sign)이란 진짜임을 증명하는 어떤 구체적인 표시를 말합니다. 무엇을 증명한다는 것일까요? 구세주가 태어나셨다는 사실을 증명하는 것입니다. 따라서 직접 가서 확인해보면 됩니다. 포대기에 싸여 구유에 뉘어있는 아기를 찾아보면 됩니다. 그러면 천사의 이야기가 진짜임이 증명될 것입니다.

평화의 소식

천사의 말이 끝나자마자 수많은 천사가 한꺼번에 나타나서 하나님을 찬송합니다.

¹³홀연히 수많은 천군이 그 천사들과 함께 하나님을 찬송하여 이르되 ¹⁴지극히 높은 곳에서는 하나님께 영광이요 땅에서는 하나님이 기뻐하신 사람들 중에 평화로다 하니라(눅 2:13-14).

'하나님께는 영광, 사람에게는 평화'라는 천군 천사들의 찬송에서 우리는 매우 중요한 '평화'의 메시지를 발견합니다. 이 세상의 모든 사람은 평화를 갈망합니다. 그러나 평화를 어떻게 얻을 수 있는지는 잘 알지 못합니다. 그래서 평화를 위해서라는 명분으로 오히려 전쟁을 준비합니다. 그 결과 평화가 더욱 파괴된 고통스러운 현실을 만들어갑니다. 그런데 천군 천사들의 찬송 속에 우리가 평화를 얻을 수 있는 해답이 들어있습니다. 사람에게 평화가 임하게 하려면 하나님께 영광을 돌리는 일을 먼저 해야 합니다.

우리 주님께서 율법과 선지자의 강령이라고 말씀하신 두 계명이 있습니다 (마 22:37-40). 첫째는 '하나님을 사랑하는 것'이요, 둘째는 '이웃을 사랑하는 것'입니다. 물론 이것은 동시에 일어나야 합니다. 그러나 엄밀하게 따지면 하나님 사랑이 우선입니다. 하나님 사랑에 더 큰 비중을 두어야 합니다. 하나님 사랑으로부터 출발해야 이웃을 사랑하는 일이 가능해지기 때문입니다.

안식일 계명의 예를 들어보겠습니다. 안식일은 일주일 동안의 일을 멈추고 쉼을 얻는 날입니다. 그러나 그 쉼은 하나님과 상관없는 것이어서는 안 됩니다. 안식일의 우선순위는 하나님께 찬양하고 예배하는 가운데 하나님과의 관계가 회복되는 것이 먼저입니다. 그래야 그 안에서 다른 사람과의 관계도 회복될 수 있습니다. 평일에는 사회나 가정에서 주인과 종의 관계로 지낼 수 있습니다. 그러나 하나님 앞에 예배하면서 그들은 하나님 안에서 본래의 평등한 관계로 회복되는 것입니다.

들에서 양을 치던 목자들에게 들려주신 천사들의 찬양은 구주로 태어나신 예수님이 앞으로 펼쳐나갈 사역을 예고해주고 있습니다. 그것은 '하나님께는 영광, 사람에게는 평화'입니다. 하나님의 나라는 평화가 임하는 나라입니다. 서로 치고받고 싸우는 나라는 하나님 나라가 아닙니다. 따라서 우리 그리스도 인의 신앙생활은 '하나님께는 영광, 사람에게는 평화'를 목표로 삼아야 합니다. 하나님께 영광을 돌리면 돌릴수록 사람에게는 더욱 큰 평화가 임하고 하나님의 나라가 더욱 넓게 확장되는 것입니다.

•

목자들의 반응

메시아 탄생의 기쁜 소식을 듣자마자 목자들은 즉시 믿음의 반응을 보입니다.

> ¹⁵천사들이 떠나 하늘로 올라가너 목자가 서로 말하되 이제 베들레헴으로 가서 주께 서 우리에게 알리신 바 이 이루어진 일을 보자 하고 ¹⁶빨리 가서 마리아와 요셉과 구 유에 누인 아기를 찾아서 ¹⁷보고 천사가 자기들에게 이 아기에 대하여 말한 것을 전 하니…(눅 2:15-17).

'하나님께는 영광, 사람에게는 평화'라는 성탄의 메시지를 전한 천사들이 하늘로 올라가자, 목자들은 즉시 베들레헴으로 가자고 합니다. 본문은 '목자가 서로 말하되…'(the shepherds said to one another, NIV)라고 묘사합니다. 그러 니까 누가 먼저랄 것도 없이 탄생하신 메시아를 보러 가자고 '서로' 말했다는 것입니다. 여기에서 우리는 믿음의 본질에 대해서 다시 생각하게 됩니다.

사람들은 많이 알면 알수록 더 잘 믿을 것으로 생각합니다. 꼭 그런 것은 아닙니다. 많이 알기 때문에 오히려 이것저것 계산하느라 행동하지 못할 경우도 많습니다. 믿음은 단순해야 합니다. 하나님께서 '가라' 하시면 가고, '서라' 하시면 가던 걸음을 멈추는 것이 믿음입니다. 왜 가라고 하는지 생각해보고 왜 서라고 하는지 따지다가, 결국 순종하지 못하거나 순종해야 할 기회를 놓치기는 일이 얼마나 많은지 모릅니다.

목자들은 천사가 전해준 소식을 이미 '이루어진 일'(this thing that has happened, NIV)이라고 확신했습니다. 그리고 구유에 누인 아기를 찾아가서 보라는 말씀에 순종하여 즉시 떠났습니다. 양들을 들판에 그대로 두고 탄생하신 메시아께 경배하러 떠났습니다. 그리고 베들레헴으로 가서 실제로 구유에 누이신 아기 예수님을 보게 되었습니다. 하나님의 표적을 확인한 것입니다. 그게 믿음입니다. 단순하고 소박한 그 믿음을 통해서 그들은 이 땅에 태어나신 메시아를 가장 먼저 만나 뵙고 경배하는 영광을 누리게 되었던 것입니다.

목자들의 방문은 마리아와 요셉에게 큰 위로가 되었을 것입니다. 그들은 낯선 곳에서 아기를 낳았습니다. 물론 나사렛에서 출산했다고 하더라도 동네 사람들의 축복을 마음껏 받지는 못했을 것입니다. 그러나 베들레헴에는 정말 아는 사람이 하나도 없었습니다. 게다가 아기를 해산할 변변한 장소도 구하지 못해서, 축사에서 아기를 낳아야만 했습니다. 아기를 누일 깨끗한 요람은 지나친 욕심이었습니다. 그저 소 먹이통, 구유에 누이는 것으로 만족해야 했습니다. 그날 밤은 마리아와 요셉에게 참 외롭고 쓸쓸한 시간이었을 것입니다.

그런데 바로 그 시간에 목자들이 뜻밖에도 찾아온 것입니다. 그들이 거룩하고 조용하게 아기 예수님을 경배했을까요? 그러지 않았을 겁니다. 목자들은 아마도 와자지껄하면서 들이닥쳤을 것입니다. 그들은 천사들이 자기들에게 나타났던 일을 마리아와 요셉에게 큰 소리로 요란스럽게 말했을 것입니다. 그러나 그들이 만들어낸 소란함은 오히려 마리아와 요셉에게 큰 위로가 되었을 것입니다. 그러면서 자신에게 일어나고 있는 일들이 하나님의 섭리와 계획 속에 진행된 것임을 새삼 확인했을 것입니다.

마리아의 반응

본문은 특별히 마리아의 반응에 주목합니다.

18듣는 자가 다 목자들이 그들에게 말한 것들을 놀랍게 여기되 19마리아는 이 모든 말을 마음에 새기어 생각하나라(눅 2:18-19).

생전 처음 보는 목자들이 한밤중에 들이닥친다는 것도 놀라운 일이었지만, 그들이 전해준 천사의 메시지는 더더욱 놀랄 일이었습니다. 그런데 마리아는 단순히 놀라는 정도로 그치지 않았습니다. "이 모든 말을 마음에 새기어 생각했다"라고 합니다.

마리아는 이미 가브리엘의 수태고지를 통해서 자기가 낳을 아이가 보통 아이가 아니라는 사실을 잘 알고 있었습니다. 하나님의 아들을 태어나게 하려고 마리아는 자신의 평범한 삶을 포기했습니다. 다른 사람들 같으면 아들을 낳고 모든 사람의 축복과 축하를 받았겠지만, 마리아는 그럴 형편이 아닙니다. 인구조사를 핑계로 도망치듯 나사렛 동네를 떠나 여기 베들레헴으로 와서 몰래 아기를 낳았습니다. 내색은 하지 않았지만, 나이 어린 산모 마리아의 마음속에는 서러움이 있었을 것입니다.

그런데 목자들을 통해서 자기가 낳은 이 아기가 세상을 구원할 '그리스도 주'가 되신다는 증언을 듣게 된 것입니다. 그 증언은 마리아에게 큰 위로와 용기를 주었습니다. 그래서 '이 모든 일을 마음 깊이' 간직해 두었던 것입니다. 목자들의 증언은 마리아의 희생과 헌신에 대한 큰 격려가 되었습니다. 하나님의 말씀에 순종하여 따른 후에 그 말씀대로 이루어지는 것을 보고 나면 믿음이 더욱 확고해질 수밖에 없습니다.

아브라함은 하나님의 약속을 믿고 고향을 떠났습니다. 그러나 후손에 대한 약속이 이루어지기까지 꼭 25년이 걸렸습니다. 그때까지 아브라함의 믿음은 굴곡이 아주 심했습니다. 그러나 하나님이 약속하신 대로 정말 기적처럼 이삭이 태어나는 걸 보면서 아브라함의 믿음은 확고해졌습니다. 이삭을 제물로 바치라는 하나님의 말씀에 두말하지 않고 그대로 순종하는 믿음을 보였던 것도 바로 그 때문입니다. 이와 같은 신앙의 체험이 우리에게 필요합니다.

아기 예수님이 탄생하는 날 목자들의 갑작스러운 방문과 증언은 마리아의 마음에 깊은 인상을 남겼습니다. 나머지 생애를 통해서 흔들리지 않는 믿음을 갖게 하는 든든한 버팀목이 되었습니다. 그렇다면 목자들에게는 그날의 일들이 어떤 기억으로 남게 될까요?

목자들은 자기들에게 이르던 바와 같이 듣고 본 그 모든 것으로 인하여 하나님께 영광을 돌리고 찬송하며 돌아가니라(눅 2:20).

목자들은 천사들이 일러준 대로 베들레헴에 직접 와서 메시아로 오신 아기 예수님의 탄생을 확인했습니다. 그리고 다시 일상으로 돌아갔습니다. 두고 온 양 떼 곁으로 가서 양을 치던 본래의 일을 계속했습니다. 그러나 그들의 삶은 예전과 같지 않았습니다. 메시아의 탄생을 직접 목격했기 때문입니다. 이제부터 목자들의 삶은 언제 오실지 모르는 메시아를 막연히 기다리는 시간이 아니라, 이미 이 땅에 오신 메시아의 등장을 기다리는 시간이 되었습니다. 이것이 바로 'already but not yet'(이미 그러나 아직)입니다.

성경에는 기록되어 있지 않지만, 이들이 매년 성탄절이 돌아오면 자기들이 경험한 신비한 일들을 사람들에게 증언하는 모습을 충분히 상상해볼 수 있습니다. 그 증언들이 사람들의 입을 타고 계속 전해져서 마침내 누가의 귀에 다다르게 된 것이지요. 또한 처음 성탄절로부터 30년이 지난 후에 예수님이 공생애를 시작하셨을 때, 그들은 예수님을 직접 찾아와서 그때의 일을 말해주었을지 모릅니다. 그리고 그중의 몇몇은 주님을 따르는 제자가 되었을지도 모릅니다. 그와 같은 놀라운 경험은 좀처럼 잊히지 않기 때문입니다.

오늘 말씀을 통해서 우리는 믿음의 단순성에 대해서 깊이 묵상하게 됩니다. 목자들은 기쁜 소식을 들었을 때 단순히 순종하여 따르는 믿음을 보였습니다. 너무 복잡하게 생각하면 순종하기 힘듭니다. 머리로만 알고 있는 많은 말씀보다 듣는 즉시 그대로 순종하여 따르는 한 가지 말씀이 훨씬 더 큰 능력을 나타냅니다. 하나님의 나라는 그런 단순한 믿음을 가진 사람들을 통해서 점점 확장됩니다.

묵상 질문: 나의 믿음은 단순한가, 아니면 복잡한가?

오늘의 기도: 하나님께 영광을 돌리는 것이 사람에게 평화가 임하게 하는 복된 길임을 깨닫게 하옵소서. 하나님의 말씀을 들었을 때 복잡하게 생각하지 않고 단순히 순종하여 따르는 믿음을 보이게 하옵소서. 그리하여 우리의 삶을 통해 하나님의 나라가 확장되게 하옵소서. 예수님의 이름으로 기도합니다. 아멘.

시므온과 안나의 증언

읽을 말씀: 누가복음 2:21-38

새길 말씀: 시므온이 그들에게 축복하고 그의 어머니 마리아에게 말하여 이르되 보라
이는 이스라엘 중 많은 사람을 패하거나 흥하게 하며 비방을 받는 표적이
되기 위하여 세움을 받았고 또 칼이 네 마음을 찌르듯 하리니 이는 여러 사람
의 마음의 생각을 드러내려 함이니라 하더라(눅 2:34-35).

세 가지 예식

예수님은 유대인으로 태어나셨습니다. 그랬기에 유대인의 고유한 전통을
따라야 했습니다. 유대인의 아이들이 태어나면 반드시 지켜야 하는 세 가지
예식이 있습니다. 그 첫 번째는 '할례'(circumcision)입니다.

> 할례할 팔 일이 되매 그 이름을 예수라 하니 곧 잉태하기 전에 천사가 일컬은 바더라
> (눅 2:21).

유대인 아이들은 출생한 지 8일 만에 할례를 받습니다. 할례받는 날에 이름도 받게 됩니다(눅 1:59). 할례는 약속의 자녀로서 하나님과의 관계를 맺는 행위였습니다. 오늘날의 유아 세례와 비슷한 의미입니다. 부모가 자녀를 하나님께서 위탁해주신 생명으로 인정하고, 하나님의 뜻에 따라서 양육할 책임이 있음을 고백하는 예식이 바로 유아 세례이지요. 마찬가지로 할례도 자녀를 하나님의 백성이요 약속의 자녀로 고백하는 예식이었습니다.

두 번째와 세 번째 예식은 '초태생 규례'(the law of the firstborn)와 '정결 예식'(the purification rites)입니다. 본래 이 두 가지는 구별되는 것인데, 누가는 구분하지 않고 두루뭉술하게 설명합니다.

> ²²모세의 법대로 정결예식의 날이 차매 아기를 데리고 예루살렘에 올라가니 ²³이는 주의 율법에 쓴 바 첫 태에 처음 난 남자마다 주의 거룩한 자라 하리라 한 대로 아기를 주께 드리고 ²⁴또 주의 율법에 말씀하신 대로 산비둘기 한 쌍이나 혹은 어린 집비둘기 둘로 제사하려 함이더라(눅 2:22-24).

이스라엘 사람은 '첫 태에 처음 난 남자'는 사람이든 짐승이든 모두 하나님께 속한 것으로 구별하여 하나님께 돌려야 했습니다(출 13:2). 여기에서 '아기를 주께 드린다'(to present him to the Lord, NIV)라는 말이 초태생 규례를 지켰다는 뜻입니다. 예수님의 경우에는 '정결 예식'을 거행하기 위하여 예루살렘에 올라갔을 때, '초태생 규례'도 함께 지킨 것으로 보입니다.

'정결 예식'은 본래 아이를 낳은 여인이 지켜야 하는 것이었습니다. 율법에 따르면 아들을 낳으면 40일간, 딸이면 80일간 여인은 부정한 상태에 있습니다. 따라서 그 기한이 차기 전에는 성소에 들어갈 수 없었습니다(레 12:2-5). 이 기간에 산모는 바깥출입을 삼가야 합니다. 이렇게 종교적인 의미를 부여하고 있지만 사실상 산후 몸조리를 하는 시간이었습니다.

그 기간이 지나면 번제를 드려서 다시 정결하게 하는 예식을 거행하게 되는데, 경제적인 능력에 따라서 어린 양을 바치거나 아니면 비둘기를 바쳤습니다(레 12:6-8). 비둘기는 '빈자(貧者)의 제물'이었습니다. 이것으로 보아 예수님의 가정 형편이 매우 어려웠음을 짐작할 수 있습니다. 아무튼 '정결 예식'을 거행하고 나서야 다시 하나님의 성소에서 하나님께 예배할 수 있었습니다.

이런 세 가지 예식에는 공통으로 '자녀는 하나님의 선물'이라는 고백이 담겨있습니다. 자녀는 본래 하나님의 것이었는데 육신의 부모에게 '신탁물'로 맡겨진 것입니다. 이것은 특별히 마리아와 요셉에게 더욱 실감이 나는 말씀입니다. 마리아가 낳았어도 예수님은 분명 하나님의 아들이기 때문입니다. 그러나 연약한 아기의 몸으로 태어나셨기 때문에, 누군가의 돌봄과 양육이 필요합니다. 그 책임을 육신의 부모인 마리아와 요셉이 지고 있는 것입니다.

시므온의 찬송

할례 의식과 달리 초태생의 규례와 정결 예식은 반드시 성전에 올라가서 행해야 했습니다. 이때 마리아와 요셉은 시므온이라는 사람을 만나서 놀라운 증언을 듣게 됩니다.

> [25]예루살렘에 시므온이라 하는 사람이 있으니 이 사람은 의롭고 경건하여 이스라엘의 위로를 기다리는 자라. 성령이 그 위에 계시더라. [26]그가 주의 그리스도를 보기 전에는 죽지 아니하리라 하는 성령의 지시를 받았더니 [27]성령의 감동으로 성전에 들어가매 마침 부모가 율법의 관례대로 행하고자 하여 그 아기 예수를 데리고 오는지라(눅 2:25-27).

여기에서 우리는 시므온에 대하여 몇 가지 정보를 얻을 수 있습니다.

우선 이 사람은 '의롭고 경건하여 이스라엘의 위로를 기다리는 자'라고 소개합니다. '이스라엘의 위로'란 유대인들이 대망하던 메시아의 도래를 가리키는 용어입니다. 시므온은 성경에 예언된 대로 메시아가 오셔서 이스라엘을 구원할 것을 간절히 소망하며 그것을 위해서 기도하며 의롭고 경건하게 살았던 신앙인이었습니다.

당시 많은 사람이 메시아를 고대했지만, 대개는 막연한 기다림이거나 희망 사항 정도에 머물렀습니다. 그러나 시므온은 달랐습니다. 그는 메시아의 출현을 간절히 기다렸습니다. 그 이유는 성령이 그 위에 임하여 계셨기 때문입니다. 일찍이 그는 죽기 전에 메시아를 보게 될 것이라는 성령의 지시를 받았던 것입니다. '죽기 전에'라는 표현은 그가 이미 나이가 많다는 걸 시사합니다. 살아갈 날이 얼마 남지 않았다는 것을 알고 그는 더욱 힘써 성전에 출입하며 경건하게 메시아를 기다렸던 것이지요.

이날도 시므온은 '성령의 감동'을 받아 성전으로 기도하러 갔다가 아기 예수님을 만나게 됩니다. 그는 성령 충만한 사람이었기에 예수님을 보자마자 그가 기다리던 메시아라는 사실을 즉시 알아차립니다. 어머니 태중에 있던 세례 요한도 성령 충만하여 아기 예수님을 알아차렸습니다. 지금도 성령이 충만한 사람들은 예수님을 알아봅니다. 시므온은 아기 예수님을 안고 곧바로 하나님을 찬송합니다.

> 28시므온이 아기를 안고 하나님을 찬송하여 이르되 29주재여 이제는 말씀하신 대로 종을 평안히 놓아주시는도다. 30내 눈이 주의 구원을 보았사오니 31이는 만민 앞에 예비하신 것이요 32이방을 비추는 빛이요 주의 백성 이스라엘의 영광이니이다 하니 33 그의 부모가 그에 대한 말들을 놀랍게 여기더라(눅 2:28-33).

시므온은 "말씀하신 대로 종을 평안히 놓아주신다"라고 합니다. 하나님이 약속하신 대로 직접 메시아를 만났으니 이제는 죽어도 여한이 없다는 표현입니다. 이 말에서 우리는 그동안 시므온이 얼마나 간절히 메시아의 도래를 사모하며 기다렸는지 알게 됩니다.

그런데 시므온의 찬송에 아주 중요한 메시지가 담겨있습니다. 그것은 메시아의 도래가 '만민 앞에 예비하신 것'이라는 증언입니다. '만민'(萬民)은 '모든 백성'(all nations)을 의미합니다. 메시아는 이스라엘 백성만을 위해서 준비되어 오시는 것이 아니라, 이 땅의 모든 백성을 구원하기 위해서 오시는 분이라는 사실을 분명하게 드러내어 선포하고 있는 것입니다.

이 증언은 당시의 유대인들이 품고 있던 메시아 대망과는 상당한 거리가 있습니다. 그들은 로마의 압제에서 유대인들을 구원할 민족적인 정치적인 메시아를 기다려왔기 때문입니다. 초대교회에서도 하나님 나라의 복음이 유대 민족이라는 울타리를 넘어서기가 쉽지 않았습니다. 이방인이 구원받기 위해서는 먼저 유대인으로 귀화해야 한다는 주장이 계속 힘을 얻었다면, 우리에게까지 하나님 나라의 복음이 전해지지 못했을 것입니다.

그런데 시므온은 아기 예수님을 품에 안고, 이 아기가 단지 이스라엘뿐만 아니라, 온 인류를 구원하기 위해서 오신 메시아라고 선포하며 찬양하고 있습니다. 주님의 구원이 세상 모든 사람이 볼 수 있도록 밝히 드러나는 것이야말로 이스라엘의 진정한 영광이라는 것입니다. 이는 성탄절 당일에 천사들이 목자들에게 전한 '온 백성에게 미칠 큰 기쁨의 좋은 소식'(눅 2:10)과 똑같은 메시지입니다.

다른 사람은 어떻게 되든지 우리만 구원받자는 이기적인 태도는 결코 기독교 신앙이 아닙니다. 우리로 인해 다른 사람도 복을 받게 되고, 다른 사람도 우리와 함께 구원받는 것을 기뻐하는 게 그리스도인의 바른 태도입니다. 그래서 그리스도인은 전도합니다. 이것이 유대교와 근본적으로 다른 점입니다. 유대인은 전도가 필요 없습니다. 그들이 믿는 구원은 오로지 유대인만을 위한 것이기 때문입니다.

오늘날에도 자기 교단에만 혹은 자기 교회에만 구원이 있다고 주장하는 배타적인 사람들이 더러 있습니다. 그것은 기독교 신앙으로 포장된 현대판 유대교입니다. 창조주 하나님을 우리 교회만을 위한 하나님, 우리 민족만을 위한 하나님으로 주장하는 것은 참 어리석은 생각입니다. 그런다고 하나님이 거기에 갇혀 계시지도 않고, 그런 식으로 하나님의 구원을 통제할 수도 없기 때문입니다.

시므온의 예언

시므온은 계속해서 앞으로 전개될 예수님의 두 가지 사역에 대해서 예언합니다.

> ³⁴시므온이 그들에게 축복하고 그의 어머니 마리아에게 말하여 이르되 보라 이는 이 스라엘 중 많은 사람을 패하거나 흥하게 하며 비방을 받는 표적이 되기 위하여 세움 을 받았고 ³⁵또 칼이 네 마음을 찌르듯 하리니 이는 여러 사람의 마음의 생각을 드러 내려 함이니라 하더라(눅 2:34-35).

예수님이 메시아로서 행하실 첫 번째 사역은 '사람을 패하거나 흥하게 하는 것'입니다. 이 부분을 새번역은 "사람을 넘어지게도 하고 일어서게도 하려고 세우심을 받았다"라고 풀이합니다. 우리는 예수님을 이 세상을 구원하기 위한 메시아로 오셨다고 믿습니다. 그렇다면 예수님의 사역은 많은 사람을 '흥하게 하는 것'이어야 합니다. 그런데 시므온은 사람을 흥하게도 하지만 패하게도 한다고 말합니다. 일어서게도 하지만 넘어지게도 한다고 말합니다. 여기에 중요한 메시지가 담겨있습니다.

예수님 앞에서 사람들은 이것과 저것 중 하나를 선택하여야 합니다. 예수님에 대한 태도로 인해 사람들의 운명이 결정되는 것입니다. 어떤 사람은 예수님을 영접하여 구원받습니다. 그들은 예수님 때문에 성공한 인생입니다. 그러나 어떤 사람들은 예수님을 거절하여 심판받습니다. 그들은 예수님 때문에 실패한 인생입니다.

두 번째 사역은 '비방을 받는 표적이 되는 것'입니다. 실제로 예수님은 당시 기득권 세력의 미움을 사고 오해받고 많은 반대에 직면해야 했습니다. 그러다가 결국 십자가에서 죽임을 당하셨습니다. 사람들에게 '비방을 받는 표적'이 되신 것입니다. 일찍이 이사야 선지자는 고난받는 종으로 오실 메시아를 예언했습니다.

> 4그는 실로 우리의 질고를 지고 우리의 슬픔을 당하셨거늘 우리는 생각하기를 그는 징벌을 받아 하나님께 맞으며 고난을 당한다 하였노라. 5그가 찔림은 우리의 허물 때문이요 그가 상함은 우리의 죄악 때문이라. 그가 징계를 받으므로 우리는 평화를 누리고 그가 채찍에 맞음으로 우리는 나음을 받았도다(사 53:4-5).

그동안 사람들은 이 말씀을 읽으면서 무슨 뜻인지 잘 몰랐습니다. 메시아가 고난을 받고 죽임을 당해야 한다는 것은 상상도 못 할 일입니다. 예수님의 십자가 사건 후에야 비로소 이 말씀의 진정한 의미를 알게 되었습니다. 그런데 놀랍게도 지금 시므온이 '비방을 받는 표적'이 되는 메시아의 사역에 대해서 선포하고 있는 것입니다. 시므온이 이것을 어떻게 알게 되었을까요? 성령의 감동, 성령의 충만함이 아니고서는 설명할 수 없는 일입니다.

예수님의 십자가 사건은 어머니 마리아에게는 큰 충격이요 고통이었을 것입니다. 시므온은 그것까지 구체적으로 말합니다. "칼이 네 마음을 찌르듯 하리니…"(35절). 그러나 예수님의 죽음은 그냥 고통스러운 일이 아닙니다.

그것을 통해서 하나님이 이루시는 역사가 있었기 때문입니다. 그것은 '마음의 생각을 드러내는 것'입니다.

예수님을 대적하고 주도적으로 그를 십자가에 처형했던 세력들은 당시의 종교 지도자들이었습니다. 그들은 겉으로는 거룩함과 경건으로 포장하고 있었지만, 속으로는 자신의 기득권을 포기하지 못하는 더러운 욕심으로 가득 채워져 있었습니다. 그러나 예수님의 십자가와 부활로 말미암아 그들의 허위의식과 더러운 실체가 만천하에 공개되고 말았던 것입니다.

안나의 기다림

이와 같은 시므온의 증언이 참으로 놀랍기는 하지만, 한 사람의 증언으로는 충분하지 않습니다. 하나님은 그 자리에 또 다른 한 사람을 준비해 놓으셨습니다. 그는 안나라고 하는 여 선지자입니다.

> [36]또 아셀 지파 바누엘의 딸 안나라 하는 선지자가 있어 나이가 매우 많았더라. 그가 결혼한 후 일곱 해 동안 남편과 함께 살다가 [37]과부가 되고 팔십사 세가 되었더라. 이 사람이 성전을 떠나지 아니하고 주야로 금식하며 기도함으로 섬기더니…(눅 2:36-37).

'안나'는 히브리식으로 발음하면 '한나'가 됩니다. 사무엘의 어머니가 '한나'였지요. 안나는 아셀 지파에 속한 사람으로 '여 선지자'(a prophetess)라고 소개됩니다. 성경에 여 선지자로 소개된 사람은 그리 많지 않습니다. 그런데 안나가 여자의 몸으로서 사람들에게 선지자로 불리고 있었다는 것입니다. 이는 그가 특별한 하나님의 은혜를 체험하고 참으로 경건하게 살았다는 사실을 방증합니다.

안나는 "나이가 매우 많았다"고 합니다. 얼마나 되었기에 나이가 매우 많다고 할까요. 안나는 결혼한 후 7년 동안 함께 살던 남편과 사별하여 과부가 되었고, 지금은 84세가 되었다고 합니다. 그런데 과부로 늙었다는 것 때문에 사람들이 그녀를 선지자로 부르지는 않았을 것입니다. 그다음 설명이 중요합니다. "안나는 성전 경내를 떠나지 않고, 금식하고 기도하며 밤낮으로 하나님께 예배를 드렸다"(37절, MSG). 만일 17살에 결혼했다고 가정한다면, 안나는 24세에 과부가 되어 60년 동안 성전에서 하나님께 예배하는 일에 그의 평생을 바친 셈이 됩니다.

안나는 아마도 성전 순례자들에게 아주 익숙한 인물이었을 것입니다. 성전에 올라갈 때마다 거기에서 금식하며 기도하는 안나를 보았을 테니까 말입니다. 그녀의 경건함과 진실함과 충성됨은 성전을 찾는 사람들에게 깊은 인상을 남겼을 것이 분명합니다. 사람들이 안나를 가리켜서 여 선지자로 부르게 된 것은 당연한 일입니다. 그런데 "안나가 왜 그렇게 살아왔을까"가 궁금해집니다. 여기에는 시므온과 같은 동기가 작용했을 것이 분명합니다.

시므온은 '그리스도를 보기 전에는 죽지 아니하리라'하는 성령의 지시를 받았다고 했습니다(2:26). 안나처럼 세상의 욕심을 내려놓고 오직 하나님께 예배하며 기도하는 사람에게는 성령의 충만함이 임할 수밖에 없습니다. 성령님은 시므온에게 그러셨듯이 안나에게도 그리스도의 출현을 예고했을 것이고, 그것으로 인해 안나는 성전 경내를 떠나지 않고 메시아를 뵙게 될 것을 평생 기다려왔던 것이지요. 그리고 마침내 그날이 찾아왔습니다.

마침 이때에 나아와서 하나님께 감사하고 예루살렘의 속량을 바라는 모든 사람에게 그에 대하여 말하니라(눅 2:38).

'마침 이때'(at that very moment, NIV)는 시므온이 아기 예수님을 안고 찬양하며 대언하던 바로 그때를 가리킵니다. 그 찬양을 듣고 안나가 거기로 나아온 것입니다. 안나 또한 예수님이 자기가 기다려온 바로 그 메시아임을 한눈에 알아차립니다. 안나는 하나님께 감사를 드립니다. 그리고 '예루살렘의 속량을 바라는 모든 사람'에게 예수님에 대하여 말합니다. 그러니까 메시아를 이야기하는 사람을 만나기만 하면 예수님을 소개했던 것이지요. 시므온과 더불어 안나의 증언은 마리아와 요셉에게 분명한 확신을 안겨주었을 것이 분명합니다.

시므온과 안나의 모습을 살펴보면서, 주님의 재림을 기다리는 우리가 놓치지 말아야 할 두 가지 거룩한 습관을 생각하게 됩니다. 하나는 '평생 예배'를 그치지 않는 것이고, 다른 하나는 '평생 기도'를 그치지 않는 것입니다. 그렇게 아름답게 늙어 가다 보면 우리도 언젠가 재림하시는 메시아, 우리 주님을 만나는 복을 누리게 될 것입니다.

묵상 질문: 나는 평생 예배하고 기도하기로 작정했는가?
오늘의 기도: 평생 메시아의 오심을 기다려온 시므온과 안나처럼 우리도 주님의 다시 오심을 기다릴 수 있게 하옵소서. 평생 예배와 기도의 자리를 지키며 아름답게 늙어 가는 사람이 되게 하옵소서. 그리하여 하나님 나라가 완성되는 그날 주님을 만나는 복을 누리게 하옵소서. 예수님의 이름으로 기도합니다. 아멘.

나사렛 사람 예수

읽을 말씀: 누가복음 2:39-52

새길 말씀: 예수께서 이르시되 어찌하여 나를 찾으셨나이까. 내가 내 아버지 집에 있어야

될 줄을 알지 못하셨나이까 하시니 그 부모가 그가 하신 말씀을 깨닫지 못하

더라(눅 2:49-50).

예수님의 탄생에 대한 누가의 기록은 베들레헴과 그 근방을 벗어나지 않습니다. 마리아와 요셉이 호적 등록하기 위하여 베들레헴에 와서 예수님을 낳았고, 구유에 누인 아기를 목자들이 가장 먼저 찾아와 경배했고, 40일이 지나 정결 예식을 거행하기 위해 예루살렘 성전으로 올라갔다가 거기에서 시므온과 안나를 만나서 그들의 증언을 듣게 됩니다. 이 모두는 베들레헴과 예루살렘에서 일어난 일입니다. 그다음에는 어떤 일들이 있었을까요?

누가복음은 단순히 이렇게 기록하고 있습니다.

> 주의 율법에 따라 모든 일을 마치고 갈릴리로 돌아가 본 동네 나사렛에 이르니라(눅 2:39).

'주의 율법에 규정된 모든 일'은 '할례'와 '초태생의 규례'와 '정결 예식'을 가리킵니다. 이것에 대해서는 앞에서 이미 살펴보았습니다. 이 세 가지 일 중에서 가장 늦게 진행되는 것은 정결 예식입니다. 정결 예식은 남자아이가 태어난 지 40일이 지나야 지킬 수 있습니다. 따라서 누가복음의 기록을 액면 그대로 받아들이면 마리아와 요셉은 예수님 탄생 후 40일이 지나서 본래의 고향이었던 나사렛으로 돌아갔던 것으로 읽힙니다.

그러나 그렇게 되면 나사렛 동네 사람들의 눈을 피해서 베들레헴에 와서 아이를 낳은 일들이 그대로 폭로가 됩니다. 동네 사람들에게 뭐라고 설명해야 할까요? 마리아와 요셉은 그렇게 위험한 일을 감행할 만큼 어리석은 사람들이 아닙니다. 그렇다면 베들레헴과 나사렛 사이에 요셉 가족에게 어떤 일이 있었을까요? 바로 이 대목에서 우리는 마태복음의 도움을 받을 수밖에 없습니다.

베들레헴과 나사렛, 그 사이

마태복음은 멀리 동방에서부터 온 박사들의 이야기를 중심으로 하여 예수 탄생에 대해 기록하고 있습니다. 앞에서 이미 살펴보았듯이, 박사들이 등장한 것은 예수님이 탄생한 지 최대 2년쯤 지난 뒤였을 것입니다. 그때 마리아와 아기 예수님은 어느 '집'에 자리 잡고 살고 있었습니다(마 2:11). 그러니까 요셉이 베들레헴에 정착하여 안정적으로 살고 있었다는 이야기입니다. 아마도 목수라는 직업이 큰 도움이 되었을 것입니다. 사실 처음부터 그럴 생각으로 고향 나사렛을 떠나왔습니다.

만일 헤롯 대 왕이 베들레헴 근처에 있는 두 살 아래의 모든 사내아이를 죽이는 일이 벌어지지 않았다면 계속 그곳에서 살았을지도 모릅니다. 그러나 요셉 가족은 주의 사자의 명령에 따라서 황급히 베들레헴을 떠나 이집트로 피신해야 했습니다(마 2:13). 그다음의 이야기를 살펴보겠습니다.

> ¹⁹헤롯이 죽은 후에 주의 사자가 애굽에서 요셉에게 현몽하여 이르되 ²⁰일어나 아기와 그의 어머니를 데리고 이스라엘 땅으로 가라. 아기의 목숨을 찾던 자들이 죽었느니라 하시니 ²¹요셉이 일어나 아기와 그의 어머니를 데리고 이스라엘 땅으로 들어가니라(마 2:19-21).

헤롯이 죽은 것은 베들레헴의 유아 학살 사건이 벌어진 지 겨우 3개월 정도 지났을 때의 일입니다. 그러니까 요셉 가족의 이집트 피난살이가 그렇게 길지는 않았다는 뜻이 됩니다. 아기의 목숨을 찾던 자들이 죽었으니 이집트에 남아있을 이유가 없습니다. 요셉은 천사의 명령에 즉시 순종하여 아기와 마리아를 데리고 이스라엘 땅으로 되돌아옵니다. 자, 그런데 돌아오는 것이 전부가 아닙니다. 이제 어디로 가서 정착해야 할까요? 어떻게 살아야 아기 예수님을 장차 이 세상을 구원하실 하나님의 아들로 잘 양육할 수 있을까요?

처음에는 베들레헴을 후보지로 생각하고 있었던 것으로 보입니다. 동방박사들을 통해서 유대인의 왕으로 오시는 메시아가 베들레헴에서 태어나신다는 이야기를 이미 들어서 알고 있었기 때문입니다. 게다가 베들레헴은 예루살렘에서 그다지 멀지 않은 곳에 있습니다. 이제 예수님이 큰일을 하려면 큰물에서 놀아야 합니다. 이런저런 생각을 하면 그들이 이 왕에 베들레헴에 자리 잡고 한동안 있었으니, 그곳으로 돌아가 살면서 예수님을 '베들레헴 사람'으로 자라게 하는 게 좋겠다고 판단했을 것입니다.

그러나 그것은 요셉의 계획이었지 하나님의 계획은 아니었습니다. 하나님은 예수님이 '나사렛 사람'으로 성장하기를 원하셨습니다.

> ²²그러나 아켈라오가 그의 아버지 헤롯을 이어 유대의 임금 됨을 듣고 거기로 가기를

무서워하더니 꿈에 지시하심을 받아 갈릴리 지방으로 떠나가 ²³나사렛이란 동네에 가서 사니 이는 선지자로 하신 말씀에 나사렛 사람이라 칭하리라 하심을 이루려 함이러라(마 2:22-23).

사실 요셉은 나사렛으로 가고 싶지 않았습니다. 호적 등록을 핑계로 고향을 떠났을 때부터 다시 돌아갈 생각이 없었습니다. 동네 사람들의 곱지 않은 시선을 감내하면서 살기가 싫었기 때문입니다. 그러나 요셉과 마리아는 '순종의 사람'이었습니다. 지금까지 줄곧 그래왔던 것처럼, 그들은 하나님의 명령에 즉시 순종합니다. 하나님의 계획을 모두 다 이해했기 때문일까요? 아닙니다. 이해할 수는 없었지만, 그들은 하나님의 말씀에 그대로 따릅니다. 그래서 예수님이 '나사렛 사람'이 될 수 있었던 것입니다.

나사렛 사람

예수님 당시에 '나사렛 사람'이란 '별 볼 일 없는 사람'이라는 뜻이었습니다. 요한복음 1장에 보면 빌립이 예수님을 만난 후에 자기 친구 나다나엘을 찾아가서 그 이야기를 전합니다. "모세가 율법에 기록하였고 여러 선지자가 기록한 그이를 우리가 만났으니 요셉의 아들 나사렛 예수니라"(요 1:45). 그러니까 나다나엘이 뭐라고 대답합니까. "나사렛에서 무슨 선한 것이 나올 수 있느냐?"(요 1:46) 메시지성경의 풀이가 아주 재미있습니다. "나사렛이라고요? 설마 농담이겠지요"(Nazareth? You've got to be kidding. MSG).

정말 그렇습니다. 예루살렘 근처에 있는 유대 지방의 어느 마을이라면 혹시 몰라도, 저 멀리 갈릴리 지방의 촌구석에 있는 몇 가구도 살지 않는 나사렛에서 무슨 대단한 인물이 나올 수 있겠습니까? 그런데 빌립은 성경에 기록된 메시아를 만났다고 하면서 그가 바로 나사렛 출신의 예수라고 하는 겁니다. 그러니 그 말을 농담으로 받아들일 수밖에요….

요한복음 7장에 보면 대제사장들과 바리새인들이 예수님을 체포하기 위해서 음모를 꾸미고 있는 장면이 나옵니다. 그때 니고데모가 나서서 예수님을 두둔하는 발언을 합니다. 그러자 그들은 이렇게 말합니다. "너도 갈릴리에서 왔느냐. 찾아보라. 갈릴리에서는 선지자가 나지 못하느니라"(요 7:52). 당시 유대 사람들이 갈릴리 출신을 얼마나 업신여겼는지 잘 보여주는 대목입니다.

실제로 그들이 말이 별로 틀린 것처럼 보이지 않습니다. 그래서 요셉은 예수님을 '갈릴리 지방 나사렛 사람'이 아니라 '유대 지방 베들레헴 사람'으로 키우려고 했던 것입니다. 그러나 그것은 사람들의 생각이요 상식이었을 뿐입니다. 하나님의 생각은 달랐습니다. 이 세상을 구원할 메시아는 별 볼 일 없는 '나사렛 사람'이어야 했습니다. 그리고 메시아의 사역은 별 볼 일 없는 사람들이 살고 있던 갈릴리에서부터 시작되어야 했습니다. 그래서 하나님은 나사렛에 살던 요셉과 마리아를 선택하셨고, 그들을 통해서 예수님이 태어나게 하셨고, 예수님을 나사렛 사람으로 양육하셨던 것입니다.

아무튼 나사렛 사람으로 자라나는 예수님의 모습을 누가복음은 이렇게 설명합니다.

아기가 자라며 강하여지고 지혜가 충만하며 하나님의 은혜가 그의 위에 있더라(눅 2:40).

이 부분을 메시지성경은 '몸은 강건하여지고 영은 지혜로워졌다.'(There the child grew strong in body and wise in spirit. MSG)라고 풀이합니다. 그리고 그에 덧붙여서 '하나님의 은혜가 그 아이 위에 머물러 있었다'(And the grace of God was on him. MSG)라고 합니다. 이것은 한 인간이 균형 있게 성장하는 가장 이상적인 모델입니다.

우선 몸이 튼튼하게 자라야 합니다. 그러나 그것이 전부는 아닙니다. 그의 영혼에 지혜가 충만하게 채워져야 합니다. 그러나 또한 그것이 전부가 아닙니다. 하나님의 은혜가 그 위에 머물러야 합니다. 하나님의 도우심과 돌보심을 인정하고 받아들이는 겸손함이 있어야 한다는 뜻입니다. 그럴 때 온전한 인격으로 균형 있게 성장할 수 있는 것입니다.

맹모삼천지교(孟母三遷之敎)라는 말이 있습니다. 맹자의 어머니가 아들 맹자의 교육을 위해 세 곳을 이사했다는 데에서 유래한 이야기입니다. 교육적인 환경이 그만큼 중요하다는 뜻입니다. 요셉이 처음에 예수님을 '베들레헴 사람'으로 키우려고 했던 이유도 그 때문이었습니다. 그런데 하나님의 사람으로 양육하기 위해서는 교육적인 환경보다 영적인 환경이 더 중요합니다.

영적인 환경을 제공해주는 곳이 어디입니까? 바로 '가정'입니다. 자녀가 건강한 몸과 지혜로운 영혼을 유지하며 그 위에 하나님의 은혜가 머물러 있도록 부모가 책임지고 잘 돌보아야 합니다. 그러면 사는 곳이 어디냐가 문제가 아닙니다. 갈릴리 나사렛에서도 얼마든지 선한 인물이 나올 수 있습니다. 그것을 보여주기 위해서라도 예수님은 나사렛 사람으로 자라야 했던 것입니다.

소년 시절의 예수

예수님은 두세 살쯤부터 나사렛에서 살기 시작했을 것으로 보입니다. 그 이후 공생애를 시작하시기까지의 행적에 대해서 유일하게 언급하고 있는 곳이 바로 오늘 본문입니다. 예수님이 열두 살 되었을 때의 일입니다.

41그의 부모가 해마다 유월절이 되면 예루살렘으로 가더니 42예수께서 열두 살 되었을 때에 그들이 이 절기의 관례를 따라 올라갔다가…(눅 2:41-42).

요셉과 마리아는 해마다 유월절에 예루살렘으로 갔다고 합니다. 율법에 따르면 이스라엘의 모든 남자는 매년 세 차례 절기를 지키기 위해 성전으로 올라가야 했습니다(출 23:17). 이때 아이들은 동행하지 않았습니다. 모든 절기는 성인들에게만 적용되는 것이었기 때문입니다. 예수님은 12살 되었을 때 처음으로 유월절을 지키기 위해 부모님을 따라서 성전으로 올라갔습니다.

유대인 소년들은 만 13세가 된 그다음 날 성인식을 거행합니다. 그러고 나면 '바르 미츠바'(bar mitzvah), 즉 '율법의 아들'(a son of the law)이 됩니다. 이때부터 하나의 성인으로 인정받게 됩니다. 성인식을 치른 자녀는 부모에게 더 이상 간섭받을 필요가 없습니다. 그전에는 자녀의 일에 대해 부모에게 책임을 물으셨지만, 이제부터는 하나님이 계약 당사자인 자녀에게 직접 책임을 물으실 것이기 때문입니다.

성인식을 준비하는 일을 본격적으로 시작하는 나이가 바로 12살입니다. 이때부터 소년들은 공적인 예배에 참석하면서 율법을 배우고 속죄의 날에 금식하는 일을 시작합니다. 특별히 이때 성인식에 필요한 신명기 말씀을 통째로 암송합니다. 예수님이 신명기 말씀에 아주 익숙했던 것도 바로 그 때문입니다. 그러나 이것은 유대인의 전통적인 관례(the custom)이지 율법에 기록된 하나님의 명령은 아닙니다. 아무튼 소년 예수님도 관례에 따라서 부모와 함께 유월절을 지키기 위해서 성전으로 올라가게 된 것입니다.

> 43그 날들을 마치고 돌아갈 때에 아이 예수는 예루살렘에 머무셨더라. 그 부모는 이를 알지 못하고 44동행중에 있는 줄로 생각하고 하룻길을 간 후 친족과 아는 자 중에서 찾되 45만나지 못하매 찾으면서 예루살렘에 돌아갔더니…(눅 2:43-45).

유월절 절기는 7일간 이어집니다. 축제를 마치고 사람들과 함께 각자의 집으로 돌아갈 때 요셉과 마리아도 나사렛의 집을 향해 떠났을 것입니다.

그들 중에 예수님이 동행하지 않았다는 사실을 발견한 것은 하룻길을 간 후였습니다. 그제야 예수님의 부모는 예루살렘으로 되돌아가면서 예수님을 찾기 시작했습니다. 물론 예수님은 이제 자기 앞가림을 할 수 있는 나이가 되었습니다. 그러나 예수님의 부모에게는 큰 걱정이 아닐 수 없었습니다. 예수님은 예루살렘에 머무셨습니다. 거기서 무엇을 하고 있었을까요?

> ⁴⁶사흘 후에 성전에서 만난즉 그가 선생들 중에 앉으사 그들에게 듣기도 하시며 묻기도 하시니 ⁴⁷듣는 자가 다 그 지혜와 대답을 놀랍게 여기더라(눅 2:46-47).

사흘 만에 예수님을 찾은 곳은 예루살렘 성전이었습니다. 예수님은 성전에서 랍비들과 문답하고 있었습니다. 말하자면 성경 공부 삼매경에 빠져있었던 것입니다. 이스라엘 랍비들은 주로 문답법으로 가르쳤습니다. 먼저 질문을 하고 그에 답하는 방식입니다. 알지 못하면 질문하지도 못합니다. 예수님은 랍비들 틈에 앉아서 그들이 하는 말을 듣기도 하고 질문하기도 했습니다. 예수님의 예리한 답변에 랍비들은 감탄했습니다.

그러나 요셉과 마리아는 예수님이 그러고 있는 것을 못마땅하게 여겼습니다.

> ⁴⁸그의 부모가 보고 놀라며 그의 어머니는 이르되 아이야 어찌하여 우리에게 이렇게 하였느냐. 보라 네 아버지와 내가 근심하여 너를 찾았노라. ⁴⁹예수께서 이르시되 어찌하여 나를 찾으셨나이까. 내가 내 아버지 집에 있어야 될 줄을 알지 못하셨나이까 하시니 ⁵⁰그 부모가 그가 하신 말씀을 깨닫지 못하더라(눅 2:48-50).

여기에는 '보고 놀랐다'라고 되어 있지만, 메시지성경은 '그들은 화가 나서 마음이 상해 있었다.'(they were upset and hurt. MSG)라고 풀이합니다. 마리아가 예수님을 책망하며 말합니다. "얘야, 왜 이렇게 했느냐? 네 아버지와 내가 너를 찾느라 정신이 없었다." 부모로서 얼마든지 할 수 있는 말입니다. 그런데 예수님의 대답은 조금은 냉정하게 들립니다. "어찌하여 내가 내 아버지 집에 있어야 할 줄을 알지 못하셨나이까?"

이 부분을 메시지성경은 "제가 여기 있으면서, 제 아버지의 일을 해야 할 줄을 모르셨습니까?"(Didn't you know that I had to be here, dealing with the things of my Father. MSG)라고 풀이합니다. 그렇습니다. 다른 사람은 몰라도 마리아는 예수님이 누구인지 알고 있어야 합니다. 이 세상을 구원하기 위해서 오신 하나님의 아들이라는 걸 인식하고 있어야 합니다. 그런데 그동안 깜빡하고 있었던 것이지요. 자기의 아들로만 생각했던 것이지요.

예수님은 지금 마리아와 요셉에게 '하나님이 내 아버지이시고, 성전이 내 아버지의 집이다'라는 선언을 하신 것입니다. 여기에서 우리는 예수님에게 하나님의 아들이라는 자의식이 싹트고 있다는 사실을 확인하게 됩니다. 물론 조금 더 시간이 흐른 후에 세례 요한에게 세례를 받으실 때 확정되지만, 이때 이미 예수님은 하나님의 아들이라는 정체성을 가지기 시작한 것입니다. 그러나 예수님은 곧바로 육신의 부모님께 순종하셨습니다.

> 51예수께서 함께 내려가사 나사렛에 이르러 순종하여 받드시더라. 그 어머니는 이 모든 말을 마음에 두니라. 52예수는 지혜와 키가 자라가며 하나님과 사람에게 더욱 사랑스러워 가시더라(눅 2:51-52).

예수님은 부모님과 함께 나사렛으로 내려가서 그들을 순종하여 받드셨습니다. 예수님에게는 네 남동생과 누이들이 있었습니다(막6:3). 성경에 언급되지는 않지만, 아버지 요셉은 얼마 지나지 않아 죽고 맙니다. 어머니와 동생들을 돌보아야 할 책임은 장남이었던 예수님에게 고스란히 넘어간 것입니다. 예수님은 공생애를 시작하시기 전까지 아버지의 뒤를 이어 목수로 일해야 했습니다. 하나님의 아들로서의 사역을 시작하기 전까지 보통 나사렛 사람처럼 어머니와 가족들을 섬겼던 것입니다.

마리아는 지난번 목자들이 찾아왔을 때처럼, 이번에도 이 모든 일을 마음 깊이 간직해 두었습니다. 그러는 동안 예수님은 하나님과 사람들의 축복을 받으면서 지혜와 키가 계속 자라났습니다. 몸의 건강도 영의 지혜도 함께 성장해간 것입니다. 우리의 자녀가 예수님처럼 이렇게 하나님과 사람에게 더욱 사랑스럽게 자라기를 간절히 소망합니다.

묵상 질문: 우리 가정의 영적인 환경은 과연 어떤가요? 우리 자녀를 하나님의 사람으로 잘 양육하고 있나요?

오늘의 기도: 우리의 계획을 고집하기보다 하나님의 계획에 순종하는 사람이 되게 하옵소서. 우리의 가정에 거룩한 영적인 환경이 조성되게 하셔서, 우리의 자녀가 하나님과 사람에게 더욱 사랑스럽게 자라갈 수 있게 하옵소서. 예수님의 이름으로 기도합니다. 아멘.

광야에서 외치는 자

읽을 말씀: 누가복음 3:1-20

새길 말씀: 요한이 모든 사람에게 대답하여 이르되 나는 물로 세례를 베풀거니와 나보다 능력이 많으신 이가 오시나니 나는 그의 신발끈을 풀기도 감당하지 못하겠노라. 그는 성령과 불로 너희에게 세례를 베푸실 것이요 손에 키를 들고 자기의 타작마당을 정하게 하사 알곡은 모아 곳간에 들이고 쭉정이는 꺼지지 않는 불에 태우시리라(눅 3:16-17).

누가는 하나님 나라의 선봉으로 오신 예수님의 공생애 기간을 "요한의 세례로부터 우리 가운데서 올려져 가신 날까지"(행 1:21)로 보고 있습니다. 즉, 세례 요한이 예수님께 세례를 베푼 날로부터 예수님이 승천하신 날까지입니다. 따라서 예수님의 구원 사역을 이야기하려면 먼저 세례 요한의 사역을 언급하지 않으면 안 됩니다.

세례 요한의 등장

누가는 세례 요한의 사역이 시작되던 당시의 역사적인 상황을 자세하게 기록합니다.

> ¹디베료 황제가 통치한 지 열다섯 해 곧 본디오 빌라도가 유대의 총독으로, 헤롯이 갈릴리의 분봉 왕으로 그 동생 빌립이 이두래와 드라고닛 지방의 분봉 왕으로, 루사니아가 아빌레네의 분봉 왕으로, ²안나스와 가야바가 대제사장으로 있을 때에 하나님의 말씀이 빈 들에서 사가랴의 아들 요한에게 임한지라(눅 3:1-2).

'디베료 황제'(Tiberius Caesar)는 로마의 초대 황제 아구스도(Octavius Augustus)의 후계자였습니다. 아구스도가 서기 14년에 죽었으니까 거기에 디베료 황제가 통치한 15년을 더하면, 세례 요한이 회개의 세례를 선포하고 사역을 시작한 것은 대략 서기 28~29년이 됩니다. 이때 유대의 총독은 본디오 빌라도(Pontius Pilate)였는데, 그는 서기 26~36년까지 유대와 사마리아와 이두매 지방의 로마 총독이었습니다.

당시 팔레스타인 지역은 헤롯 대 왕이 죽은 후에 4등분 되어 본토인 분봉 왕(tetrarch)이 다스렸는데, 헤롯 대 왕의 세 아들이 세 지역의 분봉 왕이 되었습니다. 여기에 언급된 갈릴리 분봉 왕 헤롯은 기원전 4년부터 서기 39년까지 갈릴리와 베레아 지방을 통치했던 헤롯 안디바(Herod Antipas)를 말합니다. 그 동생 빌립(Herod Philip)은 기원전 4년부터 서기 30년 사이에 이스라엘의 동북부 지역인 이두래(Iturea)와 드라고닛(Draconitis) 지방의 통치자였습니다.

여기에 언급되지는 않지만 또 다른 아들 아켈라오(Herod Archelaus)가 유다와 사마리아 그리고 에돔의 분봉 왕으로 있었습니다(마 2:22). 그러나 일찍 해임되고 나서 로마 총독이 이 지역을 직접 다스렸습니다. 아빌레네(Abilene)의 분봉 왕 루사니아(Lysanias)에 대해서는 알려진 것이 거의 없습니다.

그리고 당시에 대제사장은 안나스(Annas)와 가야바(Caiaphas)라고 하는데, 사실 대제사장은 한 사람이어야 합니다. 안나스는 서기 7~14년까지 대제사장으로 있었고, 그 후에는 서기 36년까지 안나스의 사위인 가야바가 대제사장이었습니다. 그러니까 가야바만 기록하면 되는데, 굳이 안나스를 언급하고 있는 것이지요. 그 이유는 안나스가 퇴임 이후에도 실제적인 영향력을 행사했기 때문입니다. 예수님이 체포되었을 때 제일 먼저 안나스의 집에 끌려갔던 것도 그가 실세였기 때문이었습니다(요 18:13).

아무튼 세례 요한과 예수님 당대의 중요한 인물들은 여기에 모두 언급되어 있다고 해도 과언이 아닙니다. 이와 같은 구체적인 시점에 하나님의 말씀이 '빈 들에서 사가랴의 아들 요한에게' 임하게 됩니다. 세례 요한은 태중에서부터 성령이 충만한 사람이었고, 자라면서 성령이 점점 더 강하게 역사하여 그에게 보장된 미래를 포기하고 빈 들로 나갔고, 때를 기다리다가 이제 성령님께서 그에게 직접 말씀하심으로 드디어 메시아의 길을 준비하는 광야의 소리로서 사역을 시작하게 된 것입니다.

세례 요한의 메시지

세례 요한에게 주어진 임무는 이스라엘 백성에게 메시아의 오심을 준비하게 하는 것이었습니다. 그것이 바로 '회개의 세례'였습니다.

³요한이 요단 강 부근 각처에 와서 죄 사함을 받게 하는 회개의 세례를 전파하니 ⁴선지자 이사야의 책에 쓴 바 광야에서 외치는 자의 소리가 있어 이르되 너희는 주의 길

을 준비하라 그의 오실 길을 곧게 하라 ⁵모든 골짜기가 메워지고 모든 산과 작은 산이 낮아지고 굽은 것이 곧아지고 험한 길이 평탄하여질 것이요 ⁶모든 육체가 하나님의 구원하심을 보리라(눅 3:3-6).

'회개의 세례'(a baptism of repentance)란 자신의 죄를 회개하고 회개했다는 증거로 세례를 받는 것입니다. 왜냐면 메시아는 회개하지 않은 죄인들을 쭉정이처럼 모아 꺼지지 않는 불에 태워 멸망시키고(눅 3:17), 변화된 삶으로 자신들이 회개했음을 증명한 사람들을 구원할 것이기 때문입니다. 지금까지 이와 같은 방식으로 메시아를 맞을 준비를 시킨 사람은 아무도 없었습니다. 막연하게 메시아를 기다려만 왔을 뿐, 무언가 준비가 필요하다는 걸 가르치는 사람은 세례 요한이 처음이었습니다.

세례 요한은 이사야 선지자가 예언했던 바로 그 '광야에서 외치는 자'였습니다. 누가는 이사야 40장을 인용하여 세례 요한의 사역을 설명합니다. 세례 요한 자신도 그와 같은 정체성을 분명히 가지고 있었습니다. 요한복음의 기록에 의하면 '네가 누구냐'고 묻는 바리새인들에게 세례 요한은 "나는 선지자 이사야의 말과 같이 주의 길을 곧게 하라고 광야에서 외치는 자의 소리라"(요 1:23)고 자신을 밝힙니다.

사람들은 누구나 주인공이 되고 싶어 하지, 다른 사람의 조연이 되거나 들러리가 되려고 하지 않습니다. 그러나 세례 요한은 기꺼이 메시아의 길을 준비하는 조연으로서 만족합니다. 이것은 예수 그리스도를 따르는 우리 모두에게 반드시 있어야 하는 삶의 태도입니다. 사실 '그리스도인'이란 '예수님을 그리스도로 믿고 따르는 사람들'입니다. '그리스도'는 메시아이며 주님이십니다. 내 삶을 다스리는 분이십니다. 주님을 내 삶의 주인공으로 인정할 때 우리는 비로소 진정한 그리스도인이 되는 것입니다.

세례 요한의 메시지는 아주 단순합니다. "주의 길을 준비하라!" 어떻게 하는 것이 '주의 길을 준비하는 것'일까요? "그의 오실 길을 곧게 하라!" 메시지성경의 표현대로 하자면, 길을 평탄하고 곧게 만드는 것입니다(Make the road smooth and straight, MSG). 울퉁불퉁한 길을 그대로 방치하면 안 됩니다. 골짜기는 메워지고 산은 낮아지고 굽은 길은 곧게 펴고 험한 길은 평탄하게 해야 합니다.

인류의 역사는 길을 만드는 역사였습니다. 아마도 상인들이 가장 먼저 길을 만들었을 것입니다. 그 대표적인 것이 바로 '실크로드'(the silk road)입니다. 그 길을 통해서 물류가 공급되고 문화가 교류되었습니다. 또한 사람들은 다른 나라를 정복하기 위해서 길을 닦았습니다. 그 길을 통해서 제국이 탄생하기도 하고 망하기도 했습니다. 그러나 인간이 만든 길들이 사람에게 생명을 가져다주지는 못했습니다.

이제부터 우리가 닦아야 할 길이 하나 있습니다. 그것은 '주의 길'입니다. 거룩함과 진리의 길, 사랑과 은혜의 길, 십자가의 길을 닦아야 합니다. 그 길을 통해서 사람들은 생명을 얻게 되고, 새로운 삶의 축복을 누리게 됩니다. 주님은 '내가 곧 길(the way)이요 진리요 생명'이라고 말씀하셨습니다(요 14:6). 예수님을 통해서만 우리는 하나님 아버지께 갈 수 있습니다. 그 길을 준비해야 합니다.

이사야 메시지의 하이라이트는 제일 마지막 부분에 있습니다. "모든 육체가 하나님의 구원하심을 보리라"(All mankind will see God's salvation. NIV). '모든 육체'는 '온 인류'를 말합니다. 메시아의 오심은 유대인들만을 구원하기 위해서가 아닙니다. 온 인류를 구원하기 위해서입니다. 그것이 태초부터 하나님이 품으셨던 인류 구원의 계획이었습니다. 그것이 아브라함 을 선택하신 이유이며, 이스라엘을 장자의 나라로 선택하신 이유입니다.

하나님의 백성은 인종과 피부 색깔의 제한을 받지 않습니다. 예수를 그리스도로 영접하여 받아들이고 믿는 사람이면 누구나 하나님의 자녀가 될 수 있습니다. 인간이 가지고 있는 그 어떤 조건도 주의 길을 방해할 수 없습니다. 성의 차이나 빈부의 차이나 학력의 차이나 인종의 차이나 그 어떤 것도 온 인류를 구원하시려는 주의 길에 방해 요소가 되어서는 안 됩니다. 여기에는 기득권이 없습니다. 늦게 시작했다고 손해 보지도 않습니다. 그래서 복음(福音)입니다. 기쁜 소식입니다. 이러한 하나님 나라의 복음이 땅끝까지 전해지도록 우리는 '주의 길'을 닦아야 하는 것입니다.

회개에 합당한 삶

뜻밖에도 세례 요한에게 '회개의 세례'를 받겠다고 찾아 나오는 사람들이 점점 많아졌습니다. 말하자면 '회개의 세례'가 당시 사람들에게 인기 있는 일이 되었던 것입니다. 무슨 특별한 비결이 있었을까요? 세례 요한은 상식을 뒤엎는 방법을 사용했습니다. 축복이 아니라 저주를 퍼부었던 것입니다.

> 7요한이 세례 받으러 나아오는 무리에게 이르되 독사의 자식들아 누가 너희에게 일러 장차 올 진노를 피하라 하더냐 8그러므로 회개에 합당한 열매를 맺고 속으로 아브라함이 우리 조상이라 말하지 말라. 내가 너희에게 이르노니 하나님이 능히 이 돌들로도 아브라함의 자손이 되게 하시리라(눅 3:7-8).

세례 요한은 자기에게 세례를 받으러 나아오는 사람들을 향해서 이렇게 저주를 퍼붓습니다. "독사의 자식들아! 누가 너희에게 일러 장차 올 진노를 피하라 하더냐?" 그런데 여기에서 세례 요한은 아주 중요한 점을 지적하고 있습니다. 세례를 받는다고 해서 진정으로 죄를 회개했다고 말할 수는 없다는 것입니다. 이는 아무리 깨끗이 목욕해도 그 속마음까지 깨끗해지지 않는 것과 같습니다.

그래서 이 부분을 메시지성경은 이렇게 실감이 나게 번역합니다.

… 뱀의 자식들아! 이 강가에 슬그머니 내려와서 무엇을 하는 거냐? 너희의 뱀 가죽에 물을 좀 묻힌다고 하나님의 심판을 비껴 갈 것 같으냐? 바꿔야 할 것은, 너희 겉가죽이 아니라 너희 삶이다!(눅 3:7-8, 메시지)

뱀은 가끔 허물을 벗습니다. 겉가죽을 바꾸는 것이지요. 그러나 아무리 수십 번 허물을 벗는다고 해도 뱀은 그냥 뱀입니다. 겉모습이나 형식을 바꾼다고 구원받는 것은 아닙니다. 뱀 가죽에 세례의 물을 조금 묻힌다고 달라질 것이 없습니다. 속이 바뀌어야 하고 삶이 변화되어야 합니다. 진짜 약속의 자녀, 하나님의 백성처럼 살아야 합니다.

그것을 세례 요한은 '회개에 합당한 열매를 맺는 것'(Produce fruit in keeping with repentance, NIV)이라고 말합니다. 회개했다면 그에 상응하는 삶을 보이라는 겁니다. 세례 요한은 구체적인 예를 들어 말합니다. "옷이 두 벌이 있느냐? 그렇다면 한 벌은 네가 입고 다른 한 벌은 옷 없는 자에게 나눠주라. 먹을 것이 넉넉 하느냐? 그렇다면 여분의 음식을 필요한 자에게 나눠주라"(눅 3:11). 이것이 바로 회개에 상응하는 삶의 모습입니다.

그러자 세리들이 묻습니다. "그러면 우리가 어떻게 해야 합니까?" 회개에 합당한 열매가 무엇인가에 대한 질문입니다. 세례 요한의 대답은 아주 단순합니다. "부과된 것 외에는 거두지 말라"(눅 3:13). 즉, 법으로 정한 만큼만 세금을 거두고, 그 이상 과하게 징수하여 백성들을 착취하지 말라는 것입니다.

법에 따라서 살려면 욕심을 포기해야 합니다. 사사로운 이익을 얻으려는 생각을 내려놓아야 합니다. 부당한 이득을 얻어서 안락한 삶을 누리겠다는 기대를 처음부터 접어야 합니다. 문제는 그렇게 하기가 쉽지 않다는 사실입니다. '회개의 세례'를 받는 것과 '회개에 합당한 열매'를 맺는 것은 또 다른 이야기입니다. 심판에 대한 두려움으로 회개의 세례를 받았지만, 실제로 욕심을 내려놓고 살아가는 것은 또 다른 차원의 이야기입니다.

이번에는 군인들이 묻습니다. "그러면 우리가 어떻게 해야 합니까?" 그러자 세례 요한은 대답합니다. "사람에게서 강탈하지 말며 거짓으로 고발하지 말고 받는 급료를 족한 줄로 알라"(눅 3:14). 부정한 방법으로 얻는 음성적인 수입을 포기하라는 것입니다. 정직하게 일하고 일한 만큼 받는 급료로 만족하라는 것입니다. 이것도 역시 실천하기는 참 힘듭니다. 심판에 대한 두려움 때문에 회개의 세례를 받기는 했지만, 자기들이 해오던 방식을 포기하고 쥐꼬리만 한 급료로 만족할 사람들이 얼마나 되겠습니까?

세례 요한의 메시지에는 잘못이 없습니다. 심판에 대한 경고가 꼭 필요합니다. 누구든지 회개의 세례를 받게 한 것은 참으로 잘한 일입니다. 그러나 '회개에 합당한 열매'를 맺으려면 그와 같은 협박이나 윤리적인 가르침만으로는 부족합니다. 여벌의 옷을 나누어 입으라고 말한다고 실제로 그렇게 되는 것은 아닙니다. 한 번만 눈 질끈 감으면 부정과 속임수로 큰 부자가 될 수 있는데, 정직하게 살라고 말한다고 해서 실제로 그렇게 살게 되는 것이 아닙니다. 여기에는 예수 그리스도의 복음이 필요합니다.

그래서 세례 요한은 '주의 길을 준비하는 자'였습니다. 그의 삶과 사역과 메시지는 그것 자체로 완성본이 아닙니다. 그것은 예수 그리스도가 선포하는 하나님 나라의 복음과 십자가의 도와 구원의 기쁜 소식을 위한 준비 작업이었습니다. 회개의 세례가 거듭남의 사건으로 이어지지 않는다면 아직은 미완성 상태로 남아있는 것입니다.

진짜 메시아

요한의 세례가 점점 인기를 얻게 되자, 사람들은 세례 요한이 혹시 메시아가 아닐까 생각하기 시작했습니다. 물론 요한은 메시아가 아닙니다. 그는 '주의 길을 준비하는 광야에서 외치는 소리'라는 분명한 정체성으로 사역을 시작했습니다. 그러나 선 줄로 생각할 때가 가장 위험한 때입니다. 사람들에게 인기를 얻게 되면 얼마든지 그의 정체성이 흔들릴 수 있습니다. 바로 이 대목에서 세례 요한의 위대함이 드러납니다.

> [15]백성들이 바라고 기다리므로 모든 사람들이 요한을 혹 그리스도신가 심중에 생각하니 [16]요한이 모든 사람에게 대답하여 이르되 나는 물로 너희에게 세례를 베풀거니와 나보다 능력이 많으신 이가 오시나니 나는 그의 신발 끈을 풀기도 감당하지 못하겠노라. 그는 성령과 불로 너희에게 세례를 베푸실 것이요…(눅 3:15-16).

세례 요한이 의도했거나 기대한 것은 아니었지만, 사람들은 제멋대로 요한이 메시아일 지도 모른다고 생각했습니다. 그들은 메시아를 '바라고 기다리던' 사람들이었습니다. 메시아를 학수고대하고 있었던 그들에게 세례 요한의 거침이 없는 사역은 마치 메시아의 사역처럼 보였을 것입니다. 만일 세례 요한이 사사로운 욕심을 가지고 있었다면 이때가 성공할 수 있는 절호의 기회였습니다.

그는 굳이 스스로 나서서 자신이 메시아가 아니라고 부정할 필요가 없습니다. 그냥 아무 말 하지 않고 가만히 있기만 하면 사람들은 자신을 계속해서 메시아로 생각했을 것입니다. 그러다 보면 사람들에게 존경과 숭배의 대상이 되었을지도 모릅니다. 지금까지 많은 사람이 그런 유혹에 넘어갔습니다. 그러나 세례 요한은 그러지 않았습니다. 왜냐면 자신은 분명히 그리스도가 아니었기 때문입니다.

그는 이렇게 말합니다. "나는 물로 너희에게 세례를 베풀거니와 나보다 능력이 많으신 이가 오시나니 나는 그의 신발 끈을 풀기도 감당하지 못하겠노라"(16절). 자신을 그리스도와 비교하는 것은 말도 안 되는 이야기라는 것입니다. 왜냐면 자신은 그분의 신발 끈을 풀어드릴 자격도 없기 때문입니다. 메시지성경은 요한의 말을 "이 드라마의 주인공(the main character in this drama)에 비하면 나는 그저 무대 담당자(a mere stagehand)에 지나지 않는다"라고 풀이합니다.

세례 요한은 자신에게 주어진 사명에 따라 살다가 순교자가 되었습니다. 광야에서 외치는 자의 소리로 올곧게 살다가 굵고 짧은 일생을 마친 것입니다. 그리 길지 않은 생애였지만 사람들은 그를 메시아의 길을 준비하는 사람으로 영원히 기억하게 되었습니다. 우리도 그렇게 하나님 나라를 위해 쓰임 받는 인생이 되기를 간절히 소망합니다.

묵상 질문: 나는 하나님 나라의 드라마에서 어떤 역할을 맡고 있는가?
오늘의 기도: 만일 우리가 죄를 회개했다면, 그것에 어울리는 삶의 열매를 맺으며 살아가게 하옵소서. 하나님께서 우리에게 맡겨주신 사명이 무엇이든지 충성스럽게 잘 감당하게 하옵소서. 그렇게 하나님 나라에 쓰임 받는 복된 인생이 되게 하옵소서. 예수님의 이름으로 기도합니다. 아멘.

하나님의 아들 예수

읽을 말씀: 누가복음 3:21-38

새길 말씀: 백성이 다 세례를 받을새 예수도 세례를 받으시고 기도하실 때에 하늘이

열리며 성령이 비둘기 같은 형체로 그의 위에 강림하시더니 하늘로부터 소리

가 나기를 너는 내 사랑하는 아들이라. 내가 너를 기뻐하노라 하시니라(눅

3:21-22).

우리는 예수님이 세례 요한에게 세례를 받으셨다고 알고 있습니다. 그리고 예수님이 그렇게 세례를 받으신 사실에 대해서 별다른 의문을 품지 않습니다. 그런데 이 일에 대한 복음서의 기록을 자세히 살펴보면 모든 복음서의 증언이 일치하지 않는다는 사실을 발견하게 됩니다.

예수님의 세례

우선 마가복음을 살펴보면, 아주 단순하고 분명한 어조로 예수님이 세례

요한에게 세례를 받으셨다고 기록합니다.

> ⁹그때에 예수께서 갈릴리 나사렛으로부터 와서 요단강에서 요한에게 세례를 받으시
> 고 ¹⁰곧 물에서 올라오실새 하늘이 갈라짐과 성령이 비둘기 같이 자기에게 내려오심
> 을 보시더니 ¹¹하늘로부터 소리가 나기를 너는 내 사랑하는 아들이라. 내가 너를 기뻐
> 하노라 하시니라(막 1:9-11).

마가복음은 복음서 중에서 가장 먼저 기록된 책입니다. 마태복음과 누가복
음은 이미 기록된 마가복음을 참고로 하여 나중에 쓰였습니다. 따라서 예수님
의 세례에 대한 마가복음의 증언을 마태와 누가는 이미 잘 알고 있었을
것입니다. 그런데 이 부분에 대한 마태와 누가의 증언에 약간씩 차이가
보이기 시작합니다. 마태복음은 이렇게 기록하고 있습니다.

> ¹³이때에 예수께서 갈릴리로부터 요단강에 이르러 요한에게 세례를 받으려 하시니 ¹⁴
> 요한이 말려 이르되 내가 당신에게서 세례를 받아야 할 터인데 당신이 내게로 오시나
> 이까. ¹⁵예수께서 대답하여 이르시되 이제 허락하라. 우리가 이와 같이 하여 모든 의
> 를 이루는 것이 합당하니라 하시니 이에 요한이 허락하는지라(마 3:13-15).

여기에 보면 세례 요한은 예수님에게 세례를 베푸는 것을 몹시 주저하고
있습니다. 왜 그랬을까요? 그 이유는 세례 요한이 베푸는 세례는 '회개의
세례'였기 때문입니다. 회개는 죄가 있는 사람에게나 해당되는 것입니다.
예수님은 하나님의 아들이시기에 본래 죄가 없으십니다. 죄가 없으신 분에게
회개의 세례를 베푼다는 것은 그야말로 어불성설(語不成說)입니다. 그래서
주저했던 것입니다.

그러나 세례 요한은 결국 예수님께 세례를 베풀었습니다. 이는 '모든

의를 이루는 것이 합당하다'(it is proper for us to do this to fulfill all righteousness. NIV)라는 우리 주님의 말씀에 설득되었기 때문입니다. 그런데 '모든 의'가 무엇을 의미할까요? 메시지성경은 이렇게 풀이합니다. "오랜 세월 동안 이어져 온 하나님의 바로 잡는 역사가 바로 지금, 이 세례 속에서 하나로 모이고 있다." 그러니까 '하나님의 바로 잡는 역사'(God's work, putting things right)가 바로 '모든 의'입니다. 이 세상을 구원하기 위해서 일해오신 하나님의 의입니다. 그것이 예수님이 세례받는 일에 하나로 모이고 있다는 것입니다.

아무튼 세례 요한이 예수님에게 세례를 베푸는 것을 주저하고 있는 모습을 통해서, 우리는 마가복음이 기록된 이후에 예수님의 세례에 대한 신학적인 논쟁들이 있었다는 사실을 미루어 짐작할 수 있습니다. 마태복음은 하나님의 일하심과 하나님의 뜻에 절대 순종하려는 예수님의 태도를 강조함으로써 그 문제에 대한 답을 주려고 했던 것입니다.

누가는 예수님의 세례에 대해서 어떻게 설명하고 있을까요? 그에 앞서서 요한복음의 기록을 살펴보아야 하겠습니다. 요한복음에는 예수님의 세례에 대한 기록이 없습니다. 단지 예수님이 나아오심을 보고 세례 요한은 '세상 죄를 지고 가는 하나님의 어린 양'이라고 선포합니다(요 1:29). 그리고 '성령이 비둘기같이 하늘로부터 내려와서' 예수님 위에 머무는 것을 보았다고 하면서 (요 1:32), '그가 하나님의 아들이심을 증언하였다'라고 합니다(요 1:34). 그리고 예수님 자신도 세례를 베풀지 않았다고 분명히 밝힙니다(요 4:2).

요한복음이 복음서 중에서 가장 나중에 기록된 책이라는 것을 고려한다면, 예수님의 세례에 대한 그동안의 신학적인 논쟁의 결론이 반영되었다고 생각할 수 있습니다. 즉, 예수님의 사역에 세례 요한의 세례가 필수적이었던 것은 아니라는 결론입니다. 예수님의 세례 자체보다는 오히려 예수님이 하나님의 아들이라는 걸 세례 요한이 이미 알게 되었고 그것을 증언했다는 사실이 더 중요하다는 겁니다.

누가복음의 기록

자, 그렇다면 누가복음은 예수님의 세례에 대해서 무엇이라고 기록하고 있을까요?

> 21백성이 다 세례를 받을새 예수도 세례를 받으시고 기도하실 때에 하늘이 열리며 22 성령이 비둘기 같은 형체로 그의 위에 강림하시더니 하늘로부터 소리가 나기를 너는 내 사랑하는 아들이라 내가 너를 기뻐하노라 하시니라(눅 3:21-22).

본문은 "예수도 세례를 받으셨다"라고 합니다. 물론 문장의 앞뒤 문맥을 살펴보면 백성이 모두 요한에게 세례를 받았기 때문에, 예수님도 그와 똑같이 요한에게 세례를 받았다는 것을 부정할 필요는 없습니다. 그러나 누가는 왜 굳이 세례 요한의 이름을 언급하지 않았을까요?

누가복음에서 세례 요한의 이야기는 헤롯 안디바에 의해 옥에 갇힌 것으로 일단락되었습니다(눅 3:20). 그 후에 예수님의 세례 사건을 배치한 것에서 우리는 세례 요한과의 직접적인 연관성에 어느 정도 거리를 두고 싶어 하는 누가의 의도를 엿볼 수 있습니다. 이렇게 함으로써 아무런 죄가 없으신 예수님이 왜 요한에게 '회개의 세례'를 받아야 하는지에 대한 불필요한 신학적인 논쟁을 피하면서, 동시에 세례를 받으실 때 예수님에게 일어난 더욱 중요하고 의미 있는 사건에 집중하려고 하는 것입니다.

세례를 통해서 예수님에게 일어난 더 중요한 일은 바로 예수님이 '하나님의 아들'로서 분명한 자의식을 가지게 된 것입니다. 지금까지 살펴본 것처럼, 누가복음은 특히 이 부분에 깊은 관심을 기울입니다. 다른 복음서와 달리 예수님이 12세 되던 해 예루살렘에서 일어난 일들을 기록한 것도 하나님의 아들로서 자의식을 찾아가는 중요한 사건이었기 때문입니다. 그때 자신을 꾸짖는 부모에게 예수님은 이렇게 대답하지요. "제가 여기 있으면서, 제 아버지의 일을 해야 할 줄을 모르셨습니까?"(눅 2:49) 이때 예수님은 이미 하나님과의 독특한 관계를 인식하기 시작하셨던 것입니다.

그로부터 18년의 세월이 흐르는 동안 예수님은 요셉을 대신하여 어머니와 동생들을 부양하는 일에 전념했습니다. 그러면서 하나님의 아들이라는 자의식과 메시아로서의 사명이 점점 더 뚜렷해졌습니다. 마침내 세례 요한이 등장하여 회개의 세례를 선포하면서 메시아의 길을 준비하기 시작하자, 예수님은 자신이 역사의 전면에 등장해야 할 때가 무르익었다는 걸 깨닫게 되셨습니다. 그리고 세례를 받는 도중에 "너는 내 사랑하는 아들이라"라는 하나님의 음성을 직접 들으면서 자신의 정체성을 분명히 확신하게 되었던 것이지요.

예수님에게 군이 세례가 필요했을까요? 예수님은 '회개의 세례'가 필요하지 않습니다. 그러나 하나님의 아들이라는 정체성을 가지고 공생애를 시작하는 전환점으로서 세례는 필요했습니다. 세례 요한에게 세례를 받았기 때문에 예수님에게 하나님의 아들이라는 자의식이 생겨난 것은 아닙니다. 그 과정은 이미 오래전부터 진행되어왔습니다. 그러나 나사렛의 목수에서 인류를 구원하는 메시아로 삶의 초점이 바뀌는 전환점이 필요했습니다. 예수님의 세례가 바로 그 결정적인 순간이 되었던 것입니다.

예수님의 족보

누가는 예수님이 세례를 받으신 후에 공생애를 시작하는 대목에서 예수님의 족보를 삽입하여 다룹니다. 마태복음은 아예 첫머리에 아브라함으로부터 시작하여 다윗을 거쳐 예수님에게까지 내려오는 족보를 기록합니다(마 1:1-17). 그에 비하여 누가는 예수님으로부터 시작하여 다윗과 아브라함을 거쳐 아담과 창조주 하나님에게까지 거슬러 올라가는 족보를 서술합니다.

이를 통해 누가는 무엇을 이야기하려는 것일까요? 예수님께서 하나님의 아들로서 공생애를 시작하시는 사건은 이미 오래전부터 온 인류를 구원하기 위한 하나님의 계획과 섭리 가운데 진행된 것임을 설명하려고 합니다. 그런데 사람들은 성경을 읽다가 이런 족보를 만나게 되면 그냥 넘어가곤 합니다. 굳이 읽을 필요가 있겠나 싶은 생각 때문입니다. 그러나 성경에서 불필요한 말씀은 하나도 없습니다. 직접 읽어야 메시지가 보입니다.

우선 누가복음이 기록하고 있는 예수님의 족보 첫 부분을 살펴보겠습니다.

> 23예수께서 가르치심을 시작하실 때에 삼십 세쯤 되시니라. 사람들이 아는 대로는 요셉의 아들이니 요셉의 위는 헬리요 24그 위는 맛닷이요 그 위는 레위요 그 위는 멜기요 그 위는 얀나요 그 위는 요셉이요…(눅 3:23-24).

여기에서 누가는 공생애를 시작하실 때 예수님의 나이가 30세쯤(about thirty years old) 되었다고 밝힙니다. 우리가 예수님의 나이를 비교적 정확하게 알 수 있게 된 것은 전적으로 누가 덕분입니다. 그런데 누가와 마태의 족보를 자세히 비교해보면 같은 이름이 거의 보이지 않습니다. 누가복음이 기록한 다윗 이하의 족보(눅 3:23-31)에서 마태복음의 족보(마 1:6-16)와 겹치는 사람은 예수님의 아버지 '요셉'과 예루살렘 성전을 건축한 '스룹바벨'과 그의 아버지 '스알디엘'이 전부입니다. 나머지는 전혀 일치하지 않습니다.

학자들은 그동안 이러한 차이를 설명하려고 노력했습니다. 그중에서 1세기의 유대인 역사가 요세푸스(Flavius Josephus)의 설명에 많은 사람이 공감합니다. 그는 마태복음의 족보를 그리스도의 왕통을 상징화한 것으로,

누가복음의 족보를 제사장 직책을 나타낸 상징적 계보로 설명합니다. 실제로 두 족보를 자세히 살펴보면 결정적으로 나뉘는 곳이 나옵니다. 바로 다윗의 아들 대입니다.

> ³⁰그 위는 시므온이요 그 위는 유다요 그 위는 요셉이요 그 위는 요남이요 그 위는 엘리아김이요 ³¹그 위는 멜레나요 그 위는 멘나요 그 위는 맛다다요 그 위는 나단이요 그 위는 다윗이요…(눅 3:30-31).

누가의 족보는 다윗의 아들을 '나단'이라고 언급하고 있습니다만, 마태의 족보에 의하면 '솔로몬'이 그 뒤를 잇습니다(마 1:6). 여기에서부터 서로 다른 이름들의 족보가 진행된 것입니다. 다윗의 뒤를 이어 왕이 된 사람은 솔로몬이었지만, 사실 다윗에게는 많은 아들이 있었습니다. 그중의 하나가 '나단'이었습니다(삼하 5:14). 자, 그렇다면 예수님의 아버지 요셉이 어떻게 동시에 솔로몬과 나단의 후손이 될 수 있었을까요?

학자들은 '계대 결혼'(Levirate) 혹은 '시형제 혼인법'(신 25:5-6)으로 설명합니다. '시형제 혼인'은 자식 없이 죽은 한 남자의 가계가 끊어지지 않게 하려고 죽은 사람의 가장 가까운 형제가 그 미망인을 아내로 맞이하는 관습입니다. 실제로 예수님의 아버지인 '요셉'(Joseph)은 법적으로는 '헬리'(Heli)의 아들이지만 실제로는 '헬리'의 형인 '야곱'(Jacob)의 아들이었다고 합니다. '헬리'와 '야곱'은 아버지가 다른 형제였는데, '야곱'의 아버지는 솔로몬을 통한 다윗 계열이고 '헬리'의 아버지는 나단을 통한 다윗 계열이었습니다. 그래서 요셉이 솔로몬의 후손이 될 수도 있고, 나단의 후손이 될 수 있었다는 것입니다.

아무튼 마태복음의 족보는 다윗의 왕통을 강조함으로써 예수님이 오랫동안 유대인들이 기다려오던 다윗 가문에서 태어난 메시아임을 증언하려고 했고, 이와 대조적으로 누가복음의 족보는 제사장직의 혈통을 강조함으로써 예수님이 인류의 죄를 대속하기 위해 오신 메시아임을 증언하려고 했습니다. 이 두 가지 족보는 어느 하나를 선택해야 할 문제가 아닙니다. 오히려 서로 보완하는 역할을 하고 있습니다.

누가복음의 메시지

다윗부터 아브라함까지는 마태복음과 누가복음의 족보에서 별다른 차이를 찾아볼 수 없습니다. 아브라함을 넘어서는 족보는 누가복음에만 나옵니다.

> 34그 위는 야곱이요 그 위는 이삭이요 그 위는 아브라함이요 그 위는 데라요 그 위는 나홀이요 35그 위는 스룩이요 그 위는 르우요 그 위는 벨렉이요 그 위는 헤버요 그 위는 살라요 … 38그 위는 에노스요 그 위는 셋이요 그 위는 아담이요 그 위는 하나님이시니라(눅 3:34-38).

마태의 족보는 믿음의 조상 아브라함에서 시작되어 내려오지만, 누가의 족보는 예수님으로부터 시작하여 거슬러 올라가 아브라함을 넘어서서 최초의 인간인 아담과 그를 만드신 하나님에게까지 다다릅니다. 여기에서 재미있는 것은 우리말로는 '그 위는'이라고 번역하지만, 영어로는 '누구의 아들'(the son of…)로 번역한다는 사실입니다. 그래서 제일 마지막에 '그 위는 하나님이다'를 '하나님의 아들'(the son of God)로 풀이합니다.

여기에서 우리는 누가가 전하려고 하는 매우 중요한 메시지를 발견하게 됩니다. 그것은 인종적, 민족적 경계를 넘어서는 하나님 나라의 복음입니다. 하나님의 구원 사건은 유대인이라는 인종과 이스라엘이라는 민족의 경계를 넘어선다는 것입니다. 이러한 메시지는 이미 베들레헴 들판에서 노래하던 천군 천사들의 찬송을 통해서 선포되었고(눅 2:14), 예루살렘 성전에서 만난 시므온의 찬송을 통해서 확인되었고(눅 2:31), 광야에서 주의 길을 예비하던 세례 요한의 메시지를 통해서 재차 증언되었습니다(눅 3:6). 그리고 지금 여기 예수님의 족보를 통해서도 다시 강조되고 있는 것입니다.

이방인들은 유대인의 조상 아브라함의 후손은 아니지만, 모든 인류의 조상 아담의 후손입니다. 그들을 창조하신 분도 하나님이시고, 그들을 구원하기 위하여 아들을 보내신 분도 하나님이십니다. 물론 예수님은 유대인입니다. 그는 다윗의 후손으로 태어나셨습니다. 그러나 유대인만을 구원하기 위한 메시아로 오신 것은 아닙니다. 하나님의 구원 계획은 그보다 훨씬 더 크고 넓으십니다. 하나님께서 아브라함을 선택하신 것도, 이스라엘 민족을 장자의 민족으로 삼으신 것도, 온 인류를 구원하려는 계획과 섭리 속에서 진행된 것입니다.

이 대목에서 우리는 누가가 '누가복음'(데오빌로전서)뿐 아니라 '사도행전' (데오빌로후서)까지 기록했다는 사실을 다시 한번 상기할 필요가 있습니다. 다른 복음서 저자들이 예수님의 행적과 가르침에만 집중하고 있는 동안, 누가는 예수님이 선포한 하나님 나라의 복음이 실제로 어떻게 땅끝까지 전파되고 있는지에 집중하고 있습니다. 아시아 변방에 자리한 우리나라까지 그 복음이 전파될 수 있었던 것은 하나님 나라의 복음에 대한 인류사적이고 세계사적인 누가의 통찰력 덕분이라고 해도 결코 지나친 말이 아닙니다.

바울은 갈라디아서에서 이렇게 말했습니다.

> 26너희가 다 믿음으로 말미암아 그리스도 예수 안에서 하나님의 아들이 되었으니 27누구든지 그리스도와 합하여 세례를 받은 자는 그리스도로 옷입었느니라. 28너희는 유대인이나 헬라인이나 종이나 자주자나 남자나 여자 없이 다 그리스도 예수 안에서 하나이니라(갈 3:26-28).

그렇습니다. 유대인뿐만 아니라 세계 어느 민족이라도 예수를 그리스도로 고백하여 믿는 사람이라면 누구나 '하나님의 아들', '하나님의 자녀'가 될 수 있습니다. 우리는 영적으로 아브라함의 자손이요, 육적으로 아담의 자손이기 때문입니다.

하나님은 모든 인류를 구원하기 위하여 당신의 아들 예수 그리스도를 이 땅에 보내셨습니다. 예수님의 족보가 아브라함을 넘어서서 아담과 창조주 하나님에게까지 이르는 이유가 바로 여기에 있습니다. 하나님의 자녀가 될 기회는 누구에게나 열려 있는 것입니다. 그 일을 이루시려고 예수님이 하나님 나라의 선봉으로 이 세상에 오셨습니다.

기독교의 역사가 2천 년을 넘겼지만, 이 세상에는 여전히 땅끝이 남아있고 아직도 구원받지 못한 사람이 남아있습니다. 그들에게 이와 같은 하나님 나라의 복음을 전하도록 하나님은 우리를 부르셨습니다. 그 부르심에 믿음으로 응답하는 사람들을 통해 하나님의 나라는 계속 확장되어 갈 것입니다. 하나님 나라를 위해 쓰임 받는 우리가 되기를 간절히 소망합니다.

묵상 질문: 나에게 주어진 땅끝은 어디인가?

오늘의 기도: 아시아 변방의 땅끝에 살던 우리에게 하나님 나라의 복음을 전해주신 그 은혜를 진심으로 감사드립니다. 우리도 하나님이 허락하시는 땅끝으로 복음을 들고 나아가게 하시고, 그렇게 하나님 나라가 확장되는 일에 우리를 사용하여 주옵소서. 예수님의 이름으로 기도합니다. 아멘.

제 2 막

하나님 나라의
태동(胎動)

누가복음 4-6장

메시아의 시험

읽을 말씀: 누가복음 4:1-13

새길 말씀: 마귀가 이르되 네가 만일 하나님의 아들이어든 이 돌들에게 명하여 떡이 되게
하라. 예수께서 대답하시되 기록된 바 사람이 떡으로만 살 것이 아니라 하셨
느니라(눅 4:3-4).

　예수님은 세례를 통하여 성령의 충만함을 경험하면서 하늘로부터 "너는
내 사랑하는 아들이라"는 하나님의 음성을 들으셨습니다. '하나님의 아들'이
라는 자기 정체성을 분명히 가지게 된 것입니다. 그 이후에 즉시 공생애를
시작하지 않으시고, 광야에서 40일 동안 금식하며 마귀에게 시험을 받으셨
습니다. 예수님에게도 시험이 있었다는 사실이 우리에게 위로가 됩니다.
동시에 예수님이 무슨 문제로 그렇게 심각하게 고민했는지 궁금해지기도
합니다.

성령의 이끄심 vs. 마귀의 시험

예수님이 받으신 시험의 본질은 메시아로서의 사명과 역할에 대한 것이었습니다. 즉, 어떤 메시아의 모습으로 사람들에게 나타나야 할 것인가에 대한 씨름이었습니다. 이 시험을 통하여 앞으로 펼쳐나갈 메시아 사역의 방향을 결정하게 됩니다. 그런 점에서 이 대목은 예수님의 일생에 아주 중요한 순간이었습니다.

> ¹예수께서 성령의 충만함을 입어 요단강에서 돌아오사 광야에서 사십 일 동안 성령에게 이끌리시며 ²마귀에게 시험을 받으시더라. 이 모든 날에 아무 것도 잡수시지 아니하시니 날 수가 다하매 주리신지라(눅 4:1-2).

요단강에서 세례를 받고 돌아오셨을 때 예수님은 '성령의 충만함'을 입으셨다고 합니다. '성령의 충만함'이란 성령의 다스림이 가득 채워진 상태라고 했습니다. 그렇다면 이제부터 하나님 나라의 복음을 전하는 공생애를 시작해도 충분합니다. 그런데 어떤 일인지 예수님은 광야에서 40일 동안 금식하며 기도하셨습니다. 그 이유가 무엇일까요?

본문은 단순히 "광야에서 40일 동안 성령에게 이끌리시며 마귀에게 시험을 받으셨다"고 합니다. 여기에서 "성령에게 이끌리셨다"라는 말과 "마귀에게 시험을 받으셨다"라는 말은 사실 서로 잘 어울리지 않습니다. '성령'과 '마귀'는 정반대의 세력입니다. '성령'은 하나님의 뜻에 순종하게 하는 영이며 '마귀'는 하나님의 뜻에 불순종하게 하는 영입니다. 그런데 이 두 가지가 어떻게 동시에 예수님에게 역사할 수 있는지 참으로 이해하기 힘듭니다.

이 부분을 NIV성경이 잘 풀이해놓고 있습니다. "He was led by the

Spirit in the desert, where he was tempted by the devil." 그러니까 성령과 마귀가 동시에 예수님에게 역사한 것이 아닙니다. 광야로 인도해 가신 분은 성령님이시고, 거기에서 40일 동안 금식하며 지내면서 마귀에게 시험을 받게 되신 것이지요.

하나님의 뜻에 불순종하게 하는 마귀의 시험을 통해서 예수님은 하나님의 뜻을 거스르는 마귀의 의도와 유혹을 파악하실 수 있었습니다. 그러는 가운데 하나님의 아들로서 어떻게 사람들을 바로 인도할 수 있을지, 하나님 나라의 방법과 길을 깨닫게 되셨습니다. 하나님 나라의 길은 세속적인 권세와 영광을 추구하는 것이 아니라, 고난과 십자가를 선택하는 것임을 알게 되셨던 것입니다.

경제적인 메시아

마귀가 던진 첫 번째 시험은 '경제적인 메시아'가 되는 것입니다.

마귀가 이르되 네가 만일 하나님의 아들이어든 이 돌들에게 명하여 떡이 되게 하라 (눅 4:3).

메시지성경은 이렇게 풀이합니다. "너는 하나님의 아들이니, 이 돌한테 명하여 빵 덩이가 되게 해 보아라." 그러니까 먹는 문제를 확실하게 해결해 주면 사람들이 예수님을 메시아로 믿지 않겠느냐는 제안입니다. 실제로 예수님이 오병이어의 표적을 보이셨을 때 사람들은 예수님을 억지로 붙들어 임금으로 삼으려고 했었습니다(요 6:15). 그런 기적을 몇 번만 더 보여주면 사람들이 예수님을 하나님의 아들로 인정하지 않겠습니까?

그러나 그것은 하나님의 방법이 아니었습니다. 그래서 예수님은 군중들을 떠나 혼자 산으로 떠나가셨습니다. 이튿날 갈릴리 바다 건너편까지 찾아온 군중들에게 예수님은 "너희가 나를 찾는 것은 표적을 본 까닭이 아니요 떡을 먹고 배부른 까닭이라"(요 6:26)고 말씀하셨습니다. 밥 먹는 문제를 해결해 주면 당장에 사람들이 예수님을 메시아로 믿게 될 것 같지만 그렇지 않습니다. 그들은 또 다른 문제를 해결해 달라고 요구할 것입니다. 그러지 않으면 금방 떠나갈 사람들입니다.

예수님은 마귀의 시험에 넘어가지 않으셨습니다. 쉬워 보이긴 하지만 하나님의 방법이 아니라는 것을 아셨기 때문입니다. 예수님은 하나님의 말씀으로 그 시험을 물리치셨습니다.

예수께서 대답하시되 기록된 바 사람이 떡으로만 살 것이 아니라 하였느니라(눅 4:4).

이 구절은 본래 신명기에 기록된 말씀입니다. 이스라엘 백성들이 40년간 광야 생활을 할 때 하나님은 날마다 만나를 내려주셨습니다. 만나는 일용한 양식이었으며 동시에 일용한 하나님의 은혜였습니다. 신명기는 하나님께서 만나를 먹게 하신 이유를, 사람의 생존에 가장 필수적인 요소는 밥이 아니라 하나님의 말씀이라는 것을 알게 하기 위해서라고 설명합니다(신 8:3).

그렇습니다. 밥을 배불리 먹는다고 잘 사는 것은 아닙니다. 사람은 단순히 '먹기 위해 사는 존재'가 아니기 때문입니다. 이 점이 바로 사람과 짐승을 구별되게 만드는 것입니다. 사람은 영혼을 가지고 있어서, 삶의 의미와 목적을 발견하지 않으면 살아갈 가치를 느끼지 못하게 되어 있습니다. 그래서 이 세상에는 배고파서 죽는 사람보다 삶의 의미를 발견하지 못해서 죽는 사람이 훨씬 더 많습니다.

마귀는 경제적인 문제를 해결해 주는 메시아가 되면 사람들이 예수님을 믿고 따를 것이라고 유혹합니다. 물론 사람이 사람답게 살기 위해서는 기본적으로 식생활이 보장되어야 합니다. 그러나 그렇게 만들어 주었다고 해서 예수님을 메시아로 믿게 되지는 않습니다. 빵과 함께 복음이 들어가야 합니다. 하나님 나라의 복음이 전해져야 합니다. 진정한 구원이란 빈곤에서 해방되는 것이 아니라, 죄와 죽음의 권세로부터 해방되어 하나님의 뜻을 이루며 살게 되는 것이기 때문입니다.

우리의 신앙생활에서도 이와 같은 초점을 잃어버리지 않도록 해야 합니다. 그래서 우리 주님은 "다만 너희는 그의 나라를 구하라. 그리하면 이런 것들을 너희에게 더하시리라"(눅 12:31)고 말씀하셨습니다. 우리는 먹고사는 문제를 구하는 사람이 아닙니다. 하나님이 다스리시는 나라를 구하는 사람이어야 합니다.

정치적인 메시아

마귀의 두 번째 시험은 '정치적인 메시아'가 되라는 것이었습니다.

> 5마귀가 또 예수를 이끌고 올라가서 순식간에 천하만국을 보이며 6이르되 이 모든 권위와 그 영광을 내가 네게 주리라. 이것은 내게 넘겨준 것이므로 내가 원하는 자에게 주노라. 7그러므로 네가 만일 내게 절하면 다 네 것이 되리라(눅 4:5-7).

마귀는 예수님에게 '천하만국'(all the kingdoms of the earth)을 보여줍니다. 지구상에 존재해온 모든 왕국을 '순식간에' 파노라마처럼 보여준 것입니다. 여기에는 북이스라엘을 멸망시켰던 아시리아(앗수르)제국과 남유다를 멸망시켰던 바빌로니아왕국도 있었을 것입니다. 그 뒤를 이은 페르시아(바사)제국과 헬레니즘왕국과 지금 팔레스타인을 지배하고 있는 로마제국도 포함되어 있었을 것입니다. 그러면서 그 모든 '권위와 영광'을 예수님에게 넘겨주겠다고 제안합니다.

단 한 가지의 조건이 있습니다. 마귀에게 절하기만 하면 됩니다. 마귀와 손잡고 타협하자는 것입니다. 그렇게 어려운 일이 아닙니다. 모른 척하고 적당히 눈감아주면 됩니다. 그러면 천하만국의 모든 권위와 영광을 손쉽게 차지할 수 있다고 그럽니다. 그렇게 되면 사람들이 모두 예수님을 메시아라고 믿게 될 것이라고 장담합니다.

실제로 이스라엘 백성은 이와 같은 '정치적인 메시아'를 기다려왔습니다. 제국들의 거듭된 압제와 억압 속에서 다윗 왕과 같은 위대한 메시아가 탄생하여 그들을 해방하고 다윗 왕 때의 전성기를 회복시켜줄 것을 간절히 고대해왔습니다. 마귀의 시험은 바로 그것을 제안하고 있는 것입니다. 마귀의 말대로만 하면 이스라엘 백성이 원하는 메시아로 인정받을 수 있다는 유혹입니다. 문제는 그것이 하나님의 방법이 아니라는 사실입니다.

예수님은 또다시 하나님의 말씀으로 이 시험을 물리치셨습니다.

> 예수께서 대답하여 이르시되 기록된 바 주 너의 하나님께 경배하고 다만 그를 섬기라 하였느니라(눅 4:8).

이 말씀 역시 신명기에 기록되어 있습니다.

> [13]네 하나님 여호와를 경외하며 그를 섬기며 그의 이름으로 맹세할 것이니라. [14]너희는 다른 신들 곧 네 사면에 있는 백성의 신들을 따르지 말라(신 6:13-14).

이것은 우상 숭배 금지명령과 관련하여 주신 말씀입니다. 하나님께서 가장 싫어하시는 것은 하나님과 함께 우상을 섬기는 태도입니다. 아예 다른 신을 섬기는 것이 아닙니다. 하나님을 믿기는 하지만 우상과 타협하고 세상과 타협하는 것입니다. 이스라엘의 역사는 이와 같은 배교(背敎)의 역사였습니다.

하나님이 그렇게 싫어하시는데 이스라엘 백성은 끈질기게 우상을 섬겨왔습니다. 우상과 타협하는 것은 그만큼 매력이 있었습니다.

예수님은 마귀의 제안을 단호하게 거절하셨습니다. 천하만국의 모든 권위와 영광은 오직 하나님의 손에 달려 있습니다. 그것을 넘겨주겠다는 마귀의 말은 새빨간 거짓말입니다. 마귀에게는 그럴 힘이 없습니다. 그뿐만이 아닙니다. 마귀가 제안한 '정치적인 메시아'는 반드시 전쟁을 동반하게 되어 있습니다. 이스라엘 백성이 기대하는 정복자 메시아로 나타나 로마제국을 쳐부수고 세계 연방을 만들어 군림하는 것은 예수님에게 불가능한 일이 아닙니다. 그러나 전쟁과 살상과 약탈과 증오를 통해서는 하나님의 나라가 세워질 수 없습니다. 하나님의 나라는 오직 사랑과 희생으로 세워지는 것입니다.

예수님은 "주 너의 하나님께 경배하고 다만 그를 섬기라 하였느니라!"라는 말씀으로 쐐기를 박으셨습니다. 예수님은 마귀가 제안한 '군림하는 정치적인 메시아'의 유혹을 물리치고, 사랑과 희생으로 십자가를 지신 '고난받는 메시아'가 되셨습니다. 우리에게도 이러한 유혹이 있습니다. 실제로 이 세상에 군림하는 정치적인 메시아를 기다리거나 아니면 정치적인 권력과 타협하여 이 세상을 장악하려는 유혹에 넘어가는 사람들이 적지 않습니다. 예수님이 왜 정치적인 메시아의 길을 거부하셨는지 분명히 알아야 합니다.

초인적인 메시아

마귀가 던진 마지막 시험은 '초인적인 메시아'가 되라는 것이었습니다.

⁹또 이끌고 예루살렘으로 가서 성전 꼭대기에 세우고 이르되 네가 만일 하나님의 아들이어든 여기서 뛰어내리라 ¹⁰기록되었으되 하나님이 너를 위하여 그 사자들을 명하사 너를 지키게 하시리라 하였고 ¹¹또한 그들이 손으로 너를 받들어 네 발이 돌에 부

딪치지 않게 하시리라 하였느니라(눅 4:9-11).

마귀의 세 가지 시험은 모두 예수님이 하나님의 아들이라는 사실을 증명하는 방법에 관한 것입니다. 지금 마귀는 성전 꼭대기에서 뛰어내리는 또 다른 방법을 제안하고 있습니다. 그만한 높이에서 뛰어내리면 보통 사람은 다 죽습니다. 그러니까 예수님에게 초인적인 특별한 능력을 보이라고 요구하는 것입니다.

이것은 사실 이중적인 시험입니다. 예수님에게는 자신이 하나님의 아들이라는 것을 그런 방식으로 확인해보라는 시험이면서, 동시에 그런 초인적인 기적을 행함으로써 예수님이 하나님의 아들이라는 것을 사람들에게 인정받으라는 시험입니다. 게다가 이번에는 성경 말씀을 인용하여 예수님을 시험합니다. 앞선 두 번의 시험에서 예수님이 성경 말씀을 인용하여 시험을 물리치셨던 것을 염두에 둔 계산적인 행동이었습니다.

마귀는 시편 91편을 교묘하게 인용합니다.

11그가 너를 위하여 그의 천사들을 명령하사 네 모든 길에서 너를 지키게 하심이라. 12그들이 그들의 손으로 너를 붙들어 발이 돌에 부딪히지 아나하게 하리로다(시 91:11-12).

이 시편은 하나님이 당신을 사랑하는 백성들을 모든 위험으로부터 지키시며 보호하신다는 확신을 내용으로 합니다. 그러나 이것은 어떤 어려운 환경 속에서도 하나님께서 자신을 보호하신다는 믿음을 선포하는 내용이지, 사람들에게 어떤 초인적인 기적을 행하여 보여줌으로써 자신은 하나님께서 특별히 보호해주시는 특별한 사람이라는 걸 증명하라는 말씀이 아닙니다.

이렇듯 마귀도 얼마든지 성경을 인용할 수 있습니다. 그러나 그 속에는 마귀의 생각과 의도가 깔려있습니다. 초인적인 기적을 보여주면 사람들이 예수님을 메시아로 믿게 되지 않겠느냐는 것입니다. 만일 그게 사실이라면 예수님은 사람들을 모두 갈릴리 바다에 모아 놓고 그들이 보는 앞에서 물 위를 걸어가셨을 것입니다. 죽은 나사로를 살리실 때도 전국적인 이벤트로 만들어서 행하셨을 것입니다. 지금 마귀가 제안하는 것처럼 예루살렘에 가장 사람들이 많이 붐비는 절기를 택하여 그들이 보는 앞에서 성전 꼭대기에서 뛰어내려 사뿐히 내려앉는 묘기를 보여주었을 것입니다.

예수님은 마귀의 유혹에 넘어가지 않으셨습니다. 그럴 능력이 없어서가 아니라 그것은 하나님의 방법이 아니기 때문입니다. 사람들을 놀라게 하여 얻는 방식으로 잠시 인기를 얻을 수 있을지 모릅니다. 그러나 오래 가지 않습니다. 그들은 더욱 자극적인 기적을 보지 않으면 만족하지 않게 될 것입니다. 예수님은 또다시 하나님의 말씀을 인용하여 마귀의 시험을 물리치십니다.

¹²**예수께서 대답하여 이르시되 주 너의 하나님을 시험하지 말라 하였느니라.** ¹³**마귀가 모든 시험을 다 한 후에 얼마 동안 떠나니라**(눅 4:12-13).

예수님이 인용한 신명기 말씀은 '맛사에서 하나님을 시험한 사건'에 대한 모세의 해석입니다(신 6:16). 광야에서 물이 없어 백성들이 불평하고 원망하자 하나님의 명령에 따라 모세가 지팡이로 반석을 쳐서 물이 나오게 했던 바로 그 사건입니다.

그런데 그들은 사실 먹을 물이 없다는 것에 대해서 불평한 게 아니었습니다. 그들은 하나님을 시험했습니다(출 17:2). 물을 먹게 해주면 하나님이 있다는 증거요, 물을 먹게 해주지 못하면 하나님이 존재하지 않는다는 증거로 삼겠다고 하나님을 협박했던 것입니다. 모세는 이 사건을 상기시키면서 그처럼 하나님을 시험하려고 하지 말고 하나님의 명령에 따라 정직하게 살라고 권면하고 있는 것입니다.

예수님은 마귀의 시험이 하나님에 대한 의심을 심으려는 의도가 있음을 직감적으로 아셨습니다. 또한 초인적인 기적의 방법은 하나님의 방법이 아니라는 것을 아셨습니다. 그래서 예수님은 마귀에게 "하나님을 시험하지 말라"고 단호히 대답하셨습니다. 그리고 주님은 '초인적인 메시야'가 아니라 지극히 '인간적인 메시야'의 길을 걷다가, 마침내 십자가의 죽음을 통해 하나님의 대속적인 사랑을 선포하고 구원의 계획을 완성하셨던 것입니다.

마귀는 모든 시험을 다 한 후에 '얼마 동안' 떠나있었다고 합니다(13절). 잠시 물러가서 다음 기회를 노리고 있는 것입니다. 물론 예수님은 얼마든지 마귀의 시험을 거뜬히 이기실 것입니다. 그렇지만 우리는 과연 어떨까요? 예수님을 경제적인 메시야요, 정치적인 메시야요, 초인적인 메시아로 만들려고 하지 않습니까? 그와 같은 마귀의 시험을 이겨내야 우리는 진정으로 하나님의 나라를 구하며 살 수 있습니다.

묵상 질문: 나는 마귀의 세 가지 시험을 어떻게 이기고 있는가?

오늘의 기도: 예수님이 이겨내신 시험을 통해 하나님 나라의 길과 방법을 깨닫게 하시니 감사합니다. 이제부터 어떤 경우에도 세상과 타협하지 않게 하시고, 오직 우리 주님이 걸어가셨던 그 길만을 따라가게 하옵소서. 예수님의 이름으로 기도합니다. 아멘.

메시아의 나사렛 사역

읽을 말씀: 누가복음 4:14-30

새길 말씀: 주의 성령이 내게 임하셨으니 이는 가난한 자에게 복음을 전하게 하시려고
내게 기름을 부으시고 나를 보내사 포로 된 자에게 자유를, 눈먼 자에게
다시 보게 함을 전파하며 눌린 자를 자유롭게 하고 주의 은혜의 해를 전파
하게 하려 하심이라 하였더라(눅 4:18-19).

예수님이 마귀에게 받으신 시험은 그저 통과의례 정도가 아니었습니다.
그것은 메시아로서 앞으로 예수님이 행하실 사역의 방향을 결정하는 일이었
습니다. 마귀는 예수님에게 '경제적인 메시아'와 '정치적인 메시아'와 '초인적
인 메시아'가 되라고 제안했습니다. 마귀의 제안은 설득력이 있었고 매우
매력적인 유혹이었습니다. 그러나 예수님은 그 유혹에 넘어가지 않았습니다.
왜요? 그것들은 하나님의 방법이 아니었기 때문입니다.

경제적인 문제를 해결해 준다거나, 로마의 압제에서 해방해 준다거나,
초인적인 이적들을 보여준다고 해서 사람들이 예수님을 하나님의 아들로

믿지는 않을 것을 잘 아셨습니다. 사실 예수님의 관심은 '이 세상'이 아니었습니다. 예수님의 관심은 하나님이 다스리시는 '하나님 나라'에 있었습니다. 유대인들을 포함하여 모든 민족을 구원하시려는 놀라운 하나님의 뜻을 완성하는 것이 예수님의 사명이었습니다.

하나님의 뜻을 이루기 위해서는 하나님의 방법이 필요합니다. 아이러니하게 예수님은 마귀의 시험을 통해서 그 방법을 발견하게 되었던 것입니다.

갈릴리 사역

예수님은 이제 하나님의 아들이라는 정체성을 가지게 되었고, 또한 메시아 사역을 위한 하나님의 방법도 결정했습니다. 그다음은 어디서부터 메시아 사역을 시작할 것인지를 선택해야 합니다. 그곳은 바로 갈릴리였습니다.

> [14]예수께서 성령의 능력으로 갈릴리에 돌아가시니 그 소문이 사방에 퍼졌고 [15]친히 그 여러 회당에서 가르치시매 뭇 사람에게 칭송을 받으시더라(눅 4:14-15).

왜 하필 갈릴리였을까요? 당시 요단강 서편 팔레스타인은 크게 세 지역으로 나누어져 있었습니다. 남쪽에 예루살렘을 중심으로 하는 유대 지방과 북쪽에 갈릴리호수를 끼고 있는 갈릴리 지방 그리고 그사이의 사마리아 지방이 그것입니다. 예수님은 베들레헴에서 출생했지만 나사렛 사람으로 자라났습니다. 따라서 아무래도 예수님에게 익숙한 갈릴리 지방에서 사역을 시작하는 게 자연스러울지 모릅니다.

그러나 단지 익숙하기 때문이 아니었습니다. 메시아의 사역은 반드시 갈릴리에서 시작되어야 했습니다. 왜냐면 갈릴리는 소외당하는 사람들이 살던 곳이었기 때문입니다. 갈릴리 지방은 유대 지방에 비해서 정치적으로나 경제적으로나 종교적으로 매우 열등한 곳이었습니다. 갈릴리호수에 인접한 까닭에 토지는 비옥했지만, 그 이익은 대부분 예루살렘 도시 사람들 차지였습니다. 갈릴리 사람은 유대인이었습니다. 그래서 사마리아인처럼 차별대우를 받지는 않았지만, 예루살렘 사람들에게 멸시당하기 일쑤였습니다. 그래서 더더욱 간절히 메시아를 기다렸습니다.

하나님은 변두리 지역에서 소외된 사람들(outsiders)을 통해서 하나님 나라를 시작하십니다. 팔레스타인은 로마제국의 변두리 중의 변두리였습니다. 그리고 갈릴리는 팔레스타인의 변두리였습니다. 그곳에서 하나님 나라의 복음이 선포되기 시작했던 것입니다. 예수님이 갈릴리로 내려가시자, 그 소문이 금새 사방에 퍼졌습니다. 메시아를 기다리던 사람들이 그만큼 많이 있었다는 뜻입니다.

희년의 선포

갈릴리 사람들은 대부분 예수님에게 호의적이었습니다. 그러나 유독 나사렛 고향 사람들은 예수님을 배척했습니다. 그 이유가 무엇일까요?

16예수께서 그 자라나신 곳 나사렛에 이르사 안식일에 늘 하시던 대로 회당에 들어가사 성경을 읽으려고 서시매 17선지자 이사야의 글을 드리거늘 책을 펴서 이렇게 기록된 데를 찾으시니 곧 18주의 성령이 내게 임하셨으니 이는 가난한 자에게 복음을 전하게 하시려고 내게 기름을 부으시고 나를 보내사 포로 된 자에게 자유를, 눈 먼 자에게 다시 보게함을 전파하며 눌린 자를 자유롭게 하고 19주의 은혜의 해를 전파하게 하려 하심이라 하였더라(눅 4:16-19).

예수님이 나사렛에 이르렀을 때 마침 안식일이 되었습니다. 주님은 주저하지 않고 '안식일에 늘 하시던 대로' 회당에 들어가셨습니다. 그리고 이사야 61장을 찾아 읽으셨습니다. 그런데 왜 하필 이 말씀이었을까요? 왜냐면 메시아로서 예수 그리스도의 사역에 대해 가장 잘 설명되어 있기 때문입니다.

메시아가 해야 할 사역은 한마디로 '주의 은혜의 해(the year of the Lord's favor)를 전파하는 것'입니다. '주의 은혜의 해'는 바로 '희년'(禧年)을 의미합니다. '희년'이란 50년마다 돌아오는 원상회복의 해입니다. 이때 모든 부채가 탕감되고, 남에게 팔았던 땅이 원래의 소유자에게 되돌려지며, 다른 사람에게 종살이하던 사람들이 자유인이 되어야 했습니다. 이것은 주변의 나라에서 찾아볼 수 없는 오직 이스라엘만 가지고 있는 독특한 제도였습니다. 이는 '이스라엘'이 '하나님이 다스리는 나라'의 이상을 가지고 있었기에 가능한 법이었습니다.

문제는 이스라엘 역사를 통해서 '희년'이 단 한 차례도 시행된 적이 없었다는 사실입니다. 모든 부채를 탕감해 주려면 욕심을 포기해야 합니다. 땅을 본래의 소유자에게 돌려주려면 경제적인 손해를 감수해야 합니다. 종들을 놓아주는 것도 그렇습니다. 어느 것 하나 쉽지 않습니다. 그래서 '희년'이라는 법조문은 있었지만, 실제로는 지켜지지 않았습니다. 결국 이스라엘은 하나님 백성다움을 상실하였고, 그것으로 인해 나라가 망하고 이방 땅에 포로로 잡혀가서 노예로 사는 심판을 받아야 했습니다.

이 모든 일을 겪고 난 후에 이사야는 그 기대를 장차 오실 메시아에게 돌리고 있습니다. 메시아가 오셔서 이스라엘 역사상 한 번도 지켜지지 않았던 '희년'이 선포되고 실제로 이루어질 것을 예언했던 것입니다. 그런데 예수님이 바로 그 말씀을 굳이 찾아서 읽으신 것입니다. 메시아가 해야 할 일이 무엇인지 밝히신 것입니다. 그것은 '가난한 자에게 복음'을, '포로 된 자에게 자유'를, '눈먼 자에게 다시 보게 함'을 그리고 '눌린 자를 자유롭게 하는 것'입니다. 이것이 메시아가 펼쳐나갈 하나님 나라의 실제 모습입니다.

'포로 된 자'는 단순히 정치적인 억압만을 이야기하지 않습니다. 그보다 근본적인 억압은 죄로 인한 것입니다. 죄에서 자유를 얻게 하는 것이 복음입니다. 볼 것을 보지 못하는 사람이 '눈먼 자'입니다. 이는 육신의 눈만을 가리키지 않습니다. 욕심으로 인해 영의 눈이 어두워 있는 자들이 얼마나 많이 있습니까? 그들의 눈을 뜨게 하여 정말 가치 있는 것을 알게 해주는 것이 복음입니다.

이런 메시아의 사역을 통해서 사람들은 하나님이 다스리는 나라의 백성으로 회복될 수 있습니다. 그동안 죄로 인해, 상처로 인해, 욕심으로 인해 찌그러진 하나님의 형상을 가지고 살던 사람들이 하나님 나라의 복음으로 인해 모두 제자리를 찾아가는 원상회복이 바로 '희년'입니다. 이를 위해서 예수님이 오신 것이지요. 이사야 본문을 읽고 난 후에 예수님은 회당에 모인 사람들을 주목하여 보며 이렇게 말씀하셨습니다.

… 이 글이 오늘 너희 귀에 응하였느니라(눅 4:21).

메시지성경은 이렇게 풀이합니다. "방금 너희가 들은 성경 말씀이 역사가 되었다. 이 성경 말씀이 바로 지금, 이 자리에서 이루어졌다"(You've just heard Scripture make history. It came true just now in this place. MSG). 무슨 뜻입니까? 예수님 자신이 희년을 성취하러 오신 바로 그 메시아라는 사실을 이렇게 선포하신 것입니다.

고향 사람들의 적대감

나사렛 사람들은 이와 같은 예수님의 가르침에 무척이나 놀랐습니다. 그러나 그 놀라움은 이내 적대감으로 바뀌고 말았습니다.

²²그들이 다 그를 증언하고 그 입으로 나오는 바 은혜로운 말을 놀랍게 여겨 이르되 이 사람이 요셉의 아들이 아니냐 ²³예수께서 그들에게 이르시되 너희가 반드시 의사야 너 자신을 고치라 하는 속담을 인용하여 내게 말하기를 우리가 들은 바 가버나움에서 행한 일을 네 고향 여기서도 행하라 하리라 (눅 4:22-23).

나사렛 사람들은 예수님의 말씀이 '은혜로운 말'(the gracious words)이라는 사실을 인정합니다. 그러나 곧이어 그들은 이렇게 말합니다. "이 사람이 요셉의 아들이 아니냐?" 이 말은 예수님을 경멸하는 표현입니다. 아버지 요셉은 이미 오래전에 죽었습니다. 예수님이 아버지를 대신하여 가족들의 생계를 책임져야 했습니다. 나사렛 사람들은 그런 상황을 너무나 잘 알고 있었습니다. 따라서 "요셉의 아들이 아니냐?"라는 말은, "아버지 없이 큰 자식 아니냐?"라는 뉘앙스입니다. 이런 분위기를 예수님은 파악하고 계셨습니다.

그래서 그들의 감추어진 속마음을 예수님이 먼저 공개적으로 드러내십니다. "너희는 '의사야, 너 자신을 고치라'는 속담을 인용하여 나에게 말할 것이다." 다른 사람 고치기 전에 자기 병부터 먼저 고치라는 뜻입니다. 그런데 그런 생각을 나사렛 사람들은 마음에 품고 있었던 것이지요. 그 이유를 정확하게 알 수는 없지만, 아마도 예수님 가족들 사이에 어떤 문제가 있었던 것처럼 보입니다. 조금 전에 예수님은 이사야의 글을 인용하여 회복의 희년을 선포하셨습니다. 그 말씀에 대해서 "자기 집도 회복시키지 못하는 주제에 무슨 다른 사람을 고치겠다는 것이냐?"라는 투로 빈정대고 있었던 것이지요.

한 걸음 더 나아가 "네가 가버나움에서 한 일이 있다던데, 그것을 여기에서도 한번 해보지?"라고 말할 것을 예고하셨습니다. 그러니까 나사렛 사람들은 예수님에 대해서 불신의 눈초리를 가지고 있었던 것입니다. 자신을 한낱 구경거리로 삼으려고 하는 사람들 앞에서 무엇을 할 수 있을까요? 그래서 마가복음은 "거기서는 아무 권능도 행하실 수 없었다"(막 6:5)라고 기록합니다.

나사렛 고향 사람들은 예수님을 잘 알고 있다고 생각했습니다. 그런데 정말 그럴까요? 아닙니다. 그들은 예수님이 목수 요셉의 아들이라는 사실은 알고 있었지만, 예수님이 하나님의 아들이라는 사실을 알지 못했습니다. 예수님이 태어나시기 위해 마리아와 요셉이 어떤 과정과 아픔을 겪었는지 그들은 알지 못했습니다. 들판에서 양을 치던 목자들에게 나타나서 천군 천사들이 어떤 찬양을 했는지 그들은 알지 못했습니다. 메시아로 오시는 예수님의 길을 예비하도록 세례 요한이 일찍부터 선택되었다는 사실을 그들은 알지 못했습니다. 그런데도 예수님을 아주 우습게 알고 배척했던 것입니다.

예수님은 고향 사람들의 배타적인 태도를 보면서 이렇게 말씀하셨습니다.

… 예언자는 자기 고향에서 환영받지 못하는 법이다(눅 4:24, MSG).

사실 잘 이해가 되지 않습니다. 어느 시골 마을에서 전국적인 지명도를 가진 예언자가 등장했다면, 환영하고 축하해야 하지 않을까요? 사법고시에 합격한 사람은 그럴 수 있을지 모릅니다. 그러나 예언자는 다릅니다. 예언자는 하나님의 말씀을 전하는 사람이기 때문입니다. 그것은 마치 코흘리개 시절을 기억하는 고향 사람들에게 목사가 되는 것과 같습니다. 하나님의 말씀을 대언하는 목회자로서 권위와 지도력을 발휘하기가 쉽지 않습니다.

지금 예수님도 같은 상황입니다. 요샛말로 바꾸면 예수님은 변변한 대학도 나오지 않았습니다. 집안 배경이 그다지 좋은 것도 아닙니다. 만일 예수님이 요즘 세상에 오셔서 목회할 수 있는 교회를 찾고 계신다고 생각해본다면, 아마도 서울 지역에서는 자리를 찾지 못하실 것입니다. 예나 지금이나 크게 다르지 않습니다. 나사렛 사람들은 그런 껍데기들로 인해 예수님이 하나님의 아들이라는 사실을 알아보지 못하고 있는 것입니다.

계속해서 예수님은 예언자가 고향에서 환영받지 못하는 두 가지 예를 들어 설명하십니다.

²⁵내가 참으로 너희에게 이르노니 엘리야 시대에 하늘이 삼 년 육 개월간 닫히어 온 땅에 큰 흉년이 들었을 때 이스라엘에 많은 과부가 있었으되 ²⁶엘리야가 그 중 한 사람에게도 보내심을 받지 않고 오직 시돈 땅에 있는 사렙다의 한 과부에게뿐이었으며 ²⁷또 선지자 엘리사 때 이스라엘에 많은 나병환자가 있었으되 그 중의 한 사람도 깨끗함을 얻지 못하고 오직 수리아 사람 나아만뿐이었느니라(눅 4:25-27).

하나님은 그릿 시냇가에서 은둔하던 엘리야에게 사르밧(사렙다) 과부에게 가라고 명령하셨지요(왕상 17:9). 그 과부를 통해서 엘리야가 대접받게 될 것을 말씀하셨습니다. 이 이야기를 하면서 예수님은 "이스라엘에 과부가 많이 있었는데 왜 하필 하나님은 엘리야를 이방 사람이 살고 있는 시돈의 과부에게 보내셨는가?"라는 질문을 던지십니다.

나사렛 사람들은 그 질문에 당황할 수밖에 없었습니다. 지금까지 한 번도 그런 식으로 생각해 본 적이 없었기 때문입니다. 그런데 정말 궁금합니다. 하나님이 엘리야를 이방인 과부에게 보내셔서 대접받게 하신 이유가 무엇입니까? 앞에서 예수님이 하신 말씀에 그 답이 있습니다. 예언자는 고향에서 환영받지 못하기 때문입니다. 뒤집으면 예언자는 환영해주는 사람이 있는 곳으로 보내심을 받는다는 뜻이 됩니다.

이것은 마치 이렇게 말씀하시는 것과 같습니다. "너희는 메시아가 출현하기 전에 엘리야가 먼저 너희에게 나타날 것이라 기대하지만, 그런 어리석은 꿈에서 깨어나. 하나님은 엘리야를 이방 땅에 보내실 수도 있어. 엘리야를 먼저 만나야 할 당연한 권리가 너희에게 있다고 착각하지 마. 하나님은 영접하는 자들에게 예언자를 보내시는 거야. 그들이 비록 이방 사람이라고 하더라도…."

엘리사가 나아만 장군의 나병을 고쳐준 이야기도 마찬가지입니다. 예수님은 "이스라엘에 나병환자가 많이 있었는데 왜 하필 이방인이었던 나아만이 고침을 받았는가?" 물으셨습니다. 그 이유는 이스라엘 사람 중에서는 아무도 엘리사에게 오지 않았기 때문입니다. 이스라엘 사람이기에 당연히 먼저 병 고침을 받을 특권이 생기는 게 아닙니다. 이방인이라도 오직 믿음으로 나아오는 사람이 고침을 받을 수 있습니다.

이 말씀에 나사렛 사람들은 분노를 폭발합니다.

> ²⁸회당에 있는 자들이 이것을 듣고 다 크게 화가 나서 ²⁹일어나 동네 밖으로 쫓아내어 그 동네가 건설된 산 낭떠러지까지 끌고 가서 밀쳐 떨어뜨리고자 하되 ³⁰예수께서 그들 가운데로 지나서 가시니라(눅 4:28-30).

여기에서 우리는 예수님을 죽이려고 하던 사람들이 단지 예루살렘의 종교 지도자들만이 아니었다는 사실을 알게 됩니다. 예수님과 가장 가까웠던 고향 사람들도 예수님을 미워하고 죽이려고 덤벼들었습니다. 따라서 이것은 '지역감정의 문제'가 아니라, '예수님을 하나님의 아들로 영접하느냐 하지 않느냐의 문제'입니다.

그들은 예수님을 산 낭떠러지까지 끌고 가서 떨어뜨리려고 했습니다. 그러나 예수님은 그들 가운데로 지나가셨습니다. 그들의 협박에 전혀 두려워하지 않고 당당히 대응하시는 예수님의 권위 앞에 그들은 감히 대적할 수 없었습니다. 그 이후로 예수님은 나사렛을 다시는 방문하지 않으셨습니다. 나사렛 사람들은 '호박이 넝쿨 채 굴러들어온' 축복의 기회를 놓쳐버린 것입니다.

이 세상에 하나님의 은혜를 독점할 수 있는 사람은 아무도 없습니다. 하나님은 '이 세상'을 이처럼 사랑하셔서 독생자를 주셨습니다. 하나님의 아들은 '이 세상'을 구원하기 위해서 보내심을 받았습니다. 그를 믿는 사람이라면 누구나 구원받게 하려는 것이 하나님의 뜻입니다. 여기에는 예외가 없습니다. 하나님 나라의 선봉으로 오신 예수님을 영접하지 않는다면 선민 이스라엘도, 나사렛 고향 사람들도 구원받지 못하는 것입니다.

묵상 질문: 나는 정말 예수님을 잘 알고 있는가?
오늘의 기도: 예수님을 제대로 알지도 못하면서 잘 알고 있는 양 생각하지 않게 하옵소서. 오직 예수님을 영접하는 자에게만 구원이 주어진다고 하셨사오니, 하나님 나라의 복음을 믿음으로 받아들이는 사람이 되게 하옵소서. 그리하여 진정한 희년의 기쁨을 맛보는 복된 인생이 되게 하옵소서. 예수님의 이름으로 기도합니다. 아멘.

메시아의 가버나움 사역

읽을 말씀: 누가복음 4:31-41

새길 말씀: 예수께서 꾸짖어 이르시되 잠잠하고 그 사람에게서 나오라 하시니 귀신이
그 사람을 무리 중에 넘어뜨리고 나오되 그 사람은 상하지 아니한지라. 다
놀라 서로 말하여 이르되 이 어떠한 말씀인고 권위와 능력으로 더러운 귀신을
명하매 나가는도다 하더라(눅 4:35-36).

"예언자는 자기 고향에서 환영받지 못하는 법이다"(눅 4:24, 메시지)라고
하신 말씀처럼, 실제로 나사렛 고향 마을 사람들은 예수님을 푸대접했습니다.
그들은 예수님을 믿으려고 하지 않았을뿐더러, 예수님을 대적하고 죽이려고
했습니다. 하마터면 산 낭떠러지에서 떨어져 죽을 뻔했지만, 예수님은 무언(無
言)의 권위를 가지고 살기등등한 사람들을 뚫고 지나가셨습니다. 그다음에
어디로 가셨을까요?

누가복음은 나사렛 사역 이후에 가버나움 사역을 배치하고 있지만, 실제
순서는 거꾸로입니다. 가버나움 사역이 먼저였습니다. 그래서 예수님이 가버

나움에서 어떤 일을 했는지 나사렛 사람들이 알고 있었던 것입니다(눅 4:23).
사실 누가는 연대기적인 순서에는 별로 관심이 없었습니다. 나사렛 방문
이야기를 제일 앞에 두었던 이유는, 아마도 '희년'에 대한 메시지 때문일
것입니다. 메시아로서 예수님의 사명과 앞으로 펼쳐나갈 사역을 그보다
더 잘 설명할 수는 없기 때문입니다.

이제 앞으로 예수님은 '희년'을 이루어가기 위해서 여러 가지 사역
(ministry)을 펼쳐나가실 것입니다. 일반적으로 예수님의 사역을 크게 세
가지로 구분합니다. 마태복음이 그것을 다음과 같이 잘 정리해 놓고 있습니다.

예수께서 온 갈릴리에 두루 다니사 그들의 회당에서 가르치시며 천국 복음을 전파하
시며 백성 중의 모든 병과 모든 약한 것을 고치시니…(마 4:23).

첫 번째는 '회당에서 가르치는 사역'(teaching ministry)이고, 두 번째는
'천국 복음을 전파하는 사역'(preaching ministry)이고 세 번째는 '모든 병과
모든 약한 것을 고치시는 사역'(healing ministry)입니다. 이렇게 나누어 생각
하면 쉽게 이해할 수 있습니다.

그러나 실제로는 예수님의 사역들이 제각기 따로 이루어진 게 아닙니다.
예수님이 회당에서 가르치신 내용은 하나님 나라의 복음이었습니다. 그것을
가르치는 사역과 전파하는 사역으로 굳이 나눌 필요가 없습니다. 게다가
아픈 사람이 있으면 그 자리가 어디든지 예수님은 고쳐주셨습니다. 그 모든
사역의 목표는 하나입니다. 이 땅에 희년을 선포하고 하나님 나라를 세워가는
것입니다. 상황에 따라서 어느 한 사역이 강조될 수는 있지만, '하나님 나라'라
는 목표는 달라지지 않습니다.

가버나움 회당에서 일어난 일을 살펴보면 잘 알 수 있습니다. 처음에는 가르치는 사역으로 시작합니다.

> ³¹갈릴리의 가버나움 동네에 내려오사 안식일에 가르치시매 그들이 그 가르치심에 놀라니 ³²이는 그 말씀이 권위가 있음이러라(눅 4:31-32).

예수님은 어느 지역으로 가시든지 안식일에 늘 회당에 들어가서 성경을 읽고 가르치셨습니다. 가버나움에서도 마찬가지였습니다. 사람들은 예수님의 가르치심에 깜짝 놀랐습니다. 그 이유를 "그 말씀이 권위가 있었기 때문"(because his message had authority, NIV)이라고 합니다. 예수님의 메시지에는 다른 사람에게서 발견할 수 없는 어떤 '권위'(authority)가 있었습니다. 어떤 점에서 그 '권위'를 느꼈을까요? 메시지성경은 이렇게 풀어서 설명합니다.

> 그분의 가르침은 그들이 늘 듣던 모호한 궤변이나 인용문과는 달리 아주. 솔직하고 확신에 차서 권위가 있었다(눅 4:32, 메시지).

사람들은 그동안 서기관이나 율법 학자들을 통해 성경 말씀을 배워왔습니다. 그런데 그들은 자신도 이해하지 못하는 애매모호한 궤변을 늘어놓곤 했습니다. 또는 다른 사람들이 한 말을 인용하기에 급급했습니다. 그들과 달리 예수님은 아주 솔직하고 확신에 차서 말씀을 가르쳤던 것입니다. 이것이 바로 '알고 말하는 사람'과 '알지 못하고 말하는 사람'의 차이입니다.

예수님은 알고 가르치셨습니다. 예수님은 말씀이 육신이 되신 분입니다 (요 1:14). 예수님의 한 마디는 서기관들의 열 마디, 백 마디보다 더욱 능력이 있었습니다. 그래서 사람들은 예수님의 가르침에 놀라지 않을 수 없었던 것입니다. '산상수훈'의 제일 마지막 부분에도 예수님의 가르침에 대한 사람들의 반응이 나옵니다.

> 28예수께서 이 말씀을 마치시매 무리들이 그의 가르치심에 놀라니 29이는 그 가르치시는 것이 권위 있는 자와 같고 그들의 서기관들과 같지 아니함일러라(마 7:28-29).

메시지성경이 이 당시의 상황을 아주 실감이 나게 묘사합니다.

> 예수께서 말씀을 마치시자, 무리에서 박수가 터져 나왔다. 그들은 한 번도 이런 가르침을 들어본 적이 없었다. 예수께서 자기가 말한 그대로 살고 있음이 분명했는데, 이는 그들의 종교 교사들과는 아주 대조적이었다. 이것이야말로 그들이 여태까지 들어본 것 중 최고의 가르침이었다(마 7:28-29, MSG).

여기에서 "그는 자기가 말한 그대로 살고 있음이 분명했다"(It was apparent that he was living everything he was saying, MSG)라는 표현을 주목해야 합니다. 정말 그렇습니다. 수백 가지 옳은 말을 해도 자기가 한 말 그대로 살지 못하면 모두 허튼소리에 불과합니다. 그런데 예수님은, 당시의 종교 교사들과 달리, 말씀하신 그대로 사셨습니다. 그것이 진정한 '권위'입니다. 예수님의 권위는 언변(言辯)에서 나온 게 아니었습니다. 예수님의 삶에 녹아있는 하나님의 말씀이 바로 권위였습니다.

그런데 예수님이 가버나움 회당에서 무엇을 가르쳤을까 궁금해집니다. 아마도 나사렛 회당과 크게 다르지 않았을 것입니다. 그때 예수님은 '주의 은혜의 해', 즉 '희년'을 설명하셨지요(눅 4:18-19). '가난한 자에게 복음'을, '포로 된 자에게 자유'를, '눈먼 자에게 다시 보게 함'을 그리고 '눌린 자를 자유롭게 하는 것'이 메시아의 사역이며, 예수님 자신이 바로 그 일을 하러 왔다고 선포하셨지요. 가버나움 회당에서도 그렇게 성경을 풀어 설명하면서 희년의 메시지를 전하셨을 것입니다.

치유하는 사역

예수님의 권위 있는 가르침에 사람들이 다 놀라고 있던 바로 그 자리에 때마침 '더러운 귀신 들린 사람'이 하나 있었습니다. 그가 갑자기 소란을 피우기 시작했습니다. 가르치는 사역이 갑자기 치유하는 사역으로 전환됩니다.

> 33회당에 더러운 귀신 들린 사람이 있어 크게 소리 질러 이르되 34아 나사렛 예수여 우리가 당신과 무슨 상관이 있나이까 우리를 멸하러 왔나이까 나는 당신이 누구인 줄 아노니 하나님의 거룩한 자니이다(눅 4:33-34).

'더러운 귀신 들린 사람'(a man possessed by a demon, an impure spirit, NIV)은 '악한 영에 사로잡힌 사람'을 가리킵니다. 이런 사람은 지적장애가 있거나 정신과적인 질병을 앓고 있는 사람과는 구분해야 합니다. 악한 영의 지배를 받고 있기에 자기의 의지대로 몸과 마음을 가눌 수 없는 그런 상태에 있는 사람입니다. 예나 지금이나 경제적으로나 정치적으로 소외당하던 지역에서 이런 사람들을 많이 목격할 수 있습니다. 갈릴리 지역이 바로 그런 곳이었습니다.

예수님이 본격적으로 메시아 사역을 펼치기 시작하는 그 자리에서 악한 영의 지배를 받는 사람과 맞닥뜨리게 되었다는 사실은 아주 특별한 상징적인 의미가 있습니다. 그것은 예수님이 말씀하신 '포로 된 자에게 자유'를 선포하고, '눌린 자를 자유롭게' 하는 메시아 사역을 분명하게 드러내어 증명할 절호의 기회였기 때문입니다. 만일 예수님이 '더러운 귀신'을 쫓아내실 수 있다면 그 어떤 병도 고치실 수 있고, 그 어떤 억압에서도 구원하는 역사를 일으킬 수 있습니다. 조금 전에 말씀하신 희년이 실제로 이루어지는 증거가 되는 셈입니다.

그런데 도둑이 제 발 저리다고 '귀신'이 먼저 예수님을 알아봅니다. 귀신은 '우리가 당신과 무슨 상관이 있나이까?'라고 말합니다. 메시지성경은 '무슨 일로 우리한테 왔습니까?'(What business do you have here with us?)라고 풀이합니다. '우리'(us)라는 복수형은 더러운 귀신이 '무리'라는 사실을 드러냅니다. 귀신은 떼거리로 몰려다니는 것을 좋아합니다.

그러나 예수님 앞에 그들은 혼비백산합니다. 예수님의 출현이 그들에게 큰 위협이 된다는 사실을 잘 알고 있습니다. 예수님은 '하나님의 거룩한 자', 즉 '하나님의 아들'이요 '메시아'이시기 때문입니다. 악한 귀신이 아무리 숫자가 많고 능력이 많다고 하더라도 예수님 앞에 아무것도 아닙니다. 예수 이름에 능력이 있습니다. 우리가 예수님의 이름을 앞세우고 살아야 할 이유가 바로 여기에 있습니다. 예수님이 귀신에게 선포하십니다.

> 35예수께서 꾸짖어 이르시되 잠잠하고 그 사람에게서 나오라 하시니 귀신이 그 사람을 무리 중에 넘어뜨리고 나오되 그 사람은 상하지 아니한지라. 36다 놀라 서로 말하여 이르되 이 어떠한 말씀인고 권위와 능력으로 더러운 귀신을 명하매 나가는도다 하더라. 37이에 예수의 소문이 그 근처 사방에 퍼지니라(눅 4:35-37).

예수님이 말씀하신 그대로 이루어짐으로써 예수님의 권위가 드러났습니다. 귀신을 향하여 꾸짖고 나오라고 하시니 귀신이 꼼짝 못하고 나왔습니다. 바로 거기에 권위가 있는 것입니다. 사람들은 이와 같은 일을 한 번도 경험한 적이 없었기에 놀라지 않을 수가 없었습니다. 그들은 서로 이렇게 말합니다.

"이 어떠한 말씀인고, 권위와 능력으로 더러운 귀신을 명하매 나가는 도다!" 메시지성경은 이렇게 번역합니다. "이게 어찌 된 일인가? 이 사람은 말한 대로 이루어지게 하는 사람인가? 이 사람이 나가라고 명령하면 귀신도 떠나는 가?"(눅 4:36, 메시지).

그렇습니다. 예수님은 말한 대로 이루어지게 하는 분입니다. 예수님은 태초에 말씀으로 존재하시던 하나님이시기 때문입니다. 태초에 하나님은 말씀으로 천지를 창조하셨습니다. 하나님의 말씀은 곧 현실이 되었습니다. "빛이 있으라"고 말씀하니까 곧 빛이 있었지요. 하나님은 말한 대로 이루어지게 할 수 있는 분이십니다. 예수님도 마찬가지입니다. 예수님이 명령하면 귀신도 순종할 수밖에 없었습니다.

시몬의 장모 치유 사건

이 일을 통해서 사람들은 가버나움 회당에서 예수님이 선포하신 하나님 나라의 복음을 믿게 되었습니다. 그리고 예수님에 대한 소문이 순식간에 퍼졌습니다. 마을 전체가 온통 예수님 이야기뿐이었습니다. 그다음에 이어지는 이야기입니다.

> ³⁸예수께서 일어나 회당에서 나가사 시몬의 집에 들어가시니 시몬의 장모가 중한 열 병을 앓고 있는지라. 사람들이 그를 위하여 예수께 구하니 ³⁹예수께서 가까이 서서 열 병을 꾸짖으신대 병이 떠나고 여자가 곧 일어나 그들에게 수종드니라(눅 4:38-39).

성지순례를 다녀오신 분들은 가버나움회당 바로 앞에 시몬의 집이 있었다는 사실을 확인하셨을 것입니다. 본문에서 베드로의 장모가 등장하는 걸로 미루어서, 베드로는 기혼자였음이 분명합니다. 아마도 베드로는 예수님의 제자 중에 결혼하여 가정을 가진 유일한 사람이었던 것으로 보입니다. 베드로는 다른 제자들보다 나이가 많았을 뿐만 아니라 대단한 사업가였습니다. 따라서 자연스럽게 제자들을 대표하는 역할을 하게 되었을 것입니다.

아무튼 예수님이 시몬의 집에 들어가서 시몬의 장모가 '중한 열병'을 앓고 있는 것을 알게 되었습니다. 예수님은 두말하지 않으시고 조금 전에 귀신을 쫓아내실 때처럼 열병을 꾸짖으셨습니다. 그러자 베드로의 장모에게서 열병이 떠나가고 회복되어 일어나 예수님 일행의 수종을 들었다는 것입니다. 여기에서 우리는 언제나 어디서나 항상 양들을 돌볼 준비가 되어 있는 선한 목자의 모습을 발견합니다.

그러고 보면 시몬의 장모도 마찬가지입니다. 아무리 기적적으로 병 고침을 받았다고 하더라도 완전히 회복되기까지는 상당한 시간이 필요합니다. '중한 열병'을 앓았던 사람은 더더욱 그렇습니다. 그런데 시몬의 장모는 열이 떨어지자 '곧 일어나' 예수님의 일행에게 수종을 들었습니다(She began to wait on them, NIV). 회복한 건강을 곧 섬김에 사용하는 이 모습에서 우리는 은혜를 받은 자들이 마땅히 품어야 할 마음가짐을 발견할 수 있습니다. 하나님이 우리에게 건강과 힘을 주시는 것은 다른 사람을 위해 섬기라는 뜻입니다.

예수님이 회당에서 더러운 귀신 들린 자를 고치셨고 고열에 시달리던 시몬의 장모까지 고치고 나니까 그 소문이 온 동네에 퍼졌습니다. 그래서 사람들이 온갖 병자들을 데리고 예수님에게 오기 시작했습니다.

> 40해 질 무렵에 사람들이 온갖 병자들을 데리고 나아오매 예수께서 일일이 그 위에 손을 얹으사 고치시니 41여러 사람에게서 귀신들이 나가며 소리 질러 이르되 당신은 하나님의 아들이니이다. 예수께서 꾸짖으사 그들이 말함을 허락하지 아니하시니 이는 자기를 그리스도인 줄 앎이러라(눅 4:40-41).

'해 질 무렵'은 '그날', 즉 안식일의 저녁 무렵을 의미합니다. 회당에서 귀신 들린 자를 고치시고 시몬의 장모를 고치신 것은 모두 안식일에 있었던 일입니다. 팔레스타인에서 하루는 밤부터 시작해서 그다음 날 해 질 무렵까지 입니다. 그러니까 안식일이 지나고 새로운 날로 접어드는 시간이었습니다. 기다렸다는 듯이 사람들은 온갖 병자들을 데리고 찾아온 것입니다. 아마도 안식일 규례를 지키기 위해서 안식일이 끝나기를 기다렸던 것처럼 보입니다.

그런데 예수님은 그들을 귀찮아하거나 마다하지 않으시고, '일일이 그 위에 손을 얹어' 고치셨습니다. 도매금으로 한꺼번에 묶어 대충대충 넘어가지 않으셨습니다. 한 사람, 한 사람에 관심을 가지고 돌보시고 고치셨던 것입니다. 이것이 참된 선한 목자의 모습입니다. 한 영혼, 한 영혼을 긍휼히 여기는 마음이 없으면 불가능한 일입니다.

여기에서 특별히 우리의 눈에 띄는 장면은 귀신들이 예수님을 알아보고 '하나님의 아들'이라고 소리 지르니까, 예수님이 "조용히 하라!"면서 꾸짖는 대목입니다. 비록 귀신의 고백이긴 했지만, 그들의 입으로 예수님을 '하나님의 아들'로 시인했습니다. 그렇다면 예수님이 메시아로서 어느 정도 성공했다는 증거가 아닐까요? 그런데 예수님은 귀신들에게 입 다물라고 명령을 내리신 것입니다. 그 이유가 무엇일까요?

예수님은 귀신들의 고백이 아니라 사람들의 고백을 듣고 싶어 하셨을지도 모릅니다. 그러나 그보다 더 중요한 이유가 있습니다. 그것은 사람들이 기대하는 메시아 상(像)과 예수님이 지향하는 메시아 상(像)이 다르기 때문입니다. 이미 마귀의 세 가지 시험을 통해서 살펴보았듯이, 세상 사람들이 기대하는 메시아는 '경제적인 메시아', '정치적인 메시아' 그리고 '초인적인 메시아'입니다. 메시아라는 말은 같지만, 그 속에 담긴 의미는 정반대였습니다.

그렇기에 귀신들이 함부로 떠들고 다니는 것이 예수님의 사역에 전혀 도움이 되지 않습니다. 오히려 괜한 오해만 불러일으킬 뿐입니다. 사람들이 예수님을 메시아라 부르기 전에 메시아의 참뜻을 가르치실 필요가 있었습니다. 생명의 떡을 주시는 메시아, 고난받으시는 메시아, 십자가에 죽임을 당하시는 메시아로 오셨음을 먼저 알리실 필요가 있었습니다. 그래서 예수님은 귀신들에게 함구 명령을 내렸던 것입니다.

오늘 말씀에서 한 영혼도 외면하지 않으시고 그들의 필요를 채워주시는 예수님의 모습을 살펴보면서, 우리는 이 세상을 이처럼 사랑하셔서 독생자를 보내주신 하나님의 마음을 느낄 수 있습니다. 그리고 앞으로 예수님이 펼쳐가실 하나님 나라 운동이 어떻게 전개될지 사뭇 기대됩니다. 우리도 예수님과 같은 마음을 품고 하나님의 일을 감당할 수 있기를 간절히 소원합니다.

묵상 질문: 나는 언제든지 섬길 준비가 되어 있는가?

오늘의 기도: 귀신도 예수님의 말씀에 즉시 순종하는데, 우리는 예수님을 믿는다고 하면서 그렇게 순종하지 못했음을 회개합니다. 누가 찾아오든지 마다하지 않고 일일이 손을 얹어 고쳐주시는 주님의 마음을 본받아서 언제든지 기꺼이 누군가를 섬기는 그리스도의 손이 되게 하옵소서. 예수님의 이름으로 기도합니다. 아멘.

메시아의 제자 삼기

읽을 말씀: 누가복음 4:42-5:11

새길 말씀: 세베대의 아들로서 시몬의 동업자인 야고보와 요한도 놀랐음이라. 예수께서
시몬에게 이르시되 무서워하지 말라. 이제 후로는 네가 사람을 취하리라 하
시니 그들이 배들을 육지에 대고 모든 것을 버려 두고 예수를 따르니라(눅
5:10-11).

예수님은 가버나움에서 더러운 귀신을 '꾸짖어' 쫓아내셨고, 시몬의 장모
가 앓고 있던 중한 열병을 '꾸짖어' 떠나가게 하셨습니다. 그리고 예수님이
누구신지 알아채고는 '하나님의 아들'이라고 소란을 피우던 귀신들을 엄하게
'꾸짖어' 다시는 그런 말을 하지 못하게 하셨습니다. 예수님은 이처럼 인간의
영과 육을 지배하고 있는 악한 세력들을 향해서 강하게 대적하십니다. 그렇게
하나님의 다스림을 회복해 나가시는 것입니다.

예수님의 구원은 어느 특정 지역에만 제한되거나 어느 특정 사람들만
독점할 수 있는 것이 아닙니다. 하나님 나라의 복음은 모든 민족, 모든

열방을 위한 것입니다. 그런데 참으로 이상한 것은 예나 지금이나 예수님의 구원을 독점하려고 하는 사람들이 있다는 사실입니다. 가버나움 사람들이 그랬습니다.

날이 밝으매 예수께서 나오사 한적한 곳에 가시니 무리가 찾다가 만나서 자기들에게서 떠나시지 못하게 만류하려 하매…(눅 4:42).

우리가 '하나님 나라의 복음' 묵상을 시작하던 첫 시간에 이미 살펴본 내용입니다. 사람들은 아침부터 병 고침을 바라고 예수님을 찾아옵니다. 예수님이 보이지 않자 그들은 야단법석을 떱니다. 그러다가 예수님을 만나자 아예 떠나가지 못하게 붙들어 두려고 했던 것이지요.

메시아에게 병 고치는 일이 중요한 사역이기는 하지만, 그것 자체가 목표는 아닙니다. 그보다 더 중요한 사역은 '하나님 나라의 복음'을 전하는 것입니다. 게다가 그 복음은 가버나움 사람들만을 위한 게 아니었습니다. 하나님 나라의 복음은 다른 동네 사람들에게도 전해져야 합니다. 그런데도 그들은 예수님을 독점하려고 했습니다.

43예수께서 이르시되 내가 다른 동네들에서도 하나님의 나라 복음을 전하여야 하리니 나는 이 일을 위해 보내심을 받았노라 하시고 44갈릴리 여러 회당에서 전도하시더라(눅 4:43-44).

예수님은 이렇게 선포하시고 가버나움을 떠나십니다. 그리고 실제로 갈릴리의 여러 마을을 방문하면서 하나님 나라의 복음을 전하셨습니다. 그렇게 시작된 하나님 나라의 복음이 갈릴리를 넘어서 예루살렘과 온 유대와 사마리아와 땅끝까지 전해지게 되었던 것입니다.

예수님의 초기 전도는 주로 회당을 중심으로 이루어졌습니다. 그러나 예수님에게 모여드는 사람이 많아지자 더 이상 회당에서 가르칠 수 없게 되었습니다. 그러자 우리 주님은 들판이나 산이나 호숫가로 나가셔서 많은 사람에게 직접 하나님 나라의 복음을 선포하기 시작하셨습니다. 오늘 본문은 가버나움에서 그리 멀지 않은 호숫가에서 일어난 일입니다.

> [1]무리가 몰려와서 하나님의 말씀을 들을새 예수는 게네사렛 호숫가에 서서 [2]호숫가에 배 두 척이 있는 것을 보시니 어부들은 배에서 나와서 그물을 씻는지라. [3]예수께서 한 배에 오르시니 그 배는 시몬의 배라. 육지에서 조금 떼기를 청하시고 앉으사 배에서 무리를 가르치시더니…(눅 5:1-3).

여기에서 우리는 지금까지와는 조금 다른 분위기를 느낄 수 있습니다. 무리가 몰려와서 하나님의 말씀을 듣기 시작했던 것입니다. 사람들의 관심이 '이적을 구경하는 것'에서부터 '하나님의 말씀을 듣는 것'으로 바뀌고 있습니다. 그런데 사실 이와 같은 변화는 무리로부터 시작된 것이 아닙니다. 때로 몰려오는 사람들을 보시고 예수님이 그들을 대하는 전략을 바꾸셨던 것입니다.

마침 예수님은 '게네사렛호숫가'에 서 계셨는데, 근처에 있는 시몬의 배를 보시고 그것을 이용하기로 하셨습니다. 주님은 배에 올라 육지에서 조금 떨어지셨습니다. 그리고 배를 강단 삼아 경사진 호숫가에 앉아 있는 사람들에게 말씀을 가르치셨습니다. '게네사렛호수', 즉 '갈릴리호수'는 해수면보다 약 200미터 정도 낮습니다. 자연스럽게 호수의 주변은 경사를 이루고 있었고, 그 자연 환경을 적절히 사용하여 사람들에게 복음을 전하셨던 것입니다.

그들은 사실 예수님에게 하나님의 말씀을 듣기 위해서 오지 않았습니다. 주님이 온갖 병을 고친다는 소문을 듣고 왔을 뿐입니다. 더러는 실제로 병을 고치기 위해서, 더러는 그저 구경삼아 나왔을 것입니다. 만일 그런 사람들에게 계속 둘러싸여 있었다면 예수님은 다른 일을 하지 못하셨을 것입니다. 단지 사람들의 필요를 채워주기 위해 허덕거리다가 정작 메시아로서 본래의 사명을 감당하지 못한다면 어떻게 되겠습니까? 그래서 예수님은 배를 사용해서 무리와 적절한 거리를 유지하셨고, 비로소 사람들은 차분하게 예수님이 전하시는 하나님 나라의 복음을 경청할 수 있었던 것이지요.

이런 말이 있습니다. "사랑은 함께 손을 잡는 것이다. 그러나 때로는 적절한 거리를 두는 지혜가 필요하다." 사랑에 지혜가 동반될 때 비로소 진정한 사랑이 될 수 있습니다. 예수님은 사람들을 사랑하셨지만, 단지 그들의 육체적인 필요를 채워주는 일에만 몰두하지 않으셨습니다. 그들에게 가장 있어야 할 영적인 필요를 채우기 위해 예수님은 거리를 두는 지혜를 사용하셨습니다. 그래서 배를 타고 나가신 것이지요.

만남의 재구성

그런데 공교롭게도 그 배는 시몬의 것이었습니다. 앞 장에서부터 우리를 궁금하게 하는 문제를 여기에서 다시 만나게 됩니다. 누가는 아무런 설명 없이 시몬 베드로를 불쑥 등장시킵니다. 예수님이 시몬의 집에 들어가 장모의 열병을 고치신 일도 그렇고, 시몬의 배를 타신 것도 그렇고 조금은 부자연스럽게 느껴집니다. 왜냐면 다른 복음서에서는 예수님이 먼저 베드로를 제자로 부르시고 난 후에 여러 가지 메시아 사역을 수행하셨기 때문입니다.

예를 들어 마가복음에 보면 예수님이 그를 제자로 부르신 후에 더러운 귀신을 쫓아내고 시몬의 장모를 비롯한 각종 병자를 고치십니다(막 1:16-34).

마태복음은 베드로 형제를 제자로 부르시는 이야기는 앞에 나오지만(마 4:18-25), 시몬의 장모를 고치는 일은 한참 지난 후에 등장합니다(마 8:14-15).

그런데 누가복음에서는 가버나움의 치유 사역이 먼저 나오고(눅 4:31-44) 그다음에 제자들을 부르십니다(눅 5:1-11). 그렇다면 예수님이 시몬을 잘 모르는 상태에서 그의 집에 들어가서 장모부터 고치고, 그다음에 시몬의 배를 빌려서 사용한 셈이 됩니다. 물론 앞에서 살펴보았듯이 누가는 연대기적인 순서에 따라서 기록하지는 않습니다. 그래서 때로는 문맥의 흐름이 부자연스럽게 느껴지기도 합니다. 따라서 이 대목에서 우리는 예수님이 언제 시몬을 만나게 되었는지 궁금증을 풀어볼 필요가 있습니다.

공관복음은 일관되게 베드로가 갈릴리에서 예수님을 처음 만난 것으로 기록합니다. 마태복음과 마가복음은 예수님이 갈릴리 해변에 다니다가 베드로와 안드레가 바다에 그물 던지는 것을 보시고 그들을 제자로 초청하는 것으로 기록합니다(마 4:18-20; 막 1:16-18). 누가복음에서는 순서가 바뀌어 예수님이 시몬의 장모를 고치고 난 후에 시몬의 배를 타고 말씀을 전하시고 그를 제자로 부르십니다. 여전히 베드로는 갈릴리에서 예수님을 처음 만납니다.

반면 요한복음은 완전히 다른 이야기를 소개합니다. 베드로의 동생 안드레가 세례 요한의 제자였습니다. 마침 세례를 베풀던 곳에 예수님이 등장하자, 세례 요한은 예수님을 보고 '하나님의 아들'이라 증언합니다(요 1:34). 그 이야기를 듣고 안드레가 예수님을 따르게 되었고, 그의 소개로 베드로도 예수님을 만나게 됩니다(요 1:42). 그러니까 예수님과 베드로의 첫 만남은 갈릴리호수가 아니라 요단강 근처에서 일어난 것입니다.

자, 어떤 이야기가 맞을까요? 이런 경우에 사람들은 둘 중에서 하나를 선택해야 한다고 생각합니다. 아닙니다. 그럴 필요가 없습니다. 성경은 허구(fiction)가 아닙니다. 특히 누가복음은 '우리 중에 이루어진 사실'을 기록으로 남긴 것입니다. 사실에 근거하지 않은 말씀을 우리가 어떻게 믿을 수 있겠습니까? 개개의 사건은 모두 사실에 근거합니다. 단지 각각의 복음서가 강조하려는 메시지에 따라서 조금씩 다른 순서로 이야기가 놓였을 뿐입니다.

따라서 예수님과 베드로의 만남을 이렇게 정리해볼 수 있을 것입니다. 베드로가 예수님을 처음 만난 곳은 분명 요단강 근처였습니다. 남들처럼 세례 요한에게 '회개의 세례'를 받으려고 그곳으로 갔다가 동생 안드레의 소개로 예수님을 만난 것입니다. 그러나 그 즉시 예수님을 따르는 제자가 된 것은 아닙니다. 얼마의 시간이 흐른 후에 예수님은 갈릴리호수에서 베드로 형제를 다시 만나게 됩니다. 그렇지만 마태복음이나 마가복음의 기록처럼 만나자마자 뜬금없이 "나를 따라오라"고 말씀하신 것은 아닙니다.

그렇게 제자로 부르시기 직전에 바로 누가복음에 기록된 사건이 놓여있습니다. 만일 장모의 열병을 고치신 일이 먼저 일어났다면, 시몬의 배를 빌리는 것은 쉽게 설명됩니다. 그러나 그러지 않았다고 하더라도 예수님과 베드로는 이미 잘 아는 사이였습니다. 그래서 그의 배를 사용할 수 있도록 예수님이 요청했고, 베드로는 순순히 응했던 것입니다. 그보다 더 중요한 것은 예수님이 배에서 말씀을 전하는 내내 가장 가까이에 시몬이 있었다는 사실입니다. 예수님 옆에서 하나님 나라의 복음을 생생하게 들을 수 있었던 것입니다.

하나님 나라의 능력

바로 이때 베드로의 인생을 통째로 바꾸게 된 놀라운 사건이 벌어집니다.

말씀을 마치시고 시몬에게 이르시되 깊은 데로 가서 그물을 내려 고기를 잡으라(눅 5:4).

예수님이 이 말씀을 하셨을 때, 시몬만 알아듣도록 조용히 말씀하지는 않았을 것입니다. 오히려 다른 사람들이 들을 수 있도록 큰 소리로 말씀하지 않았을까 싶습니다. 그렇게 하나님 나라의 능력을 공개적으로 보여주려고 했던 것입니다. 이 모두는 베드로를 제자로 세우기 위한 계획 속에서 이루어지는 일이었습니다.

> 5시몬이 대답하여 이르되 선생님 우리들이 밤이 새도록 수고하였으되 잡은 것이 없지마는 말씀에 의지하여 내가 그물을 내리리이다 하고 6그렇게 하니 고기를 잡은 것이 심히 많아 그물이 찢어지는지라. 7이에 다른 배에 있는 동무들에게도 손짓하여 와서 도와 달라 하니 그들이 와서 두 배에 채우매 잠기게 되었더라(눅 5:5-7).

시몬의 대답은 진정한 믿음의 순종이 어떤 것인지 그 모범을 우리에게 보여줍니다. "우리가 밤이 새도록 수고하였으되 잡은 것이 없다"라는 말은 시몬이 경험한 부정적인 과거입니다. "그렇지만 말씀에 의지하여 내가 그물을 내리리이다"라는 말은 예수님의 말씀에 순종하는 믿음의 반응입니다. 자, 그런데 부정적인 과거의 경험에도 불구하고 말씀에 순종하는 베드로의 믿음은 과연 어디에서 갑자기 생긴 것일까요?

바로 직전의 상황에 그 답이 있습니다. 시몬은 가버나움 회당에서 벌어진 일을 목격했을 것입니다. 게다가 장모의 열병이 낫는 장면도 보았을 것입니다. 설혹 그러지 않았다고 하더라도 예수님의 말씀을 가장 가까이에서 들은 것은 분명합니다. 만일 그 말씀을 귀담아듣지 않았더라면 이렇게 선뜻 순종하지 못했을 것입니다. 우리 주님은 시몬이 하나님의 말씀에 푹 빠져있다는 사실을 아셨습니다. 그래서 그를 통하여 하나님 나라의 능력을 직접 보이려고 하셨던 것입니다.

그랬더니 어떻게 되었습니까? 물고기가 얼마나 많이 잡혔는지 그물이 찢어질 정도였습니다. 그래서 다른 배를 불러서 채웠더니 그 배까지 잠기게 되었습니다. 밤새도록 그물을 내리는 수고에도 불구하고 물고기 한 마리도 잡지 못했는데, 주님의 말씀에 순종하기가 무섭게 물고기가 잡혀서 배가 가라앉을 지경이 된 것입니다. 이것이 바로 하나님 나라의 능력입니다.

하나님의 말씀은 탁상공론(卓上空論)이 아닙니다. 하나님의 말씀은 곧 현실입니다. 그 증거를 예수님이 보여주신 것입니다. 사도 바울은 이렇게 말했습니다. "하나님의 나라는 말에 있지 아니하고 오직 능력에 있음이라"(고전 4:20). 그렇습니다. 예수님이 선포하신 하나님 나라의 복음은 그냥 말이 아니라 실제 능력입니다. 그것을 나타내 보이시려고 예수님은 시몬의 배를 사용하셨고, 그에게 순종할 기회를 주셨던 것입니다.

제자로 부르심

이 사건을 목격한 사람들은 모두 큰 충격을 받았습니다. 그러나 그 누구보다 가장 큰 충격을 받은 사람은 바로 시몬이었습니다. 결국 시몬 베드로는 이때부터 예수님의 제자가 되어서 평생 주님을 따라다니게 되었습니다.

> 8시몬 베드로가 이를 보고 예수의 무릎 아래에 엎드려 이르되 주여 나를 떠나소서. 나는 죄인이로소이다 하니 9이는 자기 및 자기와 함께 있는 모든 사람이 고기 잡힌 것으로 말미암아 놀라고 10세베대의 아들로서 시몬의 동업자인 야고보와 요한도 놀랐음이라…(눅 5:8-10a).

베드로는 예수님의 무릎 아래 엎드리며 "주여 나를 떠나소서. 나는 죄인이로소이다"라고 합니다. 이적을 체험하기 전에는 '선생님'이라고 하더니 이적을 체험한 후에 예수님을 '주'라고 합니다. 예수님이 '존경의 대상'에서

'신앙의 대상'으로 바뀌게 된 것이지요.

하나님의 놀라운 은혜와 표적을 체험한 사람들의 입에서는 "나는 죄인입니다!"라는 고백이 나옵니다. 베드로는 심지어 "나를 떠나소서"라고 고백합니다. 자신의 더럽고 추한 본색을 알게 되었기 때문입니다. 이 부분을 메시지성경은 이렇게 번역합니다. "주님, 떠나주십시오. 저는 죄인이어서 이 거룩함을 감당할 수 없습니다"(I'm a sinner and can't handle this holiness, MSG). 정말 그렇습니다. 하나님의 임재를 체험한 사람들은 그 거룩함을 감당할 수 없다고 한결같이 고백합니다.

이사야 선지자도 그랬습니다. 그가 성전에서 예배하는 도중에 하나님 보좌 환상을 보면서 이렇게 말합니다.

그때에 내가 말하되 화로다. 나여 망하게 되었도다. 나는 입술이 부정한 사람이요 나는 입술이 부정한 백성 중에 거주하면서 만군의 여호와이신 왕을 뵈었음이로다 하였더라(사 6:5).

이사야의 탄식하는 고백을 듣고 하나님은 오히려 그를 선지자로 부르셨습니다. 그와 마찬가지로 바로 이 대목에서 예수님은 베드로를 제자로 부르십니다.

10... 예수께서 시몬에게 이르시되 무서워하지 말라. 이제 후로는 네가 사람을 취하리라 하시니 11그들이 배들을 육지에 대고 모든 것을 버려두고 예수를 따르니라(눅 5:10b-11).

"이제 후로는 네가 사람을 취하리라"라는 부분을 마태복음 버전으로 읽으면 "내가 너희로 사람을 낚는 어부가 되게 하리라"(마 4:19)가 됩니다. 지금까지는 먹고살기 위해서 고기를 잡아 죽이는 '물고기의 어부'(fishers of fish) 인생이었지만, 이제부터는 하나님 나라의 복음을 전하며 사람을 살리는 '사람의 어부'(fishers of men) 인생을 살게 될 것을 말씀해 주신 것입니다. 이러한 예수님의 초청에 대해서 베드로는 즉시 '모든 것을 버려두고' 예수님을 따랐습니다.

지금 그들은 평생 처음으로 그렇게 많은 물고기를 잡았습니다. 그것을 시장에 내다 팔면 생활이 아주 풍요로워질 것입니다. 그런데 그들은 배와 그물과 배 속에 잡아놓은 그 많은 물고기를 그대로 버려두고 즉시 예수님을 따라갔던 것입니다. 예전 같았으면 많이 잡은 물고기로 인해 행복했을 것입니다. 그러나 이제는 예수님을 만난 것이 평생 최고의 행복이 되었습니다. 그의 제자로 부름을 받은 것이 최고 영광스러운 일이 되었습니다.

이것은 마치 '진주를 구하는 장사꾼'의 비유와 같습니다(마 13:45-46). 극히 값진 진주를 만나니까 자기의 소유를 다 팔아서 그 진주를 샀다는 그런 이야기입니다. 지금 베드로는 바로 그 진주를 발견했습니다. 그 진주 앞에 다른 것들은 더 이상 중요하지 않게 되었습니다. 그래서 그들은 모든 것을 버리고 그들의 인생에 참 진주이신 예수님을 꽉 붙잡은 것입니다.

이런 일들은 지금도 우리 가운데 계속되고 있습니다. 하나님 나라의 복음이 전해지는 곳마다 사람들은 예수님 안에서 진주를 발견합니다. 그러면 다른 모든 것을 기꺼이 버리고 주님을 따릅니다. 세상의 욕심과 헛된 욕망을 아낌없이 던져버리고 하나님 나라의 일꾼으로 자원하여 나섭니다. 그들을 통해서 하나님 나라가 계속 확장되는 것입니다.

묵상 질문: 나는 예수님 안에서 하나님 나라의 진주를 발견했는가?
오늘의 기도: 과거의 부정적인 경험 때문에 하나님의 말씀에 순종하지 못하는 어리석은 사람이 되지 않게 하옵소서. 어떤 말씀이든지 즉시 순종함으

로 하나님 나라의 능력을 체험하게 하시고, 우리를 통하여 하나님의 나라
가 확장되는 놀라운 역사가 나타나게 하옵소서. 예수님의 이름으로 기도
합니다. 아멘.

메시아의 치유 사역

읽을 말씀: 누가복음 5:12-26

새길 말씀: 그 사람이 그들 앞에서 곧 일어나 그 누웠던 것을 가지고 하나님께 영광을 돌리며 자기 집으로 돌아가니 모든 사람이 놀라 하나님께 영광을 돌리며 심히 두려워하여 이르되 오늘 우리가 놀라운 일을 보았다 하니라(눅 5:25-26).

앞 장에서 우리는 베드로 형제와 야고보 형제를 제자로 부르시는 이야기를 살펴보았습니다. 이 일은 예수님의 메시아 사역에 새로운 전환점이 되었습니다. 그동안은 가르치고 복음을 전하고 병을 고치는 사역을 예수님 혼자서 감당해왔지만, 이제는 제자들과 함께 하나님 나라 운동을 펼치게 되었기 때문입니다. 앞으로 이와 같은 제자 삼기(making disciples)는 우리 주님에게 점점 더 중요한 사역이 될 것입니다.

계속해서 예수님의 치유 사역이 이어집니다. 그런데 치유 사역의 목적은 단순히 병을 고쳐주는 것이 아닙니다. 진정한 치유는 삶이 고쳐지는 것입니다. 그렇게 회복된 사람들을 통해 하나님 나라가 확장되어 가는 것입니다. 먼저 나병 들린 사람을 고쳐주신 사건부터 살펴보겠습니다.

¹²예수께서 한 동네에 계실 때에 온 몸에 나병 들린 사람이 있어 예수를 보고 엎드려 구하여 이르되 주여 원하시면 나를 깨끗하게 하실 수 있나이다 하니 ¹³예수께서 손을 내밀어 그에게 대시며 이르시되 내가 원하노니 깨끗함을 받으라 하신대 나병이 곧 떠나니라(눅 5:12-13).

'나병'은 여러 가지 피부병을 통칭하는 말이었습니다. 그러니까 '나병'이라고 하지만 엄밀한 의미에서 오늘날 우리가 말하는 '한센병'이 아닐 수도 있는 것입니다. 당시에는 '나병'에 걸리면 일단 다른 사람들과 접촉이 금지되었고, 우발적인 접촉을 방지하기 위해 "부정하다! 부정하다!"라고 소리치며 다녀야 했습니다(레 13:45). 한센병처럼 악성일 경우에는 마을에서 추방되었는데, 오늘 본문에 등장하는 사람은 그 정도는 아니었던 것으로 보입니다.

예수님 당시에 나병은 불치의 병이었기 때문에 사람들은 그것을 천형(天刑)으로 여겼습니다. 그래서 나병환자는 육신의 고통은 물론이거니와 하나님과 사람들에게 버림을 받은 마음의 고통을 겪어야 했습니다. 이 나병환자가 사는 마을에 마침 예수님이 들어오신 것입니다. 예수님에 대한 소문을 들어서 잘 알고 있던 그 사람은 기회를 놓치지 않고 예수님에게 가까이 나아와 엎드려 병 고침을 구합니다.

여기에서 우리가 눈여겨보아야 할 것은 그가 예수님에게 간구하는 말입니다. "주여, 원하시면 나를 깨끗하게 하실 수 있나이다." 앞서 베드로의 고백처럼, 이 나병환자도 예수님을 '주'라고 부릅니다. '주님은 나를 깨끗하게 하실 수 있는 분'이라는 확고한 믿음이 그에게 있었습니다. 의사들이 고치지 못하는 병일지라도 주님은 얼마든지 고칠 수 있다는 믿음으로 주님 앞에 나온 것입니다. 이것만 해도 정말 대단한 믿음입니다.

그런데 거기에다가 '겸손함'까지 갖추고 있었습니다. "주님이 원하신다면…" 사실 우리는 이런 식으로 기도하지 않습니다. "반드시 고쳐주실 줄로 믿습니다!"라고 기도합니다. 그것은 엄밀하게 말하자면 하나님의 뜻을 묻지 않고 내 소원대로 이루어지기를 바라는 기도입니다. 우리가 하나님의 절대주권을 인정한다면 그렇게 예의 없이 기도할 수 없습니다. 마치 하나님이 우리의 병을 반드시 고쳐주셔야 할 무슨 의무가 있는 것처럼 떼쓰는 기도는 믿음의 기도가 아닙니다.

예수님은 이 사람의 몸에 직접 손을 대시면서 말씀하셨습니다. "내가 원하노니 깨끗함을 받으라!" 그러자 즉시 나병이 깨끗이 사라졌습니다. 그의 겸손한 믿음이 우리 주님의 마음을 움직였고, 그렇게 불치의 병이 완전히 치유되었던 것입니다.

> ¹⁴예수께서 그를 경고하시되 아무에게도 이르지 말고 가서 제사장에게 네 몸을 보이고 또 네가 깨끗하게 됨으로 인하여 모세가 명한 대로 예물을 드려 그들에게 입증하라 하셨더니 ¹⁵예수의 소문이 더욱 퍼지매 수많은 무리가 말씀도 듣고 자기 병도 고침을 받고자 하여 모여 오되 ¹⁶예수는 물러가사 한적한 곳에서 기도하시니라(눅 5:14-16).

예수님은 병 고침을 받은 사람에게 "아무에게도 이르지 말고 제사장에게 가서 몸을 보여 입증하라"고 말씀하셨습니다. 율법에 따르면 어쩌다가 나병이 낫게 될 때 먼저 제사장에게 가서 몸을 보이게 되어 있습니다. 그리고 정결 예식을 통해서 인정받은 후에 가족에게 돌아갈 수 있습니다. 그러니까 제사장에게만 나은 몸을 보이고 다른 사람에게는 그 일을 말하지 말라는 함구 명령입니다.

그런데 이 부분에 대해서 메시지성경은 새로운 해석을 덧붙입니다.

> 온 동네에 말하고 다니지 마라. 모세가 명한 대로, 예물을 가지고 제사장에게 가서 네 나은 몸을 조용히 보여라. 네 말이 아니라, 깨끗해져서 순종하는 네 삶이 내가 한 일을 증거할 것이다(눅 5:14, 메시지).

병이 나았다고 동네방네 떠벌리고 다니지 말라는 겁니다. 이제부터 깨끗해 져서 하나님의 말씀에 순종하면서 살아가는 게 더 중요하다는 겁니다. 우리 주님이 원하시는 것은 '병의 치유'가 아니라 '삶의 치유'입니다. 병은 고쳐졌는 데 그 삶이 고쳐지지 않는다면 아무리 기적적으로 병 고침을 받았다고 한들 그게 무슨 의미가 있겠습니까?

그런데 병 고침을 받은 사람은 자기에게 일어난 일을 말하지 않을 수 없었습니다. 소문은 곧 사방으로 퍼져나갔고, 수많은 무리가 예수님께 모여들 었습니다. 그나마 다행인 것은 예전에는 '병을 고치려고' 모여들었는데, 이제는 '말씀도 듣고 병도 고침을 받기 위해서'(16절) 온 것입니다. 그러나 주님은 또다시 조용히 물러가서 한적한 곳에서 기도하셨습니다.

바리새인의 등장

예수님은 단지 병든 몸을 고치는 게 아니라, 병든 삶을 치유하는 것에 관심이 있었습니다. 이런 주님의 관심은 중풍 병자를 고치시는 사건에서 더욱 두드러지게 나타납니다.

> 하루는 가르치실 때에 갈릴리의 각 마을과 유대와 예루살렘에서 온 바리새인과 율법
> 교사들이 앉았는데 병을 고치는 주의 능력이 예수와 함께 하더라(눅 5:17).

오늘 본문에는 지금까지 나오지 않았던 사람들이 등장합니다. 그들은 '바리새인과 율법 교사들'입니다. '바리새인'(the Pharisees)은 '구별된 사람'(the separated one)이라는 뜻입니다. 여기에는 다른 사람들과 구별되어 율법을 철저하게 준수하는 특별한 사람이라는 자부심이 깔려있습니다. '율법 교사'(teachers of the law)는 '서기관'(the scribe)과 동의어로서, 구약의 율법을 필사하고 가르치는 일을 하던 율법의 전문가였습니다. 바리새인과 율법 교사들은 유대교의 지도자들이었습니다. 그런데 이들이 예수님이 가르치시는 장소에 갑작스럽게 등장한 것입니다.

게다가 이들은 "갈릴리의 각 마을과 유대와 예루살렘에서 왔다"고 합니다. 마가복음 평행 본문에 의하면 이 사건이 일어난 곳은 회당과 같은 공적인 장소가 아니라 '가버나움의 한 집'이었습니다(막 2:1). 즉, 예수님이 어떤 사람의 집에 머물고 있을 때 이스라엘 전 지역에서 온 바리새인과 율법 교사들이 그 자리를 찾아온 것입니다. 여기에서 우리는 예수님이 이제 전국적인 관심 대상이 되었을 뿐만 아니라, 특별히 당시 종교 지도자들이 주의하여 보는 인물이 되었다는 사실을 알게 됩니다.

그들은 은혜를 받으려고 오지 않았습니다. 병을 고치러 온 것도 아닙니다. 오히려 트집 잡을 건수를 찾기 위해서 왔습니다. 예수님이 그것을 모를 리가 없지요. 그런 가운데도 "병을 고치는 주의 능력이 예수와 함께했다"라고 합니다. 메시지성경은 "하나님의 치유 능력이 예수께 임했다"(The healing power of God was on him. MSG)라고 풀이합니다.

무슨 뜻입니까? 하나님의 능력은 사람들의 반응과 상관없이 역사하신다는 것입니다. 본인의 능력으로 일하는 사람들은 군중의 반응이나 상황에 따라 기복이 심할 수밖에 없습니다. 따라서 하나님이 우리 능력의 원천이 되어야 합니다. 그럴 때 우리를 통해서 하나님의 능력이 나타날 수 있는 것입니다.

중풍 병자의 등장

바리새인과 율법 교사들이 트집 잡을 건수를 찾으며 지켜보는 자리에 한 중풍 병자가 등장합니다.

> [18]한 중풍 병자를 사람들이 침상에 메고 와서 예수 앞에 들여놓고자 하였으나 [19]무리 때문에 메고 들어갈 길을 얻지 못한지라. 지붕에 올라가 기와를 벗기고 병자를 침상째 무리 가운데로 예수 앞에 달아내리니…(눅 5:18-19).

마가복음에는 이 중풍 병자를 '네 사람'이 메고 왔다고 합니다(막 2:3). 적지 않은 숫자의 친구들이 동원된 것입니다. 그런 의미에서 이 사람은 비록 병을 앓고 있기는 했지만, 참으로 행복한 사람이라 할 수 있습니다. 그의 병약함을 안타까워하며, 어떻게든 고치기 위해서 수고를 아끼지 않는 친구들이 주위에 있었으니 말입니다.

문제는 예수님이 머물던 집에 이미 사람들로 가득 채워져서 도무지 들어갈 수 없었다는 것입니다. 그들은 얼마든지 포기할 수 있었습니다. 그만큼 애쓰고 노력한 것만으로도 대단합니다. 충분히 할 일을 했습니다. 그러나 거기에서 멈추지 않았습니다. 사람의 장벽이라는 장애물에 부딪히자 그들은 또 다른 방법을 찾기 시작했습니다. 지붕으로 올라가서 기와를 벗기고 구멍을 만들어 침상째 중풍 병자를 예수님 앞으로 달아 내렸던 것입니다.

당시 팔레스타인 집들은 오늘날의 콘크리트처럼 단단하지 않았습니다. 따라서 지붕을 뚫고 침상을 달아 내리는 건 사실 그리 어려운 일은 아닙니다. 그렇지만 아무도 생각하지 않은 방법입니다. 이 친구들은 그 방법을 생각해냈고, 실제로 실행했습니다. 어떻게 그럴 수 있었을까요? 무엇보다 병든 친구에 대한 안타까운 사랑이 있었습니다. 그와 동시에 예수님 앞에 가면 어떤 병도 나을 수 있으리라는 확고한 믿음이 있었습니다.

믿음의 공동체성

예수님은 그들의 믿음에 감동하셨습니다.

> 20예수께서 그들의 믿음을 보시고 이르시되 이 사람아 네 죄 사함을 받았느니라 하시니 21서기관과 바리새인들이 생각하여 이르되 이 신성 모독 하는 자가 누구냐 오직 하나님 외에 누가 능히 죄를 사하겠느냐(눅 5:20-21).

예수님은 "그들의 믿음을 보셨다"라고 했습니다. 다른 사람들은 그들의 행동을 무례한 일이라고 생각했을지도 모릅니다. 집주인은 손해배상을 청구하려고 했을지도 모릅니다. 그러나 주님은 그들의 담대한 믿음을 보셨고 그것에 크게 감동하셨습니다. 주님은 겉으로 드러난 결과보다 그 속에 담긴 동기를 중요하게 여기십니다. 네 사람은 중풍 병에 걸린 친구를 사랑했고, 그가 병에서 치유되기를 간절히 원했습니다. 그래서 온갖 장애물을 넘어서 주님 앞으로 데리고 나온 것입니다.

예수님은 '그들의 믿음'을 보시고 중풍 병자에게 '죄의 용서'를 선포하셨습니다. 이 대목에서 우리는 두 가지 중요한 사실을 발견하게 됩니다. 하나는 예수님이 칭찬하신 것은 '중풍 병자 본인의 믿음'이 아니라 '친구들의 믿음'이었다는 사실입니다. 그리고 또 다른 하나는 예수님이 중풍 병자에게 선포하신 것은 '병 고침'이 아니라 '죄의 용서'였다는 사실입니다. 여기에는 각각 어떤 설명이 필요합니다.

우리는 '이신칭의'(以信稱義), 즉 "믿음으로 의롭게 된다"(Justification by faith)라는 교리에 익숙합니다. 여기에서 믿음은 물론 '본인'의 것이어야 합니다. 그러나 오늘 본문에 등장하는 중풍 병자가 그러한 믿음을 가지고 있었는지 알 수 없습니다. 게다가 주님은 분명히 '그들의 믿음', 즉 '친구들의 믿음'을 보시고 칭찬하십니다. 그런데 죄의 용서가 중풍 병자에게 선포되고, 결국 고침을 받게 됩니다. 말하자면 '믿는 사람 따로, 구원받은 사람 따로'인 셈입니다. 이것을 우리는 어떻게 이해하면 좋을까요?

그동안 우리는 '믿음'과 '구원'이라는 공식을 너무나 지나치게 개인적인 차원으로만 이해해왔습니다. 아무리 믿음이 개인적이라고 하지만, 누군가의 전도나 도움 없이 혼자서 하나님을 믿게 되는 경우는 거의 없습니다. 좋은 신앙을 가진 부모에게서 좋은 신앙을 가진 자녀들이 자라납니다. 주변에 신실한 믿음의 사람들이 있다면, 우리 또한 그들의 영향을 받게 되어 있습니다. 이것을 '믿음의 공동체성'이라고 표현합니다.

그런 의미에서 친구들의 믿음으로 중풍 병자가 죄 사함과 치유함을 받고 또한 구원받을 수 있는 것입니다. 만일 중풍 병자가 예수님에게 나아가는 것을 끝까지 반대하고 저항했다면 어떻게 되었을까요? 아무리 병약한 몸이라지만 억지로 그를 데리고 올 수는 없는 일입니다. 중풍 병자는 최소한 그러지는 않았습니다. 네 명의 친구처럼 분명히 확신했다고 말할 수는 없다 하더라도, 어쨌든 예수님 앞에 나온 것만큼은 틀림없습니다. 그래서 구원받은 것입니다. '개인적인 믿음'만을 강조하다가 '믿음의 공동체성'을 놓쳐버리면 안 됩니다.

그다음에 우리가 생각할 것은 '병 고침'보다 '죄의 용서'가 먼저 선포되었다는 점입니다. 예수님은 이렇게 말씀하십니다. "이 사람아, 네 죄 사함을 받았느니라." 이 부분을 메시지성경은 아예 "친구여, 내가 네 죄를 용서한다"(Friend, I forgive your sins. MSG)라고 직설적으로 표현합니다. 메시지성경의 직설적인 번역이 훨씬 원문의 뉘앙스에 가까운 것으로 보입니다. 왜냐면 바리새인들이 이것을 '신성 모독'으로 간주했기 때문입니다. 죄의 용서는 하나님만이 하실 수 있는데, 예수님이 죄를 용서한다고 하니까 그들이 펄쩍 뛴 것입니다.

그런데 예수님은 왜 '죄의 용서'를 먼저 선포하셨을까요? 바리새인들과 율법 학자들이 트집을 잡기 위해서 그 자리에 모여 있는 것을 뻔히 아시는데, 왜 '병 고침'보다 '죄의 용서'를 먼저 선포하여 긁어 부스럼을 만드셨던 것일까요. 이것은 예수님의 말실수가 아닙니다. 여기에는 분명한 의도가 있습니다.

²²예수께서 그 생각을 아시고 대답하여 이르시되 너희 마음에 무슨 생각을 하느냐. ²³네 죄 사함을 받았느니라 하는 말과 일어나 걸어가라 하는 말이 어느 것이 쉽겠느냐. ²⁴그러나 인자가 땅에서 죄를 사하는 권세가 있는 줄을 너희로 알게 하리라 하시고 중풍병자에게 말씀하시되 내가 네게 이르노니 일어나 네 침상을 가지고 집으로 가라…(눅 5:22-24).

주님은 바리새인들과 율법 학자들이 자기들끼리 수군거리는 것을 아시고는, 그들의 심중을 꿰뚫는 질문을 던지셨습니다. "내가 죄를 용서한다고 말하는 것과 일어나 걸어가라고 말하는 것 중에 어느 쪽이 더 쉽겠느냐?" 실제로 어느 쪽이 더 쉬울까요? 물론 사죄의 선언이 더 쉽습니다. 그것은 객관적으로 증명할 수 없기 때문입니다. 그러나 일어나 걸어가라는 말은 즉시 검증됩니다.

예수님은 그들이 생각하기에 어려운 것, 즉 중풍 병자를 치유하여 일으켜 세우시는 것을 보여주심으로 죄를 사하는 권세가 주님에게 있다는 사실을 증명하기로 했습니다. "내가 네게 이르노니 일어나 네 침상을 가지고 집으로 가라."

자, 이제 어떤 일이 벌어질까요?

> [25]그 사람이 그들 앞에서 곧 일어나 그 누웠던 것을 가지고 하나님께 영광을 돌리며 자기 집으로 돌아가니 [26]모든 사람이 놀라 하나님께 영광을 돌리며 심히 두려워하여 이르되 오늘 우리가 놀라운 일을 보았다 하니라(눅 5:25-26).

정말 놀라운 일이 벌어졌습니다. 들것에 실려 왔던 중풍 병자가 예수님의 말씀처럼 '곧 일어나 그 누웠던 것을 가지고' 자기 집으로 돌아갔던 것입니다. 이로써 예수님에게는 병을 고치는 능력이 있다는 사실이 증명되었을 뿐만 아니라, 죄를 용서하는 신적인 권세도 있다는 사실이 증명되었습니다. 그로 말미암아 예수님이 하나님의 아들이라는 사실이 드러난 것입니다.

이 놀라운 일을 목격한 사람들이 보인 반응은 두 가지입니다. 그 하나는 '하나님께 영광을 돌리는 것'이었고, 다른 하나는 '심히 두려워하는 것'입니다. 후자는 아마도 바리새인과 율법 학자들의 반응이었을 것입니다. 그러나 전자는 아마도 보통 사람들의 반응이었을 것입니다. 여기에 주님의 제자들도 포함되었을 것입니다. 그렇습니다. 믿음이 없는 사람들은 두려워하지만, 믿음을 가진 사람들은 찬양하게 됩니다. 우리는 과연 어떤 사람입니까?

묵상 질문: 나의 삶은 하나님의 은혜로 온전히 치유되었는가?

오늘의 기도: 예수님 앞에 나올 때 우리의 몸뿐만 아니라 마음의 병까지 고쳐지게 하옵소서. 하나님의 말씀 안에서 우리의 삶이 치유되고 온전히 회복되게 하옵소서. 그리하여 이제부터 하나님께 영광을 돌리며 살아가는 복된 인생이 되게 하옵소서. 예수님의 이름으로 기도합니다. 아멘.

레위 제자 삼기

읽을 말씀: 누가복음 5:27-32

새길 말씀: 그 후에 예수께서 나가사 레위라 하는 세리가 세관에 앉아 있는 것을 보시고 나를 따르라 하시니 그가 모든 것을 버리고 일어나 따르니라(눅 5:27-28).

우리는 지금 예수님이 혼자서 시작하신 하나님 나라가 어떻게 운동(move-ment)으로 발전하는지 살펴보고 있습니다. 예수님은 하나님 나라의 복음을 전하며 병을 고치는 틈틈이 제자들을 불러서 훈련하는 일을 하셨습니다. 사람들을 많이 모은다고 해서 '운동'이 되는 것은 아닙니다. 그 일에 헌신하는 제자들이 있어야 합니다. 그래서 우리 주님은 가르치는 사역, 선포하는 사역, 치유하는 사역과 더불어서 제자 삼는 사역을 하셨던 것입니다.

레위라 하는 세리

베드로와 안드레 그리고 야고보와 요한 형제에 이어서 이번에는 '레위'라는 이름의 세리를 제자로 부르십니다.

²⁷그 후에 예수께서 나가사 레위라 하는 세리가 세관에 앉아 있는 것을 보시고 나를 따르라 하시니 ²⁸그가 모든 것을 버리고 일어나 따르니라(눅 5:27-28).

이 사람이 누구인지 궁금해집니다. 여기에는 분명히 '레위'라고 되어 있지만, 예수님의 제자 명단에는 등장하지 않기 때문입니다(눅 6:14-16). 마가복음에는 레위를 가리켜서 '알패오의 아들'이라고 언급되는데(막 2:14), 이것이 우리를 더 혼란스럽게 합니다. 왜냐면 마태복음에 따르면 '알패오의 아들'은 '야고보'(마 10:3)이기 때문입니다. 그러면 '레위'가 나중에 '야고보'가 되었을까요? 그렇지는 않습니다. 레위는 분명히 세리 출신입니다. 그리고 예수님의 제자 중에 세리 출신은 '마태'밖에 없습니다(마 10:3). 그렇다면 어찌 된 일일까요?

결론적으로 말해서 '레위'와 '마태'는 같은 사람입니다. '레위'와 '야고보'가 '알패오'라는 같은 아버지를 둔 형제 사이였는지, 아니면 동명이인의 또 다른 알패오의 아들이었는지 우리로서는 알 길이 없습니다. 그러나 '레위'는 예수님의 제자가 된 후에 '마태'라고 불리게 되었고, 나중에 마태복음을 기록한 사람이 된 것이 분명합니다. 다른 복음서의 저자들은 마태가 세리 출신이라는 것을 드러내지 않으려고 조심하는 것과는 대조적으로, 마태는 자신이 세리 출신이라는 것을 숨기지 않고 그대로 기록합니다. 그래서 더더욱 신빙성이 있습니다.

레위는 '세관'에 앉아있었습니다. '세관'은 통행세를 징수하는 사무소입니다. 가버나움에 세관이 있었는데, 이곳에서 레위는 갈릴리 지방에 드나드는 타지방 상인들을 대상으로 세금을 징수하고 있었던 것입니다. 바로 이 대목에서 우리는 본래 벳새다 출신이었던 베드로가 가버나움에 정착하게 된 이유를 생각해 볼 수 있습니다(요 1:44; 눅 4:38).

두 마을은 모두 갈릴리 해변의 어촌이었지만 행정구역이 달랐습니다. 벳새다는 헤롯 빌립의 영지였고, 막달라와 가버나움은 헤롯 안디바가 관할하는 지역이었습니다. 벳새다의 어부들이 생선 가공 공장(타리케아, Tarichea)이 있던 막달라로 생선을 가져오려면 막중한 통관세를 물어야 했습니다. 그래서 베드로는 동료들과 함께 아예 사업장을 벳새다에서 가버나움으로 옮겨올 수밖에 없었다는 것입니다. 따라서 레위는 베드로와 그의 어부 동료들이 잘 알고 있던 인물이었을 것이 분명합니다.

예수님은 그에게 단도직입적으로 "나를 따르라"고 말씀하십니다. 그러자 뜻밖에도 레위는 그 즉시 예수님을 따랐습니다. 그런데 세리를 죄인으로 취급하던 당시의 일반적인 정서를 생각해볼 때, 레위를 제자로 부르시는 것은 이해하기 힘든 일입니다. 세리는 유대인들에게 가장 미움을 받던 사람들이었습니다. 그들은 마치 일제 강점기에 일본의 앞잡이 노릇을 하며 동족을 착취하던 매국노들과 비교할 수 있습니다.

로마의 세금 징수정책을 이해하면 왜 세리가 미움을 받았는지를 이해할 수 있습니다. 어떤 지방에 세금액을 정하고 경매를 통해 그 징수권을 최고 입찰자에게 넘깁니다. 징수권을 가진 자는 약속한 금액만 내면 됩니다. 얼마나 세금을 거두든지 나머지는 모두 자기 차지입니다. 따라서 납세자는 정확한 납세액이 얼마인지도 모르고 세리가 내라는 대로 내야 했습니다. 마음만 먹으면 얼마든지 세금을 착복할 수 있는 제도입니다. 그래서 당시 사람들은 세리를 강도나 살인범과 똑같이 취급했습니다. 실제로 세리는 유대인이라면 마땅히 가야 할 회당도 들어갈 수 없었습니다.

유대인들은 모두 세리를 미워했지만, 그중에서도 특히 그들을 미워했던 사람들이 있었습니다. 그들은 무장 폭력으로 독립운동을 하던 '열심당원'(the zealots)이었습니다. 그들은 특별히 로마제국의 앞잡이 노릇을 하는 사람들에게 종종 테러를 감행하곤 했습니다. 예수님의 제자 중에 바로 열심당원이 있었습니다. '셀롯이라는 시몬'(눅 6:15)입니다. '셀롯'(zealot)이 바로 열심당원을 가리키는 말입니다. 예수님의 제자 중에 세리도 있었고 세리를 가장 미워하던 열심당원도 있었으니 그 분위기가 어땠을까 충분히 짐작할 수 있습니다.

그래서 더 궁금해집니다. 예수님은 왜 세리를 제자로 부르셨을까요? 여기에 아주 중요한 복음의 메시지가 있습니다. 하나님 나라 운동은 변두리에서 소외당하는 사람(outsiders)을 적극적으로 포함하는 것입니다. 세리도 그중의 하나였습니다. 그러고 보면 이 세상에 예수님의 제자가 되지 못할 사람은 한 사람도 없습니다. 떳떳지 못한 직업이나 부끄러운 과거가 걸림돌이 될 수 없습니다. 그래서 복음, 즉 기쁜 소식입니다.

게다가 예수님의 제자는 '만들어져 가는' 것입니다. 처음부터 제자로서 온전한 자격을 갖추고 있는 사람은 이 세상에 한 사람도 없습니다. 예수님은 죄 아래 놓인 사람들을 불러 용서하시고 그들의 삶을 치유하셔서 하나님의 백성으로 삼으십니다. 오히려 스스로 자격 있다고 생각하는 사람들은 예수님의 제자가 될 수 없습니다. 그들은 자신보다 못한 사람들을 너무나 쉽게 판단하고 정죄합니다. 그들 자신이 죄인이라는 사실을 깨닫지 못하는 것입니다.

그러나 자기를 죄인으로 인정하는 사람들은 죄 사함의 은총이 무엇인지 압니다. 레위는 예수님이 "나를 따르라"고 말씀하셨을 때, "모든 것을 버리고 일어나 그를 따랐다"고 했습니다. 똑같은 표현이 베드로와 다른 제자들을 부르시는 장면에서도 나옵니다(5:11). 어떻게 그럴 수 있었을까요? 다른 사람들이 모두 멸시하는 '나 같은 죄인'을 제자로 부르시는 것에 감격했기 때문입니다. 구원받고 선택받은 감격이 그가 가진 모든 것을 버려두고 주님을 따르게 했던 것입니다.

그래서 주님은 죄인들을 제자로 부르셨습니다. 세리를 제자로 부르시고 거기에다 열심당원까지 제자로 부르셨습니다. 그리고 "원수를 사랑하라"고 가르치셨습니다. 밖에서는 서로 원수가 되어 살아야 했겠지만, 이제 주님 안에서 서로 사랑하며 믿음의 사람으로 새롭게 빚어졌던 것입니다. 원수가 친구가 되는 바로 그곳이 하나님의 나라입니다.

레위가 베푼 잔치

레위는 주님의 초청에 즉시 응답하여 모든 것을 버리고 주님을 따랐습니다. 여기까지는 베드로와 별반 다르지 않습니다. 그런데 그다음 행보가 눈에 띄게 다릅니다. 레위는 예수님을 위하여 자기 집에서 '큰 잔치'를 베푼 것입니다.

> 29레위가 예수를 위하여 자기 집에서 큰 잔치를 하니 세리와 다른 사람이 많이 함께 앉아 있는지라. 30바리새인과 그들의 서기관들이 그 제자들을 비방하여 이르되 너희가 어찌하여 세리와 죄인과 함께 먹고 마시느냐(눅 5:29-30).

'큰 잔치'(a great banquet)를 베풀었다고 했는데, 그러려면 비용이 많이 들어갔을 겁니다. 그것은 세리였기에 가능한 일이었습니다. 당시 세리는 엄청난 부자였습니다. 물론 부당하게 얻기는 했지만 그래도 부자였기 때문에 '큰 잔치'도 베풀 수 있었던 것이지요. 그러나 단지 돈이 많다고 해서 그렇게 할 수 있는 것은 아닙니다. 여기에는 더 중요한 이유가 있었습니다.

레위의 가치관이 달라진 것입니다. 그동안 그는 재물을 가장 소중하게 생각해 왔습니다. 세인들의 손가락질을 받으면서도 세리라는 직업을 굳건히 붙잡고 있었던 것은 바로 '돈' 때문이었습니다. 그러나 예수님을 만나고 난 후에 달라졌습니다. 그는 예수님을 따르기 위해서 모든 것을 내려놓기로 했습니다. 그래서 생명처럼 소중히 여기던 재물을 아끼지 않고 예수님을 위해서 '큰 잔치'를 벌였던 것입니다.

그러나 단지 '기분이 좋아 한턱을 내는 수준'이 아니었습니다. 그는 잔치 자리에 사람들을 초대했습니다. 그것은 그 잔치가 예수님을 다른 사람들에게 소개하려는 의도에서 기획되었음을 의미합니다. 그 자리에 초대된 사람 중에 '세리와 다른 사람'이 많이 있었다고 합니다. 후에 마태가 된 레위는 동료 세리들은 물론 많은 다른 유력 인사들을 그 자리에 초청했던 것입니다.

그런데 그중에 바리새인들과 서기관들이 있었습니다. 그들은 본래 세리들을 사람으로 취급하지 않았습니다. 공공연하게 세리들을 죄인이라고 비판했습니다. 유대인들은 자기가 좋아하지 않는 사람들과는 절대로 식사 자리를 같이하지 않습니다. 식탁을 함께 나눈다는 것은 같은 부류가 된다는 뜻으로 생각했기 때문입니다. 그런데 어찌 된 일인지 레위의 초청을 받아들여 그 자리에 나타난 것입니다.

그러면서 예수님의 제자들을 비판합니다. 사실은 제자들이 아니라 예수님 보고 들으라고 한 말입니다. 비판하는 내용을 보면 참으로 가관입니다. "왜 너희들은 세리와 죄인들과 함께 먹고 마시느냐?" 차라리 밖에서 그렇게 비판한다면 그나마 이해할 수 있습니다. 그러나 그 자리에서 자기들도 함께 식사하면서 그렇게 말하는 것은 도무지 이해할 수 없는 일입니다.

여기에서 우리는 그들이 레위의 초청을 받아들여 그 자리에 나타난 진짜 이유를 발견하게 됩니다. 그들의 목적은 단 한 가지입니다. 예수님을 비난할 거리를 찾기 위해서였습니다. 그들에게 예수님을 소개하기 위해서 손을 내밀었던 레위의 감격 어린 초대를, 그들은 예수님을 비난하기 위한 기회로 삼았던 것입니다.

당시의 종교 지도자들은 매사가 이런 식이었습니다. 정죄할 거리를 찾기 위해서 눈에 불을 켜고 있는 것입니다. 예수님의 말씀처럼 자기 눈 속에 '들보'가 있으면서 형제의 눈 속에서 있는 '티'를 빼겠다고 덤벼드는 우스꽝스러운 꼴입니다(눅 6:42). 그래서 잔치를 잔치로 즐기지 못하고, 복음을 복음으로 받아들이지 못하는 것입니다.

예수님은 종교 지도자들의 비판에 대응하여 강력한 복음의 진리를 선포하셨습니다.

> 31예수께서 대답하여 이르시되 건강한 자에게는 의사가 쓸 데 없고 병든 자에게라야 쓸 데 있나니 32내가 의인을 부르러 온 것이 아니요 죄인을 불러 회개시키러 왔노라(눅 5:31-32).

예수님의 대답은 언제나 걸작입니다. 바리새인들과 서기관들의 공개적인 불평과 비난은 세리 출신이었던 레위에게나 그의 세리 친구들에게 아마도 큰 상처가 되었을 것입니다. 그러나 예수님은 그들의 친구가 되어서 그들을 두둔해주십니다. 예수님은 죄인을 병든 사람으로 다루십니다. 아무리 죄인이라고 하더라도 바리새인들처럼 대놓고 '죄인'으로 정죄하고 모욕하지 않으십니다. 오히려 사랑과 돌봄 그리고 고침과 회복이 필요한 '연약한 자'로 대하십니다.

"의사가 필요한 사람이 누구냐? 건강한 사람이냐, 병든 사람이냐?" 예수님의 단순하고 명쾌한 질문은 사람들의 모든 복잡한 생각을 단숨에 평정해 버렸습니다. 이 말씀은 바리새인들과 세리들이 모두 들어야 할 복음입니다. 바리새인들은 세리들을 죄인이라고 단정 지었습니다. 그리고 예수님과 그의 제자들이 어떻게 그런 죄인들과 함께 식사를 할 수 있냐고 비난했습니다. 그러나 예수님은 자신이 죄인과 함께하는 이유를 의사와 환자의 관계로 설명합니다. 병든 사람에게 의사가 필요하기 때문이라는 겁니다.

이 말을 뒤집으면 바리새인들은 '건강한 자'라는 뜻이 됩니다. 물론 엄밀하게 말하자면 그들도 역시 병든 사람입니다. 죄인들입니다. 그러나 예수님은 그들을 비난하지 않습니다. "너희가 세리보다 나을 게 뭐가 있느냐?"고 꼬집지도 않습니다. 오히려 그들을 높여줍니다. 그들은 '건강한 자'요 '의인'이라고 하면서 말입니다. 아부하려는 의도가 아닙니다. 오히려 예수님이 해야 할 일에 더욱 집중하기 위해서입니다. 예수님은 스스로 문제가 있음을 인정하는 사람에게 좋은 의사입니다. 그러나 자신의 부족함을 인정하지 않는 사람에게는 굳이 의사가 되려고 하지 않으십니다.

예수님의 말씀은 세리들에게 복음이었습니다. 예수님은 그들을 죄인으로 규정하지 않으십니다. 예수님의 관심은 정죄와 판단이 아니라 치유와 회복에 있기 때문입니다. 실제로 세리들은 자신들의 삶에 만족하지 못했습니다. 남들보다 돈은 많이 벌었지만, 그 외에는 아무런 자존감이 없었습니다. 동족들에게 거절당한 많은 상처가 있었습니다. 주님은 그것을 돌보시며 고쳐주겠다고 말씀하십니다. 그것이 그들에게 기쁜 소식이 되었던 것입니다.

우리도 이러한 예수님의 마음을 품어야 합니다. 특별한 자격증이 있어야만 영혼을 돌보는 의사가 되는 것은 아닙니다. 상대방을 정죄하지 않고 돌보려고 하는 마음을 가진 사람들은 누구든지 병든 사람을 치료할 수 있습니다. 최소한 상대방의 이야기를 있는 그대로 진심으로 귀담아들어 주기만 해도 상당 부분 마음의 병을 고칠 수 있습니다. 물론 예수님이 모든 병을 고칠 수 있는 최고의 의사이지만, 예수님을 따르는 우리도 예수님의 마음을 품고 대할 때 서로에게 아픔을 위로하고 치유하는 좋은 의사가 될 수 있는 것입니다.

예수님은 또한 "죄인을 불러 회개시키기 위해서 오셨다"고 말씀하십니다. 이것은 세상의 기준과 정반대의 모습입니다. 세상은 죄인들을 선택하지 않습니다. 의인들을 선택합니다. 의인들을 인정하여 높이 세웁니다. 죄인들은 단지 멸시의 대상일 뿐입니다. 그러나 예수님은 그런 죄인들을 오히려 적극적으로 부르십니다. 죄인들을 불러 회개시켜 당신의 뜻을 이루는 일에 사용하십니다.

여기에서 우리가 주목해야 할 단어는 '회개'입니다. 예수님은 죄인의 친구이십니다. 그렇다고 그들이 지은 죄를 모른 척 묵인하고 적당히 넘어간다는 뜻은 아닙니다. 우리 몸속에 암세포가 자라고 있다는 것을 발견하고서도 가만히 놓아둔다면 어떻게 되겠습니까? 그 사람은 결국 죽고 맙니다. 죄도 마찬가지입니다. '죄의 삯은 사망'입니다. 죄를 묵인해두면 그 사람이 결국 망하고 맙니다. 예수님은 죄인을 정죄하지 않지만, 그렇다고 죄를 방치하지도 않으십니다. 오히려 근본적으로 죄의 문제를 해결해 주십니다. 그 방법이 바로 '회개'입니다.

이 부분을 메시지성경은 이렇게 번역합니다.

내가 여기 있는 것은, 영향력 있는 사람이 아니라, 소외된 사람을 초청하려는 것이다. 변화된 삶, 곧 안과 밖이 모두 변화된 삶으로 그들을 초청하려는 것이다(눅 5:32, 메시지).

'의인'을 '영향력 있는 사람'(insiders)으로, '죄인'을 '소외된 사람'(outsiders)으로 풀이합니다. 그리고 '회개'를 '안과 밖이 모두 변화된 삶으로 초청하는 것'이라고 표현합니다. 회개는 안과 밖이 모두 변화된 삶을 위한 필수 과정입니다. 바리새인들의 '밖'은 고칠 것이 별로 없어 보이는 경건의 모습을 갖추었습니다. 그러나 그들의 '안'은 교만과 정죄의 죄로 가득 채워져 있었습니다. 사람들에게 보이는 세리들의 '밖'은 틀림없는 죄인의 모습입니다. 그렇다고 그들의 '안'까지 모두 죄로 채워져 있다고 말할 수는 없습니다. 어쨌든 모두 안과 밖이 변화되어야 합니다. 자신의 부족함과 죄를 솔직하게 인정하고 고백하며 그 길에서 돌이키는 '회개'를 통해서만 변화가 일어날 수 있습니다.

레위를 비롯한 세리들은 예수님의 초청에 겸손한 믿음으로 응답했습니다. 그래서 죄 사함의 은총을 체험하고 하나님의 자녀로 회복되었습니다. 그러나 바리새인들과 서기관들은 예수님의 초청을 거절했습니다. 다른 사람들을 정죄하느라 너무 바빠서 자신의 부족한 모습을 들여다볼 시간이 없었던 것입니다.

하나님 앞에서 누가 의인으로 인정받을 수 있을까요? 상대적인 의로움에 만족하지 마십시오. 구원받기 위해서는 절대적인 의로움이 필요합니다. 그것은 오직 예수를 그리스도로 영접하여 믿을 때만 주어집니다. 그런 사람이 결국 하나님 나라의 주인공이 되는 것입니다.

묵상 질문: 나는 안과 밖이 모두 변화되었는가?

오늘의 기도: 행여나 상대적인 의로움에 취하여 다른 사람을 정죄하는 유혹에 빠지지 않게 하옵소서. 죄인을 불러 의인으로 빚어가기 위해 이 땅에 오신 주님을 영접하게 하시고, 소외된 사람을 불러 하나님 나라의 주인공으로 삼으시는 예수님의 따뜻한 마음을 닮아가게 하옵소서. 그리하여 우리를 통해 하나님의 나라가 계속 확장되게 하옵소서. 예수님의 이름으로 기도합니다. 아멘.

금식에 대한 논쟁

읽을 말씀: 누가복음 5:33-39

새길 말씀: 예수께서 그들에게 이르시되 혼인 집 손님들이 신랑과 함께 있을 때에 너희가
그 손님으로 금식하게 할 수 있느냐. 그러나 그날에 이르러 그들이 신랑을
빼앗기리니 그날에는 금식할 것이니라(눅 5:34-35).

세리 레위(마태)가 예수님을 영접하여 주님의 제자가 되기로 한 후에
'큰 잔치'를 베풀었습니다. 이 자리는 예수님을 위한 자리요, 레위가 구원받은
감격을 함께 나누며 사람들에게 예수님을 소개하는 자리였습니다. 그러나
거기에 참석했던 바리새인과 서기관들은 그 자리를 논쟁의 자리로 바꾸었습
니다. 그들은 "어찌하여 세리와 죄인과 함께 먹고 마시느냐"고 예수님의
제자들을 비방했습니다.

그것은 예수님에 대한 도전일 뿐만 아니라 그를 잔치 자리로 초대한
레위에 대한 모욕이었습니다. 물론 예수님은 그것을 하나님 나라의 복음을
전하는 기회로 바꾸었습니다만, 바리새인과 서기관들의 그런 태도는 분명히

잘못된 것이었습니다. 그런데 그들은 잘못을 잘못으로 인식하지 못했습니다. 그것이 진짜 문제입니다.

금식해야 할 때

죄인을 불러 의인으로 빚어가는 하나님 나라 복음에 말문이 막히자, 그들은 다른 주제로 옮겨가서 계속 질문 공세를 퍼붓습니다. 이번에 그들이 꺼낸 문제는 금식에 관한 논쟁입니다.

> 그들이 예수께 말하되 요한의 제자는 자주 금식하며 기도하고 바리새인의 제자들도 또한 그리하되 당신의 제자들은 먹고 마시나이다(눅 5:33).

금식(禁食)이란 육체적인 기본 욕구인 식욕(食慾)을 억제하면서 영적인 경건 훈련에 집중하는 행위를 말합니다. 하나님의 뜻에 자기 삶을 조율하며 영적인 민감함을 회복하는데 금식은 참 좋은 훈련 방법입니다. 그러나 웬만한 각오로는 할 수 없습니다. 게다가 금식의 유익이 참 많이 있지만, 부작용도 따릅니다. 그것은 금식을 종교적인 의무로 생각하거나 자신의 의로움을 드러내는 수단으로 생각하기 쉽다는 것입니다.

성경은 금식에 대해서 어떻게 가르치고 있을까요? 구약의 율법에서는 일 년에 한 번, 즉 속죄일의 금식만을 규정했습니다. 레위기 23장에 그 규례가 기록되어 있습니다.

> 27일곱째 달 열흘날은 속죄일이니 너희는 성회를 열고 스스로 괴롭게 하며 여호와께 화제를 드리고 28이 날에는 어떤 일도 하지 말 것은 너희를 위하여 너희 하나님 여호와 앞에 속죄할 속죄일이 됨이니라(레 23:27-28).

여기에서 "스스로 괴롭게 한다"는 것이 바로 '금식'에 대한 완곡한 표현입니다. 죄를 심각하게 여기고 회개하는 마음으로 금식함으로써 하나님과의 관계를 다시금 회복하는 절기가 바로 '속죄일'(the Day of Atonement)이었습니다. 오늘날 우리 그리스도인들이 주님의 고난을 기억하는 성금요일에 금식하는 것과 비슷하다고 할 수 있겠습니다.

그런데 예수님 당시의 바리새인들은 그것으로 성이 차지 않았는지, 일주일에 두 번 금식하였습니다(눅 18:12). 일 년에 한 차례도 쉽지 않은 일인데 일주일에 두 번씩 계속 금식한다는 것은 정말 대단한 일이 아닐 수 없습니다. 문제는 앞에서 언급한 대로 금식이 자신의 의로움을 드러내는 수단으로 변질하기 쉽다는 사실입니다. 하나님을 향하는 것이 '금식'의 본래 의미인데, 그것을 사람을 향한 자랑거리로 바꾸었던 것입니다

바리새인들의 질문은 요한의 제자도 금식하고 자기들도 금식하는데 왜 예수님의 제자들은 금식하지 않는지에 대한 것입니다. 세례 요한은 유대 광야에서 은둔생활을 하며 극단적인 금욕주의를 고수했던 에세네파와 연관이 있습니다. 그들은 종교적인 의무로 금식을 가르쳤습니다. 물론 에세네파의 금식에 대한 태도는 바리새인들의 태도와는 다른 뿌리를 가지고 있습니다만, 금식을 강조한다는 점에서는 같다고 하겠습니다. 그에 비하여 예수님은 금식을 전혀 강조하지 않았습니다. 지금 그것을 비난하고 있는 것입니다.

누가복음 7장을 보면 먹는 문제와 관련하여 바리새인들이 예수님을 비난하는 내용이 기록되어 있습니다.

³⁴인자는 와서 먹고 마시매 너희 말이 보라 먹기를 탐하고 포도주를 즐기는 사람이요 세리와 죄인의 친구로다 하니 ³⁵지혜는 자기의 모든 자녀로 인하여 옳다 함을 얻느니라(눅 7:34-35).

'먹기를 탐하고 포도주를 즐기는 사람'을 메시지성경은 '술고래'(a lush)라고 표현합니다. 예수님에 대한 바리새인들의 터무니없는 비난입니다. 여기에서 우리는 바리새인들의 근본적인 문제를 발견합니다. 그것은 '금식'을 자신의 믿음을 바로 세우는 도구로 사용하지 않고 다른 사람을 비판하거나 정죄하는 도구로 사용하고 있다는 사실입니다.

그 어떤 종류의 종교적인 열심이라도 다른 사람들을 비난하는 재료로 삼으려고 하면 절대로 안 됩니다. 우리는 매일 새벽마다 교회에 나와서 기도하는 분들의 열심을 존중해드려야 합니다. 그러나 그렇다고 해서 그분들에게 새벽예배를 드리지 못하는 사람들을 비난할 수 있는 권리가 생기는 것은 아닙니다. 바리새인들의 비난에 대해서 예수님은 어떻게 대답하셨을까요?

> 34예수께서 그들에게 이르시되 혼인 집 손님들이 신랑과 함께 있을 때에 너희가 그 손님으로 금식하게 할 수 있느냐. 35그러나 그날에 이르러 그들이 신랑을 빼앗기리니 그날에는 금식할 것이니라(눅 5:34-35).

여기에서 '신랑'은 물론 예수님을 가리킵니다. '신랑을 빼앗기는 날'은 주님이 십자가에 죽임을 당하시는 날을 의미합니다. 신랑과 함께 혼인 잔치에 참여하는 동안은 금식하지 않는 법입니다. 함께 먹고 마시는 것이 예의입니다. 그러나 신랑을 빼앗긴 날에도 먹고 마신다면 그 또한 예의가 아닐 것입니다.

무슨 말씀입니까? 금식에도 때가 있다는 것입니다. 금식할 때와 하지 않을 때가 있다는 것입니다. 그때를 잘 분별해야 합니다. 어떻게 분별할 수 있을까요? 신랑이 있는지, 없는지로 분별해야 합니다. 만일 내가 신랑이 되시는 주님과 함께 살고 있다면 그때는 잔치해야 합니다. 그러나 만일 내 삶에 주님이 없다면 그때는 회개하며 금식해야 하는 것입니다.

이 부분을 메시지성경으로 읽으면 색다른 느낌으로 다가옵니다.

즐거운 결혼식 중에는 빵과 포도주를 아끼지 않고 실컷 먹는다. 나중에 허리띠를
졸라맬 일이 있을지 모르지만, 지금은 아니다. 신랑 신부와 함께 있는 동안에는 즐
겁게 보내는 법이다. 금식은 신랑이 가고 없을 때 시작해도 된다. 정겨운 축하의 모
닥불에 찬물을 끼얹은 사람은 없다. 하나님 나라가 임한다는 것은 바로 이런 것이
다!(눅 5:34-35, 메시지)

그렇습니다. 하나님 나라는 잔치 자리입니다. 잔치 자리에서는 즐겁게
지내야 합니다. 매 주일 하나님께 예배하면서 우리는 하나님 나라를 이
땅에서 미리 경험합니다. 그런데 그 축제의 자리에서 경건을 핑계로 인상을
찌푸리거나 잔뜩 무게 잡고 있으면 어떻게 되겠습니까. 바리새인들처럼
종교적인 열심을 빙자하여 '정겨운 축하의 모닥불에 찬물을 끼얹는 사람'이
되어서는 안 됩니다.

우리에게 때로 금식이 필요합니다. 세상의 욕심을 내려놓고 자신의 죄를
회개하고 하나님과의 관계를 회복하는 일에 금식보다 더 좋은 경건의 훈련은
없습니다. 그러나 금식이 의무가 되거나 자랑거리가 되어서는 안 됩니다.
더욱이 다른 사람을 비난하는 재료로 사용하는 것은 대단히 잘못된 일입니다.
주님과 함께 있으면 잔치해야 합니다. 주님과 함께 살지 못한다면 그때야말로
우리는 금식해야 하는 것입니다.

하나님 나라의 예복

레위(마태)가 베푼 잔치 자리에 참석했던 바리새인과 서기관들은 처음부터
잔치에는 관심이 없었습니다. 그들은 계속해서 예수님과 논쟁을 벌였는데,

처음에는 세리나 죄인들과 어울려서 함께 먹는 문제로 시비를 걸더니, 그다음에는 금식 문제로 예수님을 괴롭혔습니다. 하지만 그들의 집요한 시도에도 불구하고 예수님은 거기에 넘어가지 않으셨습니다. 오히려 논쟁을 넘어서서 복음의 진리를 선포하셨습니다.

사실상 그들의 완패입니다. 그런데도 그들은 하나님 나라의 복음을 받아들이지 않고 계속 저항했습니다. 그러자 이번에는 예수님이 알기 쉬운 비유를 통해서 그들을 깨우치려고 하셨습니다. 이른바 '새것과 묵은 것에 대한 두 가지 비유'입니다. 먼저 '옷에 대한 비유'를 함께 살펴보겠습니다.

> 또 비유하여 이르시되 새 옷에서 한 조각을 찢어 낡은 옷에 붙이는 자가 없나니 만일 그렇게 하면 새 옷을 찢을 뿐이요 또 새 옷에서 찢은 조각이 낡은 것에 어울리지 아니하리라(눅 5:36).

새 옷을 잘라내어 낡은 옷의 해어진 부분을 수선하는 그런 어리석은 사람이 과연 있을까요? 그러나 실제로는 그렇게 살아가는 사람들이 많습니다. 예수님 당시의 종교 지도자들이 그랬습니다. 여기에서 '새 옷'은 예수님이 선포하시는 복음의 진리입니다. 사람들은 예수님의 권위 있는 말씀과 가르치심에 놀랐다고 했습니다(눅 4:32). 그 말씀은 어디서도 들어보지 못한 것, 즉 '새 옷'이었습니다.

그렇다면 '낡은 옷'은 무엇일까요? 바리새인들이 붙잡고 있던 율법주의적인 규례입니다. 그들은 예수님의 새로운 가르침을 자신들의 틀에 억지로 집어넣으려고 했습니다. 그러니 도무지 이해할 수 없는 겁니다. 낡은 옷은 통째로 벗어버리고 새 옷으로 갈아입어야 합니다. 그런데 새 옷을 조각내어 낡은 옷을 수선하여 입으려고 하니 전혀 어울리지 않지요.

메시지성경은 이 부분을 다음과 같이 풀이합니다.

멀쩡한 스카프를 잘라서 낡은 작업복에 대고 깁는 사람은 없다. 서로 어울리는 천을 찾게 마련이다(눅 5:36, 메시지).

예수님의 가르침이 '실크로 만든 스카프'(a fine silk scarf)라고 한다면, 바리새인들이 붙잡고 있는 것은 '낡은 작업복'(old work clothes)이라는 겁니다. 그런데 멀쩡한 스카프를 잘라서 작업복에 대고 기우려고 한다면 어떻게 되겠습니까? 스카프도 못 쓰게 되고 작업복도 우스운 모양이 되고 맙니다.

마찬가지로 예수님의 복음을 자신의 틀에 맞추어 이리저리 마름질하려고 하면 안 됩니다. 잔치 자리에 작업복을 입고 들어갈 수는 없는 일입니다. 잔치 자리에는 최고급 비단으로 만든 옷을 입어야 합니다. 예수님이 바로 그 예복을 주시려고 하는 겁니다. 그런데도 굳이 더럽혀진 작업복을 입겠다고 고집하는 사람들이 어떻게 하나님 나라 잔치 자리에 들어갈 수 있겠습니까?

이것은 바리새인들만의 문제는 아닙니다. 하나님 앞에 나와서 신앙생활 하려면 세상의 논리나 습관을 완전히 버리고 신앙의 논리로 갈아입어야 합니다. 그런데 우리는 그렇게 하지 않습니다. 세상의 논리는 그대로 두고, 거기에 구멍 난 부분이나 모자라는 부분을 신앙으로 때우려고 합니다. 그러니 그 모습이 얼마나 지저분하겠습니까? 그래서 우리는 신앙생활을 하면서도 지극히 세속적인 본색을 드러내는 것입니다.

하나님 나라 잔치 자리에는 반드시 예복이 필요합니다. 예복을 입지 않으면 그 잔치 자리에서 쫓겨나게 됩니다(마 22:11-13). 예수님이 주시는 복음의 진리로 옷을 갈아입어야 합니다. 그래야 하나님 나라에 들어갈 수 있습니다. 그래서 신앙생활은 하나님 나라 잔치에 필요한 예복을 갖추어 입는 과정이라고 말할 수 있는 것입니다.

두 번째 비유는 '새 포도주'에 대한 것입니다. 이 역시 앞의 비유와 같은 메시지를 담고 있습니다.

> [37]새 포도주를 낡은 가죽 부대에 넣는 자가 없나니 만일 그렇게 하면 새 포도주가 부대를 터뜨려 포도주가 쏟아지고 부대도 못쓰게 되리라. [38]새 포도주는 새 부대에 넣어야 할 것이니라(눅 5:37-38).

우리는 포도주를 병이나 통에 담그지만, 당시에는 양이나 염소의 가죽으로 만든 부대(wineskins)에 담가서 발효시켰습니다. 발효되는 과정에서 포도주가 팽창하게 되는데, 그때 가죽이 늘어나면서 그 팽창력을 견디어냅니다. 그런데 일단 한 번 사용한 가죽은 이미 늘어날 대로 늘어났기 때문에 새 포도주를 담그는 데 사용할 수 없습니다. 그러다간 포도주도 쏟아지고 가죽도 못 쓰게 됩니다. "새 포도주는 새 부대에 넣어야 한다"라는 것은 누구나 잘 알고 있는 상식입니다.

여기에서 '새 포도주'는 역시 예수님이 가르치는 하나님 나라의 복음을 의미합니다. '낡은 부대'는 바리새인들이 붙잡고 있는 장로들의 유전이나 형식주의적 사고방식을 말합니다. 그 부대는 과거 한때 유용했습니다. 그러나 지금은 아닙니다. 새로운 복음의 팽창력을 감당하기에 부적절합니다. 문제는 그 '낡은 부대'를 고집하는 사람들이 많다는 것입니다. 익숙하다는 이유로, 전통이라는 이유로 형식에 목숨 거는 사람들이 참 많습니다. 그들은 새로운 내용보다 오래된 형식을 더 중요하게 여깁니다. 그래서 내용에 맞는 새로운 형식을 갖추려고 하지 않고, 기존의 형식에다 새로운 내용을 구겨 넣으려고 합니다. 그 결과는 불 보듯 뻔합니다.

당시 종교 지도자들이 예수님에 대해서 저항한 이유입니다. 그들은 그 형식이 자기들에게 기득권을 준다고 믿었습니다. 그 형식을 포기하면 모든 것을 잃는다고 생각했습니다. 그래서 그 형식에 담을 수 없는 하나님 나라의 복음에 대해서 불편함을 느꼈던 것입니다. 이것은 비단 바리새인들만의 문제는 아닙니다. 새로운 내용을 받아들이는 것은 언제나 불편하고 어색한 일입니다. 그것에 대해서 예수님은 이렇게 말씀하십니다.

묵은 포도주를 마시고 새 것을 원하는 자가 없나니 이는 묵은 것이 좋다 함이니라(눅 5:39).

사람들은 흔히 이렇게 말합니다. 술은 오래될수록 맛이 좋고 비싸다고 말입니다. 그러나 그것은 세상의 논리입니다. 묵은 것이 좋다고 해서 만일 새 포도주를 담그지 않으면 어떻게 되겠습니까? 묵은 것은 한계가 있습니다. 묵은 것으로는 모든 사람을 마시게 할 수 없습니다. 일부 돈 많은 사람, 소수의 특권층은 오래되고 비싼 포도주를 맛볼 수 있겠지요. 세상은 그것을 좋게 여깁니다.

그러나 하나님 나라는 다릅니다. 하나님 나라는 일부 특권층에게만 허락된 곳이 아닙니다. 소수의 종교 엘리트만 들어갈 수 있는 곳이 아닙니다. 하나님 나라는 예수 그리스도를 믿는 모든 민족, 모든 사람이 들어갈 수 있는 곳입니다. 지금 예수님이 선포하는 하나님 나라의 복음은 바로 이것입니다. 이 복음이 새 포도주입니다. 그리고 새 포도주는 새 가죽 부대가 필요합니다. 새로운 틀과 새로운 형식이 필요합니다. 세상의 논리로는 결코 하나님의 논리를 담을 수 없는 것입니다.

만일 예수님이 선포하셨던 새 포도주가 새 가죽 부대에 담지 않았더라면 어떻게 되었을까요? 예루살렘을 넘어서서 온 유대와 사마리아와 땅끝까지 하나님 나라의 복음이 전해지지 못했을 것입니다. 그랬다면 아시아의 변방인 우리에게 복음이 다다르지 못했을 것이고, 우리는 구원받지 못한 사람이요 하나님 나라의 소망도 가지지 못한 사람으로 살고 있었을 것입니다.

따라서 "묵은 포도주가 더 맛있다"라는 세상의 논리에 속지 마십시오. 하나님 나라에는 언제나 새로운 포도주가 필요합니다. 그리고 새 포도주를 담을 새 가죽 부대도 필요합니다. 묵은 것에 집착하다 보면 자신도 모르는 사이에 하나님이 이루어가시는 구원 역사에 저항하는 사람이 되고 맙니다. 주님은 우리를 통해서 하나님의 나라가 계속 확장되기를 원하십니다. 주님의 일하심에 믿음으로 뛰어드는 우리가 되기를 간절히 소원합니다.

묵상 질문: 나는 하나님 나라에 어울리는 예복을 준비하고 있는가?
오늘의 기도: 한없이 부족한 우리를 부르셔서 하나님 나라를 펼쳐갈 제자로 삼아주신 은혜를 감사합니다. 이제는 세속적인 습관과 사고방식의 헌 옷을 훌훌 벗어버리게 하시고 하나님 나라에 어울리는 예복으로 갈아입게 하옵소서. 모든 열방을 품으시는 하나님 나라에 걸맞은 새로운 형식을 만드는 일에 결코 주저함이 없게 하옵소서. 그리하여 우리를 통해서 계속해서 하나님의 나라가 확장되게 하옵소서. 예수님의 이름으로 기도합니다. 아멘.

안식일에 대한 논쟁

읽을 말씀: 누가복음 6:1-11

새길 말씀: 또 이르시되 인자는 안식일의 주인이니라 하시더라(눅 6:5).

    지금 우리는 예수님이 선포하신 하나님 나라의 복음이 점점 운동(movement)로 발전해가는 모습을 살펴보고 있습니다. 언제나 그렇듯이, 무언가 새로운 움직임이 시작되면 거기에는 반드시 저항이 생겨납니다. 강물이 흐르는 방향으로 배를 타고 내려가는 일은 조금도 힘들지 않습니다. 그냥 가만히만 있으면 됩니다. 그러나 그 강물을 거슬러서 올라가려고 하면 물의 저항을 받아야 합니다.

    예수님의 하나님 나라 운동은 당시 종교 지도자들의 강력한 저항에 부딪혔습니다. 그들은 몇몇 대표단을 파견하여 예수님을 공개적으로 심문하고 대적하기 시작했습니다. 처음에는 조용히 앉아있었습니다. 그러다가 몇 마디 질문하더니, 이제는 본격적으로 예수님과 공개적으로 논쟁을 벌이기 시작합니다.

안식일 준수 문제

앞 장에서는 금식에 관한 문제를 끄집어냈습니다. 이번에는 안식일 준수의 문제를 거론합니다.

> [1]안식일에 예수께서 밀밭 사이로 지나가실새 제자들이 이삭을 잘라 손으로 비비어 먹으니 [2]어떤 바리새인들이 말하되 어찌하여 안식일에 하지 못할 일을 하느냐(눅 6:1-2).

안식일 계명은 십계명 가운데에서도 가장 중요한 계명입니다. 하나님과의 관계, 다른 사람과의 관계, 또한 물질과의 관계를 모두 아우르는 계명이기 때문입니다. 문제는 안식일 준수의 방법입니다. 어떻게 해야 안식일을 거룩하게 잘 지킬 수 있을까요? 십계명 자체에 그 지침이 기록되어 있습니다. 구약성경에는 십계명이 두 군데에 기록되어 있는데, 그중에서 신명기 5장 말씀을 살펴보겠습니다.

> [12]네 하나님 여호와가 네게 명령한 대로 안식일을 지켜 거룩하게 하라. [13]엿새 동안은 힘써 네 모든 일을 행할 것이나 [14]일곱째 날은 네 하나님 여호와의 안식일인즉 너나 네 아들이나 네 딸이나 네 남종이나 네 여종이나 네 소나 네 나귀나 네 모든 가축이나 네 문 안에 유하는 객이라고 아무 일도 하지 못하게 하고 네 남종이나 네 여종에게 너같이 안식하게 할지니라(신5:12-14).

여기에 보면 특별히 두 가지가 강조됩니다. 그 하나는 '안식일을 지켜 거룩하게 하라'(12절)는 말씀과 다른 하나는 '안식일에 아무 일도 하지 못하게 하라'(14절)는 말씀입니다. 전자는 안식일을 거룩하게 지켜야 한다는 선언적인 명령이요, 후자는 안식일을 거룩하게 지키는 방법에 관한 것입니다.

'아무 일도 하지 말라'고 했는데, 어디까지가 '그 일'에 포함될까요? 14절에 보면 아무 일도 하지 못하게 해야 할 사람들의 명단이 길게 나옵니다. 그중에 포함되지 않은 한 사람이 있습니다. 누구일까요? 바로 '아내'입니다. 아들이나 딸이나 종들이나 심지어 가축이나 객도 일하지 않는데, 거기에서 가장 중요한 '아내'가 빠진 것입니다. 무슨 뜻일까요. 그것은 아내가 가족들을 위해 일상적으로 해오던 일, 다시 말해서 식사를 준비하는 것은 '일'로 간주하지 않았다는 뜻입니다.

그러나 실제로는 안식일에 식사 준비를 하는 것도 엄격하게 금했습니다. 그 외에도 '안식일에 해서는 안 될 일'이 얼마나 많이 있었는지 모릅니다. 장로의 오래된 전통을 통해서 전해져 내려온 금지명령은 세월이 흐를수록 점점 더 많아졌습니다. 사람들은 '안식일에 못 할 일'에 신경 쓰다가 '왜 안식일을 거룩하게 지켜야 하는지'에 대한 긍정적인 의미를 상실하게 되었습니다. 그래서 본래는 관계의 회복을 위한 하나님의 명령인데, 오히려 상대방을 비난하고 관계를 파괴하는 도구로 변질하고 말았던 것입니다.

오늘 본문에 보니까 예수님의 제자들이 밀밭 사이로 지나가다가 이삭을 잘라서 손으로 비비어 먹은 일에 대해서 바리새인들은 비난했습니다. '안식일에 못 할 일'을 했다는 것입니다. 그런데 차라리 "주인 허락도 없이 왜 함부로 남의 밭 밀에 손을 대느냐? 그것은 도둑질 아니냐?"라고 비난한다면 이해할 수 있습니다. 그러나 구약의 율법에 따르면 낫을 대지 않고 남의 밀을 손으로 잘라 먹는 것은 도둑질로 보지 않았습니다(신 23:25). 그러니까 사실 제자들의 행동에는 아무런 문제가 없었습니다.

그렇다면 무엇이 문제일까요? 그 일이 안식일에 벌어졌다는 사실입니다. 그 부분을 문제 삼고 있는 것입니다. 안식일에 농부들은 추수나 타작이나 키질을 못 하게 되어 있고, 더욱이 음식을 장만하지 못하게 되어 있습니다.

그러니까 바리새인들이 볼 때 예수님의 제자들은 안식일 계명을 심각하게 위반한 것이 됩니다.

그런데 똑같은 행동인데 안식일이냐 아니냐에 따라서 죄가 되거나 죄가 되지 않거나 할 수 있을까요? 그것이 정말 하나님께서 정해놓으신 안식일 계명의 본래 정신일까요?

안식일의 정신

예수님은 다윗의 이야기를 예로 들어서 바리새인들의 오류를 지적하십니다.

> ³예수께서 대답하여 이르시되 다윗이 자기 및 자기와 함께 한 자들이 시장할 때에 한 일을 읽지 못하였느냐. ⁴그가 하나님의 전에 들어가서 다만 제사장 외에는 먹어서는 안 되는 진설병을 먹고 함께 한 자들에게도 주지 아니하였느냐(눅 6:3-4).

예수님은 다윗이 사울을 피하여 도망하던 중에 제사장 아히멜렉으로부터 먹을 것을 구하던 이야기(삼상 21:1-6)로 바리새인들의 비난에 대꾸하셨습니다. 이때 다윗 일행이 얻어먹은 떡은 '진설병'이었습니다. '진설병'은 안식일마다 성소에 진열하는 12개의 떡을 가리킵니다. 이 떡은 다음 안식일까지 진설되었다가 새로운 떡으로 교체되는데, 오래된 떡은 본래 제사장들만 먹을 수 있었습니다(레 24:5-9). 그런데 그 떡을 다윗 일행이 얻어먹었던 것입니다.

지금 바리새인들의 기준으로 보면, 그 일은 율법에 저촉되는 매우 중대한 범죄 행위였습니다. 그러나 그 일에 대해서 하나님은 책망하지 않으셨습니다. 다윗이 기름 부음 받아 하나님이 인정하신 이스라엘 왕으로 세워지는 데 아무런 흠이 되지 않았던 것입니다. 그렇다면 예수님은 무슨 말씀을 하려는 것일까요? 안식일 계명의 본래 정신에 집중하라는 겁니다.

"일하지 말라"는 명령은 사람을 얽어매고 있는 노동에서 자유를 주시기 위함이었습니다. 하인 여러 명을 부려 먹으면서 사는 주인들에게 "일하지 말라"는 계명은 사실상 아무런 의미가 없습니다. 그들은 모든 날이 안식일입니다. 안식일 계명이 정말 필요한 사람들은 다른 사람 밑에서 일하던 노동자나 종들입니다. 그들에게 안식과 회복을 주기 위한 법이 안식일 계명이었습니다.

그래서 신명기는 안식일 계명의 근거를 출애굽 사건과 연결하고 있습니다.

> 너는 기억하라 네가 애굽 땅에서 종이 되었더니 네 하나님 여호와가 강한 손과 편 팔
> 로 거기서 너를 인도하여 내었나니 그러므로 네 하나님 여호와가 네게 명령하여 안식
> 일을 지키라 하느니라(신 5:15).

안식일 명령은 이집트에서 종으로 살던 과거를 반복하지 않게 하는 장치였습니다. 이스라엘은 하나님이 다스리는 나라입니다. 그 나라에서는 남종이든 여종이든 안식일에는 주인과 똑같이 쉴 수 있어야 합니다(신 5:14). 이것은 이스라엘이기에 가능한 법이요 제도입니다. 그런데 이처럼 사람을 해방하는 안식일을 오히려 사람을 얽어매는 법으로 바꾸어버렸던 것입니다. 안식일 계명에 대해서 내린 주님의 결론 말씀입니다.

> 또 이르시되 인자는 안식일의 주인이니라 하시더라(눅 6:5).

다른 곳에서 '인자'(Son of Man)는 보통 예수님을 가리키는 기독론적 용어로 사용됩니다. 그러나 여기에서 '인자'는 말 그대로 '사람의 아들', 즉 보통 사람들을 가리키는 말로 이해하는 것이 더 좋습니다. 실제로 마가복음

평행본문을 보면, 누가복음 본문에는 생략된 예수님의 말씀이 나옵니다. "안식일이 사람을 위하여 있는 것이요, 사람이 안식일을 위하여 있는 것이 아니다"(막 2:27). 그러고 나서 '인자는 안식일에도 주인이다'라고 말씀하십니다(막 2:28).

자, 무슨 말씀입니까? 사람이 안식일이라는 법을 위해 존재하는 종이 아니라, 사람이 안식일의 주인 노릇을 해야 한다는 것입니다. 그래서 메시지성경은 이 부분을 '인자는 안식일의 종이 아니라 주인이다'라고 덧붙여 설명합니다. 그렇습니다. 우리가 안식일의 종노릇 하는 것은 하나님의 뜻이 아닙니다. 하나님의 뜻은 우리가 안식일의 주인공이 되는 것입니다.

물론 그렇다고 해서 안식일에 마음대로 놀러 다녀도 좋다는 뜻은 아닙니다. 안식일에 해야 할 가장 중요한 일은 하나님과의 관계를 회복하는 것이기 때문입니다. 하나님 앞에 나와 예배함으로써 우리는 안식일의 주인공이 될 수 있습니다. 예수님 당시 유대교 지도자들처럼, 안식일이 사람을 꼼짝달싹 못 하게 구속하며 주인으로 군림하게 만들면 안 됩니다. 하나님은 사람들을 모든 종류의 속박과 억눌림에서 구원하고 해방하기를 원하십니다.

손 마른 사람 치유사건

그다음에는 안식일에 손 마른 사람을 고치신 일로 똑같은 논쟁이 벌어집니다.

> ⁶또 다른 안식일에 예수께서 회당에 들어가사 가르치실새 거기 오른손 마른 사람이 있는지라. ⁷서기관과 바리새인들이 예수를 고발할 증거를 찾으려 하여 안식일에 병을 고치시는가 엿보니…(눅 6:6-7).

또 다른 안식일이었습니다. 예수님은 하나님 나라 복음을 가르치시기 위해 어느 회당에 들어갔습니다. 마침 그 자리에 '오른손 마른 사람'이 있었습니다. 그 사람이 자기 발로 온 것 같지는 않습니다. 서기관들과 바리새인들이 예수님을 고발할 증거를 수집하기 위해서 그 사람을 그 자리에 데려다 놓은 것이지요.

손 마른 사람은 선천적으로 그런 장애를 갖고 태어난 것은 아니었습니다. 외경에 의하면 이 사람은 손으로 생계를 유지하던 석공이었다고 합니다. 그런데 그만 어떤 사고로 인해 손을 쓰지 못하게 된 것입니다. 외경에 보면 그는 예수님께 "손에 힘을 주사 부끄러운 거지 노릇을 안 하도록 도와 달라"고 요청합니다. 물론 예수님은 그의 간구를 외면하지 않고 고쳐주셨지요.

'밀 이삭을 잘라 먹는 일'과 마찬가지로 '병을 고치는 일'은 사실 아무런 문제가 되지 않습니다. 오히려 놀라운 이적이요 한 사람의 인생이 회복되는 정말 좋은 일입니다. 문제는 그 일이 안식일에 벌어졌다는 사실입니다. 똑같은 사안에 대해서 안식일인지 아닌지에 따라 죄일 수도 있고 죄가 아닐 수도 있다고 판단하는 게 진짜 문제입니다. 만일 그 일이 죄라면 어떤 날에 일어났던지 죄여야 합니다. 그 반대도 마찬가지입니다. 그런데 언제 그 일이 발생했느냐에 따라서 유죄와 무죄가 판가름 난다면, 그렇게 생각하는 사고방식 자체에 문제가 있는 것입니다. 바로 이것이 당시 유대교의 지도자들이 빠져있던 함정이었습니다.

아무튼 그들은 예수님이 손 마른 사람을 고쳐주시는지를 엿보고 있었습니다. 만일 고쳐주신다면 안식일 계명을 어겼다는 죄목으로 고발하려는 것이지요. 그들의 논리는 이렇습니다. 병을 고치는 것은 '일'입니다. 안식일에는 일하는 것이 금지되었습니다. 만일 생명에 관계되는 병이라면 고쳐도 괜찮지만, 생명에 지장이 없다면 안식일에 병을 고쳐서는 안 됩니다. 손 마른 사람은 지금 당장 고치지 않는다고 해도 생명에는 아무 지장이 없습니다. 따라서 안식일에 굳이 그 병을 고치면 안식일 계명을 범하는 일이 된다는 논리입니다.

그런데 정말 그럴까요? 과연 이런 태도가 옳은 것일까요? 예수님은 규율이나 전통 때문에 해야 할 일을 그만두거나 미루지 않으십니다. 사람들이 보는 앞에서 당당하게 손 마른 자를 고쳐주십니다.

> 8예수께서 그들의 생각을 아시고 손 마른 사람에게 이르시되 일어나 한가운데 서라 하시니 그가 일어나 서거늘 9예수께서 그들에게 이르시되 내가 너희에게 묻노니 안식일에 선을 행하는 것과 악을 행하는 것, 생명을 구하는 것과 죽이는 것, 어느 것이 옳으냐 하시며 10무리를 둘러보시고 그 사람에게 이르시되 네 손을 내밀라 하시니 그가 그리하매 그 손이 회복된지라(눅 6:8-10).

예수님은 바리새인들이 감추고 있는 속마음을 아셨습니다. 그래서 일부러 손 마른 사람을 한 가운데 세우셨습니다. 공개적으로 치유의 역사를 보이려고 했던 것입니다. 사실 쉽지 않은 일입니다. 아무리 예수님이지만 자기를 고발하려고 지켜보는 사람들 앞에서 주저하지 않고 공개적으로 드러내어 일하려면 큰 용기가 있어야 합니다. 그런 의미에서 예수님은 정말 용감한 분이셨습니다.

여기에는 옳은 일에 대해 흔들리지 않는 믿음이 있어야 합니다. 그래서 예수님은 바리새인들에게 이렇게 물으셨습니다. "안식일에 선을 행하는 것과 악을 행하는 것, 생명을 구하는 것과 죽이는 것, 어느 것이 옳으냐?" 선을 행하는 것, 생명을 구하는 것은 어떤 경우에도 무조건 옳은 일입니다. 안식일이라고 그 가치가 달라지지 않습니다.

예수님은 여기에서 당시 종교 지도자들과는 다른 하나의 원칙을 세우십니다. 안식일이든 아니든 좋은 일은 언제나 옳은 일이라는 것입니다. 선을 행해야 하는데 하지 않는다면, 그것은 악한 일을 행하는 것과 다르지 않습니다. 만일 안식일이기 때문에 선한 일을 보류해야 한다면 안식일 때문에 악한 일을 해야 한다는 논리가 성립됩니다. 그것은 어떤 이유로도 정당화될 수 없습니다. 주님은 이러한 확신에 따라 안식일에 손 마른 사람을 고쳐주셨습니다.

여기에는 예수님의 능력과 더불어서 당사자의 믿음이 있었습니다. 예수님은 단순하게 "네 손을 내밀어라"라고 말씀하셨습니다. 그것은 사실 불가능한 일입니다. 이미 손이 말라 있는데 어떻게 손을 내밉니까? 아마 수도 없이 시도해 보았을 것입니다. 손이 말랐다는 것은 자신의 의지와 상관없이 손이 움직이지 않는다는 뜻입니다. 그런데도 그는 예수님의 말씀에 순종하여 손을 펼쳤습니다. 그랬더니 놀랍게도 펼쳐지는 것입니다!

그렇습니다. 말씀에 순종하는 믿음이 하나님의 기적을 보게 합니다. 하나님 안에서는 '불가능'이란 없습니다. '불가능'을 영어로 '임파서블'(Impossible)이라고 합니다. 그러나 이것을 '아임 파서블'(I'm possible)로 읽을 수 있습니다. 물론 그 뒤에 '예수 그리스도 안에서'(in Jesus Christ)라는 말이 붙어 있어야 합니다.

예수 그리스도 안에서 '불가능'은 얼마든지 '가능'으로 바뀔 수 있습니다. 단지 믿음으로 순종하면 됩니다. 믿는다고 하면서 순종하지 않는다면 그것은 앞뒤가 맞지 않는 이야기입니다. 믿음은 순종하게 하고, 순종이 기적을 가져옵니다. 손 마른 사람의 병이 고쳐진 이 놀라운 이적 앞에 바리새인들은 과연 어떤 반응을 보였을까요?

그들은 노기가 가득하여 예수를 어떻게 할까 하고 서로 의논하니라(눅 6:11).

바리새인들은 '노기'(怒氣)가 가득했습니다. 화가 잔뜩 난 것입니다. 만일 예수님이 병을 고치지 못했다면 어땠을까요? 그들은 기쁨이 충만했을 것입니다. 그런 마음 상태이니 복음이 좋은 소식이 되지 못하는 겁니다. 생명의 역사를 보면서도 그들은 오히려 화를 내는 겁니다. 그때부터 그들은 본격적으로 예수님을 처리할 방법을 의논하기 시작했습니다. 자신들의 기득권을 위협하는 세력으로 단정 지은 것입니다.

안타까운 것은 이러한 현상이 오늘날에도 여전히 반복되고 있다는 사실입니다. 하나님 나라는 모든 종류의 억압과 속박에서 자유롭게 하는 운동입니다. 그래서 신약의 하나님 백성인 교회가 탄생한 것입니다. 본래의 정신을 잃어버리고 제도와 조직과 규례를 하나님보다 더 사랑하기 시작하면 교회도 예수님 당시의 유대교처럼 되고 맙니다. 실제로 그런 일들이 곳곳에서 벌어지고 있습니다. 교회다움을 상실한 교회들이 하나님 나라를 펼쳐가지 못하고 오히려 하나님 나라의 걸림돌이 되는 안타까운 모습들을 보게 됩니다.

우리 교회는 과연 어떻습니까? 우리는 하나님을 사랑하고, 이웃을 사랑하고, 하나님이 다스리는 그 나라가 이 땅에 임하기를 간절히 소망하며, 그것을 우리의 삶 가운데 실제로 이루어가는 믿음의 공동체가 되기를 간절히 소망합니다.

묵상 질문: 나는 하나님의 말씀에 온전히 순종하고 있습니까?

오늘의 기도: 하나님 나라가 이 땅에 이루어지기 위해서 우리가 견뎌내야 하는 저항이 있습니다. 그렇지만 어떤 경우에도 도중에 포기하지 않게 하시고 주님의 말씀을 의지하여 넉넉히 이겨내게 하옵소서. 그리하여 주님이 재림하실 때 '이기는 자'가 되어 하나님 나라에 들어가는 복을 누리게 하옵소서. 예수님의 이름으로 기도합니다. 아멘.

열두 사도의 선택

읽을 말씀: 누가복음 6:12-19

새길 말씀: 이때에 예수께서 기도하시러 산으로 가사 밤이 새도록 하나님께 기도하시고

밝으매 그 제자들을 부르사 그중에서 열둘을 택하여 사도라 칭하셨으니…

(눅 6:12-13).

예수님은 하나님 나라의 선봉으로 오신 분입니다. 예수님과 더불어 하나님 나라는 시작되었습니다. 공생애를 시작하면서 본격적으로 하나님 나라의 복음을 선포하셨고, 가는 곳마다 하나님 나라의 능력을 드러내셨습니다. 사람들은 예수님에게 몰려들었고 날마다 예수님의 인기는 높아만 갔습니다. 이대로라면 예수님이 선포하신 하나님 나라가 금방이라도 이루어질 것 같은 분위기였습니다.

그러자 예수님을 대적하는 무리가 전면에 등장합니다. 예수님이 펼쳐가시는 하나님 나라 운동에 대한 당시 유대교 지도자들의 조직적인 저항이 드디어 시작된 것입니다. 그것은 이미 오래전부터 예견된 일이었습니다. 예수님이

열두 사도를 선택하신 일(눅 6:12-16)은 예수님을 대적하던 세력들이 본격적으로 주님을 제거하기 위한 음모에 착수한 일과 분명한 상관관계가 있습니다.

> 그들은 화가 잔뜩 나서, 어떻게 하면 예수께 보복할 수 있을지를 모의하기 시작했다(눅 6:11, 메시지).

그들이 모의하는 보복이 언젠가 현실로 다가올 것을 예수님은 알고 계셨습니다. 그러니까 예수님은 처음부터 십자가 사건을 염두에 두고 계셨던 것입니다. 그러기에 제자를 세우는 일은 예수님에게 점점 더 중요한 사역이 되었습니다. 하나님이 다스리는 나라를 땅끝까지 확장해가려면 시간도 필요하고 사람도 필요하기 때문입니다.

제자에서 사도로

열두 사도는 단지 주님이 좋아서 따라다니는 그런 사람들이 아닙니다. 언젠가 주님을 대신하여 하나님 나라 사역을 이어갈 사람들입니다. 그들을 선택하여 세우는 일은 결코 가벼운 문제가 아니었을 것입니다.

> 12이때에 예수께서 기도하시러 산으로 가사 밤이 새도록 하나님께 기도하시고 13밝으매 그 제자들을 부르사 그중에서 열둘을 택하여 사도라 칭하셨으니…(눅 6:12-13).

이때 주님은 기도하러 산에 가셨습니다. 그리고 밤새도록 하나님께 기도하셨습니다. 무슨 문제 때문에 그렇게 기도하셔야 했을까요? 그것은 열두 사도를 선택하는 문제였습니다. 예수님은 중요한 일을 앞두고 언제나 기도하셨습니다. 하나님과 의논하신 것입니다.

이것은 우리에게 큰 교훈이 됩니다. 기도가 먼저이고 선택은 나중입니다. 하나님과 의논한 후에 선택하는 것이 제대로 된 순서입니다. 그런데 우리는 그 반대로 살아가지요. 내가 선택한 후에 그 일이 이루어질 때까지 하나님께 떼쓰는 것을 능력 있는 기도라고 생각합니다. 아닙니다. 먼저 하나님에게 물어보아야 합니다. 먼저 하나님의 나라와 그의 의를 구해야 합니다. 중요한 일일수록 더더욱 그래야 합니다. 그러고 난 후에 선택하는 것이 올바른 신앙적인 태도입니다.

이 대목에서 우리는 '열두 제자'가 아니라, '열두 사도'를 선택하셨다는 사실에 주목하게 됩니다. 예수님을 따라다니는 제자는 많이 있었습니다. 그들 중에서 열두 명을 추려서 사도로 부르신 것입니다. 이 사실은 다른 복음서에서도 확인할 수 있습니다. 요한복음 6장을 보면 오병이어의 표적 이후에 사람들이 예수님을 왕으로 추대하려고 왔다가, 예수님의 말씀을 듣고 실망하여 많은 사람이 떠나가는 장면이 나옵니다. 그때의 상황을 이렇게 기록합니다.

66그때부터 그의 제자 중에서 많은 사람이 떠나가고 다시 그와 함께 다니지 아니하더라. 67예수께서 열두 제자에게 이르시되 너희도 가려느냐. 68시몬 베드로가 대답하되 주여 영생의 말씀이 주께 있사오니 우리가 누구에게로 가오리이까(요 6:66-68).

예수님의 제자 중에 많은 사람이 떠나갔다고 했습니다. 그때까지 예수님을 열심히 따라다녔던 제자들이 많이 있었습니다. 그런데 바로 이때 대부분 떠나갑니다. 그렇게 남은 숫자가 열두 명이었습니다. 누가는 남은 열두 명을 가리켜서 '제자'라고 하지 않고 '사도'라고 부르고 있는 것이지요. 그런데 '제자'와 '사도'는 무슨 차이가 있을까요?

'제자(弟子)'에 해당하는 헬라어 '마데테스'(mathetes)는 '배우는 자'(a learner)라는 뜻입니다. 그에 비해 '사도(使徒)'에 해당하는 '아포스톨로스'(apostolos)는 '보냄을 받은 메신저'(a messenger sent on a mission)라는 뜻입니다. 예수님을 따라다니며 배우던 제자들은 많이 있었습니다. 그들은 단순한 호기심에서, 또는 놀라운 표적을 본 후에, 또는 권위 있는 말씀을 듣기 위해서 등등의 이유로 주님을 따르기 시작했습니다. 그러나 끝까지 남아서 보냄을 받은 사람은 겨우 열두 명에 불과했습니다.

예수님이 먼저 그들을 '사도'로 선택했기 때문에 끝까지 남았는지, 아니면 끝까지 남았기 때문에 '사도'라고 불리게 되었는지는 명확하지 않습니다. 누가복음은 전자를, 요한복음은 후자의 견해를 취하는 것 같습니다. 그러나 분명한 것은 사도로 보내심을 받은 사람은 끝까지 남은 사람이라는 사실입니다.

지금도 마찬가지입니다. 교회마다 교인들은 많이 있지만 주님의 삶을 따라 배우는 제자들은 그리 많지 않습니다. 보냄을 받는 자는 그보다 훨씬 적습니다. 우리는 그저 교회를 다니는 사람이나 말씀을 열심히 배우는 제자 정도로 만족하지 않아야 합니다. 보내심을 받아 주님께서 맡기신 하나님 나라의 사역을 감당하는 사도가 되어야 합니다.

열두 사도의 명단

그런데 왜 하필 열두 사도였을까요? 열둘이라는 숫자는 이스라엘의 열두 지파와 관련이 있습니다. 다시 말해서 야곱의 열두 아들이 '구약의 하나님 백성'인 이스라엘의 열두 지파를 이루는 출발이 되었듯이, 이제 열두 사도들은 그리스도로 인해 새롭게 만들어질 '신약의 하나님 백성'인 교회의 기초가 되는 것입니다. 이렇듯 누가는 사도들을 통해서 교회가 시작되었다는 사실에 주목하고 있습니다. 이는 누가복음서의 후편인 사도행전에서 자세하게 설명될 것입니다.

열두 사도로 부름을 받은 사람들이 누구였는지, 그 명단을 살펴보겠습니다.

¹⁴곧 베드로라고도 이름을 주신 시몬과 그의 동생 안드레와 야고보와 요한과 빌립과 바돌로매와 ¹⁵마태와 도마와 알패오의 아들 야고보와 셀롯이라는 시몬과 ¹⁶야고보의 아들 유다와 예수를 파는 자 될 가룟 유다라(눅 6:14-16).

우리는 앞에서 베드로와 안드레 형제와 야고보와 요한 형제 그리고 레위라고 불리던 세리 마태를 제자로 부르시는 이야기를 살펴보았습니다. 그 나머지는 어떤 사람인지 또한 어떤 연유로 주님을 따라다니게 되었는지 알 길이 없습니다. 다만 열두 사도들의 명단을 전체적으로 살펴볼 때 크게 두 가지 점이 두드러지게 나타납니다.

첫째, 그들은 모두 평범한 사람들이었습니다. 그들 중에는 대단한 사람이 없었습니다. 대부분 교육받지 못한 사람들이었습니다. 예수님은 마치 이렇게 말씀하고 계시는 것 같습니다. "평범한 열두 명을 주면 그들을 통해 내가 세상을 변화시키겠다!" 그렇습니다. 예수님의 사역은 세상에서 흔히 말하는 유력한 사람들을 통해서가 아니라, 우리와 같은 보통 사람들을 통해서 이루어집니다. 우리가 주님의 손에 붙잡히기만 하면 얼마든지 하나님 나라에 쓰임 받을 수 있는 것입니다.

둘째, 그들은 서로 무척이나 다른 사람들이었습니다. 물론 어부 출신들이 비교적 많이 있지만, 성향이나 관심이 똑같은 사람은 하나도 없었습니다. 예를 들어 세리 출신 '마태'와 셀롯이라는 '시몬'만 보아도 그렇습니다. 마태는 로마 정부에 협조하며 먹고살던 사람이었고, 시몬은 로마인과 반역자를 암살하는 일을 하던 극단적인 민족주의자 열심당원(zealots)이었습니다. 만일 그들이 밖에서 만났더라면 아마 서로 원수처럼 대했을 것입니다. 그런 그들이 함께 사도로 부름을 받았다는 것이 기적 같은 일입니다.

그렇습니다. 아무리 색깔이 다른 사람들이라도 그리스도 안에서 얼마든지 함께 어울려 살 수 있습니다. 우리 주님은 막힌 담을 허물어버리는 분이기 때문입니다.

> 그는 우리의 화평이신지라. 둘로 하나를 만드사 원수 된 것 곧 중간에 막힌 담을 자기 육체로 허시고…(엡 2:14).

서로 달라서 사랑할 수 없다는 말은 기독교 신앙에서 통하지 않습니다. 오히려 서로 다르지만, 사랑할 수 있어야 합니다. 한 걸음 더 나아가 주님은 원수도 사랑하라고 말씀하십니다. 그렇게 할 수 있도록 친히 십자가에서 돌아가셨습니다. 막힌 담을 자기 육체로 허물어버리신 것입니다. 그리고 우리를 부르셔서 '화평하게 하는 자'(peace-maker)로 살아가게 하셨습니다. 이처럼 주님이 하시던 일들을 이어가는 사람이 바로 '사도'입니다. 그래서 당시 사회에서 극과 극이었던 마태와 시몬을 동시에 사도로 세우신 것입니다.

세 종류의 무리

그렇게 열두 사도를 지명하여 세우신 후에 예수님은 그들과 함께 산에서 내려옵니다. 그러자 기다렸다는 듯이 수많은 무리가 모여듭니다.

> 예수께서 그들과 함께 내려오사 평지에 서시니 그 제자의 많은 무리와 예수의 말씀도 듣고 병 고침을 받으려고 유대 사방과 예루살렘과 두로와 시돈의 해안으로부터 온 많은 백성도 있으며…(눅 6:17).

지금 이곳은 갈릴리 지역의 평지입니다. 팔레스타인에서는 변두리 지역입니다. 그런데 남쪽의 예루살렘과 유대 지방에서부터 사람들이 몰려오고, 북쪽의 지중해 해안에 있는 이방 지역인 두로(Tyre)와 시돈(Sidon)에서부터 사람들이 거기까지 몰려옵니다. 예수님에 대한 소문이 사방팔방으로 멀리까지 퍼진 것입니다.

여기에서 우리는 세 종류의 무리가 있음을 발견하게 됩니다. 말씀을 듣고 병을 고치려고 온 '많은 백성'(a great number of people)과 '그 제자의 많은 무리'(a large crowd of his disciples) 그리고 '그들', 즉 '열두 사도'(the twelve apostles)입니다. 마치 오늘날 교회의 구성원을 보는 듯합니다.

주일에 예배드리러 나오는 교인들은 많이 있습니다. 그러나 말씀을 더욱 깊이 배우는 모임에 나오는 사람들은 그리 많지 않습니다. 그리고 실제로 주님처럼 섬기고 봉사하는 일에 참여하는 사람들은 극히 적습니다. 자신의 필요를 채우려는 사람들은 많지만, 하나님 나라의 일을 감당하려고 하는 사람은 그리 많지 않습니다.

예수님은 사도들을 세우셨습니다. 그들이 장차 주님의 뒤를 이어 일할 사람들입니다. 그들을 훈련하는 일이 이제부터 주님의 중요한 과제가 될 것입니다. 그렇다고 하더라도 주님은 나머지 사람들을 외면하지 않으십니다. 그들의 필요를 채워주십니다.

> ¹⁸더러운 귀신에게 고난 받는 자들도 고침을 받은지라. ¹⁹온 무리가 예수를 만지려고 힘쓰니 이는 능력이 예수께로부터 나와서 모든 사람을 낫게 함이러라(눅 6:18-19).

주님은 병 고침이 필요한 자를 고쳐주셨습니다. 더러운 귀신에게 시달리는 사람도 고쳐주셨습니다. 사람들은 너도나도 예수님의 몸에 손을 대려고 했습니다. 예수님에게서 아주 강한 능력이 나와서, 수많은 사람의 병이 치유되었기 때문입니다. 거꾸로 말하면 예수님이 그것을 허락했다는 뜻이 됩니다. 아니 오히려 그들과 일일이 접촉하려고 애쓰셨다는 뜻입니다.

물론 예수님에게 치유 사역이 전부는 아닙니다. 사람들의 문제를 해결하고 필요한 부분을 채워주는 것이 전부는 아닙니다. 실제로 예수님의 관심은 지금 막 세워놓은 사도들을 훈련하는 것에 있었습니다. 앞으로 '평지설교'를 통해서 그들을 가르치실 것입니다. 그렇다고 해서 군중들의 필요를 외면하지 않으셨습니다. 그것은 주님의 마음 때문입니다. 기본적으로 우리 주님은 사람들을 불쌍히 여기는 마음을 가지고 계셨습니다.

> 무리를 보시고 불쌍히 여기시니 이는 그들이 목자 없는 양과 같이 고생하며 기진함이라(마 9:36).

선한 목자이신 우리 주님의 마음은 바로 이런 것입니다. 목자 없는 양과 같이 고생하며 기진한 사람들을 불쌍히 여기는 긍휼의 마음입니다. 메시지성경은 "무리를 바라보시는 그분의 마음이 무너져 내렸다"(마9:36, 메시지)라고 표현합니다. "His heart broke." 주님의 마음이 찢어지듯이 아프셨던 것입니다. 그래서 그들을 외면하지 않고 고쳐주셨습니다. 그것도 가능한 한 수많은 사람과 일일이 접촉하면서 치유의 능력을 나타내셨던 것입니다.

이 모든 일을 옆에서 주의 깊게 지켜보는 사람들이 있습니다. 누구일까요? 바로 열두 사도입니다. 그렇습니다. 사도들이 보고, 배워야 할 것은 바로 이러한 주님의 마음입니다. 주님의 말씀을 배우기에 앞서서 주님의 마음을 먼저 배워야 합니다. 그래야 주님이 맡기시는 하나님 나라의 사역을 잘 감당할 수 있게 되는 것입니다.

누가복음 6장 20절 이하의 말씀을 우리는 '평지설교'(Sermon on the Plain)라고 부릅니다. 이는 이 말씀들이 '평지'에서 선포되었기 때문입니다(17절). 이와 평행을 이루는 마태복음 5장부터 7장까지를 '산상수훈'(Sermon on the Mount)이라고 부르는 이유도, 역시 그 말씀이 '산'에서 선포되었기 때문입니다(마 5:1).

물론 양적으로는 '산상수훈'이 훨씬 더 많은 내용을 담고 있지만, '평지설교' 역시 예수님의 중요한 가르침을 대부분 포함하고 있습니다. 다음 장에서부터 이 말씀들을 자세히 묵상하게 될 것입니다. 그러기에 앞서 '평지설교'가 놓여있는 자리를 눈여겨보아야 합니다. 전날 예수님은 철야 기도를 하셨고 열두 사도를 세우셨습니다. 그들과 함께 평지로 내려오셔서 이 말씀을 가르치신 것입니다. 다시 말해서 평지설교는 열두 사도를 염두에 둔 가르침입니다.

이는 산상수훈과 똑같은 상황입니다. 예수님은 '무리'를 보시고 산에 올라가셨습니다. 그 뒤를 '제자들'만 따라갔고, 그들에게 산상수훈을 가르치셨습니다(마 5:1). 마태가 말하는 '제자들'은 누가가 말하는 '열두 사도'에 해당합니다. 그들은 '제자의 많은 무리'와는 구별됩니다. 그들은 장차 예수님의 뒤를 이어서 주님의 사역을 감당하도록 보내심을 받게 될 사람입니다. 예수님이 그들을 직접 지명하여 세우셨습니다. 그리고 그들과 함께 산에서 내려오셨습니다. 이제부터 예수님의 사역에 한 가지 새로운 과제가 더해졌습니다. 바로 열두 사도를 훈련하는 일입니다.

사도들 편에서도 예수님의 사역을 보는 눈이 달라졌을 것입니다. 그전에는 그냥 따라다니며 보는 것이 전부였습니다. 사실 '제자'는 그런 사람입니다. 주님을 쫓아다니기만 하면 됩니다. 그러나 이제 그들은 '사도'입니다. 사도는 언젠가 주님을 대신하여 주님이 행하신 사역을 책임지고 감당해야 할 사람입니다. 그렇게 하려면 그냥 쫓아다니기만 해서는 안 됩니다. 주님의 사역을 자신의 것으로 만들어야 합니다.

바로 이 대목에서 '평지설교'가 주어졌다는 것은 매우 의미심장합니다. 예수님도 그들에게 특별한 메시지를 가르치셨을 것이고, 사도들도 특별한 마음가짐으로 그 말씀을 배웠을 것입니다. 그렇게 보면 주님이 일하시는 방식, 특히 사람을 세우시는 방식이 우리의 상식과는 아주 다릅니다. 우리는 일단 많은 제자를 모아 놓고 그들을 훈련하면서 나중에 몇몇 사도들을 추려서 선발합니다. 그러나 주님은 먼저 사도들을 선발해놓고 나서 훈련하십니다.

완벽하게 준비되었기 때문에 사도로 세워진 것이 아닙니다. 장차 주님을 대신하여 '보냄을 받는 자'가 되라고 '사도'로 불러주신 것입니다. 그들 중 대부분은 실제로 사도가 되었지만, 가룟 유다는 탈락하고 말았습니다. 우리에게 주어진 신령 직분도 그와 같습니다. 직분은 우리가 가진 자격을 의미하지 않습니다. 오히려 우리가 빚어져야 할 목표를 의미합니다. 아직 충분한 자격은 없지만, 가능성을 보시고 허락해주신 기회입니다. 그 기회를 놓치지 않는 사람이 하나님 나라의 확장을 위해 쓰임 받을 수 있습니다.

묵상 질문: 나에게는 다른 사람을 긍휼하게 여기는 마음이 있는가?

오늘의 기도: 우리를 죄에서 구원해 주시고 또한 귀한 직분을 맡겨주신 은혜를 진심으로 감사드립니다. 주님의 말씀을 배우기 전에 먼저 주님의 마음을 배우게 하옵소서. 어떤 사역을 하기 전에 먼저 다른 사람을 긍휼히 여기는 마음을 품게 하옵소서. 그리하여 하나님 나라를 위해 귀하게 쓰임 받는 사람이 되게 하옵소서. 예수님의 이름으로 기도합니다. 아멘.

복 있는 사람, 화 있는 사람

읽을 말씀: 누가복음 6:20-26

새길 말씀: 모든 사람이 너희를 칭찬하면 화가 있도다. 그들의 조상들이 거짓 선지자들
에게 이와 같이 하였느니라(눅 6:26).

'평지설교'는 열두 사도를 염두에 두고 가르치신 말씀이라고 했습니다. 그러나 '열둘'이라는 숫자보다는 '사도'라는 말에 강조점이 있습니다. '사도'는 하나님 나라 운동의 임무를 수행하기 위해 보내심을 받은 '메신저'(a messenger sent on a mission)입니다. 그들은 앞으로 예수님을 대신하여 예수님이 하셨던 사역을 계속 이어 나갈 사람들입니다.

따라서 '평지설교'는 공생애 기간에 우리 주님과 함께 사역했던 1세대 사도들만을 위한 가르침이 아닙니다. 오고 오는 모든 세대의 사도들을 위한 가르침입니다. 따라서 하나님 나라의 복음을 들고 땅끝까지 나아가도록 보내심을 받은 사도들은 평지설교의 가르침을 잘 익혀두어야 합니다. 그래야 마지막 순간까지 하나님 나라 운동을 펼쳐갈 수 있습니다.

가난한 자, 주린 자, 우는 자

누가복음의 '평지설교'(Sermon on the Plain)와 마태복음의 '산상수훈'(Sermon on the Mount)은 내용과 구조가 거의 비슷합니다. 시작하는 첫머리에 '복 있는 사람'을 말씀하신 것부터 그렇습니다. 단지 산상수훈은 '팔복'(八福)을 이야기하지만, 평지설교는 '사복'(四福)과 '사화'(四禍)를 이야기하는 차이가 있습니다.

> 예수께서 눈을 들어 제자들을 보시고 이르시되 너희 가난한 자는 복이 있나니 하나님의 나라가 너희 것임이요…(눅 6:20).

누가는 그냥 "가난한 자가 복이 있다"고 하지만, 마태는 "심령이 가난한 자가 복이 있다"고 합니다(마 5:3). 그래서 본래 경제적으로 가난한 사람에 대한 말씀이 마태복음에는 은유적으로 해석되었다고 풀이하기도 합니다. 그러나 역사적인 배경을 연구해 보면 '가난한 자'는 단순히 물질적으로 궁핍한 사람만을 의미하지 않는다는 사실을 알게 됩니다. 특별히 신구약 중간 시대인 헬레니즘제국 통치하에서 팔레스타인 유대인들의 생활을 이해하면 더더욱 그렇습니다.

헬라 문화의 선교사였던 알렉산드로스는 단순히 땅을 정복하는 것으로 만족하지 못하고, 모든 점령지에서 사상과 언어, 예의, 도덕 심지어 종교까지도 헬라화(化)하려고 했습니다. 이에 대하여 경건한 유대인들은 강력하게 저항했습니다. 그러나 알렉산드로스의 뒤를 이은 통치자들은 할례와 안식일을 금지하고, 율법책을 가지고 있으면 사형에 처하는 등 더욱 강력하게 대응했습니다. 그 속에서 신앙의 지조를 지키려는 사람들은 점점 더 가난해질 수밖에 없었습니다.

이러한 역사적 배경을 이해한다면, '가난한 자'는 사실상 '심령이 가난한 자'와 크게 다르지 않다는 사실을 알 수 있습니다. 물론 가난 그 자체가 복은 아닙니다. 그러나 부자로 살 수 있음에도 하나님의 뜻에 복종하기 위해 가난하게 되었다면, 그는 참으로 복 있는 사람입니다. 하나님 나라는 물질의 지배를 받는 자가 아니라 하나님의 다스림을 받는 자가 들어갈 수 있는 곳이기 때문입니다.

그래서 이 부분을 메시지성경은 다음과 같이 번역합니다.

모든 것을 다 잃은 너희는 복이 있다. 그때에야 너희는 하나님 나라를 찾게 될 것이다(눅 6:20, 메시지).

하나님의 뜻을 따르기 위해서 모든 것을 잃어버린 사람, 그래서 '가난한 자'는 복이 있는 사람입니다. 바로 그 자리에 하나님 나라가 발견되기 때문입니다(God's kingdom is there for the finding. MSG). 평지설교는 사도들을 위한 가르침이라고 했습니다. 그들은 주님을 따르기 위해 물질적인 풍요로움을 포기한 사람들입니다. 돈을 위해서가 아니라 하나님을 위해서 살기로 헌신한 사람들입니다. 주님은 그들을 향하여 복 있는 사람이라 말씀하십니다.

지금 주린 자는 복이 있나니 너희가 배부름을 얻을 것임이요 지금 우는 자는 복이 있나니 너희가 웃을 것임이요…(눅 6:21).

'주린 자'와 '우는 자'도 마찬가지입니다. 이는 '가난한 자'의 또 다른 버전입니다. 가난하기에 주리고, 또한 가난하기에 우는 것입니다. 다시 말해서 하나님의 뜻에 순종하기 위하여 가난을 선택한 자들이 경험해야 할 여러 가지 고통과 역경을 말합니다.

물론 '굶주림'과 '우는 것' 자체는 복이 아닙니다. 세상의 기준으로 보면 그것은 저주입니다. 하지만 그 굶주림이 하나님의 뜻을 따르기 위한 선택의 결과라면 차원이 다릅니다. 왜냐면 이 세상에서의 굶주림은 그리 오래 가지 않기 때문입니다. 그리고 그들에게는 하나님 나라의 풍성하고 영원한 잔치 자리가 보장되어 있기 때문입니다.

평지설교는 현재와 미래의 차이를 강조합니다. 지금은 비록 굶주리고 울어야 하지만 장차 올 하나님 나라에서는 배부르고 웃게 될 것이라고 하십니다. 이 부분에 대한 메시지성경의 풀이입니다.

> 굶주림에 지친 너희는 복이 있다. 그때에야 너희는 메시아의 음식을 먹을 준비가 된 것이다. 하염없이 눈물 흘리는 너희는 복이 있다. 아침이 되면 기쁨을 맞게 될 것이다 (눅 6:21, 메시지).

'메시아의 음식'은 하나님 나라에서 메시아가 차려주시는 잔치 음식입니다. '아침'은 어두운 지금의 세상을 끝내고 하나님이 다스리는 새로운 세상에서 맞이하게 될 시간입니다. 이 모두는 하나님 나라가 완성되었을 때를 가리키는 상징들입니다.

박해받는 자

한 걸음 더 나아가서 주님은 박해받는 자들을 복 있는 사람이라고 선언하십니다.

> 인자로 말미암아 사람들이 너희를 미워하며 멀리하고 욕하고 너희 이름을 악하다 하여 버릴 때에는 너희에게 복이 있도다(눅 6:22).

사람들에게 미움을 받는 걸 좋아할 사람은 없습니다. 누구나 사랑과 존경의 대상이 되기를 원합니다. 사람들이 자신을 멀리하는 것도 마찬가지입니다. 여기에서 '멀리한다'라는 말은 단순히 따돌림을 당하는 정도가 아닙니다. 아예 유대교에서 '출교' 당하는 걸 의미합니다. '욕'도 마찬가지입니다. 단지 상스러운 말을 듣는 정도가 아니라, 공개적인 자리에서 인격적으로 모욕을 당하는 것을 말합니다.

그런데 사람들이 이렇게 못살게 구는 이유가 무엇일까요? 단 한 가지입니다. '인자로 말미암아…', 즉 예수님 때문입니다. 예수님을 믿고 따른다는 이유로 미워하고 출교하고 모욕하는 것이지요. 만일 어떤 죄를 지었거나 몹쓸 짓을 했기 때문에 미워한다면 차라리 억울하지는 않을 것입니다. 하지만 단지 예수님을 믿는다는 이유로 사람들이 집단으로 미워하고 버리고 욕한다면 어떨까요?

사람들이 악하다고 하여 버린 '이름'은 개인적인 이름이 아니라 공동체적인 이름, 즉 '그리스도인'을 말합니다. '그리스도인'은 예수님을 믿는 사람들이 스스로 붙인 이름이 아닙니다. 바나바와 바울의 지도로 안디옥 교회가 급속히 부흥할 때, 세상 사람들이 그들을 조롱하여 붙인 이름이 바로 '그리스도인'입니다(행 11:26).

요즘 각종 비리로 인해 욕먹는 교회와 교인이 더러 있습니다. 제발 그런 일로 교회가 세상 사람들에게 욕먹지 않았으면 좋겠습니다. 그러나 우리가 아무리 정직하고 깨끗하게 살아도 예부터 사람들은 그리스도인을 별로 좋아하지 않았습니다. '그리스도인'은 세상 사람들이 예수 믿는 사람들을 비하하던 이름이었습니다. 세상 사람들이 수치스럽게 생각하여 버린 그 이름을 오히려 자랑스럽게 받아들여 사용하기 시작했던 것입니다.

자, 그런데 세상 사람들은 예수 믿는 사람들을 왜 그렇게 미워하는 것일까요? 메시지성경은 이렇게 풀이합니다.

누군가 너희를 깎아내리거나 내쫓을 때마다, 누군가 내 평판을 떨어뜨리려고 너희 이름을 더럽히거나 비방할 때마다, 너희는 복을 받은 줄 알아라. 그들이 그렇게 하는 이유는, 진리가 너무 가까이 있어서 그들이 불편을 느끼기 때문이다(눅 6:22, 메시지).

진리가 가까이 있어서 마음이 편하다면 그 사람은 진리에 따라서 살아가는 사람입니다. 그 반대로 진리가 가까이 있어서 불편하다면 그는 거짓으로 살아가는 사람입니다. 탈세하거나 뇌물을 바치는 것이 일상화되어있는 사회 속에서 탈세하지 않고 뇌물 바치지 않고 정직하게 사는 사람을 불편하게 여기는 것과 마찬가지입니다.

예수님을 믿는 것도 마찬가지입니다. 예수님을 믿기 때문에 세상 사람들이 배척한다면 그것은 그들의 악한 현주소를 드러내는 것 외에 아무것도 아닙니다. 따라서 우리는 예수님으로 인해 받는 불이익과 박해와 추방을 두려워하지 않고 달게 받을 수 있습니다. 주님은 그런 사람을 향하여 '복 있는 사람'이라고 말씀하십니다. 그런데 어떤 복이 있다는 것일까요?

그날에 기뻐하고 뛰놀라. 하늘에서 너희 상이 큼이라. 그들의 조상들이 선지자들에게 이와 같이 하였느니라(눅 6:23).

이 말씀에 조금 실망하는 분들이 있을지도 모릅니다. '그날에', '하늘에서' 큰 상을 받는다고 하니까 마치 '지금', '이 땅에서'는 주어지지 않는다는 말처럼 들리기 때문입니다. 그러나 여기에 믿음의 신비가 숨어 있습니다. '그날'은 물론 하나님 나라가 이루어지는 날입니다. 그런데 그날이 언제일까요? 바리새인들도 '그날'이 언제인지 궁금하여 예수님에게 물어본 적이 있었습니다. 그때 주님은 이렇게 말씀하셨습니다.

²⁰바리새인들이 하나님의 나라가 어느 때에 임하나이까 묻거늘 예수께서 대답하여 이르시되 하나님의 나라는 볼 수 있게 임하는 것이 아니요 ²¹또 여기 있다 저기 있다고도 못하리니 하나님의 나라는 너희 안에 있느니라(눅 17:20-21).

하나님 나라의 도래는 미래의 사건입니다. 그러나 그것은 또한 현재의 사건입니다. 여기에 기독교 신앙의 신비와 역설이 있습니다. 하나님 나라는 아직 완성되지 않았습니다(not yet). 그러나 그것은 하나님 나라의 선봉으로 오신 예수님으로 인해 우리 가운데 이미 시작되었습니다(already). 그래서 주님은 '하나님의 나라는 너희 안에 있다'라고 말씀하시는 것입니다. 너희 안에 있는 하나님의 나라는 바로 예수님 자신을 가리키는 말입니다.

우리는 하나님의 나라가 완성될 때까지 그냥 참고 견디기만 하는 것이 아닙니다. 이미 우리 가운데 이루어진 하나님 나라를 보고 있고 또한 그 기쁨을 실제로 맛보고 있습니다. 스데반을 비롯하여 초대교회의 성도들이 순교 당할 때, 그들은 그들 가운데 임한 하나님 나라의 기쁨을 맛보면서 웃으며 죽음을 맞이했습니다. 현재화된 하늘의 소망을 그들은 가지고 있었던 것입니다.

그렇습니다. 우리 그리스도인은 이미 임한 메시아의 날을 즐기며 하늘의 보상을 힘입어 살고 있는 사람입니다. 예수님 때문에 어려움을 당해도 또한 예수님 때문에 큰 즐거움과 기쁨을 맛보고 있기에 그 어려움조차도 감사하게 여기는 사람입니다. 우리는 "내 주 예수 모신 곳이 그 어디나 하늘나라"(438장 3절)라고 찬송합니다. 그래서 우리는 복 있는 사람입니다. 현재에도 즐거워하고 후에 하나님 나라에서 더욱 크게 기뻐하게 될 것이기 때문입니다.

화 있는 자들

이렇게 네 가지 복(福) 있는 사람을 말씀하신 후에 예수님은 네 가지 화(禍) 있는 사람에 대해서 이어서 말씀하십니다. '네 가지 화'는 '네 가지 복'을 뒤집어 놓은 것입니다.

²⁴그러나 화 있을진저 너희 부요한 자여 너희는 너희의 위로를 이미 받았도다. ²⁵화 있을진저 너희 지금 배부른 자여 너희는 주리리로다. 화 있을진저 너희 지금 웃는 자여 너희가 애통하며 울리로다(눅 6:24-25).

첫 번째 복 있는 사람은 '가난한 자'였습니다. 따라서 첫 번째 화 있는 사람은 '부요한 자'입니다. 그런데 '가난한 자'가 단지 경제적으로 빈궁한 사람을 가리키는 말이 아니듯이, '부요한 자' 또한 단지 돈 많은 부자를 가리키는 말이 아닙니다. 이들은 부를 신뢰하고 그것을 전폭적으로 추구하는 그런 사람을 의미합니다. 다시 말해서 인생의 목적을 오직 부의 축적에만 두고 있는 사람입니다.

이것은 신앙생활의 유무와 전혀 상관없습니다. 대개 하나님을 믿지 않는 사람들이 돈을 인생의 최고 가치로 여기면서 살아갑니다만, 표면적으로는 하나님을 믿는다고 하면서도 이면적으로는 돈을 최고의 가치와 목적으로 추구하는 사람도 적지 않기 때문입니다. 물론 사람이 살아가는 데 돈이 필요합니다. 그러나 그것은 수단이지 목적이 아닙니다. 돈을 목적으로 삼게 되면 그다음에는 걷잡을 수 없는 온갖 더러운 악이 그의 삶을 지배하게 됩니다(딤전 6:10).

하지만 예수님이 '부요한 자'를 경고하신 이유는 사뭇 다릅니다. 주님은 부요한 자가 화를 받게 되는 이유를 "그들이 자신들에게서 스스로 위로를 이미 받았기 때문"이라고 말씀하십니다. 이 부분을 메시지성경은 "너희

가진 것에서 더 얻을 게 없을 것이다"라고 풀이합니다. 사람들은 돈이면 다 된다고 생각하지만, 그것으로 얻을 수 있는 게 생각보다 그리 많지 않습니다.

돈으로 좋은 침대를 살 수는 있지만, 편안한 잠을 살 수는 없습니다. 값비싼 음식을 살 수는 있지만 식욕을 살 수는 없습니다. 좋은 의사를 살 수는 있지만, 생명을 살 수는 없습니다. 삶의 편안함을 살 수는 있지만, 영혼의 구원을 살 수는 없습니다. 그런데 '부요한 자'는 돈으로 모든 걸 다 해결할 수 있다고 생각합니다. 그래서 화(禍)가 있습니다. 그들은 하나님을 인정하지 않고 하나님에게서 오는 구원을 받아들이지 않기 때문입니다.

'배부른 자'와 '웃는 자' 역시 마찬가지입니다. 하나님의 도움과 은혜를 구할 필요를 느끼지 않는 '부요한 자'는 세상 것들로 이미 '배부른 자'요 세상이 주는 즐거움으로 '웃는 자'입니다. 그들의 삶에는 영적인 필요나 하나님 안에서 맛보는 즐거움이 끼어들 자리가 없습니다. 그래서 그들에게 화가 임한다는 것입니다. 왜냐면 지금은 배부르지만 주리게 될 때가 반드시 있고, 지금은 웃고 있지만 애통하며 울 때가 반드시 오기 때문입니다. 그때가 언제입니까? 하나님의 나라가 완성되는 바로 그때입니다.

네 번째 복 있는 사람은 '박해받는 자'였습니다. 그렇다면 네 번째 화 있는 사람은 어떤 사람일까요? 바로 '칭찬받는 자'입니다.

모든 사람이 너희를 칭찬하면 화가 있도다. 그들의 조상들이 거짓 선지자들에게 이 와 같이 하였느니라(눅 6:26).

착한 일을 해서 칭찬받는다면 그것은 정말 축하할 일입니다. 그러나 만일 예수님을 거부하고 세상과 타협함으로써 칭찬받게 되었다면 그 사람은 복 있는 사람이라고 말할 수 없습니다. 하나님은 그런 사람들을 절대로 칭찬하지 않으실 것이기 때문입니다.

두 본문은 '선지자'를 모두 언급합니다. 복 있는 사람은 '선지자'요(23절), 화 있는 사람은 '거짓 선지자'입니다(26절). '선지자(先知者)'는 '대언자(代言者)'입니다. 하나님을 대신하여 말씀을 전하는 사람입니다. 참 선지자는 하나님 말씀을 받아서 그대로 전합니다. 설혹 그로 인해 욕을 먹고 박해받더라도 그렇게 합니다. 그게 선지자의 사명이기 때문입니다.

그러나 거짓 선지자는 그렇게 하지 않습니다. 대부분은 하나님의 말씀을 제대로 받지 못했을뿐더러, 말씀을 받았더라도 상황에 따라서 얼마든지 바꿀 수 있다고 생각합니다. 그 동기는 바로 사람의 칭찬입니다. 사람들에게 인정받기 위해서 그들이 듣고 싶어 하는 이야기만 들려줍니다. 그래서 인기가 높은 것이지요.

그래서 메시지성경은 "너희가 할 일은 진실하게 사는 것이지 인기를 얻는 것이 아니다"(Your task is to be true, not popular. MSG)라는 말로 결론을 내립니다.

정말 그렇습니다. 사람들에게 인기를 얻으려면 하나님의 칭찬을 포기해야 합니다. 하나님 나라의 일꾼으로 부름을 받은 사도는 진실하게 삶으로써 하나님께 칭찬받는 사람입니다. 그러기 위해서 기꺼이 사람에게 받는 칭찬을 포기합니다. 그러나 우리는 잘 압니다. 사람의 인기는 안개와 같이 덧없지만, 하나님의 칭찬은 영원을 보장한다는 사실을 말입니다.

묵상 질문: 나는 과연 하나님에게 인정받는 복 있는 사람인가?

오늘의 기도: 세상의 편안한 삶에 취하여 하나님 나라의 영원한 삶을 놓치지 않게 하옵소서. 하나님의 뜻에 순종한다는 이유로 힘겨운 삶을 산다고 할지라도, 장차 우리에게 주어질 약속을 믿고 소망으로 살아가게 하옵소

서. 그러나 우리의 결단과 힘으로는 이렇게 살 수 없사오니, 성령님 우리 안에 거하셔서 "내 주 예수 모신 곳이 그 어디나 하늘나라" 되게 하옵소서. 예수님의 이름으로 기도합니다. 아멘.

원수 사랑의 가르침

읽을 말씀: 누가복음 6:27-36

새길 말씀: 그러나 너희 듣는 자에게 내가 이르노니 너희 원수를 사랑하며 너희를 미워하
는 자를 선대하며 너희를 저주하는 자를 위하여 축복하며 너희를 모욕하는
자를 위하여 기도하라(눅 6:27-28).

　　4복(福)과 4화(禍)에 대한 말씀을 마치신 후에, 주님은 "원수를 사랑하라"
는 가히 혁명적인 말씀을 가르치십니다. 원수는 미워해야 할 대상입니다.
나를 미워하고 해치려고 덤벼드는 게 원수이기 때문입니다. 그런 원수를
어떻게 사랑할 수 있을까요. 아무리 예수님의 말씀이라고 하지만, 사랑할
수 없는 사람을 억지로 사랑할 수는 없는 일입니다.

　　그러나 우리 주님은 할 수 없는 일을 강제로 시키시는 분이 아닙니다.
할 수 있기에, 또한 꼭 필요한 것이기에 그렇게 하라고 하십니다. '평지설교'는
열두 사도를 염두에 둔 가르침이라고 했습니다. 사도들은 앞으로 예수님을
대신하여 하나님 나라 운동을 펼쳐갈 사람입니다. 그 사명을 잘 감당하려면

'원수 사랑'이라는 역설적인 무기를 갖추어야 합니다.

그러면 주님이 가르치는 '원수 사랑'은 구체적으로 어떤 것인지 살펴보겠습니다.

²⁷그러나 너희 듣는 자에게 내가 이르노니 너희 원수를 사랑하며 너희를 미워하는 자를 선대하며 ²⁸너희를 저주하는 자를 위하여 축복하며 너희를 모욕하는 자를 위하여 기도하라(눅 6:27-28).

앞에서 예수님은 하나님의 뜻에 순종하기 위하여 가난해지고 주리고 울고 핍박당하는 자들이 복이 있다고 하셨습니다. 이것은 장차 사도들이 겪어야 할 일을 예고하신 말씀입니다. 사람들은 그들을 미워하고 멀리하고 욕하고 버릴 것입니다. '그러나' 그런 일을 당할 때 사도들은 원수를 원수로 대하지 말고 사랑해야 한다고 가르치시는 것입니다.

구체적으로 원수 사랑의 세 가지 방법을 말씀하십니다. 그 첫 번째 방법은 '미워하는 자를 선대하는 것'입니다. 우리를 미워하는 사람에게 똑같이 미움으로 되갚지 말고 선한 마음으로 대하는 것이 '원수 사랑'이라는 겁니다. 이것은 감정적인 문제가 아니라 삶의 태도에 관한 문제입니다.

그래서 메시지성경은 이렇게 풀이합니다. "너희 원수를 사랑하여라. 원수가 어떻게 하든지, 너희는 최선의 모습을 보여라"(눅 6:27, MSG). 원수 사랑은 그들의 악한 태도에 대해서 우리의 선한 태도를 보여주는 것입니다. "네 안에 있는 최악이 아니라, 최선을 끄집어내어 그들에게 보여주라"(Let them bring out the best in you, not the worst. MSG)는 말이 바로 그런 뜻입니다.

두 번째 방법은 '저주하는 자에게 축복하는 것'입니다. '저주'(curse)는 상대방이 잘되지 못하도록 비는 것이고, '축복'(bless)은 상대방이 복을 받도록 비는 것입니다. 공통점은 누군가에게 빌어야 한다는 사실입니다. 비는 대상이 누구입니까? 하나님이십니다. 실제로 저주와 복을 내릴 수 있는 분은 오직 하나님이십니다. 사람들이 아무리 나를 저주해도 하나님이 그 저주를 실행하지 않으면 아무 소용이 없습니다. 그 반대도 마찬가지입니다.

그런데 하나님은 상대방을 저주하는 자에게 오히려 저주가 돌아가게 하시고, 상대방을 축복하는 자에게 오히려 복이 돌아가게 하시는 그런 분입니다.

너를 축복하는 자에게는 내가 복을 내리고 너를 저주하는 자에게는 내가 저주하리니 땅의 모든 족속이 너로 말미암아 복을 얻을 것이라…(창 12:3).

하나님은 서로를 축복함으로써 함께 복을 받도록 하셨습니다. 이 원칙은 지금도 달라지지 않았습니다. 그런데 사람들은 서로를 저주함으로써 함께 저주받았습니다. 인간의 죄가 그렇게 만들었던 것입니다. 나를 저주하는 자에게 축복하면 손해 볼 것 같지만, 그렇지 않습니다. 오히려 더욱 큰 유익을 가져옵니다. 다른 사람들의 저주 때문에 우리가 복을 받지 못하는 게 아닙니다. 우리가 그들을 적극적으로 축복하지 않아서 복을 받지 못하는 것입니다.

세 번째 방법은 '모욕하는 자를 위해 기도하는 것'입니다. 다른 사람 앞에서 공개적으로 모욕당했을 때 가장 큰 모멸감을 느낍니다. 그럴 때 대개는 똑같이 갚아주려고 합니다. 당한 것만큼 똑같이 갚아줄 권리가 생겼다고 생각하면서 복수심을 정당화하지요. 그런데 주님은 그 사람을 위해서 "기도하라"고 하십니다. "기도하라"는 것은 하나님에게 맡기라는 뜻입니다. 자기 스스로 갚으려고 하지 말고 하나님이 알아서 하시도록 완전히 위탁하라는 것입니다.

그런데 우리는 어떻게 합니까? 나를 모욕하던 그 사람의 말을 곱씹는데 모든 에너지를 사용합니다. 마음속으로 하루에도 몇백 번이고 죽였다가 살렸다가를 반복합니다. 미움은 그것을 품은 사람에게 큰 해를 끼칩니다. 미움은 우울한 마음과 쓰라린 마음을 증가시킵니다. 그래서 미움은 독(毒)입니다. 누군가를 미워하는 동안 내 마음과 몸속에 스스로 독을 붓고 있는 셈입니다. 그 얼마나 어리석은 일입니까?

문제는 어리석은 줄 알면서도 미움을 멈추지 못한다는 것입니다. 그래서 기도해야 합니다. '원수 사랑'은 감정적인 차원에서 접근하면 불가능하지만, 태도의 선택으로 접근하면 얼마든지 할 수 있습니다. 기도하는 에너지로 반응할 때 전화위복의 유익이 주어집니다.

원수 사랑의 예

예수님은 '원수 사랑'의 몇 가지 예를 들어 주십니다.

너의 이 뺨을 치는 자에게 저 뺨도 돌려대며 네 겉옷을 빼앗는 자에게 속옷도 거절하지 말라(눅 6:29).

평지설교에서는 그냥 '이 뺨', '저 뺨'이라고 하지만, 마태복음 산상수훈에서는 '오른편 뺨'과 '왼편 뺨'이라고 구체적으로 명시합니다(마 5:39). 이것은 단순히 상대에게 뺨을 얻어맞는 정도를 의미하지 않습니다. 상대방의 오른편 뺨을 내 오른손으로 치려면 어떻게 해야 할까요? 손바닥이 아니라 손등으로 때려야 합니다.

유대인들은 상대방에게 모욕을 줄 때 그렇게 손등으로 때립니다. 이런 일을 당하면 대개는 결투를 신청합니다. 시시비비를 가리자고 하면서 죽자

살자 덤벼듭니다. 그러나 주님은 "이 뺨을 치는 자에게 저 뺨도 돌려대라"고 하십니다. 때리면 똑같이 갚아주려고 하지 말고 그냥 서서 맞아주라는 것입니다. 그것이 '원수 사랑'입니다.

이것은 소극적인 '무저항주의'(無抵抗主義)처럼 보이지만, 사실은 새로운 '초저항주의'(超抵抗主義)입니다. 예수님은 이것으로 동형보복법(출 21:23-25)을 거부하셨습니다. 악을 악으로 갚는 일은 옛날부터 있었습니다. 그것으로는 문제를 해결하지 못합니다. 복수는 또 다른 복수를 낳을 뿐입니다. 이 문제를 해결하려면 누군가가 그 악순환의 고리를 끊어야 합니다. 어떻게 끊을 수 있을까요? 누군가가 이 뺨을 치는 자에게 저 뺨을 돌려대는 것입니다.

'원수 사랑'은 이런 것입니다. 처음에는 손해 보는 것 같지만 결국에는 유익이 됩니다. 바보처럼 보이지만 참으로 지혜로운 삶의 태도입니다. 나약한 것 같지만 이처럼 강력한 삶의 능력은 없습니다. 예수님의 십자가는 처절한 패배처럼 보였지만, 결국에는 모든 것을 이겨내신 승리의 깃발이 되었습니다. 주님은 보내심을 받은 사도들을 그러한 삶으로 초대하고 계시는 것입니다.

원수 사랑에 대한 또 다른 예입니다.

> 30네게 구하는 자에게 주며 네 것을 가져가는 자에게 다시 달라 하지 말며 31남에게 대접을 받고자 하는 대로 너희도 남을 대접하라(눅 6:30-31).

이것 역시 이해하기도 힘들고, 따르기도 힘든 말씀입니다. 달라면 무조건 주고 가져간 것은 다시 돌려달라고 요구하지 말라니 어떻게 그럴 수 있습니까? 자존심이나 자존감을 포기하면서 사는 사람이라면 모를까, 그렇지 않다면 자기 것에 대해서 아무런 권리를 주장하지 말라는 말씀은 우리에게 불가능한 요구입니다. 그런데 바로 거기에 예수님이 가르치려는 요점이 있습니다.

본문에서 '구하는 자'는 '꾸어달라고 하는 자'를 의미합니다. 앞에서 말한 겉옷을 강제로 빼앗는 것과는 다른 이야기입니다. 내가 무엇인가 넉넉히 가지고 있어서 꾸어달라고 요구하는 것이지요. 그것을 준다고 해서 당장 나에게 큰 피해가 오는 것은 아닙니다. 여분의 것을 주기 때문입니다. 구하는 자에게 주는 것은 사실 큰 문제가 되지 않습니다. 너그러운 마음만 있으면 됩니다.

그런데 문제는 빌려 놓고서는 갚지 않을 때입니다. 그럴 때 우리는 뭔가 큰 손해를 보았다고 생각합니다. 우리에게 당연히 그것을 돌려받을 권리가 있다고 생각합니다. 그래서 화를 내거나 어떻게든 돌려받으려고 애를 쓰지요. 물론 빌려 간 사람에게 딱한 사정이 있어서 그럴 수도 있습니다. 더러는 악의적으로 상대방의 너그러운 마음을 이용하는 못되고 악한 사람들도 있습니다. 그런 사람들이 바로 원수입니다. 그들을 과연 어떻게 대할 것인가?

예수님은 아예 돌려받을 생각을 하지 말라고 하십니다. 악착같이 받아내겠다고 고소하거나 싸우지 말라는 것입니다. 왜 그럴까요? 내가 가지고 있었다고 해서 내 것이 아니기 때문입니다. 그건 하나님이 나에게 위탁해 놓으신 것입니다. 사실 우리가 이 세상에 올 때 무얼 가지고 왔습니까? 빈손으로 왔다가 빈손으로 돌아가는 게 인생입니다. 살아가는 동안 하나님이 은혜로 채워주셔서 넉넉하게 사는 것이 감사한 일입니다.

만일 내가 필요한 것 이상으로 많이 가지고 있다면, 하나님의 뜻에 따라 그것을 모두 사용해야 합니다. 사용하지 않고 움켜쥐고 있는다고 결국 내 것이 되지 않습니다. 언젠가 다 내려놓고 가야 합니다. 그러니 빌려 간 것을 악착같이 받아내겠다고 싸울 필요가 없습니다. 오히려 나누어 줄 기회를 얻었다고 생각하면 됩니다. 물론 쉽지는 않겠지만, 만일 우리가 청지기의 자세를 가지고 있다면 그렇게 어려운 일만도 아닙니다.

'원수 사랑'은 감상적인 이상(理想)이 아닙니다. 우리 모두에게 유익을 가져다줄 실제적인 방법입니다. 누군가가 먼저 시작하면 복수와 보복이 반복되는 악순환의 고리를 끊을 수 있습니다. 누가 먼저 해야 할까요? 예수님께 부름을 받고 보냄을 받은 사도들이 먼저 해야 합니다. 하나님을 믿는 우리가 먼저 해야 합니다. 이 말씀을 들은 우리가 먼저 시작해야 합니다. 그러면 우리 가정이 달라지고, 우리 교회가 달라지고, 이 세상이 달라집니다. 그렇게 하나님 나라가 확장되는 것입니다.

원수 사랑의 이유

이번에는 원수를 왜 사랑해야 하는지 그 이유를 설명하십니다.

> ³²너희가 만일 너희를 사랑하는 자만을 사랑하면 칭찬받을 것이 무엇이냐. 죄인들도 사랑하는 자는 사랑하느니라. ³³너희가 만일 선대하는 자만을 선대하면 칭찬받을 것이 무엇이냐. 죄인들도 이렇게 하느니라. ³⁴너희가 받기를 바라고 사람들에게 꾸어 주면 칭찬받을 것이 무엇이냐. 죄인들도 그만큼 받고자 하여 죄인에게 꾸어 주느니라(눅 6:32-34).

세상이 말하는 사랑은 철저하게 자기중심적이어서, 무언가 돌아오는 게 없으면 사랑하지 않습니다. 이른바 '주고받는(give and take) 사랑'에 익숙한 사람에게 사랑이란 "그가 나를 사랑하기 때문에 나도 그를 사랑하는 것"입니다. 그러나 하나님의 사랑은 그러한 속셈이나 계산 없이 정말 순수하게 상대방의 필요에만 집중합니다. 상대방이 나에게 무엇을 해줄 수 있는지와 상관없이 그에게 필요한 사랑을 베풀어 줍니다.

예수님은 이 점을 지적하기 위하여 "너희가 칭찬받을 게 무엇이냐?"라는 후렴구를 반복합니다. 물론 여기에서 '칭찬'은 하나님으로부터 받는 것입니다. NIV성경은 "그것이 너에게 무슨 신용이 되겠느냐?"라고 풀이합니다.

"What credit is that to you?" 그러니까 "내게 어떤 이익이 있을 것인가"가 아니라 과연 "하나님께 인정받고 칭찬받을 수 있을 것인가"가 관건입니다. 이에 대한 메시지성경의 풀이가 아주 쉽게 다가옵니다.

> 너희가 너희를 돕는 사람만 돕는다면 상급을 바랄 수 있겠느냐? 그것은 죄인도 흔히 하는 일이다. 너희가 받을 것을 바라고 베푼다면 그것을 베풂이라 할 수 있겠느냐? 아주 인색한 전당포 주인도 그 정도는 한다(눅 6:33-34, 메시지).

"나를 돕는 사람을 돕는 것"은 누구나 할 수 있습니다. 아니 마땅히 그렇게 해야 합니다. 그런다고 하나님께 특별한 상급을 바랄 수는 없습니다. 하나님의 기대는 그 정도가 아닙니다. 그들을 '돕지 않는 사람', 아니 그들에게 '방해가 되는 사람', 그들을 '핍박하는 사람'에게 도움이 필요할 때 도와주는 것입니다. 그게 바로 '원수 사랑'입니다.

돌아올 것을 계산하여 베푸는 것은 누구나 할 수 있습니다. '인색한 전당포 주인'도 그 정도는 할 줄 압니다. 하나님의 기대는 받을 것을 바라지 않고 그냥 베푸는 것입니다. 손익계산을 하지 않고 상대방의 필요에 따라 나누어 주는 것입니다. 그게 진짜 사랑입니다. 그게 하나님의 사랑입니다. 그런 사랑을 하나님은 '신용'(credit)으로 인정해주십니다.

그런데 하나님을 믿는다고 하는 우리의 모습을 들여다보면 세상 사람들과 별반 다르지 않습니다. 나를 사랑하는 사람만 사랑하고, 나에게 잘해주는 사람에게만 잘해주고, 돌아올 걸 기대하고 줍니다. 우리가 다른 사람과의 관계에서 상처받는 경우는 대부분 이런 것입니다. 나는 '이만큼' 해주었는데 상대방은 '요만큼'도 해주지 않을 때 큰 손해를 보았다고 느낍니다. 심지어는 마음에 상처받기도 하고 신앙생활에 큰 위기를 겪기도 합니다.

그러나 역으로 말하자면, 내가 준 것 그 이상으로 받으려고 기대했다는 뜻입니다. 기대가 큰 만큼 실망도 큰 것이지요. 만일 돌아올 것을 기대하지 않았다면 상처받을 이유도 없습니다. 그냥 준 것으로 만족하고 그만큼 베풀 수 있었다는 것으로 감사할 수 있습니다. 사랑은 손해 보기로 작정하는 것입니다. 아니 그것을 손해라고 생각하지 않고, 그냥 주는 것으로 만족하는 것입니다. 그냥 주려고 하는데 '원수'라고 해서 주지 못할 이유가 없지요. 원수 사랑의 가르침에 대한 결론 말씀입니다.

³⁵오직 너희는 원수를 사랑하고 선대하며 아무 것도 바라지 말고 꾸어 주라. 그리하면 너희 상이 클 것이요 또 지극히 높으신 이의 아들이 되리니 그는 은혜를 모르는 자와 악한 자에게도 인자하시니라. ³⁶너희 아버지의 자비로우심 같이 너희도 자비로운 자가 되라(눅 6:35-36).

"오직 너희는…." 그렇습니다. '나'는 '나'입니다. 세상 사람들이 모두 그렇게 산다고 똑같이 따라갈 필요 없습니다. 사람들이 어리석다고 조롱해도 주저할 필요 없습니다. 손해 보는 일을 왜 하느냐고 비웃어도 마음 흔들릴 필요 없습니다. '나'는 '나'입니다. 나는 하나님의 택함을 받은 사람입니다. 주님께 보냄을 받은 사도로 살 뿐입니다.

주님의 원수 사랑의 두 가지 결과를 말씀하십니다. 그 첫 번째는 "큰 상을 받게 된다는 것"입니다. '상'이란 '보상'(reward)을 말합니다. 보상이란 내가 수고한 만큼, 내가 손해 본 만큼 누군가가 그 이상으로 채워준다는 뜻입니다. 그 '누군가'는 물론 하나님이십니다. 언제 어디에서 갚아주실까요? 이 세상이 아니라 하나님 나라에서 갚아주실 것입니다.

이 세상에서 우리가 소유하고 있는 것 중에서 하나님 나라에 가져갈 수 있는 것은 없습니다. 모두 내려놓고 가야 합니다. 이 세상에서 절대 손해 보지 않고 실속 차리며 살았다고 하더라도, 그 소유가 결국 내 것이 되지 않습니다. 그런데 이 세상에서 손해 본 만큼 하나님 나라에서 하나님이 직접 보상해 주시겠다고 하십니다. 그러니 원수를 사랑함으로써 손해 본 만큼 하나님 나라에 쌓아두는 셈입니다. 이렇게 수지맞는 일이 세상에 어디 있겠습니까?

그런데 그러한 상급이나 보상보다 더 좋은 일이 있습니다. 그것은 바로 "지극히 높으신 이의 아들이 되는 것"입니다. 즉, '하나님의 자녀'로 인정을 받는 것입니다. 본래 죄인 신분이었던 우리를 하나님의 자녀로 인정해주신다니 그 얼마나 큰 영광입니까? 그러나 이름에 걸맞게 살아야 의미가 있습니다. 신분이 바뀌었으면 그 신분에 어울리게 살아야 합니다.

과거에는 나를 사랑하는 사람만 사랑하고 나에게 잘해주는 사람에게만 잘했습니다. 그러나 하나님의 자녀가 되면 달라집니다. 나를 미워하는 사람도 사랑하고, 원수도 사랑으로 품게 됩니다. 왜 그럴까요? 하나님이 그런 분이기 때문입니다. 하나님을 아버지로 섬기는 자녀들은 하나님의 마음을 품을 수밖에 없기 때문입니다. 그래서 부전자전(父傳子傳)입니다.

하나님은 은혜를 모르는 자와 악한 자에게도 인자하신 분이라고 했습니다. 우리 또한 하나님의 성품을 닮아갈 수밖에 없습니다. '원수 사랑'은 하나님이 주신 신분에 합당하게 사는 모습입니다. 하나님이 친절하시니 우리도 친절하게 살아야 합니다. 하나님이 자비로우시니 우리도 자비롭게 살아야 합니다. 하나님이 거룩하시니 우리도 거룩하게 살아야 합니다. 그래야 '그 아버지에 그 아들'이라는 소리를 듣습니다. 그래야 하나님 나라에 쓰임 받을 수 있습니다.

묵상 질문: 내가 사랑해야 할 원수는 누구인가?
오늘의 기도: 우리가 아직 죄인 되었을 때 사랑하셔서 구원해 주신 은혜를 진심으로 감사드립니다. 우리를 하나님의 자녀로 삼아주셨으니, 이제부

터 하나님 아버지의 마음을 닮아 살아가게 하옵소서. 특별히 우리를 힘들게 하는 원수에게 하나님의 사랑을 보일 수 있게 하옵소서. 예수님의 이름으로 기도합니다. 아멘.

판단에 대한 가르침

읽을 말씀: 누가복음 6:37-42

새길 말씀: 비판하지 말라. 그리하면 너희가 비판을 받지 않을 것이요 정죄하지 말라. 그리하면 너희가 정죄를 받지 않을 것이요 용서하라. 그리하면 너희가 용서를 받을 것이요…(눅 6:37).

앞 장에서 우리는 '원수 사랑'에 대한 가르침을 묵상했습니다. 이 말씀은 마치 질긴 고기와 같아서, 소화해내기가 참 쉽지 않습니다. 그러나 이것은 예수님 자신에게도, 그의 뒤를 따르는 사도들에게도 매우 중요한 말씀입니다. 우리 주님은 십자가 사건을 통해서 원수 사랑을 친히 보여주셨습니다. 하나님 나라 운동은 원수 사랑을 통해서 확장됩니다.

물론 사도들은 아직 그 의미를 충분히 이해하지 못합니다. 그러나 십자가를 통한 하나님의 은혜를 경험하고 나면 그들에게도 원수 사랑의 능력이 생겨날 것입니다. 실제로 스데반 집사님은 돌에 맞아 순교하는 자리에서 "이 죄를 저들에게 돌리지 말아달라"(행7:60)고 기도함으로써 원수 사랑을 실천했습니다.

비판, 정죄, 헤아림

오늘 우리가 살펴보는 말씀은 '원수 사랑'의 연장선상에서 이해해야 합니다.

37비판하지 말라 그라하면 너희가 비판을 받지 않을 것이요 정죄하지 말라 그라하면 너희가 정죄를 받지 않을 것이요 용서하라 그라하면 너희가 용서를 받을 것이요 **38**주라 그라하면 너희에게 줄 것이니 곧 후히 되어 누르고 흔들어 넘치도록 하여 너희에게 안겨 주리라. 너희가 헤아리는 그 헤아림으로 너희도 헤아림을 도로 받을 것이니라(눅 6:37-38).

이 말씀의 주제는 결론 부분에 잘 요약되어 있습니다. "너희가 헤아리는 그 헤아림으로 도로 받을 것이다." 이것을 바울식으로 표현하면 "사람이 무엇으로 심든지 그대로 거두리라"(갈 6:7)가 될 것입니다. 심은 대로 거두게 될 구체적인 예로 예수님은 두 가지 부정적인 것과 두 가지 긍정적인 것을 이야기합니다. 부정적인 것은 '비판'과 '정죄'이고 긍정적인 것은 '용서'와 '베풂'입니다.

본문에는 '비판'이라고 표현되어 있지만, 사실은 '판단'이라고 번역하는 것이 더 좋습니다. '비판'(criticize)과 '판단'(judge)은 의미가 다릅니다. '비판'은 단순히 잘못을 지적하는 것입니다. 그에 비해서 '판단'은 그 사람의 가치를 평가하여 단정 짓는 것을 말합니다. '비판'은 물론 필요합니다. 아무도 비판하지 못하게 하는 절대 권력은 반드시 부패하게 되어 있습니다.

그러나 다른 사람의 가치를 '판단'하는 건 전혀 다른 이야기입니다. 아무리 큰 죄를 저질렀다고 하더라도, 그 사람이 하나님 나라에 들어갈 수 있는지 없는지는 전적으로 하나님이 판단하실 일입니다. 그런데 사람들은 너무나 성급하게 다른 사람을 판단하려고 합니다. 예수님 당시의 종교 지도자들이 그랬습니다. 그렇게 판단하는 사람을 하나님께서 직접 판단하실 것이라고 주님은 경고하십니다.

'정죄'(condemn)도 '판단'과 거의 비슷한 개념입니다. 어떤 사람을 죄인이라고 공개적으로 선언하는 것이 바로 '정죄'입니다. 그런데 이 세상에서 다른 사람을 함부로 정죄할 수 있을 만큼 깨끗한 사람이 과연 있을까요? 정도의 차이는 있겠지만, 우리는 누구나 하나님 앞에서 죄인입니다. 그런데도 사람들은 다른 사람들을 정죄하는 일에 열심을 냅니다. 메시지성경은 "그 가혹한 태도는 부메랑이 되어 너희에게 되돌아올 것이다"라고 풀이합니다. 누가 그렇게 하십니까? 물론 하나님이 그렇게 하십니다. 따라서 우리가 해야 할 일은 '판단'이나 '정죄'가 아니라 '용서'(forgive)와 '베풂'(give)입니다.

"용서하라, 그리하면 용서를 받을 것이다"라는 말씀은 주기도문에도 포함되어 있습니다. "우리가 우리에게 죄지은 자를 사하여 준 것 같이 우리 죄를 사하여 주시옵고…"(마 6:12). 그 사람이 죄를 짓지 않았다는 이야기가 아닙니다. 분명히 죄를 지었습니다. 잘못했습니다. 그러나 그 잘못을 우리 자신의 잣대로 판단하거나 함부로 정죄하지 말라는 겁니다. 오히려 용서하라는 겁니다. 왜요? 그래야 우리도 하나님의 용서를 받을 수 있기 때문입니다.

'주는 것'도 마찬가지입니다. "주라, 그리하면 너희에게 줄 것이다." 어떤 분은 이 말씀을 곡해하여 하나님께 헌금을 많이 바치면 넘치도록 되돌려 받게 된다는 식으로 설명하기도 합니다만, 그런 뜻이 아닙니다. 그냥 다른 사람에게 너그럽게 주라는 겁니다. 다른 사람을 용서하듯이, 먼저 베풀라는 것입니다. 그러면 베푼 대로 하나님이 대신 갚아주실 것이라는 말씀입니다.

그런데 하나님이 갚아주시는 것은 내가 베푼 것과 감히 비교할 수 없습니다. 하나님은 손익계산을 맞추어 달랑 그만큼만 주시는 그런 인색한 분이 아닙니다. 하나님은 "후히 되어 누르고 흔들어 넘치도록 하여 안겨주신다"라고 했습니다. 여기에서 '되어'라는 말은 '됫박으로 담아'라는 뜻입니다. 됫박에 인색하게 담아 주시지 않고, 꽉꽉 누르고 흔들어서 넘치도록 담아 주신다는 것입니다.

다시 결론 말씀에 도달합니다. "너희가 헤아리는 그 헤아림으로 너희도 헤아림을 도로 받을 것이니라." 새번역성경은 "너희가 되질하여주는 그 되로 너희에게 도로 되어서 주실 것이다"라고 풀이합니다. 그러니까 어떤 '되'를 사용하느냐에 따라서 하나님은 똑같이 갚아주신다는 것입니다. '판단'과 '정죄'의 되를 사용하는 사람에게는 역시 똑같은 방식으로, '용서'와 '베풂'의 되를 사용하는 사람에게는 역시 똑같은 방식으로 되돌아올 것입니다.

하나님의 은혜로 살아가는 사람은 은혜라는 잣대로 다른 사람들을 측량합니다. 용서받은 감격을 가진 사람은 역시 용서라는 잣대로 다른 사람들을 바라봅니다. 그런 사람에게는 '원수 사랑'이 얼마든지 가능합니다. 그러나 하나님께 용서받지 못한 사람은 그 놀라운 은혜를 맛보지 못했기 때문에, 너무나 쉽게 다른 사람들을 '판단'하고 '정죄'하게 되는 것입니다.

스승과 제자

이어서 주님은 한 가지 비유를 말씀하십니다. 이 역시 앞의 말씀과 이어집니다.

> [39]또 비유로 말씀하시되 맹인이 맹인을 인도할 수 있느냐. 둘이 다 구덩이에 빠지지 아니하겠느냐. [40]제자가 그 선생보다 높지 못하나 무릇 온전하게 된 자는 그 선생과 같으리라(눅 6:39-40).

이 비유는 어떤 스승을 따르느냐에 따라서 제자의 운명이 달라진다는 가르침입니다. 여기에서 '맹인'은 생명의 바른길을 알지 못하는 사람을 풍자한 것입니다. 알지 못하면서 마치 아는 것처럼 행세하고 가르치려고 하는 사람들이 있습니다. 그 결과는 불을 보듯 뻔합니다. 인도하는 사람이나, 그를 따라가는 사람이나 모두 구덩이에 빠지게 될 것입니다. 그러고도 무슨 일이 벌어졌는지, 왜 벌어졌는지도 모를 것입니다.

이 '맹인 인도자'는 누구를 가리키는 것일까요? 마태복음에 그 답이 나옵니다.

그냥 두라. 그들은 맹인이 되어 맹인을 인도하는 자로다. 만일 맹인이 맹인을 인도하면 둘이 다 구덩이에 빠지리라 하시니…(마 15:14).

여기에서 '그들'은 '바리새인들'을 가리킵니다(마 15:1, 12). 사실 바리새인들은 율법을 배우고 지키는 일에 있어서는 둘째가라 하면 서러울 정도의 대단한 열심을 가지고 있었습니다. 그러나 주님이 보실 때 그들은 눈먼 사람이었습니다. 보아야 할 것을 보지 못하고 있으니 말입니다. 그러면서 자신이 배운 것이 전부인 줄 알고 다른 사람들을 가르치겠다고 덤벼들었던 것입니다.

"제자가 선생보다 높지 못하다"(40절)는 말씀도 마찬가지입니다. 어떤 스승에게서 배우든지 그 스승의 수준보다 높아질 수는 없습니다. 스승이 아는 것 이상을 제자에게 가르칠 수 없습니다. 한 공동체의 수준은 지도자의 수준만큼만 높아지게 되어 있습니다. 단지 지적인 수준을 말하는 게 아닙니다. 오히려 삶의 태도에 대한 문제에서 더욱 그렇습니다. 자녀는 은연중에 부모를 닮게 되어 있습니다. 제자는 스승의 사고방식을 따라가게 되어 있습니다.

"무릇 온전하게 된 자는 그 선생과 같다"라는 말은 "가장 잘되어야 스승과 비슷해질 뿐이다"라는 뜻입니다. 매사에 판단하고 정죄하기 좋아하는 스승에게 배운 제자가 관대하고 너그러운 사람이 될 수 없습니다. 말끝마다 욕을 달고 사는 스승의 제자들에게 고상한 말을 기대할 수 없는 일입니다. 너그러운 사람이 되려면 너그러운 스승에게 배워야 하고, 용서하는 사람이 되려면 용서하는 스승을 따라다녀야 합니다. 베풀면서 살고 싶다면 그렇게 살아가는 스승을 만나야 합니다. 결국 우리가 배우는 스승이 우리의 운명을 결정하게 되는 것입니다.

우리에게 가장 좋은 스승은 예수님이십니다. 아니 예수님만이 우리가 진정으로 따를 수 있는 유일한 스승이십니다. 주님은 "내가 곧 길이요 진리요 생명이라"(요 14:6)고 말씀하셨습니다. 그것은 전혀 과장된 표현이 아닙니다. 주님만이 '그 길'(the way)이요 '그 진리'(the truth)요 '그 생명'(the life)입니다. 다른 길은 없습니다. 다른 진리는 없습니다. 다른 스승은 없습니다. 예수님을 따르면 우리에게 생명이 주어집니다.

들보가 들어있는 눈

주님은 맹인이 맹인을 인도하는 이와 같은 희극적인 이미지로 당시 종교 지도자들의 왜곡된 가치관과 태도를 풍자하셨습니다. 그보다 한층 더 희극적인 이미지가 그다음에 나옵니다. 바로 '들보가 들어있는 눈'입니다.

> ⁴¹어찌하여 형제의 눈 속에 있는 티는 보고 네 눈 속에 있는 들보는 깨닫지 못하느냐. ⁴²너는 네 눈 속에 있는 들보를 보지 못하면서 어찌하여 형제에게 말하기를 형제여 나는 네 눈 속에 있는 티를 빼게 하라 할 수 있느냐. 외식하는 자여, 먼저 네 눈 속에서 들보를 빼라. 그 후에야 네가 밝히 보고 형제의 눈 속에 있는 티를 빼리라(눅 6:41-42).

어느 형제의 눈 속에 '티'가 들어있습니다. 이 '티'를 NIV성경은 '점 같은 미량의 톱밥'(the speck of sawdust)으로 표현합니다. 자세히 들여다보아야 겨우 보일까 말까 하는 그런 지극히 작은 점입니다. 그런데 자기 눈에는 '들보'를 가지고 있는 사람이 그것을 빼주겠다고 덤벼든다는 것입니다.

'들보'는 집의 기둥과 기둥 사이를 가로지르며 연결하는 큰 나무를 말합니다. 아무리 비유라고 하지만 "사람의 눈 속에 들보가 들어있다"라는 설정은 아주 어색하게 느껴집니다. NIV성경은 이를 '두꺼운 판자'(the plank)로 번역하는데, 이것이 훨씬 더 적절한 표현으로 보입니다. '들보'는 단순히 지나치게 과장된 엄청난 크기를 말하지만, '판자'는 눈을 가로막고 있는 장애물을 뜻하기 때문입니다.

판자로 눈이 가려진 사람이 다른 형제의 눈 속에 잘 보이지도 않는 점을 빼주겠다고 하는 이 우스꽝스러운 이미지를 통해서 주님은 무엇을 말씀하는 것일까요? 이것 역시 섣불리 남을 판단하고 가르치려고 하는 당시 종교 지도자들의 잘못된 삶의 태도를 비판하는 말씀입니다. 자신이 가지고 있는 한계나 장애를 성찰하여 고치거나 극복하려고 노력하지는 않고, 다른 사람의 부족함이나 잘못을 드러내어 판단하고 정죄하는 것이 하나님 앞에 얼마나 우스꽝스러운 모습인지요. 그런데 왜 이들은 이런 식으로 살아가는 것일까요?

주님은 이들을 가리켜서 '외식하는 자'라고 표현합니다. 이에 해당하는 헬라어는 '후포크리테스'(hupokrites)인데 여기에서 영어 '히포크리트'(hypo-crite)이라는 말이 파생되었습니다. 우리말로는 위선자(僞善者)라고 번역됩니다. 그러나 '후포크리테스'는 본래 연극 무대에서 연기하는 사람, 즉 '연기자'(an actor)를 가리킵니다. 연기자, 또는 배우는 각본에 그려진 캐릭터를 그럴듯하게 연기합니다. 그러나 그것은 그냥 연기일 뿐 자신의 본래 모습은 아닙니다. 아무리 착한 사람의 모습을 진짜처럼 연기해도 본래 착한 사람은 아니라는 것입니다.

무슨 말씀입니까? 다른 사람의 흠을 들추어내거나 실패를 꼬집거나, 잘못을 비난한다고 해서 자신의 옳음과 의로움이 증명되지 않는다는 것입니다. 그런데 예수님 당시 종교 지도자들은 그런 식으로 자신의 의로움을 증명하려고 했습니다. 눈에 잘 띄지도 않는 다른 사람의 눈 속에 들어있는 '티'를 어떻게든 끄집어내어 보여줌으로써 자신의 상대적인 의로움을 증명하려고 했던 것입니다. 사람들은 그런 연기에 속을지 모르지만, 하나님은 속지 않습니다.

또한 다른 사람에게 무언가 과장해서 보여주려고 하는 태도로는 자기 몫의 인생을 살아갈 수 없습니다. 하나님은 각 사람에게 자기 몫의 인생을 부여하셨습니다. 다른 사람의 인생을 모방한다거나 비난한다고 해서 자신의 인생을 제대로 살아가는 게 아닙니다. 다른 사람의 실수나 잘못을 손가락질할 때, 나머지 손가락들이 누구를 가리키고 있는지 잘 알아야 합니다.

메시지성경은 '티'나 '들보'를 아예 얼굴에 묻은 '얼룩'(a smudge)으로 바꾸어 설명합니다.

> 네 이웃의 얼굴에 묻은 얼룩은 보면서, 자칫 네 얼굴의 추한 비웃음을 그냥 지나치기 쉽다. 네 얼굴이 멸시로 일그러져 있는데, 어떻게 뻔뻔스럽게 '내가 네 얼굴을 씻어 주겠다'고 말하겠느냐? 이는 '내가 너보다 잘 안다'는 사고방식이며, 자기 몫을 살기보다는 남보다 거룩한 척 연기를 하는 것이다. 네 얼굴의 추한 비웃음부터 닦아 내라. 그러면 네 이웃에게 수건을 건네줄 만한 사람이 될지도 모른다(눅 6:41-42, 메시지).

자, 한번 물어볼까요? 우리의 눈에 다른 사람의 얼굴에 묻은 얼룩이 잘 보일까요, 아니면 우리 얼굴에 묻은 얼룩이 잘 보일까요? 물론 다른 사람의 얼룩이 잘 보입니다. 우리가 다른 사람들의 잘못에 민감한 이유는 그것이 우리 눈에 잘 보이기 때문입니다. 그들의 잘못을 보기 위해서 특별히 애를 쓰거나 수고할 필요가 없습니다. 그냥 자연스럽게 눈에 뜨입니다.

그러나 자신의 진실한 모습을 알려면 거울에 비추어 보는 수고가 필요합니다. '남보다 거룩한 척 연기하는 것'은 그다지 어렵지 않습니다. 다른 사람들의 얼굴에 묻은 얼룩을 지적하기만 하면 됩니다. 하지만 '자기 몫의 인생을 사는 것'은 말처럼 쉽지 않습니다. 말씀의 거울에 자신을 자꾸 비추어 보는 노력이 필요하기 때문입니다.

그런데 이 말씀은 사실 '연기자들'을 겨냥한 비판의 소리가 아닙니다. 당시 종교 지도자들 들으라고 하신 말씀도 아닙니다. 오히려 예수님의 보냄을 받을 '사도들'이 새겨들어야 할 말씀입니다. 예수님께 선택되어 그 사역을 이어갈 사도들이 조심해야 할 것은 이와 같은 '바리새인의 누룩'입니다. 사도의 직분에 정직하려면 다른 사람의 잘못이 아니라 자신의 부족함에 민감해야 합니다. 그래야 스스로 교만해져서 다른 사람을 판단하거나 정죄하는 함정에 빠지지 않게 됩니다.

우리도 이 말씀을 귀담아들어야 합니다. 세상의 빛과 소금이 되어 세상을 변화시키며 하나님 나라의 복음을 땅끝까지 전하는 사도가 되려고 한다면, '그런 척하며 사는' 연기자가 아니라 자기 몫의 삶을 겸손하고 진솔하게 살아가는 사람이 되어야 합니다. 다른 사람의 모습과 비교하여 상대적인 착함에 만족하지 말고, 하나님 말씀의 거울에 매일 자신을 비추어 우리의 얼굴에 묻은 얼룩을 지우고 부족함을 채워 나가야 합니다.

참으로 안타까운 것은, 이와 같은 희극이 오늘날에도 여전히 반복되고 있다는 사실입니다. 자기 눈은 판자에 가로막혀 있으면서 다른 사람의 눈에 들어있는 티를 빼내겠다고 덤벼드는 그런 웃기는 일들이 믿음의 공동체 안에서 벌어지고 있습니다. 그것은 주님의 말씀을 신중하게 새겨듣지 못하는 사람이 많다는 증거입니다.

그것 역시 다른 사람이 아니라 우리 자신부터 해결해 나가야 할 문제입니다. 우리 눈을 가리고 있는 판자를 뜯어내고, 우리 마음과 삶에 묻은 얼룩을 깨끗이 제거하기 위하여 언제나 겸손한 마음으로 회개하며 기도해야 합니다. 상대적인 의로움에 취해있는 사람들을 통해서는 결코 하나님의 나라가 확장될 수 없다는 사실을 우리는 잊지 않아야 하겠습니다.

묵상 질문: 나는 예수님을 스승으로 모시고 오직 그분만을 따르고 있는가?

오늘의 기도: 다른 사람을 함부로 평가하고 판단하는 죄에 빠지지 않게 하옵소서. 잘 알지도 못하면서 아는 척하며 함부로 가르치려고 하지 않게 하옵소서. 오직 겸손하게 주님의 가르침에 귀를 기울이며, 언제나 말씀의 거울 앞에서 우리 삶의 얼룩을 깨끗하게 지우며 살아가게 하옵소서. 그렇게 하나님 나라에 쓰임 받는 사도가 되게 하옵소서. 예수님의 이름으로 기도합니다. 아멘.

좋은 나무와 지혜로운 건축가

읽을 말씀: 누가복음 6:43-49

새길 말씀: 듣고 행하지 아니하는 자는 주추 없이 흙 위에 집 지은 사람과 같으니 탁류가

부딪히매 집이 곧 무너져 파괴됨이 심하니라…(눅 6:49).

원수 사랑에 대한 가르침을 마무리하면서, 우리 주님은 원수를 사랑하는 사람이 하나님의 자녀가 될 수 있다고 말씀하셨습니다. 원수 사랑이 하나님 자녀의 정체성을 결정한다는 것입니다. 그러나 우리는 머리로는 그 말씀에 동의하면서 그대로 살지는 못합니다. '무엇을 해야 한다는 것을 아는 것'과 실제로 '그것을 행하며 살아가는 것'은 또 다른 이야기입니다.

'용서'와 '베풂'이 하나님 자녀의 올바른 삶이라는 것을 잘 알지만, 실제로는 너무나 쉽게 다른 사람을 '판단'하고 '정죄'하는 우리 자신을 발견합니다. 먼저 자기 눈에 있는 판자를 제거해야 한다는 말씀에 전적으로 공감하지만, 다른 사람의 눈에 있는 티끌이 더 잘 보이는 것이 우리의 현실입니다. 자기 몫의 삶을 진솔하게 살아야겠다고 다짐하지만, 남에게 잘 보이려는 위선적인

태도가 나도 모르게 불쑥 튀어나오는 것을 어떻게 합니까?

그럴 때 우리는 "마음으로는 하나님의 법을, 육신으로는 죄의 법을 섬긴 다"(롬 7:25)며 탄식했던 사도 바울과 똑같은 심정이 됩니다. 우리는 정말 아는 대로 행하고, 믿는 대로 살아갈 수 없는 존재일까요?

됨됨이의 열매

오늘 본문에서 그 해답을 찾아볼 수 있을 것입니다.

> ⁴³못된 열매 맺는 좋은 나무가 없고 또 좋은 열매 맺는 못된 나무가 없느니라. ⁴⁴나무는 각각 그 열매로 아나니 가시나무에서 무화과를, 또는 찔레에서 포도를 따지 못하느니라(눅 6:43-44).

우선 '못된 열매'(bad fruit)와 '좋은 열매'(good fruit)의 정의부터 내려보아 야 하겠습니다. '못된'이란 형용사는 '썩은', '불결한', '고약한 맛을 내는', '불쾌한' 등의 뜻이 모두 포함되어 있습니다. 따라서 '못된 열매'의 가장 자연스러운 해석은 '식용에 부적당한 열매'입니다. 그러니까 사람이 먹을 수 없는 열매를 맺는 나무가 '못된 나무'(a bad tree)입니다. 그 반대로 '좋은 열매'란 사람이 '먹을 수 있는 열매'입니다. 사람에게 유익을 가져다주는 식용 가능한 맛있는 열매가 '좋은 열매'이고, 그것을 맺는 나무가 '좋은 나무'(a good tree)인 것입니다.

이러한 전제를 가지고 주님이 말씀하시는 창조 질서의 법칙을 생각해보겠 습니다. 그 첫 번째 법칙은 이것입니다. "좋은 나무가 좋은 열매를 맺고, 못된 나무가 못된 열매를 맺는다." 지극히 상식적인 이야기입니다. 못된 열매 맺는 좋은 나무가 없고, 좋은 열매 맺는 못된 나무가 없습니다. 어쩌다가 그렇게 되는 일은 생기지 않습니다.

두 번째 법칙도 마찬가지입니다. "열매를 보면 그 나무를 알 수 있다." 무화과 열매를 맺기 때문에 그 나무는 무화과나무입니다. 포도 열매를 맺기 때문에 포도나무입니다. 가시나무를 심어놓고 무화과를 기대할 수는 없는 일입니다. 아무리 정성스럽게 키운다고 해도 찔레나무에서 포도 열매를 얻을 수는 없습니다. "콩 심은 데 콩 나고, 팥 심은 데 팥 나는 것"이 하나님의 창조 질서요, 자연의 법칙입니다.

이와 같은 법칙을 사람에게 그대로 적용하여 주님은 말씀하십니다.

> **선한 사람은 마음에 쌓은 선에서 선을 내고 악한 자는 그 쌓은 악에서 악을 내나니 이는 마음에 가득한 것을 입으로 말함이니라(눅 6:45)**

이 부분을 새번역성경은 다음과 같이 표현합니다.

> **선한 사람은 그 마음속에 갈무리해 놓은 선 더미에서 선한 것을 내고, 악한 사람은 그 마음속에 갈무리해 놓은 악 더미에서 악한 것을 낸다. 마음에 가득 찬 것을 입으로 말하는 법이다(눅 6:45, 새번역).**

마음속에 선한 것으로 가득 채워진 사람에게서 자연스럽게 선한 말이나 선한 행동이 나옵니다. 마음속에 악한 것으로 가득 채워진 사람은 악한 말과 악한 행동을 할 수밖에 없습니다. 잠시는 그럴듯하게 흉내를 낼 수 있을지는 모릅니다. 그러나 본색이 금방 드러나게 되어 있습니다.

이 말씀을 통해서 주님은 무엇을 가르치려고 하시는 걸까요? 겉으로 드러나는 말과 행동을 고치는 노력만으로는 소용없다는 것입니다. 선한 본성에서 선한 말과 행동이 나오게 된다는 것입니다. 마음속에 선한 것으로 채워져 있어야 합니다. 그렇게 하지 않으면서 겉으로 드러난 잘못된 일을 지적하거나 고치려고 해 보아야 아무런 소용이 없습니다.

이에 대한 메시지성경의 풀이가 쉽게 다가옵니다.

> 먼저 너희는 생명을 주는 삶에서부터 시작해야 한다. 중요한 것은 너희 말과 행동이 아니라 너희 됨됨이다. 참된 말과 행동은 너희의 참된 존재에서 흘러넘치는 것이다 (눅 6:45, 메시지).
>
> It's who you are, not what you say and do, that counts(MSG).

그렇습니다. 정말 중요한 것은 '우리의 됨됨이'입니다. "우리가 누구인가" 하는 정체성이 중요합니다. 만일 우리가 포도나무라면 자연스럽게 포도 열매가 맺혀질 것입니다. 그러나 우리가 본질적으로 찔레나무라면 그것을 아무리 정성스럽게 가꾼다고 해도 포도 열매는 맺히지 않습니다. 따라서 우리 인생에 정말 포도 열매를 기대한다면 우리의 됨됨이가 찔레나무에서 포도나무로 바뀌는 근본적인 변화가 먼저 이루어져야 합니다.

됨됨이의 거듭남

그러면 어떻게 해야 우리의 됨됨이가 바뀔 수 있을까요? 평지설교에서는 그 부분을 자세히 다루지 않습니다. 그러나 다른 곳에서 우리 주님은 '거듭남'(born again)이라는 말로 설명합니다. "사람이 물과 성령으로 거듭나지 않으면 하나님의 나라에 들어갈 수 없다"(요 3:5)라고 분명히 말씀하셨습니다. 또한 "육으로 난 것은 육이요 영으로 난 것은 영"(요 3:6)이라고 말씀하셨습니다. 육에서는 육의 열매를 맺을 수밖에 없습니다. 영으로 거듭나야 영의 열매를 맺을 수 있습니다.

사도 바울은 갈라디아서 5장에서 '육의 열매'와 '영의 열매'를 더욱 명확하게 구분하여 설명합니다. 먼저 육의 열매에 대한 말씀입니다.

> [19]육체의 일은 분명하니 곧 음행과 더러운 것과 호색과 [20]우상 숭배와 주술과 원수 맺는 것과 분쟁과 시기와 분냄과 당 짓는 것과 분열함과 이단과 [21]투기와 술 취함과 방탕함과 또 그와 같은 것들이라. 전에 너희에게 경계한 것 같이 경계하노니 이런 일을 하는 자들은 하나님의 나라를 유업으로 받지 못할 것이요…(갈 5:19-21).

여기에 길게 나열된 것들은 거듭나지 못한 사람들의 육체의 본성에서 나올 수밖에 없는 삶의 열매들입니다. 이런 일을 행하는 사람은 결국 하나님의 나라를 유업으로 받지 못한다고 바울은 분명히 선포합니다. "유업으로 받지 못한다"라는 말은 "하나님의 나라에 들어갈 수 없다"라는 뜻입니다. 그럼 어떻게 해야 합니까? 성령의 다스림을 받는 거듭남이 필요합니다. 그럴 때 다음과 같은 '성령의 열매'를 맺을 수가 있습니다.

> [22]오직 성령의 열매는 사랑과 희락과 화평과 오래 참음과 자비와 양선과 충성과 [23]온유와 절제니 이같은 것을 금지할 법이 없느니라. [24]그리스도 예수의 사람들은 육체와 함께 그 정욕과 탐심을 십자가에 못 박았느니라(갈 5:22-24).

그렇습니다. 육체의 정욕과 탐심을 십자가에 못 박고 다시 태어나야 합니다. 그럴 때 성령의 아홉 가지 열매를 맺으며 살 수 있습니다. 하나님 나라에 들어가려고 아무리 열심히 신앙생활 해도, 우리 안에 육체의 정욕과 탐심이 여전히 살아있으면 아무런 소용이 없는 것입니다. 내가 없어지고 내 안에 성령님이 사셔야 합니다. 그래야 찔레나무가 포도나무로 바뀌게 되고 자연스럽게 포도 열매를 맺게 되는 것입니다.

드디어 평지설교의 결론에 다다르게 되었습니다. 평지설교는 지금까지 우리가 묵상해 온 대로, '4복과 4화'에 대한 말씀과 '원수사랑'에 대한 말씀을 두 축으로 하여 '헤아림'과 '스승'과 '연기자'와 '됨됨이'에 대한 말씀이 첨가된 형태로 구성되었습니다. 이제 마지막으로 마태복음의 산상수훈과 마찬가지로 '건축가' 이야기로 마무리합니다. 지혜로운 건축가와 미련한 건축가는 말씀을 듣고(聽) 행하는(從) 차이에서 구분됩니다.

> ⁴⁶**너희는 나를 불러 주여 주여 하면서도 어찌하여 내가 말하는 것을 행하지 아니하느냐. ⁴⁷내게 나아와 내 말을 듣고 행하는 자마다 누구와 같은 것을 너희에게 보이리라**(눅 6:46-47).

말의 진정성은 그럴듯한 '말'이 아니라 말한 대로 살아가는 '삶'으로 증명됩니다. 예수님을 '주여'라고 고백하는 것은 정말 대단한 일입니다. 당시 로마제국에서 '주'는 신격화한 로마 황제에게나 붙여지는 칭호였기 때문입니다. 그런 상황에서 예수님을 가리켜서 '주님'이라고 고백한다는 것은 보통 믿음이 아닙니다. 그래서 예수님은 "주는 그리스도요 살아계신 하나님의 아들"(마16:16)이라는 베드로의 고백을 들었을 때 그렇게 감격하셨던 것입니다.

그러나 그 말의 진정성은 말한 대로 살아가는 삶으로 증명됩니다. 말은 그럴듯하게 하더라도 만일 행함이 따르지 않는다면, 그 말은 그냥 듣기 좋아하라는 사탕발림 수식어에 불과합니다. 누군가를 '주'라고 부른다면 그것은 자신을 그분의 '종'으로 인정한다는 뜻입니다. 종은 주인이 시키는 대로 하는 사람입니다. 죽으라고 하면 죽는시늉이라도 내는 것이 종입니다.

그런데 주님은 말씀하십니다. "너희는 나를 불러 '주여, 주여' 하면서도 어찌하여 내가 말하는 것을 행하지 아니하느냐." 말로는 '주님'이라고 하면서 정작 주님이 하시는 말씀에는 순종하지 않는다는 것이지요. 이것이야말로 이율배반적인 모습입니다.

어떤 분들은 이 말씀을 하실 때 주님의 마음이 무척 슬프셨을 것으로 생각합니다. 말과 행함이 다른 사람들을 보면서 속상해하며 심지어 그들에게 분노하는 주님의 모습을 충분히 상상해볼 수 있다고 합니다. 그러나 그것은 사람의 생각이고, 주님의 마음에는 기본적으로 분노나 책망이 아니라 긍휼히 여기는 마음이 담겨있습니다. 주님은 그들을 불쌍히 여기는 마음으로 바라보시며 성숙한 믿음으로 초대하고 계십니다.

"내게 나아와 내 말을 듣고 행하는 자마다 누구와 같은 것을 너희에게 보이리라"라는 말씀이 바로 그것을 말해줍니다. 여기에서 우리는 세 가지 동사, 즉 '나온다'(come)와 '듣는다'(hear)와 '행한다'(put into practice)에 주목해야 합니다. 이 세 동사는 모두 현재 분사형으로 되어 있습니다. 이는 계속되는 동작, 즉 믿음의 성장 과정을 가리킵니다. 믿음을 가지려면 먼저 주님께 '나와야' 합니다. 그리고 주님의 말씀을 '들어야' 합니다. 그다음에는 주님의 말씀대로 '행해야' 합니다.

이것은 평지설교를 듣고 있는 세 종류 그룹이 상징하는 믿음의 단계를 의미하기도 합니다. 그들은 '군중'과 '제자들'과 '사도들'입니다. 군중은 단지 무엇인가 볼거리를 찾아서 또는 자신의 필요를 채우기 위해서 나온 사람들입니다. 그들에게 중요한 일은 주님으로부터 무엇인가를 얻어내는 것입니다. 그들과는 달리 제자들은 주님을 쫓아다니며 주님의 말씀을 열심히 듣던 사람들입니다. 주님의 뜻이 무엇인지를 알려고 노력하는 사람들입니다. 그러나 그것으로 충분하지 않습니다.

사도들은 말씀을 삶에 적용하며 행하는 사람들입니다. 나와서 듣는 것으로 만족하지 않고 실제로 그렇게 살아가는 사람들입니다. 예수님의 평지설교는 '사도들'을 겨냥하고 있다고 그랬습니다. 주님은 그들이 그저 나아와 듣는 사람이 되는 것으로 만족하지 않기를 바라셨습니다. 직접 그 말씀대로 살아가는 '보냄을 받은 자(使徒)'로 성장하기를 기대하셨던 것입니다.

이 부분을 메시지성경으로 읽으면 다음과 같습니다.

> 너희는 내게 예의를 갖춰 '예, 선생님', '옳습니다, 선생님' 하면서도, 어째서 내가 명하는 것은 하나도 행하지 않느냐? 내가 너희에게 하는 이 말은, 너희 삶에 덧붙이는 장식이나 너희 생활 수준을 높여주는 리모델링 같은 것이 아니다. 내 말은 주춧돌과 같아서, 너희는 내 말 위에 인생을 지어야 한다(눅 6:46-47, 메시지).

주님의 가르침을 무슨 성인군자가 남겨놓은 고상한 말 정도로 생각하지 말라는 것입니다. 아무리 집을 그럴듯하게 장식하고 수준 있게 리모델링 한다고 하더라도, 만일 그 집의 기초가 잘못되어 있다면 무슨 소용입니까? 주님의 말씀은 장식품이 아니라 주춧돌입니다. 그 말씀에 기초하여 인생을 짓지 않으면 큰일 납니다. 그러니 심각하게 생각해야 합니다.

청종의 결과

인생의 기초를 어디에 두었느냐에 따라서 하늘과 땅의 차이가 만들어집니다. 특히 결정적인 위기의 순간에 그 차이가 분명히 드러납니다.

> [48]집을 짓되 깊이 파고 주추를 반석 위에 놓은 사람과 같으니 큰물이 나서 탁류가 그 집에 부딪히되 잘 지었기 때문에 능히 요동하지 못하게 하였거니와, [49]듣고 행하지 아니하는 자는 주추 없이 흙 위에 집 지은 사람과 같으니 탁류가 부딪치매 집이

곧 무너져 파괴됨이 심하니라 하시니라(눅 6:48-49).

마태복음에는 '반석'과 '모래'가 단순 비교되고 있지만, 누가복음은 흙 속에 감춰진 반석을 찾아서 그 위에 기초를 놓는 수고를 하는 것과 그냥 힘들이지 않고 흙 위에 집을 짓는 것을 비교합니다. 누가복음의 묘사가 훨씬 더 현실적입니다. 생각해보십시오. 상식적으로 '모래' 위에 집을 짓는 사람은 없습니다. 사실상 '모래' 위에 집을 짓는 것이 더 어렵지 않겠습니까?

말씀의 요점은 이것입니다. 듣는 것은 그리 힘든 일이 아닙니다. 그러나 들은 대로 행하는 것, 즉 청종(聽從)은 쉽지 않습니다. 많은 수고가 따라야 합니다. 힘들지만 그렇게 해야 하는 이유가 무엇인가요? 그래야 위기의 순간에 인생의 집이 무너지지 않습니다. 성숙한 믿음은 위기의 순간에 빛나는 것입니다. 이 부분을 메시지성경으로 읽으면 다음과 같습니다.

너희가 내 말을 너희 삶으로 실천하면, 너희는 땅을 깊이 파서 반석 위에 집의 기초를 놓은 현명한 목수와 같다. 강둑이 터져 강물이 들이쳐도, 그 집은 꿈쩍도 하지 않는다. 오래가도록 지어진 집이기 때문이다. 그러나 너희가 내 말을 성경 공부 때만 사용하고 삶으로 실천하지 않으면, 너희는 주춧돌을 생략하고 집을 지은 미련한 목수와 같다. 강물이 불어 집에 들이치자, 그 집은 맥없이 무너지고 말았다. 완전히 유실되고 말았다(눅 6:48-49, 메시지).

여기에서 주님의 말씀을 "성경 공부 때만 사용하고 삶으로 실천하지 않는다"라는 표현이 참 재미있습니다. 정말 그렇습니다. 자기 삶에 실제로 적용되지 않는 성경 지식이 무슨 의미가 있겠습니까?

예를 들어, 복 있는 사람에 대한 말씀을 들었다면 실제로 복 있는 사람으로 살아가야지요. 원수 사랑에 대한 말씀을 들었다면 실제로 원수를 사랑하며 살아가야지요. 판단하거나 정죄하지 말고 용서하고 베풀면서 살라는 말씀을 들었다면 실제로 그렇게 하며 살아가야지요. 그럴 때 말씀의 능력이 우리의 삶을 통해 나타나고, 하나님의 나라가 우리를 통해 확장될 수 있는 것입니다.

청(聽)만 있고 종(從)은 없는 수백 수천 명의 군중보다, 듣고 즉시 순종하는 한 사람의 사도가 하나님 나라를 위해 더 위대한 일을 합니다. 그런 사람이 되라고 주님은 열두 사도를 불러주신 것입니다. 평지설교는 사도를 위한 가르침입니다. 이 가르침에 믿음으로 응답하는 사람들은 누구나 하나님 나라를 위해 쓰임 받는 사도가 될 수 있습니다. 그들을 통해 하나님의 나라가 계속 확장될 것입니다.

묵상 질문: 나는 하나님의 말씀을 청종하고 있는가?

오늘의 기도: 나의 됨됨이가 변화되게 하옵소서. 육의 사람에서 영의 사람으로 변화되게 하옵소서. 여전히 내 삶 깊숙이 뿌리내리고 있는 정욕과 탐심의 쓴 뿌리들이 완전히 뽑히게 하옵소서. 하나님의 말씀을 잘 듣고 순종함으로써 하나님 나라를 위해 귀하게 쓰임 받는 좋은 나무가 되게 하옵소서. 예수님의 이름으로 기도합니다. 아멘.

제 3 막

하나님 나라에 대한
반응

누가복음 7-9장

믿음과 구원의 상관관계

읽을 말씀: 누가복음 7:1-17

새길 말씀: 예수께서 들으시고 그를 놀랍게 여겨 돌이키사 따르는 무리에게 이르시되
내가 너희에게 이르노니 이스라엘 중에서도 이만한 믿음은 만나보지 못하였
노라 하시더라(눅 7:9).

평지설교를 마치시고 예수님은 갈릴리 사역의 중심지였던 가버나움으로
다시 돌아오셨습니다. 이때 두 가지의 놀라운 치유 이적 이야기가 펼쳐지는데,
지금까지와는 달리 사람들의 반응이 특별히 강조됩니다. 이 이야기를 통해서
우리는 믿음과 구원의 상관관계에 대해서 정리해볼 수 있습니다.

축복받는 사람

먼저 어느 백부장의 종이 고침을 받는 이야기부터 살펴보겠습니다.

¹예수께서 모든 말씀을 백성에게 들려주시기를 마치신 후에 가버나움으로 들어가시니라. ²어떤 백부장의 사랑하는 종이 병들어 죽게 되었더니 ³예수의 소문을 듣고 유대인의 장로 몇 사람을 예수께 보내어 오셔서 그 종을 구해 주시기를 청한지라(눅 7:1-3).

'백부장'(a centurion)은 로마 점령군의 장교로서 100명의 부하를 거느린 장교를 말합니다. 이 사람에게 '사랑하는 종'이 있었는데, 그가 죽을병에 걸렸습니다. 예수님이 가버나움에 오셨다는 소문을 듣고 그 종을 고쳐 달라고 요청하게 된 것입니다. 그런데 백부장이 예수님께 직접 오지 않고 '유대인의 장로 몇 사람'을 보내서 부탁합니다.

여기에서 우리는 백부장의 됨됨이에 대한 몇 가지 단서를 발견할 수 있습니다. 우선 그는 종을 사랑했습니다. '종'은 '노예'입니다. 당시에는 주인 마음대로 종을 다룰 수 있었고, 여차하여 죽인다고 하더라도 그것에 대해 누구도 문제를 제기할 수 없었습니다. 그런데 백부장은 그 종을 사랑했습니다. 그래서 병들어 죽게 된 것을 그냥 내버려 둘 수 없었고, 예수님께 고쳐 달라고 부탁하게 되었던 것입니다.

게다가 그는 유대인의 장로들을 예수님께 보냈습니다. 얼핏 보면 직접 찾아오지 않고 다른 사람을 대신 보내는 것이 조금은 교만하게 비칠 수도 있습니다. 그러나 유대인 장로들은 억지로 떠밀려서 오지 않았습니다. 그다음 이야기를 읽어보면 그들이 자발적으로 나섰다는 사실을 알 수 있습니다.

⁴이에 그들이 예수께 나아와 간절히 구하여 이르되 이 일을 하시는 것이 이 사람에게는 합당하나이다. ⁵그가 우리 민족을 사랑하고 또한 우리를 위하여 회당을 지었나이다 하니…(눅 7:4-5).

유대인 장로들이 백부장의 청원을 들어주어야 한다고 예수님에게 간절히 부탁합니다. 이것은 참 이례적인 일입니다. 식민지 주민들이 점령군 장교의 편을 든다는 것도 그렇고, 예수님에게 그다지 호의적이지 않았던 장로들이 그 일에 직접 나선다는 것도 그렇습니다. 그들은 그 이유를 이렇게 설명합니다. "우리를 위하여 회당을 지었나이다."

회당은 유대인 신앙생활의 중심지입니다. 당시 팔레스타인은 로마제국의 변방으로서 다른 지역에 비해서 반란이 자주 일어나는 곳이었습니다. 그래서 사실 로마제국의 입장에서는 통치하기에 아주 힘들고 골치 아픈 지역이었습니다. 점령군의 장교로서 백부장의 임무는 유대인의 일거수일투족을 감시하고 견제하는 것이었습니다.

회당에 모이면 어떤 음모를 꾸밀지도 모르는데, 오히려 회당을 지어 주었다는 것입니다. 그는 보통의 점령군 장교들과는 다른 사고방식을 가지고 있었음이 틀림없습니다. 게다가 만일 그가 지어 준 회당이 베드로의 집 근처에 있는 것이었다면 더욱 특별합니다. 그는 무슨 동기에서 이렇게 한 것일까요?

유대인 장로들의 말에 담겨있습니다. "그가 우리 민족을 사랑합니다!" 식민지 국민을 통제와 억압의 대상으로 보지 않고 사랑의 대상으로 보았다는 것입니다. 그래서 이 백부장은 유대인을 위해서 자신이 할 수 있는 능력을 사용하여 회당을 지어 준 것입니다. 식민지 국민의 호의를 사기 위한 정치적인 제스처가 아니었습니다. 진심으로 사람을 사랑하고 도와주려고 하는 마음을 그는 가지고 있었던 것입니다.

이 점은 종을 구하기 위하여 애쓰는 그의 모습에서도 그대로 드러납니다. 그는 종을 진심으로 사랑하였고, 그 종이 병들어 죽어가는 모습을 그냥 보고 있을 수 없어서, 예수님께 간청하게 된 것입니다. 유대인의 장로들은 이와 같은 백부장의 마음을 너무나 잘 알고 있었습니다. 그래서 자기들이 발 벗고 나서서 예수님을 찾아온 것입니다. 그들은 이렇게 말합니다. "이 일을 하시는 것이 이 사람에게는 합당합니다"(This man deserves to have you do this, NIV).

바로 이것이 전형적인 축복(祝福)입니다. 누군가를 위해서 하나님께 복을 비는 것입니다. 하나님이 아브라함에게 "너를 축복하는 자에게는 내가 복을 내리겠다"(창 12:3)라고 약속하신 것처럼, 이 백부장 또한 사람들이 축복할 만한 모습으로 살았던 것입니다. 점령군의 지배자로서 식민지 국민에게 그와 같은 축복을 받을 수 있었던 이유는 확실합니다. 다른 사람을 긍휼히 여기는 사랑의 마음이었습니다.

단순한 믿음

물론 그게 전부는 아닙니다. 그는 믿음을 가지고 있었습니다.

> ⁶예수께서 함께 가실새 이에 그 집이 멀지 아니하여 백부장이 벗들을 보내어 이르되 주여 수고하시지 마옵소서 내 집에 들어오심을 나는 감당하지 못하겠나이다 ⁷그러므로 내가 주께 나아가기도 감당하지 못할 줄을 알았나이다 말씀만 하사 내 하인을 낫게 하소서 ⁸나도 남의 수하에 든 사람이요 내 아래에도 병사가 있으니 이더러 가라 하면 가고 저더러 오라 하면 오고 내 종더러 이것을 하라 하면 하나이다(눅 7:6-8).

예수님은 유대인 장로들의 부탁을 받고 기꺼이 그들과 함께 가셨습니다. 가는 도중에 백부장이 보낸 또 다른 사람들을 만나는데, 그들에게서 뜻밖의 말을 듣습니다. 예수님이 집에 오시는 것을 감당하지 못하겠다는 것입니다. 이 대목에서 조금 혼란스러워집니다. 아니 와서 고쳐 달라고 부탁할 때는 언제이고, 인제 와서는 왜 갑자기 오지 말라는 것일까요?

두 가지 추측이 가능합니다. 백부장은 실제로 예수님이 오시리라 기대하지 않았을 수도 있습니다. 그런데 직접 오신다는 소식을 전해 듣고 당황했던 것이지요. 다른 하나는, 백부장은 처음부터 예수님이 오실 것을 부탁하지 않았을 수도 있습니다. 이러한 추측은 백부장의 말을 통해서 증명됩니다.

저는 주님을 내 집에 모셔 들일만한 자격이 없습니다. 그래서 내가 주님께로 나아올 엄두도 못 냈습니다(눅 7:6-7a, 새번역).

여기에서 백부장 자신이 예수님에게 직접 나아와 부탁하지 않았던 이유가 밝혀집니다. 감히 주님을 모실만한 자격이 없다고 생각했던 것입니다. 주님은 그의 진실함을 인정하시고 그를 칭찬하셨습니다. 그렇다면 백부장이 유대인 장로들에게 실제로 부탁한 말은 무엇이었을까요? 아마도 "내 사랑하는 종을 구해 달라"는 부탁이었을 것입니다. 그것을 장로들이 전달하면서 '직접 오셔서'라는 말을 붙였겠지요. 그게 보통 사람들의 생각이요 믿음입니다.

눈에 보이는 증거를 요구하는 이유는 믿음과 확신이 없기 때문입니다. 기드온은 '이슬의 증거'를 요구했습니다. 하나님은 부르심에 주저하는 모세에게 지팡이가 뱀이 되는 증거를 보여주셨습니다. 도마는 예수님이 부활하셨다는 것을 도무지 믿지 못했습니다. 자기 눈으로 직접 보지 못했기 때문입니다(요 20:29). 보통 사람은 보여주지 않으면 믿으려고 하지 않습니다.

그러나 백부장의 믿음은 달랐습니다. 주님께서 수고로이 자기 집으로 오실 필요가 없다고 합니다. 그러면서 명령만 하면 종의 병이 치유될 것이라고 말합니다. 군대에서는 '상명하복'(上命下服)의 원칙이 있습니다. 백부장은 그 방식으로 믿음을 표현합니다. 주님은 상관이기 때문에 그냥 명령만 하시면 된다는 것입니다. 아주 단순하지만 이보다 더 강력한 믿음은 없습니다.

주님은 백부장의 말에 감동하셔서서 그를 크게 칭찬하십니다.

⁹예수께서 들으시고 그를 놀랍게 여겨 돌이키사 따르는 무리에게 이르시되 내가 너희에게 이르노니 이스라엘 중에서도 이만한 믿음은 만나지 못하였노라 하시더라. ¹⁰ 보내었던 사람들이 집으로 들어가 보매 종이 이미 나아 있었더라(눅 7:9-10).

예수님은 백부장의 믿음을 '놀랍게' 여기셨습니다. 이스라엘 사람 가운데서도 이런 믿음을 찾아보지 못했다고 하십니다. 예수님이 놀랍게 여기신 것은 의심 없이 믿는 그의 '단순한 믿음'이었습니다. 그렇습니다. 계산해서 믿는 것은 믿음이 아닙니다. 믿을만해야 믿는 것도 마찬가지입니다. 직접 오셔야만, 직접 안수해 주셔야만 병이 고쳐질 수 있다고 생각하는 것은 진정한 믿음이 아닙니다. 메시지성경은 예수님의 칭찬을 다음과 같이 풀이합니다.

하나님을 알고 그분이 일하시는 방식을 훤히 알아야 마땅한 이스라엘 백성 중에서도, 이렇게 단순한 믿음은 아직 보지 못했다(눅 7:9, 메시지).

그렇습니다. 믿음은 단순한 것입니다. 이스라엘 백성은 선민으로서, 하나님의 율법을 받은 백성으로서 마땅히 이런 믿음을 가져야 합니다. 그러나 그런 사람을 아직 만나보지 못했다는 것입니다. 아브라함의 피를 이어받은 자손이라거나 하나님의 말씀에 대한 지식이 있다고 해서 믿음에 특별히 유리하지 않습니다. 믿음은 단순한 것이기 때문입니다. 말씀을 의심 없이 믿는 단순한 믿음(simple trust)이 진정한 믿음입니다.

백부장이 보냈던 사람들이 다시 집으로 돌아가 보니 죽어가던 종이 "이미 나아 있었다"고 합니다. 언제 고침을 받았을까요? 그렇습니다. 예수님께서 백부장의 믿음을 칭찬하시던 바로 그때였을 것입니다. 주님의 칭찬을 받을 때, 병이 고쳐지고 문제가 해결되고 모든 묶임에서 놓임을 받는 놀라운 역사가 나타나는 것입니다.

과부의 독자

출세에 유리한 조건은 있어도, 믿음에 유리한 조건은 없습니다. 누구든지 단순히 믿기만 하면 구원받습니다. 이 대목에서 우리는 믿음과 구원의 상관관계에 대해서 생각해보아야 합니다. 믿음이 정말 구원의 전제조건일까요? 믿음이라는 훈장을 달고 있는 사람만 구원받게 되는 것일까요? 아닙니다. 구원은 하나님의 은혜요 일방적인 하나님의 능력입니다. 믿음을 너무 강조하다가 하나님의 은혜와 능력을 들러리로 만들어버리면 안 됩니다. 바로 그런 이유로 인해서 과부의 독자 이야기가 그다음에 이어지고 있습니다.

> ¹¹그 후에 예수께서 나인이란 성으로 가실새 제자와 많은 무리가 동행하더니 ¹²성문에 가까이 이르실 때에 사람들이 한 죽은 자를 메고 나오니 이는 한 어머니의 독자요 그의 어머니는 과부라. 그 성의 많은 사람도 그와 함께 나오거늘…"(눅 7:11-12).

나인성은 가버나움에서 하룻길쯤 떨어져 있는 곳에 있습니다. 예수님은 한곳에 오래 머무르지 않으셨습니다. 가능한 한 많은 동네로 가서서 복음을 전해야 했기 때문입니다. 예수님 일행이 나인성에 다다랐을 때 마침 성문을 통해서 밖으로 나오던 장례 행렬을 만나게 되었습니다. 공교롭게도 한 무리는 들어가고 한 무리는 나오다가 성문 앞에서 서로 만나게 된 것입니다.

장례의 주인공은 과부 어머니의 하나밖에 없는 아들이었습니다. 이보다 더 슬픈 죽음은 아마 없을 것입니다. 남편과 사별하고 과부로 혼자서 살아간다는 것은 예나 지금이나 참으로 힘겨운 일입니다. 그래도 이 과부에게는 아들이라는 희망이 있었습니다. 그런데 그 아들이 어떤 이유에서인지 갑자기 죽은 겁니다. 이럴 때 우리는 '하늘이 무너진다'라는 표현을 씁니다. 이 과부는 하늘이 무너지는 경험을 두 번씩이나 하게 된 것입니다.

유대의 장례는 죽은 당일에 치러집니다. "그 성의 많은 사람도 함께 나왔다"라고 하는데, 이들은 아마도 과부의 딱한 사정을 잘 아는 동네 사람들이었을 것입니다. 그래서 많은 사람이 함께 애도하게 되었을 것입니다. 그러나 그들이 할 수 있는 일이라곤 기껏해야 과부와 함께 곡하는 것이 전부였습니다. 바로 그때, 그 절망과 슬픔의 현장에 예수님이 등장하신 것입니다. 예수님으로 인해 절망과 슬픔이 희망과 기쁨으로 바뀌게 됩니다.

> ¹³주께서 과부를 보시고 불쌍히 여기사 울지 말라 하시고 ¹⁴가까이 가서 그 관에 손을 대시니 맨 자들이 서는지라. 예수께서 이르시되 청년아 내가 네게 말하노니 일어나라 하시매 ¹⁵죽었던 자가 일어나 앉고 말도 하거늘 예수께서 그를 어머니에게 주시니…(눅 7:13-15).

주님은 과부를 보고 "불쌍히 여기셨다"라고 합니다. 이 말은 동정과 연민을 표시하는 가장 강한 말입니다. 메시지성경은 이렇게 풀이합니다. "예수께서 여자를 보시고 가슴이 미어지셨다"(When Jesus saw her, His heart broke. MSG). 주님은 슬픔의 현장에서 동정의 눈물 몇 방울 흘리는 그런 분이 아닙니다. 주님은 아파하는 자들과 함께 실제로 아파하십니다.

주님은 장례 행렬이 그냥 지나가도록 하지 않으셨습니다. 가까이 가서 그 관을 멈추게 하셨습니다. 그리고 명령하십니다. "청년아, 내가 네게 말하노니 일어나라." 죽은 자에 대해서 해줄 수 있는 말이 우리에게는 없습니다. 기껏해야 산 자들을 위로할 뿐입니다. 그러나 주님은 다릅니다. 죽은 자를 향해서 직접적으로 '일어나라'고 명령하십니다. 예수님은 생명의 주인이시며, 산 자와 죽은 자의 주님이심을 증명하는 순간입니다. 놀랍게도 그 청년은 즉시 일어나서 앉고 말도 하게 되었습니다.

그런데 이 이야기에서 우리가 주목해야 할 것은, 그 누구에게도 '믿음'이 있었다는 설명이 나오지 않는다는 사실입니다. 다시 말해서 믿음과 상관없는 구원의 역사가 일어난 것입니다. 백부장의 종이 고침을 받은 사건에서는 백부장의 믿음이 중요한 요인이 되었지요. 그러나 과부의 독자가 살아난 이야기에서는 믿음과 상관없이 더 놀라운 이적이 일어난 것입니다. 이 두 가지 이야기를 통해서 주님은 우리에게 무얼 말씀하고 계시는 것일까요?

오늘날 이른바 '믿음 만능주의'에 빠져있는 그리스도인이 적지 않습니다. 믿기만 하면 무엇이든지 가능하다는 믿음입니다. '큰 믿음'을 가지기만 하면 불가능한 일이 없다고 가르치는 목사님과 교회가 많습니다. 심지어 "믿음, 소망, 사랑 중에 제일은 믿음"이라고 주장하는 사람도 있습니다. 그러나 분명히 알아야 합니다. 우리는 하나님의 능력을 믿는 것이지, 우리 기도의 능력이나 믿음의 능력을 믿는 게 아닙니다.

우리는 하나님을 믿음으로 구원받습니다. 그러나 믿음은 자격 있는 소수의 사람이 달고 다니는 어떤 계급장이나 훈장이 아닙니다. 이 세상에 그렇게 완벽한 믿음을 가진 사람은 하나도 없습니다. 우리 믿음은 초라하고 많이 부족합니다. 그런데도 우리를 긍휼히 여기시는 하나님의 은혜로 우리는 구원받습니다. 믿음과 전혀 상관없던 과부의 독자가 죽음에서 구원받은 것은 바로 주님의 긍휼하심 때문입니다.

자, 이 놀라운 사건을 목격한 사람들은 어떤 반응을 보였을까요?

[16]모든 사람이 두려워하며 하나님께 영광을 돌려 이르되 큰 선지자가 우리 가운데 일어나셨다 하고 또 하나님께서 자기 백성을 돌보셨다 하더라. [17]예수에 대한 이 소

문이 온 유대와 사방에 두루 퍼지니라(눅 7:16-17).

여기에서 우리는 특별히 "하나님께서 자기 백성을 돌보셨다"는 말에 주목해야 합니다. NIV성경은 "하나님께서 자기 백성을 돕기 위해 오셨다" (God has come to help his people.)라고 표현합니다. 예수 그리스도를 통해서 하나님이 이 땅에 오셨다는 사실을 사람들이 알기 시작한 것입니다. 이것이 중요합니다. 예수님을 아무리 좋게 평가해도 예수님의 하나님 되심을 인정하고 고백하지 않으면 아무 소용 없습니다.

백부장의 종 치유 사건은 먼저 믿음으로 구원받는 이야기라면, 과부의 독자 부활 사건은 먼저 구원받고 나서 그것을 믿음으로 고백하는 이야기입니다. 어떤 것이든 구원은 하나님의 은혜입니다. 믿음도 하나님의 은혜입니다. 먼저 믿든지 나중에 믿든지, 우리는 하나님의 놀라운 능력과 한없는 사랑과 은혜를 믿는 것입니다. 그리고 예수님을 하나님으로 고백하는 것입니다. 그 믿음을 통해서 하나님 나라는 지금도 계속 확장되고 있습니다.

묵상 질문: 나를 진심으로 축복해주는 사람들이 주변에 있는가?
오늘의 기도: 직접 보아야만 믿겠노라 고집하는 우리의 믿음 없음을 긍휼히 여기시옵소서. 하나님의 말씀을 의심 없이 있는 그대로 받아들이는 단순한 믿음을 우리에게도 허락해주옵소서. 그리하여 하나님의 구원을 우리의 삶을 통해 펼쳐가는 일에 쓰임 받게 하옵소서. 예수님의 이름으로 기도합니다. 아멘.

세례 요한의 의심

읽을 말씀: 누가복음 7:18-28

새길 말씀: 예수께서 대답하여 이르시되 너희가 가서 보고 들은 것을 요한에게 알리되 맹인이 보며 못 걷는 사람이 걸으며 나병환자가 깨끗함을 받으며 귀먹은 사람이 들으며 죽은 자가 살아나며 가난한 자에게 복음이 전파된다 하라. 누구든지 나로 말미암아 실족하지 아니하는 자는 복이 있도다 하시니라(눅 7:22-23).

세례 요한은 예수님에게 세례를 베푼 사람이었습니다. 또한 성령의 감동으로 예수님이 누구신지 가장 먼저 알아본 사람입니다. 누가복음에는 예수님에 대한 세례 요한의 직접적인 증언이 나오지 않지만, 요한복음에 따르면 예수님을 보자마자 '세상 죄를 지고 가는 하나님의 어린 양'이라고 선언합니다(요 1:29). 그리고 자기의 제자 둘을 설득하여 예수님을 따라가게 했습니다(요 1:40).

그는 예수님의 메시아 사역이 가능하도록 길을 열어준 사람입니다. 심지어 주님이 흥하기만 한다면 자신은 쇠하여도 좋다고 말하기까지 했습니다(요 3:30). 주님이 무대의 주인공이 되신다면 자신은 얼마든지 허드렛일하는 사람이 되어도 좋다고 생각했습니다. 그런데 오늘 본문에 보면, 세례 요한의 확고한 신념이 사라지고 마치 예수님을 의심하는 듯한 태도를 보이기까지 합니다.

그 이유가 무엇이었을까요? 그동안 그에게 무슨 일이 있었던 것일까요? 그리고 누가는 왜 세례 요한이 의심하는 이야기를 여기에 기록하고 있는 것일까요?

세례 요한의 실망

세례 요한의 의심은 예수님의 초반기 사역에 대한 실망감의 표현이었습니다.

> [18]요한의 제자들이 이 모든 일을 그에게 알리니 [19]요한이 그 제자 중 둘을 불러 주께 보내어 이르되 오실 그이가 당신이오니이까 우리가 다른 이를 기다리오리이까 하라 하매 [20]그들이 예수께 나아와 이르되 세례 요한이 우리를 보내어 당신께 여쭈어 보라 고 하기를 오실 그이가 당신이오니이까 우리가 다른 이를 기다리오리이까 하더이다 하니…(눅 7:18-20).

세례 요한은 헤롯 안디바에게 바른말을 하다가 체포되어 지금 사해 동쪽 산언덕에 있는 마케루스(Machaerus) 요새에 갇혀있습니다. 비록 몸은 이곳에 억류되어 있지만, 그의 제자들을 통해서 예수님의 소식을 전해 듣고 있었습니다. 다시 말해서 세례 요한의 관심은 온통 예수님에게 쏠려있었던 것입니다. 예수님이 갈릴리에서 어떤 일을 하시는지, 어떤 말씀을 하시는지 귀를 쫑긋 세우고 듣고 있었습니다. 그만큼 세례 요한은 메시아로서 예수님에게 큰 기대를 품고 있었습니다.

그런데 기대가 너무 컸던 탓일까요, 그는 예수님에 대해서 적잖이 실망한 것처럼 보입니다. 제자 둘을 보내어 전한 말에서 우리는 그의 실망을 읽을 수 있습니다. 메시지성경이 아주 잘 표현합니다. "우리가 기다려 온 분이 선생님이십니까? 아니면 아직도 기다려야 합니까?"(눅 7:20, 메시지).

지금까지 예수님의 초반기 사역을 멀리서 지켜보니까, 예수님이 정말 메시아인지 아닌지 더 이상 확신할 수 없게 되었던 것입니다. 그런데 왜 그렇게 생각하게 되었을까요? 어떤 점에서 예수님이 자기가 생각하는 메시아가 아닐지도 모른다고 의심하게 되었을까요? 오늘 본문에서는 그 내용을 찾아볼 수 없지만, 광야에서 사람들에게 선포하던 세례 요한의 말에 그 단서가 있습니다.

요단강에서 세례를 베풀던 때의 이야기입니다. 요한의 인기가 점점 높아지자, 사람들은 그가 메시아일지도 모른다고 생각하게 되었습니다. 그것을 알고 세례 요한은 한 마디로 잘라서 이렇게 말했습니다.

> 16요한이 모든 사람에게 대답하여 이르되 나는 물로 너희에게 세례를 베풀거니와 나보다 능력이 많으신 이가 오시나니 나는 그의 신발 끈을 풀기도 감당하지 못하겠노라. 그는 성령과 불로 너희에게 세례를 베푸실 것이요 17손에 키를 들고 자기의 타작 마당을 정하게 하사 알곡은 모아 곳간에 들이고 쭉정이는 꺼지지 않는 불에 태우시리라(눅 3:16-17).

세례 요한은 정체성이 분명했습니다. 그는 메시아가 아니라 메시아의 길을 준비하는 사람이었습니다. 그가 '회개의 세례'를 베풀었던 것도 그 때문이었습니다. 그런데 왜 하필 '회개의 세례'일까요? 요한이 생각하는 메시아는 '구원자'가 아니라 '심판자'였기 때문입니다. 손에 키를 들고 알곡과 쭉정이를 구분하여 알곡은 곳간에, 쭉정이는 꺼지지 않는 불에 태우시는 그런 무서운 심판자였습니다. 그래서 메시아의 심판을 받지 않으려면 빨리 죄를 회개해야 하고 그 증거로서 세례를 받아야 한다고 가르쳤던 것입니다.

그런데 예수님이 지금까지 행하시는 사역을 보니까 자신의 기대에 미치지 못하는 것입니다. 예수님이 정말 심판자 메시아라면 지금쯤에는 쭉정이 같은 놈들은 다 쓸어버려 불태우고 자기와 같은 알곡들은 모아서 높이 세워주시는 그런 천지개벽을 일으켜야 합니다. 그러나 자신은 여전히 억울한 옥살이를 하는 중이고 헤롯 왕이나 로마의 압제자들은 여전히 기세등등한 현실입니다. 그러니 예수님에 대해서 의심이 생겨날 수밖에요. 그래서 또 다른 메시아를 기다려야 하는 것은 아닌지 고민하게 된 것입니다.

잘못된 기대

세례 요한의 실망이 과연 정당한 것이었을까요? 예수님이 뭐라고 대답하셨는지 살펴보겠습니다.

> [21]마침 그때에 예수께서 질병과 고통과 및 악귀 들린 자를 많이 고치시며 또 많은 맹인을 보게 하신지라. [22]예수께서 대답하여 이르시되 너희가 가서 보고 들은 것을 요한에게 알리되 맹인이 보며 못 걷는 사람이 걸으며 나병환자가 깨끗함을 받으며 귀먹은 사람이 들으며 죽은 자가 살아나며 가난한 자에게 복음이 전파된다 하라. [23]누구든지 나로 말미암아 실족하지 아니하는 자는 복이 있도다 하시니라(눅 7:21-23).

요한의 제자들에게 질문을 받았을 때, 마침 온갖 질병을 앓던 사람들이 예수님을 찾아왔습니다. 그리고 예수님은 언제나 그러셨듯이 그들을 일일이 고쳐주셨습니다. 세례 요한의 제자들은 현장에서 그것을 직접 목격했습니다.

그러고 나서 예수님은 그들에게 이렇게 대답하셨습니다. "방금 너희가 보고 들은 것을 가서 요한에게 알려라."

그러면서 고향 나사렛 회당에서 읽으신 이사야 본문(눅 4:18-19)과 비슷한 말씀을 덧붙이셨습니다. 눈먼 사람이 보고 저는 사람이 걷고 나병환자가 깨끗해지고 귀먹은 사람이 듣고 죽은 사람이 살아나며 이 땅의 불쌍한 사람들에게 복음이 전파된다면, 그것이야말로 메시아가 오셨다는 증거가 아니겠느냐는 것입니다. 실제로 나사렛 회당에서도 "너희가 들은 성경 말씀이 역사가 되었다"(눅 4:21, 메시지)라고 말씀하셨습니다. 다른 말로 바꾸면 "내가 곧 메시아다!"라는 선언이었습니다.

예수님은 하나님의 아들로서 무슨 일을 어떻게 해야 하는지 처음부터 분명하게 알고 계셨습니다. 그것은 '구원자 메시아'입니다. 세례 요한은 '심판자이신 메시아'를 기대했지만, 예수님은 '구원자이신 메시아'로 이 땅에 오셨던 것입니다. 그렇다면 예수님에 대한 세례 요한의 실망은 과연 정당할까요? 아닙니다. 정당하지 않습니다. 예수님에 대한 기대가 너무 커서 실망도 컸던 것일까요? 그것도 아닙니다. 단지 기대가 달랐기에 실망이 컸을 뿐입니다. 메시아 사역에 대한 근본적인 이해의 차이가 예수님과 세례 요한 사이에 놓여있었던 것입니다.

우리 주님은 이 세상을 심판하려고 오지 않았습니다. 오히려 이 세상을 구원하기 위하여 오셨습니다.

하나님이 그 아들을 세상에 보내신 것은 세상을 심판하려 하심이 아니요 그로 말미암아 세상이 구원을 받게 하려 하심이라(요 3:17).

사람이 내 말을 듣고 지키지 아니할지라도 내가 그를 심판하지 아니하노라. 내가 온 것은 세상을 심판하려 함이 아니요 세상을 구원하려 함이로라(요 12:47).

이 세상을 향한 주님의 관심은 분명합니다. '심판'이 아니라 '구원'입니다. 심지어 주님의 말씀을 듣고 지키지 않는다고 하더라도 당장에 하늘에서 불을 내리거나 벼락을 쳐서 심판하려고 하지 않으십니다. 오히려 더욱 큰 사랑으로 감싸시고 구원하려고 하십니다. 이와 같은 주님의 마음이 아니었다면, 우리는 아무도 구원받지 못했을 것입니다.

그러면서 "나로 말미암아 실족하지 아니하는 자는 복이 있다"(23절)고 말씀하십니다. 이는 세례 요한에게 하시는 말씀입니다. 그는 예수님 때문에 실족했습니다. 아니 사실은 예수님 때문이 아니라, 자기의 잘못된 기대 때문에 실족한 것입니다. 하나님의 뜻을 앞세우지 않고 자기의 기대와 소망을 앞세우면 그렇게 됩니다.

그래서 바울은 "하나님의 선하시고 기뻐하시고 온전하신 뜻이 무엇인지 분별하도록 하라"(롬 12:2)고 권면했습니다. 하나님의 뜻을 분별하여 그 뜻대로 살아가면 실족할 일도 없습니다. 따라서 우리의 마음속에 의심의 구름이 일어난다면, 우리의 관심이 하나님의 관심과 같은지를 먼저 점검해보아야 합니다. 대부분 우리의 기대가 하나님의 기대와 달라서 의심하고 실망하기 때문입니다. 그런 의미에서 세례 요한은 우리에게 참 좋은 타산지석(他山之石)이 되었습니다.

예수님의 칭찬

요한의 의심은 예수님에게 큰 부담으로 작용했을 게 분명합니다. 왜냐하면 요한이 예수님에 대한 지지를 공개적으로 철회하는 것처럼 사람들에게 보일 수도 있기 때문입니다. 당시 세례 요한의 영향력을 생각해보면, 예수님에 대한 그의 부정적인 표현은 얼마든지 예수님이 펼쳐가시는 하나님 나라 운동에 부정적인 영향을 끼칠 수도 있습니다.

세례 요한이 보낸 제자들은 예수님의 답변을 듣고 돌아갔습니다. 그런 후에, 주님은 그를 따르는 무리에게 도리어 세례 요한을 칭찬하는 말씀을 하십니다.

> [24]요한이 보낸 자가 떠난 후에 예수께서 무리에게 요한에 대하여 말씀하시되 너희가 무엇을 보려고 광야에 나갔더냐 바람에 흔들리는 갈대냐 [25]그러면 너희가 무엇을 보려고 나갔더냐 부드러운 옷 입은 사람이냐 보라 화려한 옷을 입고 사치하게 지내는 자는 왕궁에 있느니라 [26]그러면 너희가 무엇을 보려고 나갔더냐 선지자냐 옳다 내가 너희에게 이르노니 선지자보다도 훌륭한 자니라(눅 7:24-26).

만일 우리라면 이럴 때 어떻게 했을까요? 아마도 요한과 완전히 등 돌리고 말았을 것입니다. 제대로 알지도 못하고 스스로 실망한 사람에 대해서 굳이 칭찬할 이유는 없습니다. 예수님을 따르던 무리도 그렇게 생각했을 것입니다. 그러나 주님은 정반대의 태도를 보이십니다. 세례 요한에 대해서 극진하게 칭찬하십니다. 요한은 예수님으로 인해 실족했지만, 예수님은 그로 인해 실족하지 않았습니다. 그 이유가 무엇일까요?

예수님은 무리에게 다음과 같이 물었습니다. "너희가 무엇을 보려고 광야에 나갔더냐? 바람에 흔들리는 갈대냐?" 이는 '광야에서 외치는 자의 소리'였던 세례 요한을 염두에 두고 한 말씀입니다. 광야에서 외치는 세례 요한에게 어떤 기대를 품고 나갔는지를 물어보는 것입니다. 그래서 이 부분을 메시지성경은 "그를 보러 광야로 나갈 때 너희는 무엇을 기대했느냐? 주말을 쉬러 나온 사람이더냐?"라고 풀이합니다.

광야에서 부드러운 옷을 입은 사람을 기대한다면 틀림없이 실망하게 되어 있습니다. 광야는 거친 곳입니다. 거기에서는 낙타 털 옷과 지팡이가 잘 어울리지, 양복을 잘 차려입은 모습은 전혀 어울리지 않습니다. 화려한 옷을 입은 사람은 왕궁에서 찾아야 합니다. 무슨 뜻입니까? 세례 요한의 진짜 모습을 기대해야지, 그러지 않으면 실족할 수밖에 없다는 것입니다. 기대가 다르면 실망하게 되어 있습니다.

그렇다면 세례 요한의 진짜 모습은 무엇입니까? 그는 '선지자'입니다. 그는 '광야에서 외치는 자의 소리'입니다. 그는 하나님의 모든 계획을 알지도 못하고, 또한 알 수도 없습니다. 그는 단지 자기에게 맡겨진 일을 하고, 자기에게 주어진 말씀만 전할 뿐입니다. 선지자로서 세례 요한은 그 어떤 선지자보다 훌륭한 사람입니다. 그것을 알고 있으면 요한에 대해 실망할 것이 전혀 없습니다.

예수님은 세례 요한을 너무나 잘 알고 계셨기에 그로 인해 실족하지 않으셨습니다. 그가 어떤 일을 하러 온 사람인지 잘 알고 있는데 실망할 이유가 없지요. 오히려 너그럽게 칭찬하는 여유도 생겨나는 것입니다.

> 27기록된 바, '보라 내가 내 사자를 네 앞에 보내노니 그가 네 앞에서 네 길을 준비하리라.' 한 것이 이 사람에 대한 말씀이라. 28내가 너희에게 말하노니 여자가 낳은 자 중에 요한보다 큰 자가 없도다. 그러나 하나님의 나라에서는 극히 작은 자라도 그보다 크니라 하시니…(눅 7:27-28).

세례 요한의 역할은 말라기의 예언(말 3:1)대로 예수님의 오심을 준비하는 것이었습니다. 그는 자기에게 맡겨진 역할에 충실했습니다. 광야에서 외치는 자의 소리로 주님의 오심을 준비했고, 예수님에게 세례를 베풂으로 주님의 공생애 사역을 시작하게 했습니다. 그것으로 충분합니다. 그만큼 충성스럽게 자기에게 주어진 사역을 감당한 사람이 없습니다. 그래서 주님은 "여자가 낳은 자 중에 요한보다 큰 자가 없다"라고 칭찬하십니다.

만일 예수님이 세례 요한의 실족한 모습이나, 의심하고 실망하는 말을 곱씹어 생각했다면 이렇게 칭찬할 수 없었을 것입니다. 그러나 주님은 세례 요한의 부족한 부분에 집중하지 않고 그가 해야 했고, 또한 해낼 수 있었던 일에 집중하셨습니다. 그래서 세례 요한을 칭찬할 수 있었던 것입니다. 그와 동시에 주님은 그가 완벽한 사람이기에 칭찬한 건 아님을 밝히십니다. "하나님 나라에서는 극히 작은 자라도 그보다 크다"라는 말씀이 바로 그런 뜻입니다.

메시지성경은 이렇게 풀이합니다. "역사상 그 누구도 세례자 요한보다 나은 사람은 없다. 그러나 그가 너희에게 준비시킨 하나님 나라에서는 가장 낮은 사람이라도 요한보다 앞선다"(눅 7:28, 메시지). 여기에서 우리는 세례 요한에 대한 칭찬이 예수님을 따르는 제자들의 무리와 사도들에 대한 칭찬과 격려로 확대되고 있는 것을 봅니다. 만일 그들이 하나님 나라에 들어간다면 세례 요한보다 앞서는 사람이 될 것이라는 칭찬입니다.

물론 한가지 전제가 있습니다. 세례 요한에 대해서 실망하지 않는 것입니다. 세례 요한의 부족한 부분을 보고, 그것을 타산지석(他山之石)으로 삼아 똑같은 잘못을 범하지 않으면 됩니다. 그렇게 준비되어서 하나님 나라에 들어가기 때문에 세례 요한보다 더 나은 사람이 되어 있는 것입니다.

『칭찬은 고래도 춤추게 한다』라는 제목의 책이 있습니다. 예수님이야말로 칭찬과 격려의 진정한 고수이십니다. 그래서 메시아이십니다. 주님은 자신의 메시아 됨에 의문을 제기하는 세례 요한을 도리어 칭찬하셨습니다. 그의 부족한 부분이 아니라 맡겨진 역할에 충실했던 진짜 세례 요한의 모습을 잘 아셨기 때문입니다. 또한 주님을 따르던 무리가 세례 요한의 문제 제기로 실족하지 않게 칭찬하고 격려하셨습니다. 바로 이것이 우리가 품어야 할 주님의 마음입니다.

우리가 다른 사람들에 대해서 실망하는 진짜 이유는 그를 완벽한 사람으로 생각하는 잘못된 기대 때문입니다. 우리의 기대와 다르니 실망할 수밖에요. 예수님이 펼쳐가는 하나님의 나라도 마찬가지입니다. 우리가 다른 생각이나 기대를 품게 되면 세례 요한처럼 실망할 수밖에 없습니다. 그래서 우리는 먼저 하나님의 나라와 그의 의를 구해야 합니다. 하나님의 기대에 우리의 생각을 조율해야 합니다. 그럴 때 하나님의 나라는 우리에게 복음이 되고, 이 땅에서부터 하나님 나라의 기쁨과 즐거움을 맛보면서 살아가게 되는 것입니다.

묵상 질문: 나는 하나님에 대해서 실망해 본 적은 없는가? 그 실망이 과연 정당한 것이었는가?

오늘의 기도: 먼저 하나님의 나라를 구하게 하옵소서. 어떤 경우에도 하나님의 뜻보다 앞서지 않게 하옵소서. 우리의 마음에 의심의 구름이 일어날 때마다 엎드려 기도함으로 하나님의 온전한 뜻이 무엇인지 분별하게 하옵소서. 그리하여 하나님 나라의 길을 활짝 열어가는 복음의 일꾼이 되게 하옵소서. 예수님의 이름으로 기도합니다. 아멘.

이 세대 사람의 반응

읽을 말씀: 누가복음 7:29-35

새길 말씀: 또 이르시되 이 세대의 사람을 무엇으로 비유할까, 무엇과 같은가, 비유하건
대 아이들이 장터에 앉아 서로 불러 이르되 우리가 너희를 향하여 피리를 불어
도 너희가 춤추지 않고 우리가 곡하여도 너희가 울지 아니하였다 함과 같도
다(눅 7:31-32).

세례 요한은 자기의 기대와 다른 예수님의 사역에 대해서 실망하고
의심했습니다. 그러나 예수님은 세례 요한에 대해서 칭찬을 아끼지 않으셨습
니다. 지금은 비록 흔들리는 모습을 보이고 있지만, 그는 자신에게 주어진
본래의 사역에 대해서 충성스러운 사람이었습니다. 예수님은 그것을 너무나
도 잘 알고 계셨기에 세례 요한에 대해서 실망하지 않고 오히려 그를 칭찬할
수 있었던 것입니다.

그렇습니다. 그 사람의 정체를 정확하게 알면 실망하지 않습니다. 제대로
알지 못하면서 무턱대고 기대만 크게 가지면 반드시 실망하게 되어 있습니다.

하나님에 대해서도 마찬가지입니다. 하나님 때문에 실족하는 사람들이 더러 있습니다. 그것은 하나님의 나라와 하나님의 뜻에 대해서 제대로 알지 못하기 때문입니다. 그래서 자신의 기대와 다른 결과에 실망하고 낙심하는 것이지요.

거절하는 사람들

우리 주님은 세례 요한에 대해서 "여자가 낳은 자 중에 요한보다 큰 자가 없다"(26절)고 칭찬하셨습니다. 그 말씀에 대한 사람들의 반응이 두 갈래로 나누어집니다.

> ²⁹모든 백성과 세리들은 이미 요한의 세례를 받은지라. 이 말씀을 듣고 하나님을 의롭다 하되 ³⁰바리새인과 율법 교사들은 그의 세례를 받지 아니함으로 그들 자신을 위한 하나님의 뜻을 저버리니라(눅 7:29-30).

사람들은 '요한의 세례를 받은 사람들'과 '요한의 세례를 받지 않은 사람들'의 두 그룹으로 나누어집니다. '모든 백성'과 '세리들'은 전자에, '바리새인'과 '율법 교사'는 후자에 해당합니다. 요한이 선포한 세례는 '회개의 세례'였습니다. 요한은 죄를 고백하고 회개하라고 촉구하였고, 그렇게 하는 사람들에게 회개의 증거로 세례를 베풀었습니다.

요한에게 세례를 받은 사람은 기본적으로 자기의 죄와 부족함을 인정하는 사람이었습니다. 그와 대조적으로 요한에게 세례를 받지 않은 사람은 회개할 필요를 전혀 느끼지 못한 사람이었습니다. 따라서 세례 요한에 대한 예수님의 칭찬에 서로 다른 반응을 보인 것은 아주 자연스러운 일입니다. 그러나 두 그룹 사이에는 그보다 더 근본적인 차이가 있었습니다. 그것은 하나님의 뜻을 받아들이는 태도의 차이였습니다.

요한에게 세례를 받은 모든 백성과 세리들은 예수님의 말씀을 듣고 나서 "하나님은 의롭다"고 합니다. NIV성경은 이를 "하나님의 길이 옳다"(God's way was right.)고 풀이합니다. 그러나 세례를 받지 않은 바리새인과 율법 교사는 "그들 자신을 위한 하나님의 뜻을 저버렸다"고 합니다. NIV성경은 "그들을 향한 하나님의 목적을 거절했다"(rejected God's purpose for themselves)라고 풀이합니다. 그러니까 하나님의 길과 뜻을 받아들이는 데 근본적인 차이가 있었던 것입니다.

하나님의 뜻에 대해서 순응적인 태도를 가진 사람들은 어떻게든 '회개의 세례'를 받습니다. 그들은 자신의 부족함을 인정하고 회개하는 겸손한 사람들입니다. 반면 하나님의 뜻에 대하여 반항하고 거부하는 사람들은 절대로 세례를 받지 않습니다. 말로는 자신이 너무 부족해서 세례를 받을 수 없다고 합니다. 지은 죄가 너무 커서 감히 교회에 나올 수 없다고 말하기도 합니다. 그러나 그것은 한낱 핑계일 뿐, 실제로는 하나님의 뜻을 완강히 거부하고 있는 것입니다.

만일 그들의 말처럼 자신의 죄와 부족함을 진심으로 인정한다면, 하나님의 초대에 응하여 나오지 않을 수가 없습니다. 자기 죄를 인정하지 않기 때문에 하나님 앞에 나와서 회개하지 않는 것입니다. 이것이야말로 말과 행동이 다른 전형적인 예입니다. 이것은 '겸손을 가장한 교만함'입니다. 그런 사람들은 어떤 명분이나 핑계를 대더라도 결국은 하나님의 뜻을 받아들이지 않습니다.

두 그룹의 차이는 다른 사람의 실수와 잘못을 대하는 태도에서도 분명히 드러납니다. 자신의 부족함을 인정하고 겸손하게 회개하는 사람들은 다른 사람의 잘못에 대해서 너그럽습니다. 예수님이 세례 요한의 부족함을 덮어주시고 오히려 그를 칭찬해 주셨을 때, 회개의 세례를 받은 사람들은 주님의 말씀을 그대로 받아들입니다. "하나님의 길이 옳다!"라는 것을 인정합니다.

그러나 바리새인들과 율법 교사는 주님의 말씀을 받아들이지 않습니다.

세례 요한도 거절하고, 예수님도 거절하고, 하나님의 뜻도 거절합니다. '자기의 길'이 옳다고 생각하기 때문입니다. 그들이 회개의 세례를 받지 않은 이유입니다. 그들의 기본적인 태도는 '수용'이 아니라 '거절'입니다. '순종'이 아니라 '불순종'입니다. '회개'가 아니라 '고집'입니다. 다른 사람들은 무조건 틀렸고 자기들만 옳다고 생각합니다.

심지어 그들은 하나님에 대해서도 인정하지 않습니다. 겉으로는 하나님의 계명을 철저히 지키며 하나님을 섬기는 것 같지만, 실상은 하나님의 뜻을 거절하는 사람들입니다. 자기 생각이나 판단이 얼마든지 틀릴 수도 있다는 걸 인정하려고 하지 않습니다. 오히려 불경스럽게도 하나님이 틀릴 수도 있다고 주장합니다. 그래서 그들은 결국 예수님을 영접하지 않았고, 오히려 십자가에 처형하는 일에 앞장서게 된 것입니다.

하나님의 뜻을 거절하는 사람은 다른 사람들을 거절합니다. 그러나 하나님의 뜻에 순종하는 사람들은 다른 사람들도 너그럽게 받아들입니다. 하나님 앞에 교만한 사람들은 다른 사람에 대해서 늘 비판적이고 칭찬하는 일에 매우 인색합니다. 그러나 하나님 앞에 겸손한 사람들은 다른 사람에 대해서 칭찬하는 것을 아끼지 않습니다.

이 세대 사람들

바로 이 대목에서 주님은 "이 세대 사람의 비유"를 말씀하십니다.

³¹또 이르시되 이 세대의 사람을 무엇으로 비유할까. 무엇과 같은가. ³²비유하건대 아이들이 장터에 앉아 서로 불러 이르되 우리가 너희를 향하여 피리를 불어도 너희가 춤추지 않고 우리가 곡하여도 너희가 울지 아니하였다 함과 같도다(눅 7:31-32).

여기에서 '이 세대의 사람'(the people of this generation)은 예수님 당시의 일반적인 사람들을 모두 포함하는 말이 아닙니다. 예수님은 특별히 바리새인과 율법 학자를 염두에 두면서 '이 세대의 사람'이라고 말씀하십니다.

다른 사람들은 대부분 세례 요한의 세례를 받았지만, 바리새인과 율법교사와 같은 종교 지도자들은 세례 요한의 세례를 거절했습니다. 그들은 또한 예수님도 거절했습니다. 이것도 저것도 거절하다가 자기도 모르는 사이에 하나님을 거절하게 되었습니다. 바로 이들이 오늘 본문에서 예수님이 말씀하시는 '이 세대의 사람'인 것입니다.

예수님은 그들을 가리켜서 두 가지 놀이에 비유하여 말씀하십니다. 먼저 장터에서 놀이하는 아이들의 모습입니다. 여기에서 '피리를 부는 것'은 '잔치 놀이'를 의미합니다. 잔치에는 풍악이 있어야 합니다. 그 풍악에 맞추어 사람들은 덩실덩실 춤을 추게 되어 있습니다. 그런데 어떤 사람들은 아무리 흥겨운 음악이 흘러나와도 절대로 춤추지 않습니다. 그런 사람들이 있으면 어떻게 될까요? 잔치 놀이의 흥은 깨지고 맙니다.

그와 정반대로 '곡하는 것'은 '장례 놀이'를 의미합니다. 당시에는 장례식에서 곡하는 사람들을 돈을 주고 샀다고 합니다. 그래서 아이들이 아마도 그 모습을 흉내 내면서 놀았던 모양입니다. 그런데 장난도 서로 장단이 맞아야 재미있는 법입니다. 장례 놀이는 같이 곡을 하거나 울어야 재미있습니다. 다른 친구들은 모두 그렇게 하는데 함께 울지 않는 사람이 있으면 그 놀이는 산통이 깨지고 마는 것이지요.

문제는 '잔치 놀이'에서도 그렇고 '장례 놀이'에서도 그렇고 흥을 깨는 사람은 언제나 같은 사람이라는 사실입니다. 잔치도 싫고 장례도 싫고 모두 다 싫은 것이지요. 이런 사람의 비위를 맞추는 것은 참 어렵습니다. 어느 것 하나라도 좋아하면 그것에 맞추면 되는데, 이것도 싫고 저것도 싫고 무조건 싫다고 하니 그런 사람을 어떻게 만족시킬 수 있겠습니까?

그들은 마치 '개구쟁이 스머프' 만화영화에 등장하는 '투덜이 스머프'와 같습니다. 항상 불평불만이 가득하여 무조건 "싫어!"만 외치는 그런 캐릭터 말입니다. 어느 교회에나 그런 사람들이 있습니다. 이런 분들은 무얼 하자고 해도 절대 하지 않습니다. 무조건 싫다고 그럽니다. 물론 나름대로 이유가 있겠지만, 만일 그런 분들 비위 맞추는 일에 신경 쓰기 시작하면 목회가 아주 힘들어질 수밖에 없습니다.

목회는 교인을 대상으로 하는 것이지만 사람을 기쁘게 하기 위한 것이 아닙니다. 궁극적으로 하나님의 뜻을 따라서 하나님을 기쁘시게 하는 일을 행하는 것이어야 합니다. 만일 누군가를 염두에 두고 그 사람의 비위를 맞추어서 어떤 일을 하기 시작하면 반드시 문제가 생깁니다. 그 일을 싫어하는 다른 그룹이 반드시 있게 마련이기 때문입니다. 따라서 목회자는 하나님 좋아하실 일만 하면 됩니다. 하나님의 뜻을 따라서 일하는 목회자의 중심을 알게 되면 언젠가 교인들이 따라오게 되어 있습니다.

투덜이 바리새인

아무튼 예수님은 지금 바리새인들과 율법 학자들을 겨냥하여 이 비유를 말씀하고 계십니다. 그 메시지는 다음 말씀에서 더욱 분명해집니다.

> 33세례 요한이 와서 떡도 먹지 아니하며 포도주도 마시지 아니하매 너희 말이 귀신이 들렸다 하더니 34인자는 와서 먹고 마시매 너희 말이 보라 먹기를 탐하고 포도주를 즐기는 사람이요 세리와 죄인의 친구로다 하니…(눅 7:33-34).

사람에 따라서 각각 자기 나름대로 신앙의 색깔이 있습니다. 성경에 기록된 율법과 규범에 아주 엄격한 사람도 있고, 그런 규범에 대해서 보다 자유로운 사람도 있습니다. 세례 요한은 엄격한 삶의 방식을 선택했습니다. 그는 마치 나실 인처럼 포도주도 마시지 않고 광야에서 살면서 금욕적인 생활을 했습니다. 그랬더니 바리새인과 율법 학자는 세례 요한을 가리켜서 "귀신이 들렸다"고 합니다. 제정신이 아니라는 것이지요.

그런데 예수님은 세례 요한보다는 유연한 삶의 방식을 선택했습니다. 요한과 정반대로 잘 먹고 잘 마셨습니다. 그랬더니 이번에는 "먹기를 탐하고 포도주를 즐긴다"고 비판합니다. 메시지성경은 아예 '술고래'(a lush)라고 번역합니다. 물론 예수님이 실제로 '술고래'는 아니었습니다. 단지 바리새인이 예수님을 비난하는 과장된 표현일 뿐입니다.

그들은 세례 요한도 예수님도 모두 못마땅하게 생각했습니다. 이것이 바로 앞에서 말씀하신 비유의 의미입니다. '잔치 놀이'는 예수님의 삶의 방식을, '장례 놀이'는 세례 요한의 삶의 방식을 비유적으로 표현한 것입니다. 자, 그렇다면 무슨 뜻인가요? 예수님이나 세례 요한에게는 아무런 잘못이 없습니다. 그들의 사역은 모두 하나님의 뜻에 따라 이루어지고 있는 것입니다.

진짜 문제는 그 어떤 것에 대해서도 아무런 반응을 보이지 않는 사람들입니다. '회개의 세례'를 선포하면 어떻게 해야 합니까? 가슴을 치고 통곡하며 회개하면 됩니다. '하나님 나라의 잔치'를 선포하면 어떻게 해야 합니까? 그 안에서 즐겁고 기쁘게 살면 됩니다. 그런데 이도 저도 아닙니다. 무조건 싫다고 투덜대기만 하는 것입니다. 그런 사람의 마지막이 과연 어떻게 되겠습니까?

오늘 말씀의 결론은 이렇습니다.

지혜는 자기의 모든 자녀로 인하여 옳다함을 얻느니라(눅 7:35).

이 부분을 NIV성경으로 읽으면 이렇습니다. "지혜는 지혜의 자녀들에 의해서 옳다는 것이 증명된다"(But wisdom is proved right by all her children).

여기에서 지혜(wisdom)는 '하나님의 지혜'를 의미하고, 지혜의 자녀들(her children)은 참 지혜를 가진 '하나님의 자녀들'을 의미합니다. 하나님의 자녀들은 하나님의 지혜에 대해서 바르게 반응합니다. 그걸 보면 하나님의 자녀들인지 알 수 있다는 것입니다.

바리새인과 율법 학자는 성경에 대해서 전문가들이었는지 몰라도 하나님의 지혜를 가진 하나님의 자녀들은 아니었습니다. 그래서 세례 요한에게도 또는 예수님에게도 아무런 반응을 보이지 못한 것입니다. 핑계는 다르지만, 결과는 같습니다. 그들을 향한 하나님의 목적을 그들은 거절했습니다. 세례 요한이 선포한 회개의 세례로도 하나님의 목적이 드러났고, 예수님이 선포한 하나님 나라의 복음으로도 하나님의 목적이 드러났습니다. 그러나 그들은 모두를 거절했습니다. 마치 고집쟁이 아이들처럼 그들은 단지 같이 놀기 싫다는 이유로 춤도 추지 않고 울지도 않았던 것입니다. 그렇게 그들의 정체성을 드러낸 것이지요.

이 부분에 대한 메시지성경의 풀이가 재미있습니다.

> 본래 여론조사는 믿을 만한 것이 못 되지 않더냐? 음식 맛은 먹어 보아야 안다(눅 7:35, MSG).

여론조사가 아무리 좋게 나와도 뚜껑을 열어보아야 결과를 확인할 수 있습니다. 아무리 음식을 근사하게 차려놔도 직접 먹어 보아야 맛이 어떤지 알 수 있습니다. 그런데 당시 종교 지도자들은 요한의 세례도 받지 않았고, 예수님이 선포하시는 하나님 나라의 복음도 받아들이지 않았습니다. 그러면서 비판하고 판단하고 정죄하기에 바빴습니다. 직접 먹지 않고서 어떻게 그 맛을 알 수 있겠습니까?

우리는 과연 어떻습니까? 우리는 회개를 통해서도, 잔치를 통해서도 하나님의 목적을 발견하는 믿음의 사람들이 되어야 합니다. 언제나 먼 발치에서 팔짱을 끼고 매사에 투덜거리기만 하는 '투덜이 스머프'처럼 신앙생활하다가는, 회개의 세례도 거절하고 하나님 나라의 잔치도 거절하는 사람들이 다다를 심판의 자리에 설 수밖에 없는 것입니다.

믿음의 공동체 안에서 불평하는 말과 화난 표정으로 자신의 존재감을 드러내려고 하는 사람들이 있습니다. 또는 다른 사람을 힘들게 하는 방식으로 자기 영향력을 과시하려는 사람들도 더러 있습니다. 그들은 엄밀한 의미에서 하나님의 자녀라고 할 수 없습니다. 하나님의 자녀는 형제가 울 때 같이 울고, 형제가 기뻐할 때 함께 기뻐하는 것으로 그들의 존재감을 드러냅니다. 힘들게 살아가는 형제를 위해 기도하고 말없이 도와줌으로써 선한 영향력을 끼칩니다.

신앙생활은 주일에 교회 나와서 예배드리는 것이 전부가 아닙니다. 밥 먹을 때 함께 밥 먹고, 기도할 때 함께 기도하고, 봉사할 때 함께 봉사하고, 교제할 때 함께 교제하는 것이어야 합니다. 하나님의 나라는 바로 그런 신앙생활의 연장선상에 놓여있습니다. 지금 이곳에서 하나님 나라의 기쁨을 맛보면서 신앙생활하는 사람이 하나님 나라에 들어가서도 하나님과 더불어 영원한 생명을 누릴 수 있는 것입니다.

우리가 몸담은 신앙공동체가 하나님 나라를 미리 경험하는 곳이 되어야 합니다. 그렇게 하라고 우리를 이곳으로 불러주셨습니다.

묵상 질문: 나는 신앙공동체 안에서 어떤 식으로 존재감을 드러내는가?
오늘의 기도: 하나님의 뜻에 온전히 순종하는 사람이 되게 하옵소서. 우리를 향한 하나님의 계획과 목적과 섭리를 인정하고 그대로 받아들이는 사람이 되게 하옵소서. 자신의 부족함에 대해서는 더욱 엄격해지게 하시고,

다른 사람의 부족함에 대해서는 더욱 너그러워지게 하옵소서. 그리하여 지금 이곳에서부터 하나님 나라를 경험하게 하옵소서. 예수님의 이름으로 기도합니다. 아멘.

구원받은 여인들의 반응

앞 장에서 우리는 '이 세대의 사람들'이 어떻게 하나님의 역사하심을
거부했는지 살펴보았습니다. 예수님 당시의 종교 지도자들은 세례 요한의
삶의 방식도, 예수님의 삶의 방식도 받아들이지 않았습니다. 그 이유가 무엇일
까요? '사랑'이 없기 때문입니다. 받은 사랑이 없으니 줄 사랑도 없는 것이지
요. 그들의 '종교적인 열심'은 단지 책임과 의무였고 성공을 위한 수단이었을
뿐입니다.

이와는 정반대로 사랑은 사람들에게 열정과 감격을 불러일으킵니다. 사랑을 받은 사람은 사랑을 표현하기 위해서 무엇이든, 어떤 일이든지 하려고 합니다. '이 세대의 사람들'과는 전혀 다른 삶의 태도를 가진 한 여인이 등장합니다.

> ³⁶한 바리새인이 예수께 자기와 함께 잡수시기를 청하니 이에 바리새인의 집에 들어가 앉으셨을 때에 ³⁷그 동네에 죄를 지은 한 여자가 있어 예수께서 바리새인의 집에 앉아 계심을 알고 향유 담은 옥합을 가지고 와서 ³⁸예수의 뒤로 그 발 곁에 서서 울며 눈물로 그 발을 적시고 자기 머리털로 닦고 그 발에 입 맞추고 향유를 부으니…(눅 7:36-38).

한 바리새인이 예수님을 식사에 초대했는데, 이것은 뜻밖의 일입니다. 다른 바리새인과 달리 그는 예수님에게 호감을 느끼고 있었던 것처럼 보입니다. 무언가 다를까 싶었지만 한 여인의 등장으로 인해 그의 본색이 드러나고 맙니다. 본문은 이 여인을 '그 동네에 죄를 지은 한 여자'라고 소개합니다. 메시지성경은 아예 직설적으로 '그 동네에 창녀인 한 여자'라고 번역합니다. 그 여인이 향유 담은 옥합을 가져와 예수님의 발에 부었던 것입니다.

이때 예수님은 식사 중이었기에 옆으로 비스듬히 누워계셨을 것입니다. 그녀는 앞에서 당당하게 접근하지 못하고 예수님의 뒤에서 조심스럽게 등장합니다. 그리고 예수님의 발 곁에 서서 한동안 눈물을 흘립니다. 그 눈물이 떨어져 예수님의 발을 적셨습니다. 그러자 자기 머리카락을 풀어 예수님의 발을 닦습니다. 그리고 그 발에 입을 맞추고 향유를 부었습니다.

그녀는 아무런 말도 하지 않습니다. 자기 행동에 관해 설명이나 변명을 붙이지 않습니다. 사실 옥합은 그녀의 전 재산이었고 삶을 지탱하는 유일한 보람이었습니다. 지금까지 수많은 남자를 상대해서 번 돈으로 모아 온 향유입니다. 그런데 그것을 아낌없이 예수님에게 쏟아부은 것입니다. 그 이유가 무엇일까요?

다른 사람들은 몰랐지만, 예수님은 그녀가 누구인지 왜 그러는지 너무나 잘 알고 계셨습니다. 그래서 묵묵히 그렇게 하도록 허락하셨습니다. 그러나 이를 지켜보는 집주인은 아주 못마땅하게 생각했습니다.

> 예수를 청한 바리새인이 그것을 보고 마음에 이르되 이 사람이 만일 선지자라면 자기를 만지는 이 여자가 누구며 어떠한 자 곧 죄인인 줄을 알았으리라 하거늘…(눅 7:39).

집주인은 예수님이 이 여자가 누구인지 몰라서 그런다고 판단했습니다. 그러나 정작 모르는 사람은 예수님이 아니라 집주인이었습니다. 그는 예수님의 마음도 몰랐을뿐더러 그 여인의 마음에 담겨있는 구원받은 감격과 감사를 헤아리지 못했습니다. 바리새인은 늘 그랬습니다. 실제로는 아무것도 모르면서 과거만 보고, 겉모습만 보고 쉽게 판단하는 못된 버릇을 가지고 있었습니다.

빚진 자의 사랑

예수님은 집주인을 향하여 이렇게 말씀하십니다.

> 40예수께서 대답하여 이르시되 시몬아 내가 네게 이를 말이 있다 하시니 그가 이르되 선생님 말씀하소서. 41이르시되 빚 주는 사람에게 빚진 자가 둘이 있어 하나는 오백 데나리온을 졌고 하나는 오십 데나리온을 졌는데 42갚을 것이 없으므로 둘 다 탕감

하여 주었으니 둘 중에 누가 그를 더 사랑하겠느냐. ⁴³시몬이 대답하여 이르되 내 생각에는 많이 탕감함을 받은 자니이다. 이르시되 네 판단이 옳다 하시고…(눅 7:40-43).

예수님을 초청한 바리새인의 이름은 '시몬'이었습니다. 다른 복음서는 '문둥이 시몬'으로 나옵니다(마 26:6; 막 14:3). 아마도 예수님을 통해서 불치의 병이 기적적으로 치유되지 않았을까 싶습니다. 그래서 예수님을 식사 자리에 초대한 것이지요. 아무튼 주님은 그에게 빚을 탕감받은 두 사람의 이야기를 들려주셨습니다. 빚 주는 사람에게 각각 오백 데나리온과 오십 데나리온 빚진 두 사람이 있었습니다. 그들이 빚을 갚을 수 없는 처지인 것을 알고 두 사람의 빚을 없는 것으로 해주었습니다. 그렇다면 둘 중에 누가 더 그를 사랑하겠느냐고 물으십니다.

여기에서 '빚'은 '죄'를 의미합니다. 주기도문에서 "우리가 우리에게 죄지은 자를 사하여 준 것같이 우리 죄를 사하여 주시옵고…"(마 6:12)라고 할 때, 영어로는 '죄'를 '빚'(debts)으로, '죄지은 자'를 '빚진 자'(debtors)로 표현합니다. 마찬가지로 오늘 본문에서 '빚'은 단순히 '경제적인 부채'가 아니라 '영적인 부채', 즉 '죄'를 의미합니다. 그것을 이해하기 쉽도록 경제적인 용어로 설명하고 있는 것이지요.

그러니까 두 사람은 모두 하나님께 죄를 용서받았습니다. 한 사람은 큰 죄를 용서받았고, 다른 한 사람은 작은 죄를 용서받았습니다. 그렇다면 누가 더 하나님을 사랑하겠느냐는 질문입니다. 시몬이 대답합니다. "그거야 더 많이 탕감받은 사람이겠지요." 물론 그의 말이 맞습니다. 그러나 시몬은 예수님이 그를 이 이야기에 포함하고 있다는 사실을 아직 깨닫지 못하고 있습니다.

용서받은 두 사람은 각각 '죄를 지은 여자'와 '예수님을 초대한 시몬'을 가리킵니다. 전자가 오백 데나리온의 빚을 진 사람이라면, 후자는 오십 데나리온의 빚을 진 사람입니다. 물론 부채의 양에 열 배의 차이가 있지만, 그들에게는 공통점이 있습니다. 그들 모두 하나님께 갚아야 할 빚이 있다는 겁니다. 다시 말해서 그들 모두 하나님께 죄인입니다. 정도의 차이는 있지만 죄인이라는 점에서 다를 바가 없습니다.

하나님의 관심은 "누가 죄를 적게 지었나?"가 아니라 "누가 주님을 더 사랑하느냐?"입니다. 그런데 상대적으로 죄를 적게 지었다고 생각하는 사람은 스스로 무슨 대단한 의인이나 된 것처럼 착각합니다. 아닙니다. 죄는 그 양과 상관없이 우리의 삶을 더럽게 합니다. 맛있게 끓인 단팥죽을 먹으려고 첫술을 떴는데 그 속에서 죽은 바퀴벌레 한 마리가 나온다면 어떻게 할까요? 다른 사람 그릇에는 열 마리가 들어있으니까 상대적으로 양호하다고 말할 수 있을까요? 한 마리든, 열 마리든 못 먹고 버려야 합니다. 오십이든 오백이든 빚진 것은 마찬가지입니다.

빚을 탕감해 주신, 아니 죄를 용서해주신 하나님의 은혜에 대해 마땅히 가져야 할 우리의 태도는 '감사'입니다. 그것을 주님은 '사랑'이라고 표현하십니다. '사랑'은 하나님의 '용서'에 대한 인간의 신앙적인 반응입니다. 우리의 신앙생활은 하나님의 사랑과 용서로부터 출발합니다. 우리의 죄를 대속해주신 은혜에 감사하고, 하나님이 우리를 사랑하셨듯이 우리도 하나님을 사랑하며 살아가는 것이 신앙생활입니다.

그런데 사람들은 하나님을 향하지 않고, 자꾸 다른 사람과 비교하려고 합니다. 우리가 '오십'이라는 죄를 지었는데 하나님이 용서해주셨다면 마땅히 감격하고 감사해야 합니다. 그런데 다른 사람이 '오백'이라는 죄를 지었다는 사실을 알고 나면 태도가 바뀝니다. 우리의 시선이 사람을 향하면 그만큼 신앙의 감격이 줄어들게 되어 있는 것입니다.

계속해서 예수님은 그 여인과 시몬의 태도를 비교하여 말씀하십니다.

> ⁴⁴그 여자를 돌아보시며 시몬에게 이르시되 이 여자를 보느냐. 내가 네 집에 들어올 때 너는 내게 발 씻을 물도 주지 아니하였으되 이 여자는 눈물로 내 발을 적시고 그 머리털로 닦았으며, ⁴⁵너는 내게 입 맞추지 아니하였으되 그는 내가 들어올 때로부터 내 발에 입 맞추기를 그치지 아니하였으며, ⁴⁶너는 내 머리에 감람유도 붓지 아니하였으되 그는 향유를 내 발에 부었느니라(눅 7:44-46).

"너는 내가 집에 들어올 때 발 씻을 물도 주지 않았다. 그러나 이 여자는 눈물로 내 발을 적시고 머리털로 닦았다." 당시에는 손님이 집에 들어오면 발을 씻을 수 있도록 편의를 제공하는 것이 기본이었습니다. 그런데 어찌 된 일인지 시몬은 발 씻을 물을 준비하지 않았습니다. 실수였을 수도 있고 아니면 예수님을 그리 중요하게 여기지 않았을 수도 있습니다. 뭐가 되었든 예의를 갖추지 못한 것은 분명합니다. 그런데도 시몬은 예수님의 발에 눈물을 쏟고 머리털로 닦는 그 여인을 비난합니다.

"너는 나에게 입을 맞추지 않았다. 그러나 이 여자는 내 발에 입을 맞추었다." 예수님 당시의 인사법은 서로 가볍게 포옹하면서 뺨을 어긋나게 맞추는 것입니다. 그것을 본문에서는 "입을 맞추다"로 표현하고 있습니다. 시몬은 예수님을 영접하며 그렇게 인사하지 않았습니다. 반면에 이 여인은 예수님의 발에 입을 맞추었습니다. 손님을 대접하는 주인으로 적절하게 행동하지 못했으면서도 오히려 그녀의 행동을 부적절하다고 생각합니다.

"너는 내 머리에 그렇게 흔한 올리브기름도 붓지 않았다. 그러나 이 여자는 내 발에 값비싼 향유를 부었다." 귀한 손님에게는 식사 전에 머리에 올리브기름을 약간 뿌려서 상쾌하게 하는 게 예의였습니다. 그러나 시몬은 그런 일을 하지 않았습니다. 이는 예수님의 발에 값비싼 향유를 통째로 부어버린 여인과 매우 대조적입니다. 그런데도 시몬은 이 여인의 행동을 비난하면서 동시에 그렇게 하도록 내버려 둔 예수님을 비난합니다.

드디어 예수님은 그 여인의 마음 깊숙이 감추어진 동기를 드러내어 말씀하십니다.

이러므로 내가 네게 말하노니 그의 많은 죄가 사하여졌도다. 이는 그의 사랑함이 많음이라. 사함을 받은 일이 적은 자는 적게 사랑하느니라(눅 7:47).

이 여인의 행동에 대한 예수님의 설명은 아주 단순합니다. "그녀는 많은 죄를 용서받았다. 그래서 이렇게 많이 사랑하는 것이다." 여기에서 우리는 그녀에게 '용서의 사건'이 있었다는 사실을 알게 됩니다. 이 자리가 첫 만남이 아니었습니다. 예수님이 그녀의 죄를 용서해주신 어떤 일이 있었던 것이지요.

동네 사람들은 모두 그녀를 '죄인'으로 취급했지만, 예수님은 그녀를 '일그러진 하나님의 형상을 가진 구원받을 자'로 여겼습니다. 사람들은 그녀를 자신의 욕망을 발산하는 도구로 삼았지만, 예수님은 그녀의 삶을 통해서도 이루어가실 하나님의 목적이 있음을 가르쳐주셨습니다. 그래서 자기에게 가장 소중한 향유 옥합을 예수님께 부어드리는 거룩한 낭비를 할 수 있었던 것입니다.

시몬의 죄와 이 여인의 죄를 하나님의 저울에 달아 비교해 본다면 어느 죄가 더 무거울까요? 시몬은 바리새인으로 율법을 배우고 그 율법을 준수하려는 열심을 가지고 살았습니다. 반면에 이 여인은 사람들의 욕망을 채워주는 죄를 지으며 살았습니다. 표면적으로 보면 시몬은 죄가 거의 없고 이 여인은 죄가 아주 많은 사람입니다. 그러나 둘 다 하나님으로부터 죄의 용서가 필요한 사람이라고 주님은 말씀하십니다.

크든 작든 죄는 죄입니다. 그리고 죄의 삯은 사망입니다. 따라서 우리는 모두 용서가 필요한 죄인입니다. 하나님께서 탕감해 주시지 않으면 안 됩니다. 바리새인들은 자신의 죄에 대해서는 지나치게 관대하고, 다른 사람의 죄에 대해서는 지나치게 엄격했습니다. 자신을 의롭게 생각하고 다른 사람들은 모두 죄인이라고 생각합니다. 그래서 하나님께 용서받은 죄가 거의 없습니다.

그들의 죄가 없거나 작다는 뜻이 아닙니다. 자신의 부족함을 인정하고 용서받은 죄의 양이 적다는 뜻입니다. 용서받은 게 적으니 또한 적게 사랑하는 것이지요. 반면 이 여인은 자신의 죄를 온전히 인식하고 있었기 때문에 하나님께 온전히 용서받을 수 있었습니다. 많이 용서받은 자가 많이 사랑하게 되는 것입니다. 예수님은 또다시 죄 사함을 선포합니다.

> 48이에 여자에게 이르시되 네 죄 사함을 받았느니라 하시니 49함께 앉아 있는 자들이 속으로 말하되 이가 누구이기에 죄도 사하는가 하더라. 50예수께서 여자에게 이르시되 네 믿음이 너를 구원하였으니 평안히 가라 하시니라(눅 7:48-50).

지금까지는 바리새인 들으라고 말씀하셨지만, 이제 주님은 여인을 향하여 직접적으로 "네 죄 사함을 받았다"고 선포하십니다. 죄 사함의 사건은 이미 그녀에게 일어났습니다. 그 감격으로 그녀는 옥합을 깨뜨리는 거룩한 낭비로 주님께 감사를 표현했습니다. 그렇게 넘치는 감사를 보시면서 주님은 이미 그녀가 죄 사함의 은총을 체험했다는 사실을 다시 한번 분명하게 확인시켜 주시는 것입니다. "네가 정말 죄 사함을 받았구나!"

한 걸음 더 나아가 예수님은 구원을 선언합니다. "네 믿음이 너를 구원하였다!" 그녀는 이미 죄 사함의 은총을 통해 구원받은 사람입니다. 따라서 이 말씀은 "네 믿음의 행동을 보니 너는 정말 구원받은 사람이구나!"라고 풀이하는 것이 더 좋습니다. 그녀는 구원받기 위해서 향유를 부은 것이 아닙니다. 그것은 구원의 감격에 따르는 행동입니다. 거룩한 낭비처럼 보이는 그런 행동과 헌신을 통해서 우리는 구원받은 사람을 알아볼 수 있는 것입니다.

하나님의 사랑으로 인해 죄 사함의 은총을 받고 우리는 하나님의 자녀가 되었습니다. 그 구원의 감격이 우리에게 믿음의 행동을 하게 합니다. 그 믿음의 행동을 보시고 주님은 구원을 재확인하며 더 큰 사랑을 베풀어 주십니다. 사랑이 믿음을 낳고 믿음이 또 다른 사랑을 낳게 되는 이것이 바로 은혜의 선순환(善循環)입니다. 하나님의 나라는 바로 그런 곳입니다.

여성 후원 그룹

누가복음은 이 여인의 이름을 밝히지 않지만, 요한복음에 따르면 그녀는 나사로와 마르다의 동생 마리아였습니다(요 12:3). 그녀는 평생을 바쳐 주님께 헌신했습니다. 그녀 외에도 주님을 헌신적으로 도왔던 여인들이 참 많이 있었습니다.

> ¹그 후에 예수께서 각 성과 마을에 두루 다니시며 하나님의 나라를 선포하시며 그 복음을 전하실새 열두 제자가 함께 하였고 ²또한 악귀를 쫓아내심과 병 고침을 받은 어떤 여자들 곧 일곱 귀신이 나간 자 막달라인이라 하는 마리아와 ³헤롯의 청지기 구사의 아내 요안나와 수산나와 다른 여러 여자가 함께 하여 자기들의 소유로 그들을 섬기더라(눅 8:1-3).

예수님은 한곳에 오래 머무르지 않으셨습니다. 가능한 한 많은 곳을 찾아다니며 가능한 한 많은 사람에게 하나님 나라의 복음을 전하셨습니다. 그 일에 '열두 제자'가 함께 하였고, 거기에 포함되지 않은 사람도 있었을 것입니다. 적지 않은 사람이 움직이려면 누군가가 나서서 최소한 숙식 문제를 해결해야 합니다. 그 일을 여성 후원 그룹이 담당했던 것입니다.

누가는 '막달라인이라 하는 마리아', '헤롯의 청지기 구사의 아내 요안나', '수산나' 그리고 '다른 여러 여자'를 언급합니다. 이들은 갈릴리에서부터 예수님과 늘 동행하였는데, 심지어 예수님이 십자가에 달리시던 그때까지도 변함없이 남아 있었습니다(눅 24:10).

그런데 그들이 예수님을 따라다니게 된 이유가 무엇일까요? 그들의 공통점은 악한 귀신의 괴롭힘과 질병에서 구원받은 사람들이었다는 사실입니다(눅 8:2). 특히 '막달라 마리아'(Mary Magdalene)는 일곱 귀신이 나간 여인이었습니다. 그녀는 후에 예수님의 부활을 가장 먼저 목격한 사람이 됩니다(막 16:9; 요 20:1). 예수님의 무덤까지 찾아갔다는 것은 받은 은혜가 그만큼 크다는 증거입니다. 많이 용서받은 자가 많이 사랑할 수 있는 것입니다.

'요안나'(Joanna)는 헤롯 안디바의 관리 중 한 사람이었던 구사(Chuza)의 아내라고 소개됩니다. 요안나가 예수님을 섬기게 된 구체적인 이유를 알 수는 없지만, 그녀 역시 죽을병에 걸렸다가 기적적으로 치유되었을 것입니다. '수산나'(Susanna) 역시 '마리아'나 '요안나'와 비슷하게 구원의 은총을 체험했을 것입니다. 여기에 등장하는 세 여인뿐 아니라 이름 없는 많은 여인이 예수님 일행의 경제적인 필요를 채우는 역할을 했습니다.

하나님 나라 운동을 펼쳐가기 위해 보냄을 받는 '사도'가 꼭 필요합니다. 그러나 만일 여성 제자들의 도움과 섬김이 없었다면 어떻게 되었을까요? 하나님 나라 운동을 위해 앞장서서 일하는 사람도 필요하지만, 뒤에서 말없이 섬기는 사람도 필요합니다. 여인이기에 섬기는 것이 아닙니다. 구원의 은혜를 체험했기 때문에 섬기는 것입니다. 그들을 통해 하나님의 나라는 점점 확장될 것입니다.

묵상 질문: 나는 구원받은 감격을 어떻게 표현하고 있는가?

오늘의 기도: 하나님의 크신 사랑을 받았으니 우리도 하나님을 사랑하게 하옵소서. 우리의 나머지 생애를 통해 늘 하나님께 감사하게 하옵소서. 다른 사람이 뒤에서 뭐라고 하든지 상관하지 않고 오직 하나님의 뜻을 이루기 위해 우리의 삶을 드리게 하옵소서. 그렇게 우리를 통해 하나님의 나라가 확장되게 하옵소서. 예수님의 이름으로 기도합니다. 아멘.

하나님 나라의 비유

❦

읽을 말씀: 누가복음 8:4-15

새길 말씀: 제자들이 이 비유의 뜻을 물으니 이르시되 하나님 나라의 비밀을 아는 것이 너희에게는 허락되었으나 다른 사람에게는 비유로 하나니 이는 그들로 보아도 보지 못하고 들어도 깨닫지 못하게 하려 함이라(눅 8:9-10).

앞 장에서 우리는 향유 옥합을 깨뜨려서 예수님의 발에 부었던 한 여인의 '거룩한 낭비'에 대해서 살펴보았습니다. 또한 악한 귀신의 괴롭힘과 질병에서 구원받은 여인들이 지극 정성으로 예수님을 섬기는 모습도 살펴보았습니다. 죄 사함의 은총과 구원의 은혜를 경험한 사람들은 그들이 받은 하나님의 사랑을 어떤 식으로든 믿음의 행동으로 바꾸어 보답합니다. 더 많은 죄를 용서받은 사람일수록 남들보다 더 많이 주님을 사랑합니다.

하나님 나라 운동을 위해서는 보냄을 받은 '사도'가 꼭 있어야 합니다. 예수님이 그들을 지명하여 세우신 이유입니다. 그러나 만일 막달라 마리아를 비롯한 여성 제자들의 섬김이 없었다면 과연 어떻게 되었을까요? 예수님의 사역이 큰 힘을 얻지 못했을 것입니다. 하나님 나라 운동을 위해 앞장서서 일하는 사람도 필요하지만, 뒤에서 말없이 섬기는 사람도 필요합니다. 은혜를 체험한 사람들은 어떤 역할로든지 최선을 다해 주님의 사역에 동참합니다. 그들을 통해 하나님의 나라가 확장되는 것입니다.

비유의 정의

오늘은 예수님이 말씀하신 비유에 대해서 살펴보겠습니다. 예수님은 '하나님 나라'에 대해서 설명하실 때나 어떤 영적인 진리를 가르치실 때 비유를 즐겨 사용하셨습니다. 특별히 누가복음은 다른 복음서들에 비해서 상대적으로 아주 많은 비유를 기록하고 있습니다. 이미 앞에서 '이 세대 사람의 비유'(눅 7:31-32)를 살펴보았습니다. 오늘 본문은 예수님의 비유 중에서도 아마 가장 유명한 말씀일 것입니다. 본격적으로 묵상하기 전에 '비유'에 대해서 정확하게 이해하는 것이 필요합니다.

우리말 '비유'(比喩)에 해당하는 헬라어는 '파라볼레'(parabole)입니다. 여기에서 영어 '패러블'(parable)이라는 말이 나왔습니다. '파라볼레'는 전치사 '파라'(pará, close beside, 곁에)와 동사 '발로'(bállō, to cast, 던지다)의 합성어입니다. 즉, 어떤 것 옆에 다른 것을 던져놓고 서로 비교하여 설명한다는 의미입니다. 그러니까 일상생활에서 흔히 접하는 익숙한 사물들이나 사건들을 이용하여 영적인 깊은 진리를 드러내는 이야기를 가리켜서 우리는 '비유'라고 말하는 것입니다.

복음서에 '비유'란 명칭이 붙어있는 이야기는 사실 30개 정도밖에 되지 않습니다. 그렇다고 해서 예수님이 오직 30개의 비유만 말씀하셨다고 생각하면 안 됩니다. '비유'라고 명명되지는 않았지만, 분명히 '비유'인 이야기들이 또한 많이 있기 때문입니다. 사실 예수님이 말씀하신 '하나님 나라'에 대한 가르침은 거의 '비유'로 되어 있다고 말해도 절대 지나치지 않습니다.

그럴 수밖에 없는 것이 하나님 나라를 직접 경험해 본 사람은 이 세상에 아무도 없습니다. 따라서 비유를 통해서 알기 쉽게 설명해주어야 조금이라도 이해할 수 있습니다. 그래서 마태복음은 "예수께서 비유가 아니면 아무것도 말씀하지 아니하셨다"(마 13:34)라고 기록합니다. 그만큼 주님이 하나님의 나라에 대해서 많이 말씀하셨다는 뜻이기도 합니다.

수확의 비유

오늘 우리가 살펴볼 비유는 사람들이 흔히 '네 가지 땅의 비유'로 알고 있는 말씀입니다. 그러나 본래 예수님은 '수확의 비유'로 말씀하셨습니다.

> ⁴각 동네 사람들이 예수께로 나아와 큰 무리를 이루니 예수께서 비유로 말씀하시되 ⁵씨를 뿌리는 자가 그 씨를 뿌리러 나가서 뿌릴새 더러는 길 가에 떨어지매 밟히며 공중의 새들이 먹어버렸고 ⁶더러는 바위 위에 떨어지매 싹이 났다가 습기가 없으므로 말랐고 ⁷더러는 가시떨기 속에 떨어지매 가시가 함께 자라서 기운을 막았고 ⁸더러는 좋은 땅에 떨어지매 나서 백배의 결실을 하였느니라. 이 말씀을 하시고 외치시되 들을 귀 있는 자는 들을지어다(눅 8:4-8).

우리는 이 비유에 대한 해석 본문(9-15절)이 뒤에 나온다는 사실을 잘 알고 있습니다. 그래서 별생각 없이 그냥 건너뛰려고 합니다. 답이 나와 있는데 굳이 무슨 뜻인지 고민할 필요가 없다고 생각합니다. 그러나 그러기 전에 먼저 비유 자체를 주의 깊게 살펴보아야 합니다. 그러지 않으면 예수님이 왜 이 비유를 말씀하셨는지 본래의 메시지를 놓치기 쉽습니다.

'불트만'(Rudolph K. Bultmann)이라는 성서 학자는 이 비유가 예수님의 삶의 자리에서는 '절반은 좌절에서 나온 예수의 독백'일 수 있다고 지적합니다. 그러고 보면 예수님의 사역은 처음부터 반대자들의 저항에 직면해야 했습니다. 유대교 지도자들은 예수님이 가는 곳마다 나타나서 꼬투리를 잡으려고 했습니다. 가장 든든한 지지자라고 생각했던 세례 요한조차 예수님을 의심의 눈초리로 바라보았습니다. 그런데도 주님은 중단하지 않고 갈릴리 곳곳을 찾아다니며 복음을 전하셨던 것입니다. 어떻게 그럴 수 있었을까요?

이 비유를 구성하는 세 가지 요소는 '씨 뿌리는 자'와 '씨들'과 여러 가지 '땅들'입니다. 예수님은 자신을 '씨 뿌리는 자'로 생각하셨던 것 같습니다. 그런데 확률적으로 따지면 4번 중에 3번은 실패했습니다. 75%의 실패입니다. 예수님은 길가와 바위와 가시덤불의 실패에도 불구하고 좋은 땅에 떨어지는 씨앗의 수확을 포기하지 않았습니다. 그래서 우리 주님은 곳곳에 다니며 복음의 씨를 뿌리셨던 것입니다.

이 비유는 부분적인 낭비와 일시적인 실패에도 불구하고 최후의 승리를 믿으며 계속 뿌리다 보면 언젠가 풍성하게 수확하게 된다는 예수님의 확신이 담겨있습니다. 그런 의미에서 '씨 뿌리는 자의 비유'나 '네 가지 땅의 비유'가 아니라 '수확의 비유'라고 말할 수 있는 것입니다.

비유로 말씀하신 이유

그런데 이 비유가 '해석 본문'을 거치면서 새로운 강조점을 갖게 되었습니다.

⁹제자들이 이 비유의 뜻을 물으니 ¹⁰이르시되 하나님 나라의 비밀을 아는 것이 너희에게는 허락되었으나 다른 사람에게는 비유로 하나니 이는 그들로 보아도 보지 못하고 들어도 깨닫지 못하게 하려 함이라(눅 8:9-10).

이 말씀은 해석하기 힘든 몇몇 본문 중의 하나입니다. 우선 '비유'에 대한 예수님의 설명이 잘 이해가 되지 않습니다. 예수님은 굳이 비유로 말씀하시는 이유를 "이는 그들로 보아도 보지 못하고 들어도 깨닫지 못하게 하려 함이라"고 밝히십니다. '비유'란 이해하기 쉽게 설명해 놓은 이야기라고 했습니다. 그런데 정반대로 깨닫지 못하게 하려고 비유를 사용하셨다니 앞뒤가 맞지 않습니다.

이 말씀을 이해하려면 우선 제자들의 질문을 잘 살펴보아야 합니다. 예수님의 말씀은 제자들의 질문에 대한 대답으로 주어졌기 때문입니다. 본문에는 "제자들이 이 비유의 뜻을 물었다"라고 되어 있습니다. 여기에서 '비유'는 단수입니다. 즉, 여러 가지 비유에 대한 일반적인 질문이 아니라, 조금 전에 말씀하신 그 비유의 뜻을 묻고 있는 것입니다.

이에 대해 주님은 "하나님 나라의 비밀을 아는 것이 너희에게는 허락되었다"라고 대답합니다. 여기에서 우리는 이 비유가 '하나님 나라'에 대한 것임을 알게 됩니다. 하나님 나라는 '비밀'입니다. 우리말로 '비밀'이라고 되어 있지만, 헬라어 '무스테리온'(mustérion)은 '신비'(a mystery)라는 뜻입니다. 하나님 나라는 아무도 경험해 보지 못했기에 '신비'입니다. 그런데 그 신비를 아는 것이 제자들에게는 허락되었다는 말씀입니다.

그런데 '허락되었다'라는 표현 때문에 또 다른 오해가 생겨납니다. 마치 제자들에게는 '허락'되었지만, 다른 사람에게는 허락되지 않았다는 뜻으로 해석될 수도 있기 때문입니다. 실제로 "너희에게는 허락되었으나 다른 사람에게는 비유로 한다"라고 되어 있어, 마치 비유가 다른 사람들이 하나님 나라의 비밀을 알지 못하게 하려는 수단으로 사용된 것처럼 오해하게 합니다.

그러나 '허락되었다'는 본래 단순히 "너희에게 주어졌다"(Unto you it is given to know the mysteries of the kingdom of God, KJB)라는 뜻입니다. 이 말씀이 "이 비유의 뜻이 무엇입니까?"라는 질문에 대한 대답이라는 것을 고려한다면, "이 비유는 하나님 나라에 대한 것이다"라는 의미가 됩니다. 그러니까 특별히 제자들만 이해할 수 있도록 허락된 비밀이 아니라, 이 비유가 담고 있는 내용이 하나님 나라에 대한 신비를 설명하는 이야기라는 점을 밝히고 있는 것입니다.

여기까지는 어느 정도 이해할 수 있습니다. 그런데 그다음이 진짜 문제입니다. "… 다른 사람에게는 비유로 하나니 이는 그들로 보아도 보지 못하고 들어도 깨닫지 못하게 하려 함이라"(눅 8:10b). 이것은 사실 이사야가 선지자로 부름을 받는 장면에 나온 말씀입니다. 그것을 예수님이 인용한 것입니다.

⁹여호와께서 이르시되 가서 이 백성에게 이르기를 너희가 듣기는 들어도 깨닫지 못할 것이요 보기는 보아도 알지 못하리라 하여 ¹⁰이 백성의 마음을 둔하게 하며 그들의 귀가 막히고 그들의 눈이 감기게 하라. 염려하건대 그들이 눈으로 보고 귀로 듣고 마음으로 깨닫고 다시 돌아와 고침을 받을까 하노라…(사 6:9-10).

문자적으로 해석하면 하나님이 이사야에게 이스라엘 백성이 이해하지 못하도록 말씀을 전하라는 것처럼 되어 있지만, 본래는 그런 뜻이 아닙니다. 이것을 '반어법'(反語法)이라고 합니다. 하나님은 이스라엘 백성이 말씀을 듣고 돌아와 모두 구원받기를 원하십니다. 그러나 그들이 그러지 않을 걸 아셨습니다. 그래서 반어법을 사용하신 것입니다. 다시 말해서 "가서 말씀을 전하라. 그러나 그들이 네 말을 듣고 회개하고 돌아오진 않을 것이다"가 됩니다. 그렇다면 왜 굳이 전해야 합니까? 그들에게 최소한 회개할 기회를 주기 위해서입니다.

예수님의 비유도 마찬가지입니다. 왜 비유를 말씀하셨습니까? 하나님 나라의 비밀을 깨닫지 못하게 하려고 비유를 말씀하셨습니까? 아닙니다. 그 반대입니다. 하나님 나라의 신비스러운 베일을 벗겨 알게 하기 위해서입니다. 그러나 사람들은 그 말씀의 의미를 깨닫지 못할 것입니다. 그렇다면 왜 군이 비유로 말씀하십니까? 하나님 나라의 신비를 끝끝내 깨닫지 못하는 사람도 있겠지만, 그나마 비유로 말씀하지 않으면 아무도 깨닫지 못할 것이기 때문입니다.

네 가지 땅의 비유

자, 그렇다면 어떤 사람은 하나님 나라의 신비를 깨닫는데 대부분은 깨닫지 못하는 이유가 무엇일까요? 바로 이 대목에 해석 본문이 등장합니다.

> [11]이 비유는 이러하니라. 씨는 하나님의 말씀이요 [12]길 가에 있다는 것은 말씀을 들은 자니 이에 마귀가 가서 그들이 믿어 구원을 얻지 못하게 하려고 말씀을 그 마음에서 빼앗는 것이요…(눅 8:11-12).

'씨'는 '하나님의 말씀'(the word of God)입니다. 그렇다면 '씨 뿌리는 자', 즉 '농부'는 누구일까요? 물론 예수님 자신입니다. 해석 본문을 고려하지 않고 비유 자체만을 볼 때는 그 강조점이 '수확'에 있었습니다. 그러나 '해석 본문'에 오면서 그 강조점이 '땅'으로 옮겨갑니다. 왜 수확을 못 하게 되는가? 씨앗을 받아들이는 땅에 문제가 있다는 것입니다. 결국 수확하지 못한 이유는 '씨'나 '농부'의 문제가 아니라 하나님의 말씀을 받아들이는 사람들의 마음 밭의 문제입니다.

첫 번째 마음은 '길 가'(along the path)와 같은 상태입니다. 이것은 말씀을 듣기는 했지만, 그것에 대해 어떤 반응을 하지 않고 그냥 말씀을 방치하는 사람을 가리킵니다. 그러면 어떻게 될까요? 마귀가 말씀을 빼앗아 갑니다. 마귀는 우리가 하나님의 말씀으로 은혜받고 구원받는 것을 좋아하지 않습니다. 어떻게 해서든지 말씀을 빼앗으려고 합니다.

문제는 마음의 상태가 '길 가'라는 것입니다. 길은 처음부터 길이 아니었습니다. 본래는 밭이었는데 사람들이 자꾸 밟고 다녀서 단단하게 굳은 길이 된 것입니다. 세월이 흐르면서 무덤덤해진 그런 마음의 상태를 그대로 놔두고는, 우리가 아무리 정신 차려서 말씀을 들으려고 애쓴다고 해서 될 일이 아닙니다. 두 번째, 세 번째 땅도 마찬가지입니다.

> [13]바위 위에 있다는 것은 말씀을 들을 때에 기쁨으로 받으나 뿌리가 없어 잠깐 믿다가 시련을 당할 때에 배반하는 자요 [14]가시떨기에 떨어졌다는 것은 말씀을 들은 자이나 지내는 중 이생의 염려와 재물과 향락에 기운이 막혀 온전히 결실하지 못하는 자요…(눅 8:13-14).

두 번째 땅은 '바위 위'(on the rocky ground)입니다. 누가복음은 '바위 위'라고 하지만 마태복음이나 마가복음은 '흙이 얕은 돌밭'이라고 합니다(마 13:5; 막 4:5). 무엇이 되었든지 씨가 뿌리를 내리고 자랄 수 없는 그런 상태를 가리킵니다. 이런 사람들은 "말씀을 들을 때에 기쁨으로 받는다"고 합니다. '길 가'보다는 훨씬 나은 상태입니다. 최소한 말씀에 대한 반응이 있으니 말입니다. 그러나 문제는 뿌리를 내리지 못한다는 것입니다.

'잠깐 믿다가 시련 당할 때 배반하는 자'는 초대교회의 박해 상황에서 만들어진 관용어입니다. 이를 근거로 하여 성서 학자들은 이 해석 본문이 예수님과 상관없이 초대교회에서 붙여진 것이라 주장하기도 합니다. 그러나 굳이 그렇게 생각할 필요가 없습니다. 예수님의 상황에서도 얼마든지 가능한 이야기이기 때문입니다. 아니 지금 우리도 역시 마찬가지입니다. 하나님 나라에 들어가려면 저항을 견뎌내야 합니다. 그러려면 말씀의 뿌리가 내려야 하는데, 바위나 돌들을 그대로 두고는 불가능합니다. 뿌리가 내리도록 돌들을 걷어내야 합니다.

세 번째 땅은 '가시덤불'(among thorns)입니다. 메시지성경은 이것을 '잡초밭'(weeds)이라고 표현합니다. 한여름에 밭을 그냥 내버려 두면 정말 말 그대로 잡초밭이 됩니다. 신앙생활도 마찬가지입니다. 본문은 이것을 가리켜 '이생의 염려'와 '재물'과 '향락'이라고 설명합니다. 말씀을 듣기는 하지만 세상사는 일 때문에 염려하고, 돈 벌고 즐기느라 바빠서 그 말씀이 뿌리를 내릴 시간이 없는 것입니다.

어떻게 보면 시련과 박해와 비교해서 그렇게 죽을 만큼 힘든 상황은 아닙니다. 그러나 신앙의 열매를 맺지 못하게 하는 데는 이게 더 효과적입니다. 박해로 인해 넘어지는 사람들보다 성공으로 인해 넘어지는 사람들이 훨씬 더 많습니다. 하나님 나라의 신비를 받아들이려면 세상의 욕심을 내려놓아야 하는데 그러기가 쉽지 않기 때문입니다. 주변 환경에 지배받는 신앙생활을 하는 사람들은 항상 결실하지 못하는 어떤 핑곗거리를 가지고 있습니다.

마지막 네 번째 땅은 '옥토', 즉 '좋은 땅'(on good soil)입니다.

좋은 땅에 있다는 것은 착하고 좋은 마음으로 말씀을 듣고 지키어 인내로 결실하는 자니라(눅 8:15).

이 부분을 메시지성경은 "좋은 땅에 떨어진 씨는, 무슨 일이 있어도 말씀을 붙잡고 견디면서, 추수 때까지 변치 않는 선한 마음을 가진 사람이다"라고 풀이합니다. 무슨 일이 있어도 말씀을 붙잡고 견디는 애씀이 있어야 합니다. 말씀을 받아도 가만히 있으면 마귀가 빼앗아 가고, 뿌리를 내리지 않으면 타서 죽고, 세상의 환경에 휘둘리다 보면 아무것도 결실하지 못하게 됩니다.

따라서 길처럼 무감각한 상태에 있는 마음을 갈아엎고, 어느새 들어와 자리 잡은 돌들을 모두 걷어내고, 한여름 땡볕에서도 땀 흘려 가시덤불과 잡초들을 제거하여 모두 태워버리면서, 그렇게 잘 가꾸어야 땅이 좋은 상태로 유지되고 결국 풍성하게 수확할 수 있는 것입니다. 길은 처음부터 길이 아니었습니다. 지금이라도 얼마든지 좋은 땅으로 만들 수 있습니다. 우리의 마음 밭이 좋은 땅이 되면 우리를 통해 하나님 나라는 놀라운 속도로 확장될 것입니다.

묵상 질문: 지금 나의 마음 밭은 어떤 상태인가?

오늘의 기도: 예수님의 마음을 품게 하옵소서. 지금은 비록 실패하고 있을 지라도, 하나님 나라의 비전을 꿈꾸며 나아갈 때 틀림없이 많은 수확이 있음을 믿게 하여 주옵소서. 그때까지 절대로 낙심하지 않고 우리의 마음 밭을 좋은 땅으로 만들어가도록 성령님 우리를 도와주옵소서. 예수님의 이름으로 기도합니다. 아멘.

하나님 나라의 가족관계

❧

읽을 말씀: 누가복음 8:16-21

새길 말씀: 어떤 이가 알리되 당신의 어머니와 동생들이 당신을 보려고 밖에 서 있나이다.
예수께서 대답하여 이르시되 내 어머니와 내 동생들은 곧 하나님의 말씀을
듣고 행하는 이 사람들이라 하시니라(눅 8:20-21).

예수님은 하나님 나라에 대해서 비유로 설명하십니다. 앞 장에서 살펴본
'수확의 비유'(눅 8:5-8)는 부분적인 낭비와 일시적인 실패에도 불구하고
최후의 승리를 믿으며 계속해서 하나님 나라의 복음을 전하면 언젠가 풍성하
게 수확하게 된다는 예수님의 확신이 담겨있다고 했습니다. 같은 내용이지만
'네 가지 땅의 비유'(눅 8:11-15)로 해석하면 하나님 나라의 신비를 깨닫지
못하는 사람들의 마음 상태를 설명하는 것이 됩니다.

등불의 비유

그 뒤에 이어지는 '등불의 비유'(눅 8:16-18) 역시 예수님의 삶의 자리에서 이해하는 것이 가장 좋습니다. 이렇게 제목을 붙이긴 하지만, 사실은 3절이 모두 독립된 말씀입니다. 같은 말씀이 누가복음의 다른 곳에서는 제각기 따로따로 나옵니다. 각각 독립된 말씀이 이렇게 함께 묶여서 하나의 메시지, 즉 하나님 나라의 복음은 불 켜진 등불과 같이 사방을 비추기 위한 것이지 숨겨두기 위한 것이 아니라는 메시지를 더욱 명확하게 드러내고 있는 것입니다.

16누구든지 등불을 켜서 그릇으로 덮거나 평상 아래에 두지 아니하고 등경 위에 두나니 이는 들어가는 자들로 그 빛을 보게 하려 함이라. 17숨은 것이 장차 드러나지 아니할 것이 없고 감추인 것이 장차 알려지고 나타나지 않을 것이 없느니라(눅 8:16-17).

사실 '등불의 비유'라는 제목은 "등불을 켜서 등경 위에 둔다"(16절)는 말씀에 해당합니다. 똑같은 말씀이 누가복음 다른 곳에서는 빛에 관한 주제를 시작하는 부분에 사용됩니다(눅 11:33). 마치 똑같은 예화를 전혀 다른 주제의 두 가지 설교에 사용하는 것 같습니다. 그러나 어떤 문맥에 놓이더라도 전혀 어색하지 않습니다. 그래서 예수님이 그 예화를 즐겨 사용하셨던 것이지요.

'등불의 비유'는 '수확의 비유'와 맥을 같이하고 있습니다. 예수님의 삶의 자리에서 '수확의 비유'는 반대자들의 저항과 실패에도 불구하고 최후의 수확을 확신하며 하나님의 나라의 복음을 계속 선포하겠다는 주님의 의지를 담고 있다고 그랬지요. '등불의 비유'도 역시 같은 메시지를 담고 있습니다.

등불을 켜서 그릇으로 덮어 두거나 침대 밑에 두는 사람은 없습니다. 오히려 높이 매달아 두어서 사람들의 길을 밝힙니다. 마찬가지로 예수님의 가르침을 깨닫지 못하는 사람들이 있다고 해서 말씀 전하는 것을 덮어두거나 뒤로 미룰 수는 없습니다. 그 빛을 보고 '들어가는 자들'이 있기 때문입니다. 예수님은 이 세상에 생명을 주는 참 빛으로 오신 분입니다. 그런데 모든 사람이 예수님을 영접하는 것은 아닙니다. 그래서 요한복음은 이렇게 기록합니다.

> ⁹참 빛 곧 세상에 와서 각 사람에게 비추는 빛이 있었나니 ¹⁰그가 세상에 계셨으며 세상은 그로 말미암아 지은바 되었으되 세상이 그를 알지 못하였고 ¹¹자기 땅에 오매 자기 백성이 영접하지 아니하였으나 ¹²영접하는 자 곧 그 이름을 믿는 자들에게는 하나님의 자녀가 되는 권세를 주셨으니…(요 1:9-12).

'각 사람'에게 빛을 비추어도 오직 영접하는 사람만 영접합니다. 영접하지 않는 사람들이 있다고 해서 빛을 비추는 일을 중단할 수는 없습니다. 마찬가지로 하나님 나라의 복음을 받아들이지 않는 사람들이 있다고 해서 전하는 일을 그만둘 수는 없습니다. 그것은 '길 가'나 '바위 위'나 '잡초밭' 같은 마음의 상태에 있는 사람들 때문에 씨 뿌리는 일을 그만둘 수 없는 것과 같습니다. 누군가는 그 빛을 영접하고, 누군가는 그 메시지를 받아들이고, 누군가는 하나님의 초대에 응답하여 풍성한 열매를 맺기도 하기 때문입니다.

> 그러므로 너희가 어떻게 들을까 스스로 삼가라. 누구든지 있는 자는 받겠고 없는 자는 그 있는 줄로 아는 것까지도 빼앗기리라 하시니라(눅 8:18).

우리가 조심해야 할 것은 '무엇을 들을까'가 아니라 '어떻게 들을까'입니다. 이것은 '씨앗'이 문제가 아니라 '땅'이 문제라는 '네 가지 땅의 비유'를 다시 상기하게 합니다. 주님이 전하시는 말씀은 생명의 빛이요 진리의 길입니다. 그것 자체에는 전혀 문제가 없습니다. 문제는 말씀을 듣는 태도입니다.

어떻게 듣느냐에 따라서 결과가 달라집니다. 그 말씀을 유익하게 듣는 자는 더욱 유익을 얻을 것이고, 주의력 없이 듣는 자는 아는 것처럼 생각하던 것까지도 잃어버리게 될 것입니다.

이 부분을 메시지성경은 이렇게 번역합니다.

그러니 너희는 들은 것을 전하지 않는 인색한 사람이 되지 않도록 조심하여라. 베풂은 베풂을 낳는다. 인색하면 가난해진다(눅 8:18, 메시지).

물질도 그렇지만 말씀도 자꾸 베풀어야 더욱 풍성해집니다. 아무리 좋은 말씀을 들어도 입 다물고 가만히 있으면 점점 우리의 삶에 말씀이 빈곤해집니다. 그것을 아모스 선지자는 '여호와의 말씀을 듣지 못한 기갈'(암 8:11)로 표현합니다. 우리 주님은 반대와 저항에도 불구하고 움츠러들지 않고 계속 하나님 나라의 복음을 전하셨습니다. 우리도 그렇게 해야 합니다. 하나님의 말씀은 '등불'과 같습니다. 적극적으로 등불을 높이 들고 사방에 비추려고 해야지 소극적으로 침대 밑에 감추어두려고 하면 안 됩니다.

예수님의 가족관계

그런데 주변에 반대하는 사람이 많으면 그렇게 하는 게 말처럼 쉬운 일이 아닙니다. 최소한 가족들이라도 지지해준다면 어떻게든 용기를 내볼 수 있을 겁니다. 문득 궁금해집니다. 예수님이 펼쳐가시는 하나님 나라 운동에 대해서 가족들은 과연 어떻게 생각했을까요? 예수님은 가족들의 지지를 받았을까요?

우리가 잘 아는 대로 아버지 요셉이 일찍 세상을 떠났기 때문에, 맏아들이었던 예수님은 남은 가족들의 생계를 책임져야 했습니다. 그동안 어머니와 동생들을 돌보는 일을 묵묵히 해 오던 예수님이 어느 날 갑자기 집을 떠났을 때 남은 가족들은 무척 당황했을 것입니다.

그리고 예수님에 대해서 들려오는 여러 가지 소문이 있었을 것입니다. 놀라운 기적을 행한다는 소문도 들었지만, 예수님을 적대시하는 당시의 종교 지도자들의 비난하는 이야기도 들었을 것입니다. 그랬을 때 그들의 마음이 무척 불편했을 것입니다. 오늘 본문은 공생애를 시작하신 후에 처음으로 가족들이 예수님을 직접 찾아온 이야기입니다.

> ¹⁹예수의 어머니와 그 동생들이 왔으나 무리로 인하여 가까이 하지 못하니 ²⁰어떤 이가 알리되 당신의 어머니와 동생들이 당신을 보려고 밖에 서 있나이다(눅 8:19-20).

앞에서 예수님은 어떤 저항과 반대가 있더라도 하나님 나라의 복음이라는 등불을 높이 들어야 한다는 비유를 제자들에게 설명하고 계셨습니다. 바로 그때 예수님의 어머니와 동생들이 찾아온 것입니다. 예수님에게는 적어도 6명의 동생(남동생 4명과 여동생 2명 이상)이 있었습니다(막 6:3). 이들은 모두 요셉과 마리아의 사이에서 태어난 자녀들입니다. 그러니까 공생애를 시작하기 전까지는 예수님이 사실상 이들의 가장(家長) 역할을 해왔던 것이지요.

그렇다면 어머니와 동생들이 왜 예수님을 찾아왔을까요? 오랫동안 보지 못해서 안부가 궁금해서 왔을까요? 아닙니다. 여기 누가복음에는 그 내용이 자세히 나오지 않지만, 마가복음에 보면 그들이 찾아온 이유는 '지지'하기 위해서가 아니라 '저지'하기 위해서였습니다.

> ²⁰집에 들어가시니 무리가 다시 모이므로 식사할 겨를도 없는지라. ²¹예수의 친족들이 듣고 그를 붙들러 나오니 이는 그가 미쳤다 함일러라(막 3:20-21).

여기에서 친족(親族)이란 촌수가 가까운 일가를 말합니다. 마가복음은 이 이야기 후에 예수님의 어머니와 동생들이 찾아온 것을 기록합니다(막 3:31). 따라서 여기의 '친족'은 어머니와 동생들을 제외한 가까운 친척이었을 것입니다. 이들은 예수님의 소식이 궁금해서 찾아온 것이 아닙니다. 정신 나간 짓을 하고 다닌다는 소문을 듣고 여차하면 예수님을 잡아가려고 온 것입니다. 그 뒤에 나타난 어머니와 동생들도 이와 크게 다르지 않았을 것입니다.

요한복음에서도 예수님의 형제들이 예수님을 그리 달가운 시선으로 보지 않았다는 점을 분명히 밝힙니다.

> ²유대인의 명절인 초막절이 가까운지라. ³그 형제들이 예수께 이르되 당신이 행하는 일을 제자들도 보게 여기를 떠나 유대로 가소서. ⁴스스로 나타나기를 구하면서 묻혀서 일하는 사람이 없나니 이 일을 행하려 하거든 자신을 세상에 나타내소서 하니 ⁵이는 그 형제들까지도 예수를 믿지 아니함이러라(요 7:2-5).

예수님의 형제들은 예수님을 믿지 않았습니다. 예수님이 하는 일들을 이해하지도 못했습니다. 예수님을 격려해주기는커녕 오히려 비난하고 조롱하고 비꼬았습니다. 나사렛 고향 사람들이 "의사야, 너 자신을 고치라"(눅 4:23)고 비아냥거렸던 것도 예수님의 사역을 반대하는 가족들 때문이었는지도 모릅니다. 가족들에게 전폭적인 지지를 받지 못하면서 어떻게 하나님의 일을 해낼 수 있겠습니까?

종교 지도자들의 적대심이나 세례 요한의 의심보다 가족들의 반대가 예수님의 마음에는 더욱 큰 부담이었을 것입니다. 그런데도 주님은 조금도 움츠러들지 않고 계속해서 하나님 나라의 복음을 전했습니다. 지금까지 해 오던 대로 복음의 등불을 내리지 않고 하나님 나라 운동을 더욱 힘있게 펼치셨습니다. 어떻게 그럴 수 있었을까요?

새로운 가족관계

예수님은 그의 가족이 어떤 이유로 자신을 찾아왔는지 잘 알고 계셨습니다. 이때 예수님은 가족들을 만나지 않으십니다. 그저 자신이 해오던 일들을 계속하시면서 다음과 같이 말씀하십니다.

> 예수께서 대답하여 이르시되 내 어머니와 내 동생들은 곧 하나님의 말씀을 듣고 행하는 이 사람들이라 하시니라(눅 8:21).

마가복음에 보면 예수님은 더욱 강경한 어조로 이렇게 말씀하십니다.

> 33대답하시되 누가 내 어머니이며 동생들이냐 하시고 34둘러앉은 자들을 보시며 이르시되 내 어머니와 내 동생들을 보라. 35누구든지 하나님의 뜻대로 행하는 자가 내 형제요 자매요 어머니이니라(막 3:33-35).

어떻게 보면 어머니를 무시하고 형제들을 외면하는 무례한 모습으로 비칠 수도 있습니다. 우리에게 익숙한 동방예의지국의 인륜과 도덕으로는 도무지 이해할 수 없는 태도입니다. 그러나 그렇다고 해서 예수님이 무책임하게 가족들과 인연을 끊었다는 식으로 해석하는 것은 잘못입니다. 예수님은 십자가에 달려 죽어가면서도 어머니 마리아를 걱정하며 제자 요한에게 특별히 부탁하셨습니다(요 19:27).

예수님에게도 가족은 중요한 가치가 있었습니다. 그러나 혈연관계보다 더 중요한 것이 있었습니다. 그것은 영적인 관계였습니다. 육신의 부모님에게 효도하는 것이 물론 중요하지만, 그보다 하나님 아버지의 뜻대로 살아가는 일이 더 중요했습니다. 하나님을 같은 아버지로 모시며 함께 하나님의 말씀에 순종하여 하나님의 뜻대로 행하는 그런 사람들이 예수님에게는 새로운 가족이며 진정한 형제자매였던 것입니다.

이것은 혈연관계를 믿음보다 더 중요하게 생각하던 당시 유대인의 선민사상에 대한 정면 도전이었습니다. 본래 이스라엘은 혈통의 순수성이 강조되지 않던 '신앙공동체'였습니다. 이집트에서 탈출할 때 아브라함과 이삭과 야곱으로 이어지는 후손들만 나온 것이 아니었습니다. 그때 수많은 '잡족(雜族)'이 그들과 함께 나왔습니다(출 12:38). 그리고 그들은 시내산에서 하나님과 계약을 맺고 모두 하나님의 백성이 되었습니다. 이스라엘은 태생적으로 '혈연공동체'가 아니라 '신앙공동체'였던 것입니다.

그런데 바빌론 포로기 이후에 유대인 공동체는 혈통의 순수성을 강조하기 시작했습니다. 물론 처음에는 여호와 하나님에 대한 신앙의 순수성을 지키려는 목적이었지만, 점점 그 도가 지나쳐서 다른 민족과 피가 섞였다는 이유로 하나님 백성의 자격을 잃었다고 하면서 사마리아인과 상종하지 않기에 이르렀습니다. '신앙공동체'의 정체성을 잃어버리고 배타적인 '혈연공동체'로 회귀한 것은 온 인류를 구원하시려는 하나님의 뜻에 정면으로 거스르는 잘못된 선택이었습니다.

예수님은 하나님의 아들로서 모든 인류를 구원하기 위하여 이 땅에 오셨습니다. 그는 다윗의 자손이었지만, 유대인을 단순히 로마의 압제에서 해방하는 일에는 관심이 없었습니다. 예수님에게는 하나님의 나라와 하나님의 뜻을 이 땅에 이루는 더욱 위대한 목표가 있었기 때문입니다. 그것으로 인해 나사렛 고향 사람들에게 오해받기도 했고, 세례 요한의 의심을 사기도 했고, 가족들의 원성을 듣기도 했습니다. 아무리 그래도 보내심을 받은 본래의 사명을 포기할 수는 없는 일입니다.

오늘 본문은 이와 같은 예수님의 사명을 분명하게 드러냅니다. "하나님의 말씀을 듣고 그대로 행하는 사람이 나의 어머니요 나의 형제들이다!" 혈연관계보다 영적인 관계, 하나님 아버지를 섬기는 믿음의 관계가 더 중요하다는 선언입니다. 이것으로 주님은 온 인류를 새로운 가족관계로 초대하셔서 구원하시려는 하나님 아버지의 뜻을 분명히 선포하셨습니다. 만일 이 선포가 없었다면 오늘날의 기독교는 탄생하지 못했을 것입니다.

자, 그렇다면 예수님의 가족들은 그 후에 어떻게 되었을까요? 끝끝내 예수님과 결별하고 말았을까요? 아닙니다. 앞에서 언급한 대로 예수님의 어머니 마리아는 사도 요한의 극진한 보살핌 속에 에베소교회에서 믿음의 어머니로서 여생을 보냈습니다. 예수님의 동생들도 초대교회 신앙공동체의 기둥이 되었습니다. 그중에서 야고보가 단연 돋보입니다. 그는 예수님의 공생애 기간에는 예수님을 믿지 않았습니다. 오히려 예수님의 사역을 몹시 못마땅하게 여겼습니다.

그러나 부활하신 주님을 만나 뵌 후에(고전 15:7) 완전히 변화되어 예루살렘 교회의 영향력 있는 지도자가 되었습니다. 야고보는 '낙타 무릎'이라는 별명을 얻을 만큼 기도하는 일에 힘썼던 목회자이기도 했습니다. 그는 교회 역사상 최초로 열렸던 '예루살렘회의'(행 15장)를 주관하여, 당시 이방 선교 문제로 인한 교회의 내부적인 갈등을 해소하는 아주 중요한 지도력을 발휘했습니다. 그리고 박해로 인해 흩어진 믿음의 지체들을 위해 '야고보서'를 써서 보내기도 했습니다.

만일 예수님께서 가족관계를 포기하지 않겠다고 하면서 이때 하나님 나라의 운동을 잠시라도 접어버렸다면 어떻게 되었을까요? 하나님 아버지도 잃어버리고 결국에는 가족들도 잃어버리고 말았을 것입니다. 신약의 하나님 백성인 교회도 생기지 않았을 것입니다. 우리도 마찬가지입니다. 부모에게 효도하고 형제간에 우애해야 합니다. 그러나 '주님 안에서'(in Christ) 그렇게 해야 합니다. 하나님 아버지를 믿는 사람이라면 누구나 사랑을 나눌 형제자매 입니다.

우리 주님은 하나님의 나라와 그의 의를 먼저 구하는 자에게 이 모든 것을 주시겠다고 약속하셨습니다(눅 12:31). '이 모든 것'에는 '피를 나눈 가족'도 포함됩니다. 비록 지금은 예수님을 믿고 따르는 우리를 이해하지 못한다고 하더라도, 우리가 먼저 구해야 할 것을 구하며 살아간다면 언젠가 그들도 하나님을 아버지로 모셔 들인 영적인 혈연관계에 들어오게 될 것입니다. 그럴 때 우리 가족은 이 세상의 유한한 삶으로 끝나지 않고 영원으로 이어지는 하나님 나라의 가족관계로 들어가게 되는 것입니다.

묵상 질문: 나는 어떤 가족관계를 더 중요하게 여기고 있는가?
오늘의 기도: 피를 나눈 우리의 가족이 모두 하나님을 믿는 가족이 되게 하옵소서. 하나님을 아버지로 섬기며 하나님의 뜻대로 순종하며 살아가는 하나님의 가족이 되게 하옵소서. 우리가 먼저 하나님의 나라와 그의 뜻을 구할 때 이 모든 것을 더해주시겠다 약속하신 말씀을 믿습니다. 그렇게 이루어 주옵소서. 예수님의 이름으로 기도합니다. 아멘.

너희 믿음이 어디 있느냐?

❧

읽을 말씀: 누가복음 8:22-25

새길 말씀: 제자들에게 이르시되 너희 믿음이 어디 있느냐 하시니 그들이 두려워하고

　　　　 놀랍게 여겨 서로 말하되 그가 누구이기에 바람과 물을 명하매 순종하는가

　　　　 하더라(눅 8:25).

　　누가는 예수님의 행적에 대해서 기록할 때 하나님 나라의 복음을 가르치는 사역과 놀라운 이적을 보이는 사역을 번갈아 가며 다룹니다. 예를 들어 6장에서 평지설교(눅 6:20-49)를 길게 기록한 후에 7장에 오면 백부장의 종을 고치시는 이적(눅 7:1-10)과 나인성 과부의 죽은 아들을 살리신 이적(눅 7:11-17)을 기록합니다. 그 후에는 세례 요한의 제자들에 대한 대답부터 시작하여 오늘 본문 바로 직전까지 여러 가지 비유를 가르치셨습니다. 그리고 오늘 본문부터 8장 나머지 부분은 네 가지 이적에 대한 기록입니다.

　　이렇게 반복되는 패턴은 물론 예수님께서 실제로 그렇게 하셨기 때문일 수도 있지만, 여기에는 '말씀과 행함의 균형'을 강조하려는 누가의 의도가

담겨있는 것으로 보입니다. 예수님의 가르침은 하나님 나라의 복음을 담고 있습니다. 그 복음의 능력은 실제로 일어나는 이적을 통해서 증명됩니다. 이적이나 말씀 어느 한쪽에만 치우치면 반드시 문제가 생겨납니다. 이적만을 사모하는 사람에게는 말씀을 배워야 한다는 점을 강조하며, 또한 말씀을 배우는 것에만 만족하고 있는 사람에게는 말씀을 따라 행함으로 복음의 능력을 체험해야 한다는 점을 강조하고 있는 것이지요.

광풍을 만나다

아무튼 오늘은 8장에 기록된 네 가지 이적 중에서 첫 번째로 광풍을 잠잠하게 하신 사건을 살펴보겠습니다.

> ²²하루는 제자들과 함께 배에 오르사 그들에게 이르시되 호수 저편으로 건너가자 하시매 이에 떠나 ²³행선할 때에 예수께서 잠이 드셨더니 마침 광풍이 호수로 내리치매 배에 물이 가득하게 되어 위태한지라. ²⁴제자들이 나아와 깨워 이르되 주여 주여 우리가 죽겠나이다 한대…(눅 8:22-24a).

예수님의 갈릴리 사역은 갈릴리호수를 중심으로 여러 지역을 돌아다니며 진행되었습니다. 갈릴리 건너편으로 가는 가장 빠른 길은 육로가 아니라 배를 타고 건너는 것이었습니다. 하루는 제자들과 함께 '호수 저편'(the other side of the lake)으로 건너가기 위해서 배를 타셨습니다. 여기에서 '호수 저편'은 구체적으로 어디일까요? 뒷부분에 보면 배를 타고 다다른 곳은 '갈릴리 맞은편 거라사인의 땅'이었습니다(26절). 이로 미루어 예수님 일행은 아마도 가버나움에서부터 출발한 것으로 보입니다.

갈릴리호수를 배로 건너는 동안 예수님은 잠이 드셨습니다. 얼마나 피곤하셨으면 배에서 곤히 잠드셨을까요? 계속되는 여러 가지 사역에 육체적으로 피곤이 많이 쌓였을 것입니다. 그런데 때마침 '광풍(狂風)이 호수로 내리쳤다'라고 합니다. 갈릴리호수는 그렇게 갑작스럽게 불어오는 광풍으로 유명합니다. 하늘에 구름 한 점 없이 맑다가도, 북쪽에 있는 헐몬산에서 바람이 병풍처럼 둘러싼 산골짜기를 타고 내려오면서 갑자기 무서운 돌풍으로 변하곤 했습니다. 말 그대로 '미친 듯이 내리치는' 광풍으로 인해 많은 배들이 침몰했다고 합니다. 지금 예수님 일행이 바로 그와 같은 상황에 놓이게 된 것입니다.

예수님의 제자 중에는 물론 갈릴리 어부 출신들이 여럿 있었습니다. 그들이 손 놓고 가만히 있지는 않았을 겁니다. 나름대로 무진 애를 써 보았을 것입니다. 그러나 제아무리 경험이 많고 배를 다루는 능력이 탁월하다고 하더라도 이런 큰 광풍 앞에서는 아무 소용이 없었습니다. 큰 파도에 배는 사정없이 흔들리고, 물이 배 안으로 들이쳐서 배가 가라앉을 지경이 되었습니다. 이제 꼼짝없이 죽을 수밖에 없는 그런 상황에 놓이게 된 것입니다. 그들이 할 수 있는 일은 아무것도 없었을까요?

아닙니다. 그들이 할 수 있는 일이 있었습니다. 예수님을 찾으면 됩니다. 그런데 그들은 예수님을 찾지 않았습니다. 그러다가 그들의 말처럼 죽게 되어서야 다급하게 주님을 깨웁니다. 놀라운 것은 그런 상황에서도 예수님은 태평하게 주무셨다는 사실입니다. 마가복음 평행본문을 보면 이때 예수님은 '고물'에서 주무셨다고 합니다(막 4:38). '고물'은 배의 뒷부분을 가리킵니다. 자동차든 배든 뒤쪽이 더 흔들리는 법입니다. 그런데도 주님은 그곳에서 베개를 베고 곤히 주무시고 계셨던 것입니다.

물론 그만큼 피곤하셨기 때문일 수도 있지만, 기본적으로 우리 주님에게는 근심과 걱정이 없었습니다. 시편에 보면 "여호와께서 그의 사랑하시는 자에게는 잠을 주신다"(시 127:2)는 말씀이 있습니다. 이것은 본래 "주님은 그가 잠을 자는 동안에도 복을 주신다"는 뜻입니다. 그런데 아무에게나 그렇게 하지는 않습니다. '그가 사랑하시는 자'에게 쉼을 주십니다. 하나님은 예수님을 가리켜서 '내 사랑하는 아들'이라 말씀하셨습니다(눅 3:22). 예수님도 하나님 아버지에 대한 신뢰가 있었습니다. 그러니 아무 걱정 없이 단잠을 잘 수 있었던 것이지요.

그러나 제자들은 그러지 못했습니다. 갈릴리호수에서 잔뼈가 굵은 뱃사람들조차도 이런 큰 광풍은 감당할 수 없었습니다. 그들은 갑자기 죽을지도 모른다는 두려움에 사로잡히게 되었습니다. 그제야 예수님을 깨우면서 말합니다. "주여, 주여, 우리가 죽겠나이다." 마가복음에는 "선생님이여, 우리가 죽게 된 것을 돌보지 아니하시나이까"(막 4:38)라고 되어 있습니다. 메시지성경은 "선생님, 우리가 빠져 죽게 되었는데 아무렇지도 않습니까?"라고 표현합니다. 주님의 단잠을 그들에 대한 무관심으로 해석하여 무척 서운하게 생각했던 것입니다.

살다가 보면 우리의 인생에 뜻밖의 광풍이 몰려올 때가 있습니다. 제아무리 많이 배우고 인생의 경험이 풍부해도 우리 자신의 힘으로는 도무지 극복할 수 없는 그런 어려움을 만날 때가 있습니다. 허리띠를 졸라매고 머리를 싸매고 모든 능력을 동원해도 해결할 수 없는 문제 앞에서 우리는 곧잘 하나님을 원망하곤 합니다. 내가 죽어 가는데 하나님은 나에 대해서 아무런 관심도 없다고 투덜댑니다. 하나님의 침묵 때문에 시험에 듭니다. 심지어 하나님 때문에 상처받았다고 합니다.

그러나 하나님은 우리가 어려움을 당할 때 그냥 팔짱 끼고 가만히 보고 계시는 분이 아닙니다. 누가복음에는 나오지 않지만, 나머지 복음서에는 예수님이 바다 위로 걸어오신 사건이 기록되어 있습니다(마 14:22-33; 막 6:45-52; 요 6:15-21). 오병이어 표적 이후에 일어난 일입니다. 예수님은 제자들을 재촉해서 배를 타고 앞서 건너게 하신 후에 기도하러 산으로 올라가셨지요.

그때 제자들은 지금과 똑같은 상황을 만나게 되었습니다. 제자들이 힘겹게 노 젓는 것을 보시고 예수님은 바다 위로 걸어오셨습니다.

예수님은 그런 분이십니다. 우리가 죽든 말든 상관하지 않는 분이 아닙니다. 어떤 경우에도 우리를 외면하지 않으십니다. 게다가 지금 예수님은 제자들과 함께 있습니다. 단지 주무시고 있을 뿐입니다. 예수님이 지금 어떤 상황이 벌어지고 있는지 모르실까요? 아닙니다. 다 알고 계십니다. 만일 제자들에게 믿음이 있었다면 그렇게 호들갑을 떨지는 않았을 겁니다. 믿음이 없으니까 두려움이 생기고 사사건건 불평하게 되는 것이지요.

바람을 꾸짖다

예수님은 과연 그 문제를 어떻게 해결하실까요?

> … 예수께서 잠을 깨사 바람과 물결을 꾸짖으시니 이에 그쳐 잔잔하여지더라(눅 8:24).

예수님은 잠에서 깨어나시더니 바람과 물결을 꾸짖으셨습니다. 그랬더니 언제 풍랑이 있었던가 싶게 순식간에 물결이 잔잔해졌습니다. 이것은 물론 예수님이 하나님의 아들로서 위대한 권능을 가지고 계심을 보여주신 사건입니다. 다른 사람들은 감히 흉내 낼 수도 없는 일입니다. 예수님은 하나님이기에 이런 능력을 나타내실 수 있는 것입니다. 이와 똑같은 상황이 시편 107편에 나옵니다.

> [28]이에 그들이 그들의 고통 때문에 여호와께 부르짖으매 그가 그들의 고통에서 그들을 인도하여 내시고 [29]광풍을 고요하게 하사 물결도 잔잔하게 하시는도다(시

107:28-29).

오늘 본문하고 정확하게 일치하는 묘사입니다. 광풍을 고요하게 하고 거친 파도를 잔잔하게 하실 수 있는 분은 오직 하나님 한 분밖에 없습니다. 심청이를 인당수에 바쳐서 용왕의 심술을 가라앉혀야 광풍이 잔잔해지는 게 아닙니다. 하나님이 명령하시면 미친 바람도 순식간에 고요해집니다. 예수님은 지금 이와 같은 하나님의 능력을 나타내 보이심으로, 당신이 하나님의 아들이심을 증명하셨습니다.

그러나 그게 전부가 아닙니다. 여기에는 또 다른 중요한 차원이 감추어져 있습니다. 예수님은 바람을 '꾸짖으시고' 물결을 향해 '잠잠하라'고 명령하셨습니다. 그런데 바람이나 파도와 같은 자연 현상에 대해서 그렇게 명령하시는 것이 조금 어색하게 느껴집니다. 여기에서 우리는 '꾸짖다'는 말이나 '잠잠하라'는 말은 자연 현상을 겨냥한 명령이 아니라는 사실을 알게 됩니다. 그것은 바람과 파도 뒤에 숨어서 역사하고 있는 악한 영의 세력을 향해서 하신 말씀입니다.

가버나움 회당에서 더러운 귀신 들린 사람을 치유하실 때 예수님은 정확하게 같은 말을 사용하셨습니다.

예수께서 꾸짖어 이르시되 잠잠하고 그 사람에게서 나오라 하시니 귀신이 그 사람을 무리 중에 넘어뜨리고 나오되 그 사람은 상하지 아니한지라(눅 4:35).

귀신 들린 사람이 소리를 지르고 소란을 피우는 것은 그 사람을 지배하는 악한 영의 소행입니다. 따라서 예수님은 더러운 귀신을 겨냥하여 꾸짖으며 '잠잠하라'고 말씀하신 것입니다. 몸과 마음과 영혼을 악한 영이 지배하는 극단적인 경우가 아니라고 하더라도, 하나님 나라와 하나님의 뜻을 훼방하는 모든 사람에게는 악한 영이 작용합니다.

예수님을 팔아넘길 때도 '사탄'이 가룟 유다에게 들어갔습니다(눅 22:3). 십자가의 길을 반대하던 베드로에게 주님은 "사탄아, 물러가라!"고 명령하셨습니다(막 8:33). 베드로를 꾸짖으신 것이 아닙니다. 베드로가 하나님의 일을 생각하지 않고 사람의 일을 생각하게 만드는 사탄을 꾸짖으신 것입니다. 악한 영은 조용히 타이르거나 적당히 타협할 대상이 아닙니다. 엄하게 꾸짖어서 내쫓아야 할 대상입니다.

마찬가지로 제자들이 경험하고 있는 광풍은 그냥 일반적인 자연 현상이 아니었습니다. 그것은 제자들의 믿음을 시험하고 있는 사탄의 활동이었습니다. 사탄은 자연 현상을 이용하여 사람들에게 접근합니다. 에덴동산에서는 뱀의 모습으로 나타나서 아담과 하와를 유혹했습니다. 자연 현상뿐만이 아닙니다. 사탄은 미신이나 돈이나 정치나 미디어나 인터넷 뒤에 숨어서 사람들을 시험합니다.

여기에서 우리는 예수님이 마귀의 시험을 받으시던 장면으로 돌아가서 끝부분에 사족처럼 붙어있는 말씀을 눈여겨보아야 합니다. "마귀가 모든 시험을 다 한 후에 얼마 동안 떠나니라"(눅 4:13). NIV성경은 '얼마 동안'을 '적절한 때까지'(until an opportune time)로 번역합니다. 그렇습니다. 사탄의 시험은 한 번으로 끝나지 않습니다. 얼마 동안 떠나있다가 적절한 때가 되면 슬그머니 다시 등장합니다. 그래서 "시험에 들지 않도록 기도하라"(눅 22:46)고 주님이 말씀하신 것입니다.

사탄은 예수님을 이길 수 없다는 걸 알았습니다. 그래서 주님을 따르는 제자들을 시험하기로 한 것입니다. 사탄의 시험은 사람들에게 두려움을 안겨줍니다. 제자들은 죽을까 봐 두려워했습니다. "우리가 죽겠나이다!" 사탄의 시험은 효력이 있었습니다. 누가복음에는 나오지 않지만, 마가복음에는 예수님이 제자들에게 이렇게 말씀하십니다. "어찌하여 이렇게 무서워하느냐?"(막 4:40).

메시지성경은 "어째서 너희는 이토록 겁이 많으냐?"(Why are you such cowards?)라고 풀이합니다. 겁쟁이(cowards)는 부스럭거리는 소리에도 덜컥 겁을 냅니다. 두려움에 사로잡히면 온몸이 경직되어 아무것도 하지 못합니다. 그래서 사탄이 제일 좋아하는 전략이 바로 사람들을 두렵게 만드는 것입니다. 겁이 많은 사람은 사탄의 밥입니다.

믿음이 없다

그런데 두려움이 생기는 것은 그냥 성격 탓이거나 마음이 약한 탓이 아닙니다. 거기에는 진짜 이유가 있습니다. 믿음이 없기 때문입니다.

제자들에게 이르시되 너희 믿음이 어디 있느냐 하시니 그들이 두려워하고 놀랍게 여겨 서로 말하되 그가 누구이기에 바람과 물을 명하매 순종하는가 하더라(눅 8:25).

예수님이 제자들에게 물으십니다. "너희 믿음이 어디 있느냐?"(Where is your faith? NIV). 그렇습니다. 믿음이 없으니까 두려움이 생기는 것입니다. 꼼짝없이 죽을 수밖에 없는 그런 상황이 문제가 아닙니다. 믿음이 없는 것이 진짜 문제입니다. 만일 믿음이 있다면 에스더처럼 "죽으면 죽겠습니다!"(에 4:16)라고 말하면서 왕 앞으로 담대히 나아갑니다. 해야 할 일을 합니다. 믿음이 없으니까 겁쟁이처럼 벌벌 떨면서 숨어 있는 것이지요.

그래서 메시지성경은 예수님의 질문을 "왜 나를 신뢰하지 못하느냐?"(Why can't you trust me? MSG)로 바꿉니다. 상황을 두려워한다는 것은 주님을 신뢰하지 않는다는 뜻입니다. 당연히 두려워해야 할 상황인데도 두려움이 생기지 않는다면, 그것은 우리가 주님을 신뢰한다는 증거입니다. 따라서 우리가 정말 두려워해야 할 것은 우리에게 닥치는 어려운 상황이나 문제가 아닙니다. 오히려 주님을 신뢰하는 마음이 없어지는 것을 우리는 가장 두려워해야 합니다.

지금까지 제자들은 예수님을 따라다니면서 많은 병자를 고치시고 귀신을 쫓아내시는 놀라운 장면을 수도 없이 목격했습니다. 예수님의 능력 있는 말씀을 가장 가까이에서 가장 많이 들었습니다. 그런데도 아직 그들에게는 믿음이 없었습니다. 그들이 가져야 할 믿음은 단지 예수님이 모든 문제를 해결할 수 있다는 그런 믿음이 아닙니다. 그들이 가져야 할 믿음의 구체적인 내용은 따로 있습니다. 그게 무엇일까요?

제자들은 광풍이 잠잠해지자 서로 이렇게 말합니다. "그가 누구이기에 바람과 바다도 순종하는가?" "Who is this?" 그렇습니다. 그들은 아직도 예수님이 누구이신지에 대한 확신이 없었던 것입니다. 예수님이 누구이십니까? 하나님의 아들이십니다. 이 세상을 구원하실 메시아이십니다. 하나님 나라의 선봉으로 오신 분이십니다. 예수님이 누구인지 아직도 모르기에 상황과 환경에 따라서 마음이 휘둘리고 두려워하게 되는 것입니다.

광풍이 내리쳤을 때 예수님이 어디에 계셨습니까? 제자들과 함께 배에 있었습니다. 그러나 예수님이 누구신지 확실한 믿음이 없으니까 그들은 두려워하고 불평하고 아우성치고 그랬던 것입니다. 우리도 마찬가지입니다. 아무리 교회를 다니면서 신앙생활을 오래 해왔다고 하더라도, 하나님의 아들 예수 그리스도에 대한 확실한 믿음이 없으면 우리도 그렇게 무너집니다. 너무나 쉽게 두려움에 빠지고 조그만 일에도 불안해하고 곧잘 하나님을 원망하게 되는 것입니다.

따라서 인생의 풍랑이 문제가 아닙니다. 우리 마음에 자리 잡은 두려움이 문제입니다. 그것은 우리에게 믿음이 없다는 증거이기 때문입니다. 만일 우리 마음에 두려움이 생긴다면 어떻게 해야 할까요? 그럴 때마다 시편 기자처럼 우리의 영혼을 향하여 선포해야 합니다.

내 영혼아, 네가 어찌하여 낙심하며 어찌하여 내 속에서 불안해하는가. 너는 하나님께 소망을 두라. 나는 그가 나타나 도우심으로 말미암아 내 하나님을 여전히 찬송하리로다!(시 42:11).

제자들은 하나님 나라 운동을 펼쳐나갈 준비가 아직 충분히 되지 않았습니다. 그러나 십자가와 부활 사건을 통해 예수님이 하나님의 아들이요 이 세상을 구원하러 오신 메시아라는 사실을 확실히 알게 된다면, 그들은 더 이상 죽음을 두려워하지 않게 될 것입니다. 그들을 통해 하나님 나라의 복음이 땅끝을 향해 엄청난 속도로 퍼져나가게 될 것입니다.

묵상 질문: 나는 예수님을 절대 신뢰하고 있는가?

오늘의 기도: 지금 우리 맘속에 찾아오시옵소서. 우리의 두려워하는 영혼을 불쌍히 여기시옵소서. 어떤 일을 만나더라도 변함없이 우리를 사랑하시는 하나님을 믿게 하시고, 우리를 구원하실 주님을 신뢰하게 하옵소서. 그리하여 어떤 상황, 어떤 환경 속에서도 늘 주님을 찬양하는 믿음의 사람이 되게 하옵소서. 예수님의 이름으로 기도합니다. 아멘.

네 이름이 무엇이냐?

읽을 말씀: 누가복음 8:26-39

새길 말씀: 귀신 나간 사람이 함께 있기를 구하였으나 예수께서 그를 보내시며 이르시되
집으로 돌아가 하나님이 네게 어떻게 큰 일을 행하셨는지를 말하라 하시니
그가 가서 예수께서 자기에게 어떻게 큰 일을 행하셨는지를 온 성내에 전파
하니라(눅 8:38-39).

지금 우리는 누가복음 8장에 기록된 네 가지 이적 이야기를 묵상하고
있습니다. 첫 번째 이적은 갈릴리호수를 배로 건너던 중에 만난 광풍을
잠잠하게 하신 일이었습니다. 그때 향하던 목적지가 갈릴리 맞은편 '거라사인
의 땅'(the region of the Gerasenes)이었습니다.

거라사인의 땅

'거라사인의 땅'은 갈릴리호수의 동쪽에 있는 유대인들이 살지 않는

이방인 지역입니다. 게다가 갈릴리 서쪽의 마을들과 비교해 보면 인구밀도가 훨씬 낮은 지역입니다. 그런데 예수님은 왜 굳이 거기로 건너가려고 하셨던 것일까요?

> [26]그들이 갈릴리 맞은편 거라사인의 땅에 이르러 [27]예수께서 육지에 내리시매 그 도시 사람으로서 귀신 들린 자 하나가 예수를 만나니 그 사람은 오래 옷을 입지 아니하며 집에 거하지도 아니하고 무덤 사이에 거하는 자라(눅 8:26-27).

그곳에서 예수님은 '귀신 들린 사람'을 만납니다. '귀신 들린 사람'을 NIV성경은 '악령에게 사로잡힌 사람'(a demon-possessed man)으로, 메시지 성경은 '미친 사람'(a madman)으로 각각 표현합니다. '귀신 들린 사람'과 '미친 사람'은 정상적인 생활을 하지 못한다는 점에서 같을지는 모르지만, 그 원인은 전혀 다릅니다. '미친 사람'은 어떤 정신적인 충격이나 마음의 질병에 의해서 그렇게 되지만, '귀신 들린 사람'은 악한 영에 의해서 그렇게 되기 때문입니다. 원인이 다르면 치료 방법도 달라야 합니다.

본문은 이 사람에 대한 몇 가지 정보를 제공합니다. 우선 그는 '그 도시 사람', 즉 '그 마을 출신'이었다고 합니다. 그는 오랫동안 옷을 입지 않고 지냈습니다. 그것은 수치를 모른다는 뜻입니다. 그리고 집을 떠나서 무덤 사이에서 살았다고 합니다. 마을 사람들의 돌봄도 받지 못하고 들판에 버려진 채 죽은 자들의 땅에서 살았던 것이요. 그 이유는 귀신 들렸기 때문입니다. 그 사람의 영혼이 악한 영에 사로잡혔기 때문입니다.

예수님은 그렇게 비참한 인생을 살아가던 바로 그 한 사람을 만나기 위해서 이곳에 오신 것입니다.

> [28]예수를 보고 부르짖으며 그 앞에 엎드려 큰 소리로 불러 이르되 지극히 높으신 하

나님의 아들 예수여 당신이 나와 무슨 상관이 있나이까 당신께 구하노니 나를 괴롭게 하지 마옵소서 하니 ²⁹이는 예수께서 이미 더러운 귀신을 명하사 그 사람에게서 나오라 하셨음이라(귀신이 가끔 그 사람을 붙잡으므로 그를 쇠사슬과 고랑에 매어 지켰으되 그 맨 것을 끊고 귀신에게 몰려 광야로 나갔더라)(눅 8:28-29).

예수님은 "이미 더러운 귀신을 명하사 그 사람에게서 나오라"고 명령하셨습니다. 그러니까 예수님은 그 사람을 보자마자 귀신을 쫓아내려고 하셨던 것이지요. 그 점에서 예수님이 이곳에 오시려고 했던 이유가 분명히 드러납니다. 귀신 들린 사람은 귀신이 완전히 나가야 치유될 수 있습니다. 그러나 마을 사람들은 쇠사슬과 족쇄로 묶어서 해결하려고 했습니다. 그렇게 해서는 문제가 해결되지 않습니다. 귀신의 힘은 폭력으로 억누를 수 없습니다.

귀신이 예수님 앞에 엎드려서 "지극히 높으신 하나님의 아들 예수여 당신이 나와 무슨 상관이 있나이까? 나를 괴롭게 하지 마옵소서!"라고 하면서 소리를 지릅니다. 귀신은 예수님이 누구이신지 잘 알고 있습니다. 베드로의 신앙고백보다 훨씬 전에, 귀신들이 먼저 고백하고 있는 것입니다. 가버나움 동네의 회당에서 '더러운 귀신'을 내쫓으실 때도 "나는 당신이 누구인 줄 아노니 하나님의 거룩한 자니이다"라고 고백했습니다(눅 4:34). 귀신들은 예수님이 누구신지 귀신같이 잘 압니다.

이러한 반응은 이곳으로 오던 배 안에서 제자들이 "그가 누구이기에 바람과 물을 명하매 순종하는가?"라고 말하던 것과 아주 대조적입니다. 그 놀라운 이적을 보고도 제자들은 예수님의 정체를 알아보지 못하는데, 귀신은 단박에 알아차린 것입니다.

레기온 귀신

그러자 예수님은 그 귀신의 이름을 물으십니다.

> 예수께서 네 이름이 무엇이냐 물으신즉 이르되 군대라 하니 이는 많은 귀신이 들렸음이라(눅 8:30).

"네 이름이 무엇이냐?"(What is your name?) 귀신은 자신의 이름을 '군대'라고 소개합니다. '군대'를 헬라어로는 '레기온'(Legion)이라고 합니다. 이것은 약 6,000명으로 구성된 로마의 군단을 가리키는 말입니다. 막달라 마리아가 '일곱 귀신 들린 자'(눅 8:2)였다고 하는데, 그에 비하면 이 사람의 영적인 형편이 얼마나 더 나빴을지 우리는 충분히 짐작할 수 있습니다.

어떤 학자들은 이것에 근거하여 이 사람은 아마도 로마 군대의 폭력적인 행동을 목격한 충격으로 정신 이상이 생기게 되었을 것이라고 주장하기도 합니다. 그러나 앞에서 말한 것처럼 귀신 들린 것과 정신적인 질병은 분명히 구분되어야 합니다. 예전에는 귀신을 내쫓는다면서 안찰(按擦)하다가 애꿎은 사람을 죽이는 일이 종종 벌어지곤 했습니다. 사실 그것처럼 어리석은 일이 없습니다.

귀신은 영적인 존재여서 그런 우격다짐으로는 절대로 쫓겨나지 않습니다. 귀신에 들린 사람은 피해자이지 귀신이 아닙니다. 영적으로 고통당하는 사람의 육신에 더욱 큰 고통을 안겨주는 것은 어떤 이유로도 정당화될 수 없습니다. 대부분은 귀신 들린 것이 아니라 단지 정신적인 질병을 앓고 있는 경우입니다. 정신병은 정신과적인 치료가 필요합니다. 그런데도 '안찰'이라는 이름으로 환자의 몸을 학대하는 이런 무지막지한 일들이 벌어지는 것입니다.

'군대 귀신'은 '많은 귀신'을 의미합니다. 메시지성경은 '패거리'(Mob)로 풀이합니다. 보통 사람이 혼자 힘으로는 패거리를 상대할 수 없습니다. 그러나 하나님은 해결할 수 있습니다. 한 귀신이나 일곱 귀신이나 군대 귀신이나 하나님께는 모두 같습니다. 감기나 고혈압이나 암이나 하나님께는 모두 같습니다. 하나님이 해결하지 못할 문제, 고치지 못할 질병은 없습니다. 하나님의 능력 앞에 가져오면 어떤 문제도 해결되고 어떤 속박도 풀어집니다.

귀신 축출 사건

이 대목에서 우리는 예수님이 귀신 들린 사람을 회복시키는 방법을 눈여겨보아야 합니다. 앞에서 언급했듯이 귀신 들린 사람은 귀신에 의해 고통을 받는 피해자입니다. 따라서 마치 그 사람 자체에 무슨 문제가 있는 것처럼 접근하거나 함부로 다루면 안 됩니다. 피해자를 구원하려면 마땅히 대적해야 할 것을 대적해야 합니다. 자칫 잘못하다가는 피해자에게 또 다른 피해를 안겨줄 수도 있습니다.

예수님은 더러운 귀신에게 나오라고 이미 명령하셨습니다. 아무리 숫자가 많은 군대 귀신이라고 하더라도 예수님의 명령을 무시할 수가 없습니다. 그 사람에게서 나오기는 해야 하는데 마땅히 갈 데가 없습니다. 그래서 귀신들이 오히려 예수님에게 사정합니다.

> 31무저갱으로 들어가라 하지 마시기를 간구하더니 32마침 그곳에 많은 돼지 떼가 산에서 먹고 있는지라. 귀신들이 그 돼지에게로 들어가게 허락하심을 간구하니 이에 허락하시니 33귀신들이 그 사람에게서 나와 돼지에게로 들어가니 그 떼가 비탈로 내리달아 호수에 들어가 몰사하거늘…(눅 8:31-33).

'무저갱'(無底坑)은 말 그대로 '밑이 없는 구덩이'(the bottomless pit)입니다. 당시에는 바다나 호수 깊은 곳에 이러한 심연(abyss)이 있어서, 악령들이 마지막 심판의 때까지 거기에 갇혀있게 될 것이라 믿었습니다(계 20:1-3). 실제로 귀신들도 그곳에 들어가기를 두려워했던 모양입니다. 그래서 자기들을 무저갱으로 보내지 말아 달라고 애원했습니다(begged). 사람들은 막연히 귀신을 두려워합니다. 그러나 귀신들도 무저갱을 두려워하며 또한 거기에 자신들을 가둘 수 있는 예수님을 두려워한다는 사실을 알아야 합니다.

마침 근처 언덕에서 큰 돼지 떼가 땅을 파헤치며 먹을 것을 찾고 있었습니다. 그러자 군대 귀신들은 그 돼지 떼에 들어가게 해달라고 주님께 구걸합니다. 그리고 실제로 주님은 그렇게 허락하셨습니다. 그런데 주님은 왜 귀신들을 그냥 내쫓지 않으시고 돼지에게 들어가게 하셨을까요? 거기에는 중요한 이유가 하나 있습니다. 더러운 귀신이 나갈 때는 그냥 얌전하게 나가지 않기 때문입니다. 그 예를 누가복음 9장에서 찾아볼 수 있습니다. 변화산 사건 이후에 예수님이 산에서 내려오셨을 때의 일입니다.

> [38]무리 중의 한 사람이 소리 질러 이르되 선생님 청컨대 내 아들을 돌보아 주옵소서. 이는 내 외아들이니이다. [39]귀신이 그를 잡아 갑자기 부르짖게 하고 경련을 일으켜 거품을 흘리게 하며 몹시 상하게 하고야 겨우 떠나가나이다(눅 9:38-39).

이 아이에게는 더러운 귀신 하나가 있었습니다. 그 귀신이 떠나가기 전에 아이에게 심한 경련을 일으키게 합니다. 그리고 몹시 상하게 하고야 겨우 떠나간다고 합니다. 마가복음에 보면 실제로 귀신이 나갈 때 "죽은 것같이 되어 많은 사람이 죽었다고 말했다"(막 9:26)고 했습니다. 귀신이 나갈 때는 아이의 육체가 견디지 못할 정도로 극심한 충격을 받습니다. 귀신 하나가 그럴 정도라면 군대 귀신이 나갈 때 어떻게 되겠습니까? 물론 주님은 얼마든지 다시 살릴 수 있는 능력이 있으십니다. 그렇지만 주님의 관심은 그가 당할 고통이었습니다. 그 고통을 줄이기 위해서 주님은 귀신들의 요구를 들어주신 것입니다.

한 영혼의 가치

그러나 주님은 귀신들을 자유롭게 놓아주지는 않았습니다. 귀신들이 돼지 떼에 들어가자 미쳐서 벼랑으로 우르르 몰려가더니 모두 호수에 빠져 죽었습니다. 이때 돼지들만 죽은 것이 아닙니다. 그 속에 들어있던 군대 귀신들이 모두 호수 깊은 곳의 '무저갱'에 갇히게 되었습니다. 마가복음 평행본문에 보면 이때 몰사한 돼지가 '이천 마리'라고 합니다(막 5:13). 그러니까 예수님은 한 영혼을 구원하기 위하여 돼지 이천 마리를 희생하셨던 것입니다. 한 영혼을 천하보다 귀히 여기시는 우리 주님의 마음을 읽을 수 있는 대목입니다.

하지만 그 동네 사람들은 이 사건을 복음으로 받아들이지 않았습니다.

> ³⁴치던 자들이 그 이루어진 일을 보고 도망하여 성내와 마을에 알리니 ³⁵사람들이 그 이루어진 일을 보러 나와서 예수께 이르러 귀신 나간 사람이 옷을 입고 정신이 온전하여 예수의 발치에 앉아 있는 것을 보고 두려워하거늘 ³⁶귀신 들렸던 자가 어떻게 구원 받았는지를 본 자들이 그들에게 이르매 ³⁷거라사인의 땅 근방 모든 백성이 크게 두려워하여 예수께 떠나가시기를 구하더라…(눅 8:34-37a).

돼지 떼가 비탈로 뒹굴어 떨어져서 호수로 빠져 몰사하는 장면을 목격한 사람들이 있었습니다. 그들은 돼지를 치던 자들이었습니다. 그들은 곧 마을로 가서 동네 사람들에게 이 사건을 보고했습니다. 와서 보니까 귀신 들렸던 사람이 단정한 옷차림과 멀쩡한 정신으로 예수님의 발 앞에 앉아 있는 것이 아닙니까? 메시지성경은 이렇게 묘사합니다. "거룩한 순간이었다. 잠시지만 그들에게 호기심보다 경외심이 앞섰다"(It was a holy moment, and for a short time they were more reverent than curious. MSG).

귀신 들렸던 사람은 그 마을 출신이었습니다. 그 사람이 과거에 어떤 사람이었는지, 귀신 들렸을 때의 형편이 어땠는지 모두 잘 알고 있었습니다. 그런데 지금은 정신이 온전한 모습을 보고 거룩함과 경외심을 느꼈던 것입니다. 그러나 잠시뿐이었습니다. 그 일을 처음부터 목격한 사람들이 귀신 들린 사람이 어떻게 구원받았는지 이야기하자, 그들은 예수님께 떠나 달라고 요청합니다. 왜 그랬을까요?

메시지성경은 그 이유를 이렇게 설명합니다. "그들은 너무 엄청나고 갑작스러운 변화가 두려웠기 때문이다"(too much change, too fast, and they were scared. MSG). 그동안 귀신 들린 사람은 무덤에서 살고 있었고, 그들은 마을에서 살고 있었습니다. 그들에게 큰 문제 될 것이 없었습니다. 그러나 귀신 들렸던 사람이 고침을 받음으로써 그 마을에 갑작스러운 변화가 나타나게 될 것인데, 그게 두려웠던 것입니다. 그래서 예수님에게 떠나가라고 요구한 것이지요. 변화를 싫어하는 사람은 구원의 역사로 인한 긍정적인 변화도 싫어합니다.

또 다른 이유는 가치의 문제입니다. 돼지 떼가 몰사했다는 것이 그들에게는 충격이었습니다. 물론 돼지를 치던 사람들에게는 생계의 문제가 달린 것이라고 말할 수도 있습니다. 그러나 결국 그들에게는 한 사람보다 이천 마리의 돼지가 더 가치 있었던 것입니다. 경제적인 가치를 생명의 가치보다 더 높이 보는 것처럼 위험한 일은 없습니다. 이들에게는 한 생명을 구원하기 위해서 다른 어떤 희생도 감수하려는 주님이 부담스러울 수밖에 없습니다. 그래서 자기들에게서 떠나가기를 요구했던 것입니다.

생명을 구원하기 위해 물질의 가치를 상대화시킬 것인지, 아니면 물질을 더 많이 소유하기 위하여 생명의 가치를 상대화시킬 것인지, 그 사이에서 사람들은 선택하며 살아갑니다. 주님은 한 생명의 가치를 천하보다 더 귀하게 여기십니다. 그래서 자신의 목숨조차도 아낌없이 십자가에서 내려놓으실 수 있으셨던 것입니다.

> 37… 예수께서 배에 올라 돌아가실새 38귀신 나간 사람이 함께 있기를 구하였으나 예수께서 그를 보내시며 이르시되 39집으로 돌아가 하나님이 네게 어떻게 큰일을 행하셨는지를 말하라 하시니 그가 가서 예수께서 자기에게 어떻게 큰일을 행하셨는지를 온 성내에 전파하니라(눅 8:37b-39).

구원받은 사람이 예수님을 따라다니겠다고 나서는 것은 지극히 자연스러운 일입니다. 일곱 귀신 들렸던 막달라 마리아도 평생 주님을 따라다니며 극진히 섬겼습니다. 그런데 주님은 그것을 허락하지 않으셨습니다. 오히려 집으로 돌아가서 하나님이 어떻게 큰일을 행하셨는지 증언하라고 말씀하셨습니다. 그렇습니다. 주님을 따라다니며 제자로 살아가는 것도 참으로 귀한 일이지만, 자기의 과거를 잘 알고 있던 사람들에게 돌아가 자신의 구원받고 변화된 삶을 증언하는 것이 더 큰 사명일 수도 있습니다.

예전에는 은혜받고 열심히 신앙생활하는 교회 청년들을 보면 무조건 신학을 공부하고 목회자가 되라고 권면하곤 했습니다. 그러나 그것이 과연 옳은 일인지 한번 생각해보아야 합니다. 우리는 왜 은혜받고 나서 직장에서 변화된 삶을 증언하면 안 됩니까? 우리는 왜 구원의 은총을 체험하고 나서 가족들과 친구들에게 가서 변화된 삶을 보여주면 안 됩니까? 주님은 귀신 들렸던 사람이 자기 고향 땅에 남아 있음으로써 더 큰 영향을 끼치게 하셨습니다. 학생들은 공부를 통해서, 직장인은 직장생활을 통해서, 주부는 가정생활을 통해서 얼마든지 하나님의 일을 할 수 있는 것입니다.

주님이 밤새도록 광풍에 시달리며 거라사인의 땅에 도착해서 하신 일이라 곤 기껏해야 귀신 들린 한 사람을 고쳐주신 것이 전부입니다. 그러니까 한 사람 때문에 그 먼 길을 고생하며 여기까지 온 셈입니다. 그러나 그 사람이 바로 예수님에게 '좋은 땅'이 되었습니다. 그를 통해서 예수님의 복음이 온 동네에 전파되었습니다. 그에게 뿌려진 하나님 나라 복음의 씨앗이 조만간 백 배의 결실로 나타날 것입니다. 지금까지의 모든 실패를 만회하고도 넉넉히 남는 셈입니다. 그러니 고생한 보람이 있는 것이지요. 우리의 인생도 그렇게 주님에게 자랑과 보람으로 남게 되기를 간절히 소원합니다.

묵상 질문: 나는 무엇을 더 귀하게 여기는가? 생명의 가치인가, 아니면 경제적인 가치인가?

오늘의 기도: 질그릇 같은 우리의 인생을 주님 앞에 내려놓습니다. 깨지고 상처투성이인 우리의 삶을 받으셔서 당신의 사랑으로 다시금 빚으시고 하나님의 형상이 회복되게 하옵소서. 주님이 명령하시면 우리를 묶고 있는 모든 악한 세력이 당장에 떠나가게 될 줄 믿습니다. 우리를 그렇게 회복하셔서 하나님의 뜻에 마음껏 사용하여 주옵소서. 예수님의 이름으로 기도합니다. 아멘.

내게 손을 댄 자가 누구냐?

읽을 말씀: 누가복음 8:40-56

새길 말씀: 여자가 스스로 숨기지 못할 줄 알고 떨며 나아와 엎드리어 그 손 댄 이유와
곧 나은 것을 모든 사람 앞에서 말하니 예수께서 이르시되 딸아 네 믿음이
너를 구원하였으니 평안히 가라 하시더라(눅 8:47-48).

누가복음 8장에 기록된 네 가지의 이적 중에서, 광풍을 잠잠하게 하신
이야기와 군대 귀신 들린 사람을 고치시는 이야기를 살펴보았습니다. 그런데
이 두 가지 이적은 사실 따로 떨어져 있지 않습니다. 왜냐면 예수님이 거라사인
의 땅에서 군대 귀신에 고통받고 있던 사람을 구원하기 위해서 배를 타고
건너가다가 광풍을 만난 것이기 때문입니다.

그러고 보면 예수님이 바람과 물결을 향해 꾸짖으시던 장면이 새로운
의미로 다가옵니다. 예수님이 꾸짖으신 것은 자연 현상이 아니라 그 뒤에
숨어서 역사하고 있는 악한 영의 세력이라고 했습니다. 자, 그렇다면 악한
영이 그렇게 막아섰던 이유가 무엇일까요? 예수님이 군대 귀신 들린 사람을

고치려고 가고 계셨기 때문입니다. 그 구원의 역사를 방해하려고 거친 바람과 파도로 막아섰던 것이지요.

하나님의 나라는 포로 된 자에게 자유를 주고, 눈먼 자에게 다시 보게 함을 선포하고, 어눌린 자를 자유롭게 하는 일을 통해서 이 땅에 완성되는 나라입니다. 악한 영은 하나님의 나라가 이루어지는 것을 몹시 싫어합니다. 하나님 나라가 확장될수록 자기의 입지가 점점 더 좁아지기 때문입니다. 그래서 어떻게든 훼방하려고 합니다. 그러나 사탄의 방해 공작을 두려워할 필요가 없습니다. 왜요? 우리에게는 예수님이 있기 때문입니다.

하나님의 아들이신 예수님에게는 놀라운 능력이 있습니다. 능력도 능력이지만 예수님은 한 영혼을 천하보다 귀하게 여기시는 하나님의 마음을 가지고 계십니다. 한 사람을 구원하기 위하여 2천 마리의 돼지를 아깝게 생각하지 않으시는 그런 분이십니다. 그와 같은 '사랑의 능력', '긍휼의 능력' 앞에 해결되지 못할 문제는 없습니다.

혈루증 앓던 여인

오늘은 나머지 두 이적을 살펴보려고 합니다. 그 이야기도 앞의 두 이적과 마찬가지로 따로 떨어져 있지 않습니다. 회당장 야이로의 죽은 딸을 살리러 가던 도중에 혈루증 앓던 여인의 병이 고침을 받았기 때문입니다.

> 40예수께서 돌아오시매 무리가 환영하니 이는 다 기다렸음이러라. 41이에 회당장인 야이로라 하는 사람이 와서 예수의 발아래에 엎드려 자기 집에 오시기를 간구하니 42이는 자기에게 열두 살 된 외딸이 있어 죽어감이러라. 예수께서 가실 때에 무리가 밀려들더라(눅 8:40-42).

예수님이 거라사인의 땅으로 건너가셨을 때 출발지는 가버나움이었습니다. 거라사인의 땅에서 귀신 들린 사람을 고쳐주셨고, 그 일을 두렵게 생각한 마을 사람들에 의해서 곧바로 떠나셔야 했습니다. 다시 가버나움으로 돌아와 보니까 예수님을 기다리던 사람들이 환영하며 맞이했습니다. 그들은 저마다 예수님을 기다리는 이유가 있었을 것입니다.

그중에 예수님을 가장 간절히 기다렸던 한 사람이 있었습니다. 회당장 '야이로'(Jairus)였습니다. 그의 열두 살 난 외동딸이 거의 죽어가고 있었습니다. 당시의 회당장은 제법 부유한 계층이었습니다. 외동딸을 고치기 위해서 그가 가진 모든 능력을 사용했을 것입니다. 그런데도 아무 소용이 없었습니다. 오히려 점점 위중해져서 이제 거의 죽을 지경에 이르게 된 것입니다. 예수님이 고쳐주시는 것 말고는 그에게 다른 방법이 없었습니다.

야이로는 사람들 틈새로 비집고 들어가서 예수님의 발아래 엎드려서, 자기 집으로 급히 와 달라고 간청합니다. 얼마나 다급하고 간절했으면 회당장 체면도 생각하지 않고 그랬을까요? 예수님도 주저하지 않고 그를 따라나섰습니다. 그렇게 회당장 집으로 가는데 사람들이 얼마나 밀려드는지 그 길이 아주 혼잡했습니다. 그러는 도중에 또 다른 이적이 일어납니다.

> ⁴³이에 열두 해를 혈루증으로 앓는 중에 아무에게도 고침을 받지 못하던 여자가 ⁴⁴ 예수의 뒤로 와서 그의 옷 가에 손을 대니 혈루증이 즉시 그쳤더라(눅 8:43-44).

'혈루증'(血漏症)은 계속 하혈하는 증세입니다. 사실 여자로서는 공개적으로 말하기에 부끄러운 병이었습니다. 율법에 따르면 여인이 그렇게 하혈하는 동안에는 '부정하다'고 생각했습니다. 그래서 그가 앉은 자리나 침상도 불결하다고 여겼고, 피가 유출되는 동안은 동침을 할 수 없게 아예 규정되어 있습니다(레 15:19-33). 이런 병을 한두 해도 아니고 '열두 해'를 앓았다고 하니, 그동안 얼마나 많은 고통을 겪었을지 충분히 짐작할 수 있습니다.

그녀의 병은 무엇보다도 사람들과의 관계를 단절시켰을 것입니다. 만일 이 여인이 결혼했다면 남편에게 소박맞았을지도 모릅니다. 마가복음의 평행 본문을 보면 "많은 의사에게 많은 괴로움을 받았고 가진 것도 다 허비하였으되 아무 효험이 없고 도리어 더 중하여졌다"(막 5:26)라고 합니다. 그러니까 돈은 돈대로 다 허비하고, 몸은 몸대로 약해지고, 마음은 마음대로 절망에 다다른 그런 상태에 있었던 것입니다.

지금 죽어가고 있는 회당장의 외동딸과 마찬가지로, 이 여인의 마지막 희망은 예수님이었습니다. 그녀는 공개적으로 자신의 병을 드러낼 수 없었기에, 아무도 모르게 조용히 군중 속에 묻혀 예수님께 접근했습니다. 예수님의 옷 가에 손을 대기만 하더라도 자신의 병이 고쳐질 것이라는 믿음이 그녀에게 있었습니다. 그래서 슬그머니 다가가 예수님의 옷자락을 만졌더니, 정말 하혈이 멈추었던 것입니다. 그녀는 자신의 병이 치유되었다는 사실을 즉시 알 수 있었습니다. 그리고 예수님도 그 사실을 아셨습니다.

진정한 자유함

자, 그렇다면 다 된 것 아닐까요? 예수님과 본인만 알고 있으면 그만 아닙니까? 그런데 예수님은 그냥 넘어가지 않으십니다.

45예수께서 이르시되 내게 손을 댄 자가 누구냐 하시니 다 아니라 할 때에 베드로가 이르되 주여 무리가 밀려들어 미나이다. 46예수께서 이르시되 내게 손을 댄 자가 있도다. 이는 내게서 능력이 나간 줄 앎이로다 하신대…(눅 8:45-46).

예수님은 가던 길을 멈추시고, "누가 내게 손을 대었느냐"(Who touched

me?)고 물으셨습니다. 사람들은 모두 아니라고 대답했습니다. 베드로는 사람들이 이렇게 많이 에워싸고 있는데 손을 댄 사람이 수십 명은 족히 될 것이라고 대답했습니다. 그러나 주님은 여러 사람을 향해서 하신 말씀이 아니었습니다. 오직 한 사람 믿음으로 손을 댄 바로 그 여인에게 하신 말씀이었습니다.

그렇습니다. 예수님 주위에 아무리 많은 사람이 있어도 주님의 능력을 체험한 사람은 단 한 사람이었습니다. 심지어 예수님 몸에 손을 댄 사람이 아무리 많아도, 오직 한 사람에게만 주님의 능력이 나갔습니다. 교회를 다닌다고, 예배를 드린다고 모든 사람이 은혜받는 것은 아닙니다. 오직 믿음이 있는 사람에게만 은혜가 부어집니다. 간절히 사모하는 사람에게만 생명의 능력이 부어집니다. 다른 사람은 모르지만, 당사자와 주님은 압니다.

예수님의 계속된 요청에 그 여인은 자기의 실체를 드러낼 수밖에 없었습니다.

47여자가 스스로 숨기지 못할 줄 알고 떨며 나아와 엎드리어 그 손 댄 이유와 곧 나은 것을 모든 사람 앞에서 말하니 48예수께서 이르시되 딸아 네 믿음이 너를 구원하였으니 평안히 가라 하시더라(눅 8:47-48).

그 여인은 왜 예수님에게 손을 대었는지, 어떤 병이 치유되었는지를 '모든 사람 앞에서' 말했습니다. 이 대목에서 한 가지 의문이 생깁니다. 왜 예수님은 굳이 이 여인을 공개적인 자리에 드러내려고 하셨을까요? 예수님이 그 사건의 장본인이 누구인지, 그가 앓던 병이 어떤 것이었는지 모르셨기 때문일까요? 아닙니다. 잘 알고 계셨을 것입니다. 그런데 왜 굳이 그러셨을까요? 아무리 병이 나았다고 하더라도 '혈루증'은 말로 담기에 부끄러운 병인데, 그냥 모르는 척하시지 않고 말입니다.

여기에는 몇 가지 중요한 복음의 메시지가 담겨있습니다. 주님은 단순히 이 여인의 육체적인 병만 고치기를 원하지 않으셨습니다. 육체적인 병보다 더 심각한 마음의 병이 그녀에게 있었습니다. 만일 자신의 치유사건을 공개적으로 드러내지 않는다면 육체의 병은 고쳐졌을지라도 마음의 병은 그대로 가지고 가는 것입니다. 사실 병은 부끄러운 것이 아닙니다. 그것을 감추려고 하는 게 더욱 큰 문제입니다. 죄를 용서받았다고 확신한다면 그 죄를 더 이상 감추려고 해서는 안 됩니다. 그래야 그 죄로부터 온전히 자유롭게 되는 것입니다.

또한 주님은 이 여인이 가지고 있던 믿음을 본인에게 확인해주기를 원하셨습니다. 주님은 이렇게 선포하십니다. "네 믿음이 너를 구원하였으니 평안히 가라!" 이것은 여인이 행한 일, 즉 예수님의 옷자락에 손을 댄 일로 구원받은 게 아니라는 말씀입니다. 구원은 행위가 아니라 믿음으로부터 나옵니다. 백일 기도했다고 구원받는 게 아닙니다. 믿음으로 구원받는 것입니다. 나아만 장군이 요단강에 일곱 번 몸을 씻었다고 나병이 치유되는 게 아닙니다. 믿음으로 구원받는 것입니다. 이처럼 구원은 믿음으로 말미암는다는 진리를 확인하려고 굳이 이 여인을 불러 세우신 것입니다.

회당장의 딸

이와 같은 놀라운 일이 벌어지는 동안 옆에서 마음을 졸이며 지켜보던 한 사람이 있었습니다. 그는 바로 회당장 야이로였습니다. 지금 시급을 다투는 상황입니다. 자기 외동딸이 언제 죽게 될지 모릅니다. 죽어가는 딸을 고치기 위해서 예수님과 함께 급하게 집으로 가던 중이었습니다. 그런데 어떤 여인이 방해꾼으로 끼어든 것이지요. 아니나 다를까 불길한 소식을 가지고 온 사람이 등장합니다.

49아직 말씀하실 때에 회당장의 집에서 사람이 와서 말하되 당신의 딸이 죽었나이다.

선생님을 더 괴롭게 하지 마소서 하거늘 [50]예수께서 들으시고 이르시되 두려워하지 말고 믿기만 하라. 그리하면 딸이 구원을 얻으리라 하시고…(눅 8:49-50).

"아직 말씀하실 때…"라고 하는 걸 보면, 예수님이 혈루증 앓던 여인에게 말씀하시던 중이었던 것 같습니다. 대화가 채 끝나지 않았는데 회당장의 집에서 소식이 왔습니다. 그의 외동딸이 결국 죽었다는 것입니다. 그다음 말을 주목해 보십시오. "선생님을 더 괴롭게 하지 마십시오." 다시 말해서, 예수님이 와보아야 별로 할 일이 없다는 겁니다. 사람이 죽으면 그걸로 끝입니다. 죽음 앞에서 사람들은 장사지내는 것 외에 더 이상 할 일이 없습니다.

그러나 예수님은 다릅니다. 주님에게는 죽음이 끝이 아닙니다. 주님은 사망 권세를 이기실 수 있습니다. 물론 사람들은 아직 예수님이 어떤 분인지 잘 모릅니다. 그들에게 예수님은 그냥 '선생님'이었지, 온 인류를 구원할 '메시아'는 아닙니다. 그래서 선생님을 더 이상 귀찮게 하지 말고 내버려 두라고 말한 것입니다. 그러자 예수님은 회당장에게 이렇게 말씀하십니다. "두려워하지 말고 믿기만 하라. 그리하면 딸이 구원을 얻으리라."

이 말씀은 구원에 관한 강력한 메시지를 담고 있습니다. 믿는다는 것은 두려워하지 않는 것입니다. 풍랑을 잠잠하게 하신 이적 이야기에서, 주님은 풍랑과 죽음을 두려워하던 제자들에게 물으셨습니다. "너희 믿음이 어디 있느냐?" 두려움이 있다는 것은 믿음이 없다는 뜻입니다. 믿음이 있으면 어떠한 상황에서도 두려워하지 않습니다. 회당장에게도 똑같은 말씀을 하십니다. "두려워하지 말고 믿기만 하라!"

누구를 믿으라는 말입니까? 그렇습니다. 예수님을 믿으라는 것입니다. 이 말씀을 잘 새겨들으십시오. 병이 낫게 될 것을 믿으라는 말이 아닙니다. 죽은 사람이 살아나게 될 것이라든가, 문제가 해결될 걸 믿으라는 말이 아닙니다. 예수님을 믿으라는 겁니다. 예수님을 하나님의 아들로 믿어야 합니다. 예수님을 그리스도로 믿어야 합니다. 그러면 구원받습니다. 물론 이 상황에서의 구원은 죽은 딸이 다시 살아나는 것입니다. 그러나 '믿음'과 '구원'의 방정식은 어떤 상황에도, 어떤 사람에게도 똑같이 적용되는 것입니다.

> [51] 그 집에 이르러 베드로와 요한과 야고보와 아이의 부모 외에는 함께 들어가기를 허락하지 아니하시니라. [52] 모든 사람이 아이를 위하여 울며 통곡하매 예수께서 이르시되 울지 말라 죽은 것이 아니라 잔다 하시니 [53] 그들이 그 죽은 것을 아는 고로 비웃더라(눅 8:51-53).

예수님 일행이 회당장 야이로의 집에 도착했을 때 이미 장례의 절차는 시작되었습니다. 팔레스타인의 장례 풍습은 사람이 죽으면 당일에 모든 장례를 다 마치는 것입니다. 아마도 시신이 부패하기 쉬운 더운 날씨 때문이 아닐까 싶습니다. 그래서 장례의 모든 일들이 초고속으로 진행됩니다. 죽은 지 얼마 지나지 않았는데 이미 그 마을의 곡하는 사람들이 다 동원되어서 그 아이를 위하여 울며 통곡하고 있었습니다. 이제 아버지가 도착했으니 시신을 가족 무덤으로 옮겨가기만 하면 됩니다.

그런데 주님은 사람들에게 울지 말라고, 아이가 죽은 것이 아니라 자고 있다고 말씀하셨습니다. 물론 사람들은 그 말을 심각하게 받아들이지 않았습니다. 오히려 예수님을 상황 파악을 하지 못하는 사람처럼 생각하고 비웃었습니다. 그들은 소녀가 죽었다는 사실을 확인하여 알고 있었습니다. 그러나 그들이 알지 못하는 게 있었습니다. 예수님은 죽은 자를 살리실 수 있는 하나님의 아들이라는 사실입니다. 그래서 아이가 잔다는 말씀을 비웃었던 것입니다.

예수님은 그들의 반응과 상관없이 아이의 부모와 베드로와 요한과 야고보만 데리고 시신이 보관되어 있던 방으로 들어갔습니다. 그 방안에서 어떤 일이 벌어졌을까요?

⁵⁴예수께서 아이의 손을 잡고 불러 이르시되 아이야 일어나라 하시니 ⁵⁵그 영이 돌아와 아이가 곧 일어나거늘 예수께서 먹을 것을 주라 명하시니 ⁵⁶그 부모가 놀라는지라. 예수께서 경고하사 이 일을 아무에게도 말하지 말라 하시니라(눅 8:54-56).

아이가 다시 살아났습니다. 가사(假死) 상태에 빠졌다가 의식이 돌아온 게 아닙니다. 이것은 분명히 죽음에서 부활한 사건입니다. 나인성의 과부 아들을 살리신 것처럼, 회당장의 외동딸도 그렇게 살리셨습니다. 그런데 예수님의 마지막 명령은 선뜻 이해하기가 쉽지 않습니다. "이 일을 아무에게도 말하지 말라."

그 아이의 장례 절차가 이미 시작되었습니다. 아이가 살아났는데, 그 사실을 숨긴다는 것은 불가능한 이야기입니다. 그렇다면 무슨 뜻일까요? 메시지성경은 이 부분을 "이 방에서 일어난 일을 아무에게도 말하지 마라"고 번역합니다. 아마도 예수님은 당신이 소녀를 살려냈다는 사실을 알리고 싶지 않으셨던 것 같습니다. 왜 그러셨을까요? 왜냐면 사람들이 예수님을 하나님의 아들과 구세주로 믿는 대신에 그저 놀라운 기적을 일으키는 사람으로만 믿게 될 위험을 아셨기 때문입니다.

예수님은 초인적인 능력을 보임으로써 자신이 하나님의 아들이라는 것을 증명하려고 하지 않으셨습니다. 예수님은 공생애를 시작하기 전에 마귀의 시험을 받는 자리에서 이러한 태도를 분명히 밝히셨습니다(눅 4:9-12). 예수님은 하나님의 아들이십니다. 이런 이적들을 행하는 것은 예수님에게는 식은 죽 먹기입니다. 그러나 그렇게 해서 사람들이 예수님을 하나님의 아들로 고백하게 되지는 않는다는 사실을 또한 잘 알고 계셨습니다.

또한 그런 방식으로 하나님이 다스리는 나라가 이 땅에 임하게 되는 것이 아닙니다. 예수님은 세상 죄를 지고 가는 하나님의 어린 양으로 오셨습니다. 오직 십자가의 길을 통해서만 이 세상을 구원하는 하나님의 뜻이 드러나게 될 것입니다. 아직은 그때가 되지 않았습니다. 그래서 드러내고 싶지 않으셨던 것이지요.

그러나 이제 얼마 지나지 않아서 십자가의 죽음과 부활 사건으로 예수님이 하나님의 아들이시며 이 세상의 모든 사람을 죄와 죽음의 권세에서 구원하실 진정한 메시아라는 사실이 드러날 것입니다. 그리고 주님의 부활을 목격하고 체험한 증인을 통하여 하나님이 다스리는 그 나라가 땅끝까지 확장될 것입니다.

묵상 질문: 나는 하나님 앞에 나의 문제를 감추려고 하지는 않는가?
오늘의 기도: 예수님이 하나님의 아들이심을 믿게 하옵소서. 우리를 죄에서 구원하러 오신 구세주이심을 믿게 하옵소서. 우리에게 놀라운 이적이 일어나지 않더라도 이 믿음을 선포하며 살아가게 하옵소서. 그 믿음이 우리에게 구원을 가져옴을 확신하며 살아가게 하옵소서. 예수님의 이름으로 기도합니다. 아멘.

열두 제자의 파송

읽을 말씀: 누가복음 9:1-6

새길 말씀: 제자들이 나가 각 마을에 두루 다니며 곳곳에 복음을 전하며 병을 고치더라

(눅 9:6).

마태복음은 예수님의 사역을 크게 세 가지로 구분합니다(마 4:23). 회당에서 가르치는 사역(teaching ministry)과 하나님 나라의 복음을 전파하는 사역(preaching ministry) 그리고 모든 병과 모든 약한 것을 고치는 사역(healing ministry)입니다. 그러나 실제로는 가르치는 사역과 전파하는 사역이 명확하게 구분되지 않는 경우가 훨씬 더 많습니다.

그래서 누가는 예수님의 사역을 '전도'(preaching)와 '치유'(healing)라는 관점에서 정리합니다. 다시 말해서 하나님 나라의 복음을 전하며 병을 고치는 이 두 가지 사역이 번갈아 가면서 반복되고 있는 것입니다. 누가복음 8장만 보더라도 전반부(눅 8:1-21)에는 여러 가지 비유를 가르치는 일을 기록하고, 후반부(눅 8:22-56)에는 네 가지 이적에 대해서 기록하고 있습니다. 그렇게

'말씀'과 '행함'의 균형을 맞추고 있는 것입니다.

그 외에도 예수님은 틈틈이 제자들을 불러내어 훈련하는 일을 계속하셨습니다. 제자 훈련의 내용 역시 '전도'와 '치유' 사역에 초점이 맞추어져 있었습니다. 제자들은 주님을 따라다니면서 가장 가까이에서 이 두 가지 사역을 직접 목격하면서 배웠습니다. 그러다가 때가 되어 예수님은 그들을 현장으로 보내어 그 사역을 직접 실습해 보도록 하셨습니다. 장차 주님을 이어서 하나님 나라 운동을 계속해서 펼쳐나갈 주인공에게는 그런 훈련이 꼭 필요합니다.

전도자의 능력과 권위

주님은 제자를 파송하기 전에 전도자로서 특별한 능력과 권위를 부여해주십니다.

> ¹예수께서 열두 제자를 불러 모으사 모든 귀신을 제어하며 병을 고치는 능력과 권위를 주시고 ²하나님의 나라를 전파하며 앓는 자를 고치게 하려고 내보내시며…(눅 9:1-2).

예수님이 열두 제자에게 주신 것은 '모든 귀신을 제어하며 병을 고치는 능력(power)과 권위(authority)'였습니다. 그런데 '능력'과 '권위'는 구체적으로 무얼 말하는 것일까요? 주님처럼 귀신을 내쫓고 병을 고치게 하려면 어떻게 해야 할까요? 무슨 안수(按手)와 같은 방법을 통해서 주님에게 있는 능력을 제자들에게 나누어주신 것일까요? 후에 제자들이 귀신을 내어 쫓거나 병을 고칠 때 실제로 어떻게 했는지를 살펴보면 그 답을 찾을 수 있습니다.

베드로는 성전 미문에서 만난 태어나면서부터 못 걷던 사람을 '나사렛 예수 그리스도의 이름'으로 고쳤습니다.

> 베드로가 이르되 은과 금은 내게 없거니와 내게 있는 이것을 네게 주노니 나사렛 예
> 수 그리스도의 이름으로 일어나 걸으라 하고…(행 3:6).

바울은 빌립보에서 점치는 귀신 들린 여종을 '예수 그리스도의 이름'으로
고쳤습니다.

> … 바울이 심히 괴로워하여 돌이켜 그 귀신에게 이르되 예수 그리스도의 이름으로
> 내가 네게 명하노니 그에게서 나오라 하니 귀신이 즉시 나오니라(행 16:18).

자, 그렇다면 병을 고치고 귀신을 내쫓는 이 능력은 과연 어디에서 오는
것입니까? 그렇습니다. '예수 그리스도의 이름'에서 옵니다. 그러니까 예수님
이 제자들에게 주신 '능력'은 바로 '예수 그리스도의 이름'이었고, 그 이름을
사용할 수 있는 것이 '권위'였던 것입니다. 물론 이것은 사도들에게만 주어진
배타적인 특권이 아닙니다. 누구든지 예수님의 이름을 사용할 수 있습니다.
그렇지만 아무에게나 그런 능력이 나타나는 것은 아닙니다.

> 이에 돌아다니며 마술하는 어떤 유대인들이 시험 삼아 악귀 들린 자들에게 주 예수의
> 이름을 불러 말하되 내가 바울이 전파하는 예수를 의지하여 너희에게 명하노라 하더
> 라(행 19:13).

바울이 에베소에서 복음을 전할 때의 이야기입니다. 하나님이 바울의
손으로 놀라운 능력을 행하게 하셨습니다. 심지어 사람들이 바울의 몸에
닿았던 수건이나 앞치마를 가져다가 병든 사람에게 얹기만 해도 깨끗이
나았고 악귀가 나갔습니다(행 19:12). 그럴 즈음에 '돌아다니며 마술하는 어떤
유대인들'이 에베소에 등장합니다. 이들은 그냥 눈속임으로 사람들을 즐겁게

해주는 '마술사'(magician)가 아니라, 악한 영들을 쫓아내는 '유대인 퇴마사' (Jewish exorcists)였습니다.

빌립이 사마리아 성에 내려가 복음을 전하다가 만난 '시몬'이라는 마술사나(행 8장), 바울이 첫 번째 선교 여행 중에 구브로의 바보에서 만난 '바예수'라는 유대인 거짓 선지자인 마술사도(행 13장) 사실은 퇴마사들이었습니다. 그러다가 빌립이나 바울을 통해서 진짜 능력이 나타남으로써 그들의 가짜 행세가 들통나고 말았지요. 그런 가짜 퇴마사들이 바로 이곳 에베소에도 나타났던 것입니다.

그들은 바울을 모방하여 '시험 삼아' 귀신을 쫓아내려고 했습니다. 악귀 들린 사람들에게 "내가 바울이 전파하는 예수를 의지하여 너희에게 명하노라"라고 말하면서, 예수님의 이름을 이용하여 귀신을 쫓아내려고 했던 것입니다. 아마도 어디선가 바울이 귀신을 쫓아내는 장면을 목격했었던가 봅니다. 이때 과연 어떤 일이 벌어졌을까요?

> ¹⁵악귀가 대답하여 이르되 내가 예수도 알고 바울도 알거니와 너희는 누구냐 하며 ¹⁶악귀 들린 사람이 그들에게 뛰어올라 눌러 이기니 그들이 상하여 벗은 몸으로 그 집에서 도망하는지라(행 19:15-16).

예수 그리스도의 이름을 아무리 큰 소리로 부른다고 하더라도, 예수님을 믿지 않는 사람들에게는 아무런 능력도 나타나지 않습니다. 왜냐면 그 능력의 근원은 '예수 그리스도의 이름'에 있는 것이 아니라 '예수님 자신'에게 있기 때문입니다. 귀신은 예수님이 누구인지 귀신같이 알아봅니다. 예수님을 신실하게 믿는 사람인지 아닌지도 역시 귀신같이 알아봅니다. 바울은 예수님을 신실하게 믿는 사람이었습니다. 그래서 바울의 말에는 권위가 있었습니다.

그러나 사기꾼들은 아무것도 아닙니다. 그들이 아무리 '예수 그리스도의 이름'을 주문처럼 외운다고 해도, 그들에게는 믿음이 없었습니다. 그들은 머리끝부터 발끝까지 속임수로 가득한 사기꾼들이었습니다. 사람들은 그들의 속임수에 넘어갈지 모릅니다. 그러나 귀신들을 속일 수는 없습니다. 그들에게는 귀신들이 두려워할 예수님이 없었던 것입니다.

여기에서 우리는 주님이 제자들에게 예수님의 이름을 사용할 수 있는 능력과 권위를 주신 이유와 목적이 무엇인지 기억해야 합니다. "모든 귀신을 제어하며 병을 고치는 능력과 권위를 주시고 하나님의 나라를 전파하며 앓는 자를 고치게 하려고 내보내시며…"(눅 9:1b-2). 그렇습니다. 예수님이 그러셨던 것처럼 오로지 전도(preaching)와 치유(healing) 사역을 위해서 주신 것입니다.

앓는 자를 고치는 것은 병든 영과 육을 회복시키는 사역이요, 하나님 나라의 복음을 전파하는 것은 삶의 목적과 방향을 회복시키는 사역입니다. 바로 이 사역을 위해서 주님이 오셨고, 지금까지 제자들을 훈련하셨습니다. 또한 이 사역을 위해서 그들에게 주님의 이름을 사용할 수 있는 능력과 권위를 주셨습니다. 만일 주님의 뜻과 다른 의도를 가지고 예수님의 이름을 사용하려고 한다면 주님의 능력은 절대로 나타나지 않습니다.

에베소에 나타났던 가짜 퇴마사들은 예수님을 믿지도 않았을뿐더러, 사사로운 이익을 얻기 위해서 예수님의 이름을 이용했을 뿐입니다. 그러니 무슨 능력이 나타날 수 있겠습니까? 오늘날에도 예수님의 이름을 돈벌이의 수단으로 이용하는 사람들이 얼마나 많은지 모릅니다. 예수님의 이름으로 이른바 '무조건 축복'하는 종교 장사치들이 그들이고, 심판과 죽음에 대한 인간의 불안한 심리를 이용하여 시한부 종말론으로 사람들을 협박하여 돈벌이하는 사람들이 그들입니다.

이런 사기꾼들은 예수 그리스도의 이름을 앞세우고 십자가 뒤에 숨어 있지만, 실제로는 예수님과 전혀 상관없는 사람들입니다. 그들은 사사로운 이익을 추구하는 가짜들입니다. 언젠가 그들의 실체가 적나라하게 드러날 것입니다. 예수 그리스도의 영이 그 속에 있는 사람들에게만 예수 그리스도의 이름이 능력이 됩니다.

전도자의 태도와 자세

계속해서 주님은 하나님 나라 복음을 전하는 전도자로서 갖추어야 할 기본적인 태도와 자세에 대해서 가르쳐주십니다.

> ³이르시되 여행을 위하여 아무것도 가지지 말라. 지팡이나 배낭이나 양식이나 돈이나 두 벌 옷을 가지지 말며 ⁴어느 집에 들어가든지 거기서 머물다가 거기서 떠나라(눅 9:3-4).

그 첫 번째는 "여행을 위하여 아무것도 가지지 말라"(Take nothing for the journey, NIV)는 것입니다. 여행을 위해서 필요한 아주 기본적인 준비물조차도 갖추려고 하지 말라는 것입니다. 겨우 몇 시간의 산행을 위해서도 배낭에 물이나 양식을 준비해야 합니다. 최소한 지팡이라도 가져가야 합니다. 그런데 주님은 그런 것들이 전혀 필요 없다고 말씀하십니다. 심지어 여러분의 돈이나 옷도 가지지 말라고 합니다. 그 이유가 무엇일까요?

이번 선교 여행이 단기간의 여행이었기 때문일 수 있습니다. 겨우 며칠 정도 다녀오는 것인데 거추장스럽게 많이 준비할 필요가 없습니다. 요즘 단기 선교 여행을 다녀오는 교회와 단체가 많습니다. 그런데 선교 여행인지 아니면 관광인지 잘 구분이 되지 않는 경우가 적지 않습니다. 선교 여행을 선교 여행답게 하려면 아무것도 가지지 말고 떠나라는 주님의 명령을 새겨들을 필요가 있습니다. 선교 여행은 놀러 가는 것이 아닙니다.

그러나 "아무것도 가지지 말라"는 주님의 명령은 단순히 준비가 필요 없다는 말씀이 아닙니다. 오히려 모든 필요를 하나님께서 채워주실 것이라는 믿음을 가지라는 말씀입니다. 사전에 아무리 많이 준비했다고 하더라도 현장에 가서 보면 뜻밖의 일들이 벌어질 때가 있습니다. 그럴 때 필요한 것은 믿음입니다. 하나님께서 하나님의 방법대로 필요한 것을 주시고 복음을 전할 수 있게 하신다는 믿음입니다. 그게 가장 좋은 준비입니다.

두 번째 태도는 "어떤 집에 들어가든 그 집에서 머물다가 떠나라"(Whatever house you enter, stay there until you leave that town. NIV)는 것입니다. 양식이나 돈도 없이 어느 마을에 들어가서 전도하게 되었다면, 틀림없이 누군가의 신세를 지게 될 것입니다. 그런데 다른 집에서 더 좋은 음식을 제공하겠다 그럽니다. 그럴 때 어떻게 해야 할까요? 그런다고 해도 옮겨가지 말라는 겁니다. 왜요? 그곳에 온 이유는 복음을 전하기 위해서이기 때문입니다. 생활의 편안함 때문에 그 목적을 잃어버리면 안 된다는 가르침입니다.

이 말씀은 모든 목회자에게 큰 도전으로 다가옵니다. 목회자도 사람인지라 경제적인 필요가 채워져야 합니다. 가톨릭 신부님들은 부양할 가족도 없고 또한 필요한 모든 것을 교회가 제공해 줍니다. 그러나 개신교는 다릅니다. 작은 교회에서는 생활비를 작게 받고 큰 교회에 가면 조금 더 많이 받을 수 있습니다. 물론 그래보아야 일반 직장인의 임금과는 비교할 수 없습니다. 그래서 실제로 목회자들이 시골에서 도시로, 작은 교회에서 큰 교회로 임지를 옮기려고 애를 씁니다.

그러나 오늘 예수님의 가르침에 따르면 경제적인 필요가 동기가 되어서 임지를 옮기면 주님의 뜻에 어긋나는 것입니다. 어느 집에 들어가든지 거기서 머물다가 떠나야지, 조금 더 많이 준다고, 여기저기 옮겨 다니면 안 됩니다. 그래야 사람들 눈치 보지 않고 당당하게 하나님 나라의 복음을 선포할 수 있습니다. 전도자는 하나님의 명령에 따라서 움직이는 사람이지, 편안한 삶을 위해서 자리를 옮겨 다니는 사람이 아닙니다.

그런데 아무도 영접하는 사람이 없다면 그때는 어떻게 해야 할까요?

누구든지 너희를 영접하지 아니하거든 그 성에서 떠날 때에 너희 발에서 먼지를 떨어 버려 그들에게 증거를 삼으라 하시니…(눅 9:5).

주님은 미련을 두지 말고 그 마을을 떠나라고 하십니다. 예수님이 거라사 인의 땅에서 군대 귀신 들린 사람을 고치는 이야기를 묵상했습니다. 그 마을 사람 중에 아무도 예수님을 영접하지 않았습니다. 귀신 들린 사람이 온전한 정신으로 회복된 그 놀라운 일을 목격하고도 그들은 오히려 주님에게 떠나달라고 강력하게 요구했지요(눅 8:37). 그때 예수님이 어떻게 하셨습니까? 두말하지 않고 그 길로 다시 배를 타고 가버나움으로 돌아가셨습니다.

기분이 나쁘셨기 때문이 아닙니다. 영접하지 않는 사람들을 붙잡고 설득한 다고 그들의 마음이 바뀌지 않기 때문입니다. 하나님 나라의 복음은 구걸하듯 이 전하는 것이 아니라 당당히 선포하는 것입니다. 차라리 그 시간에 다른 곳에 가서 복음을 전하여 한 사람이라도 구원하는 것이 더 낫습니다. 그럴 때 발에서 먼지를 떨어버려 그들에게 증거로 삼으라고 하십니다. 이것은 그들에게 분명히 복음을 전했으나 그들이 받지 않았다는 사실을 확증하는 상징적인 행동입니다. 실제로 바울과 바나바가 비시디아 안디옥에서 선교할 때 그런 일이 있었습니다.

50이에 유대인들이 경건한 귀부인들과 그 시내 유력자들을 선동하여 바울과 바나바 를 박해하게 하여 그 지역에서 쫓아내니 51두 사람이 그들을 향하여 발의 티끌을 떨어 버리고 이고니온으로 가거늘 52제자들은 기쁨과 성령이 충만하니라(행 13:50-52).

영접하지 않는 사람들과 씨름하느라 불필요한 에너지를 쏟는 것보다 새로운 마을로 가서 복음을 전하는 게 전도자에게 훨씬 더 유익한 일입니다. 아무리 사명감에서 사역을 시작했다고 하더라도 제자들 역시 사람이기에 사역을 통해서 작게라도 어떤 성취감을 맛보아야 합니다. 아무도 영접하지 않는 곳에 억지로 남아 있다가는 아예 주님에게 받은 소명을 잃어버릴 수 있습니다.

바울과 바나바도 비시디아 안디옥 사람들의 방해와 반대에 직면했을 때 발의 티끌을 털어버리고 다른 곳으로 떠났습니다. 그런데 그때 제자들은 "기쁨과 성령이 충만했다"고 합니다. 어떻게 그럴 수 있을까요? 비록 안디옥 사람들은 복음을 받아들이지 않고 거절했지만, 제자들은 그들에게 복음을 전했으니 할 일을 다 한 것입니다. 그리고 이제 새로운 곳을 찾아가 복음을 전한다는 기대감에 그들의 마음은 기쁨으로 충만했던 것입니다.

아무튼 예수님의 열두 제자는 예수 그리스도의 이름을 사용할 수 있는 능력과 권위를 받았습니다. 그리고 전도자가 갖추어야 할 기본적인 태도에 대해서 배운 후에 직접 선교 현장으로 파송되어 나갔습니다. 실제로 어떤 일이 벌어졌을까요? 제자들이 과연 잘 해냈을까요?

제자들이 나가 각 마을에 두루 다니며 곳곳에 복음을 전하며 병을 고치더라(눅 9:6).

이 말씀만 읽으면 마치 열두 명을 한꺼번에 보낸 것 같지만, 실제로는 둘씩 짝을 지어 보냈습니다(막 6:7; 눅 10:1). 예수님이 제자들을 보내시는 이유는 동시에 여러 곳으로 가서 주님의 사역을 실행하게 하기 위해서였습니다. 그러니까 열두 제자가 둘씩 짝을 지어 나갔으니 동시에 여섯 팀이 각지로 흩어진 셈입니다.

일상적인 신앙생활에서도 그렇지만 특히 전도사역에 반드시 동역자가 있어야 합니다. 그러나 너무 많은 숫자가 움직이면 그것도 비효율적입니다. 전도 대상자가 위협적으로 받아들이거나 거부감을 느낄 수도 있습니다. 그래서 주님은 "뱀같이 지혜롭고 비둘기같이 순결하라"(마 10:16)고 하셨습니다. 전도할 때 특히 지혜로워야 합니다. 무조건 '예수 천당, 불신 지옥'을 외친다고 사람들이 복음을 받아들이는 게 아닙니다. 오히려 그들의 마음과 귀를 닫게 만들 수 있습니다.

아무튼 주님의 제자들은 배운 그대로 했습니다. 그랬더니 그들도 주님처럼 복음을 전하며 병을 고칠 수 있었습니다. 불가능하거나 어려운 일이 아니었던 것입니다. 우리 역시 마찬가지입니다. 주님이 우리에게 어떤 일을 맡기든지 믿음으로 순종하면 넉넉히 감당할 수 있습니다. 우리의 능력이 아니라 예수 그리스도 이름의 능력과 권위로 우리도 복음을 전할 수 있습니다. 병든 영과 육을 회복시키며 삶의 목적과 방향을 회복시키며 그렇게 하나님이 다스리는 나라를 확장하는 일에 얼마든지 쓰임 받을 수 있는 것입니다.

묵상 질문: 나는 예수 그리스도 이름의 능력과 권위를 가지고 있는가?
오늘의 기도: 한없이 부족한 우리를 부르셔서 하나님 나라의 복음을 전하게 하시니 감사합니다. 우리에게 주신 예수 그리스도의 이름으로 복음을 전하며 병을 고치는 전도자가 되게 하옵소서. 생활의 편안함 때문에 우리가 부름을 받은 목적을 잃어버리지 않게 하시고, 불필요한 일에 우리의 영적인 에너지를 낭비하지 않게 하시고, 우리의 시간과 재능과 열정을 지혜롭게 사용하여 하나님 나라를 확장해갈 수 있게 하옵소서. 예수님의 이름으로 기도합니다. 아멘.

너희가 먹을 것을 주라!

읽을 말씀: 누가복음 9:7-17

새길 말씀: 예수께서 이르시되 너희가 먹을 것을 주라 하시니 여짜오되 우리에게 떡 다섯

개와 물고기 두 마리밖에 없으니 이 모든 사람을 위하여 먹을 것을 사지 아니

하고서는 할 수 없사옵나이다 하니…(눅 9:13).

　　예수님은 열두 제자를 파송하여 전도와 치유 사역을 직접 실습하게
하셨습니다. 그동안 가까이에서 보고 배운 것이 아무리 많다고 하더라도,
자기가 직접 하게 되면 이야기가 달라집니다. 두려움이 앞서고 자신감을
잃기가 쉽습니다. 그러나 제자들은 예수님이 가르쳐주신 그대로 했습니다.
그랬더니 그들도 예수님처럼 복음을 전하면서 동시에 병을 고칠 수 있었습니
다. 예수 그리스도의 이름으로 귀신을 쫓아내기도 했습니다. 처음 해 보는
단기 선교 사역이었지만 아주 잘 해낸 것입니다.

　　그렇습니다. 반드시 사역의 경험이 많아야 할 필요는 없습니다. 주님이
가르쳐주신 대로 하기만 하면 됩니다. 전도자는 자기의 능력이 아니라 주님이

주신 능력과 권위로 일하는 사람입니다. 그래서 바울은 이렇게 말했습니다. "또 무엇을 하든지 말에나 일에나 다 주 예수의 이름으로 하고 그를 힘입어 하나님 아버지께 감사하라"(골 3:17). 그리스도인은 무엇을 하든지 '주 예수의 이름으로' 하는 사람입니다. 그러면 하나님 아버지께 감사할 일들이 많아집니다. 주 예수의 이름으로 하지 않으니까 되는 일도 없고 감사할 일도 없는 것입니다.

아무튼 제자들의 사역으로 인해 예수 그리스도의 이름이 더욱 널리 알려지게 되었습니다. 심지어 분봉 왕 헤롯 안디바의 귀에까지 예수님의 이야기가 전해지게 되었습니다. 그는 이 모든 일을 듣고 심히 당황했습니다(눅 9:7). 왜냐면 그가 참수했던 세례 요한이 예수님의 모습으로 다시 살아났다고 말하는 사람들이 많이 있었기 때문입니다. 이때부터 헤롯은 예수라는 인물에 대해서 궁금증을 가지게 되었고, 직접 만나보고 싶은 마음이 생겼습니다(눅 9:9). 실제로 예수님과의 만남은 십자가 사건 직전에 이루어집니다(눅 23:8-12).

여기에서 누가가 주목하는 것은 열두 제자의 단기 선교 사역이 거둔 엄청난 파급효과입니다. 만일 예수님 혼자서 이 사역을 하셨다면 이처럼 빠른 속도로 복음이 전해지지 못했을 것입니다. 예수님이 제자들을 뽑아서 훈련하여 파송하신 이유가 바로 여기에 있습니다. 이렇게 누가는 장차 하나님 나라의 복음이 사도들을 통해서 땅끝으로 전해질 것을 예고하고 있습니다.

선교 보고와 피정(避靜)

제자들은 단기 선교에서 돌아와서 자기들이 한 사역을 예수님께 보고합니다.

10 사도들이 돌아와 자기들이 행한 모든 것을 예수께 여쭈니 데리시고 따로 벳새다라 는 고을로 떠나 가셨으나 11 무리가 알고 따라왔거늘 예수께서 그들을 영접하사 하

나님 나라의 일을 이야기하시며 병 고칠 자들은 고치시더라(눅 9:10-11).

'열두 제자'를 파송하실 때(9:1)와 다르게 여기에서는 그들을 '사도'(使徒)라고 부릅니다. 이러한 용어 선택에는 특별한 의도가 있습니다. '제자'가 예수님을 따르는 사람이라면, '사도'는 보냄을 받아 예수님이 맡기신 사명을 감당하는 사람입니다. 이미 살펴본 대로 주님을 따르던 제자들은 훨씬 더 많았습니다. 그러나 파송을 받은 제자는 열두 명이었습니다. 파송을 받았다고 하더라도 만일 실제로 순종하지 않았다면 그들은 '사도'라고 불릴 수 없었을 것입니다.

물론 우리 주님은 사도의 숫자를 열둘로 제한하려고 하지는 않으셨습니다. 오히려 모든 제자가 사도가 되기를 원하셨습니다. 그래서 누가복음 10장에 보면 예수님은 70명의 제자를 세워서 둘씩 짝지어 파송하십니다(눅 10:1). 주님의 보내심에 순종하여 나갔다면 그들은 모두 사도입니다. 바울은 예수님의 직계 제자가 아니었습니다. 그러나 그 역시 보냄을 받은 사도였습니다. 그렇게 보냄을 받은 사도들을 통해서 하나님의 나라는 지금까지 계속 확장되어왔던 것입니다.

처음으로 파송되었던 열두 사도들이 사역을 마치고 돌아와서 '자기들이 행한 모든 것'을 보고했습니다. 그들이 행한 사역은 두 가지입니다. 하나님 나라의 복음을 전하고 병든 자들을 고치는 것입니다. 물론 주어진 상황이나 대상에 따라서 강조하는 사역의 내용이 조금씩 달라질 수 있습니다. 그렇지만 사도들이 행하는 사역은 결국 '전도'와 '치유'로 귀결됩니다. 우리는 이 대목에서 열두 사도가 저마다 흥분한 목소리로 자기들이 한 일을 자랑스럽게 보고하는 모습을 상상해볼 수 있습니다. 예수님도 그들의 이야기를 흐뭇한 표정으로 들으셨을 것입니다.

그리고 나서 주님은 그들을 '따로 데리고' 벳새다로 가십니다. 벳새다는 갈릴리호수 북동쪽에 있는 한적한 장소였는데, 이곳으로 사도들을 데리고 가신 것입니다. 그 이유는 사역으로 인해 지쳐있을 그들에게 휴식을 주기 위해서였습니다. 마가복음에서는 "너희는 따로 한적한 곳에 가서 잠깐 쉬어라"(막 6:31)라고 말씀하십니다. 그렇게 일상에서 벗어나 한적하고 조용한 곳에 한동안 머무르며 수양하는 것을 가톨릭에서는 피정(避靜)이라고 표현하는데, 아주 적절한 용어라고 생각합니다.

주님이 맡기신 사역은 불타는 사명감으로만 감당할 수 있는 것이 아닙니다. 그 일에 전념하다 보면 자기도 모르는 사이에 몸과 마음이 피곤해질 수 있습니다. 따라서 보내심을 받은 사도에게도 적당한 재충전의 시간이 필요합니다. 목회자에게 안식년이 필요하고, 평신도 사역자들에게도 마찬가지의 휴식이 필요합니다. 그래야 끝까지 충성할 수 있습니다.

문제는 사람들이 가만히 두지 않는다는 것입니다. 마가복음 평행본문을 보면 이때 예수님은 '배를 타고' 따로 한적한 곳에 가셨다고 합니다(막 6:32). 예수님이 배를 이용하신 이유는 물론 이동하기에 좋은 수단이기도 했지만, 사실은 무리와 거리를 두려는 의도가 있었기 때문입니다(눅 5:3). 주님은 지금 제자들과 피정할 장소를 찾아가고 계십니다. 피정하려면 일단 사람들이 없는 곳으로 가야 합니다. 그래서 배로 이동하셨던 것이지요.

그런데 어떻게 알았는지 무리가 그곳까지 따라온 것입니다(10절). 마가복음은 그 상황을 더 자세하게 기록합니다.

그래서 그들은 배를 타고 따로 한적한 곳으로 떠났다. 그들이 가는 것을 본 사람이 있어서 금세 소문이 퍼졌다. 인근 마을에서 사람들이 도보로 달려와서, 그들보다 먼저 그곳에 도착했다(막 6:32-33, 메시지).

예수님 일행이 배를 타고 어떤 방향으로 가는지 알아차린 사람이 있었던 모양입니다. 그 사람이 사방팔방 소문을 퍼뜨린 것이지요. 그러자 인근 마을 사람들이 '도보로 달려와서' 예수님 일행이 탄 배보다 먼저 목적지에 도착한 것입니다. 그러니까 사람들을 피해서 한적한 곳을 찾아왔는데, 막상 도착해보니까 더 많은 무리가 모여 있는 것이지요. 만일 우리가 그런 상황에 놓이게 된다면 아마 짜증이 났을 겁니다.

그러나 주님은 그러지 않았습니다. "예수께서 그들을 영접하사 하나님 나라의 일을 이야기하시며 병 고칠 자들은 고치시더라"(11절). 메시지성경은 이 부분을 "예수께서는 그들을 너그럽게 맞아주셨다"(Jesus graciously welcomed them. MSG)라고 번역합니다. 자신의 휴식이 방해받았지만, 너그럽게 그들을 맞아주신 것입니다. 그리고 지금까지 늘 해오던 대로 전도와 치유 사역을 그곳에서도 계속 이어가셨습니다. 어떻게 그러실 수가 있었을까요?

누가복음에는 나오지 않지만, 마가복음은 예수님의 마음을 아주 잘 표현합니다.

예수께서 나오사 큰 무리를 보시고 그 목자 없는 양 같음으로 인하여 불쌍히 여기사 이에 여러 가지로 가르치시더라(막 6:34).

이것이 바로 '긍휼'입니다. 예수님은 기본적으로 '긍휼'의 마음으로 사람들을 대하십니다. 그들이 왜 그곳까지 예수님을 찾아왔을까요? 목자 없는 양 같이 기댈 곳이 없어서였습니다. 누구에게 가서 자신의 사정을 하소연하며, 누구에게 가서 자신의 문제를 해결해 달라고 하겠습니까? 그들에게는 예수님밖에 없었던 것입니다. 예수님은 그들의 형편을 잘 아셨습니다. 그래서 비록 특별하게 계획했던 피정이 무산되었지만, 사람들을 너그럽게 맞아주시고 그들에게 하나님 나라의 복음을 가르치셨던 것입니다.

오병이어의 표적

바로 이때 그 유명한 '오병이어 표적' 사건이 일어납니다.

¹²날이 저물어 가매 열두 사도가 나아와 여짜오되 무리를 보내어 두루 마을과 촌으로 가서 유하며 먹을 것을 얻게 하소서. 우리가 있는 여기는 빈들이니이다. ¹³예수께서 이르시되 너희가 먹을 것을 주라 하시니 여짜오되 우리에게 떡 다섯 개와 물고기 두 마리밖에 없으니 이 모든 사람을 위하여 먹을 것을 사지 아니하고는 할 수 없사옵나이다 하니 ¹⁴이는 남자가 한 오천 명 됨이러라. …(눅 9:12-14a).

이 사건은 모든 복음서에 빠짐없이 기록되어 있습니다. 그만큼 예수님의 사역에서 결정적으로 중요한 의미가 있습니다. 벳새다는 한적한 동네였는데, 거기까지 따라온 사람이 남자만 오천 명이었습니다. 이 숫자에 포함되지 않은 여자들과 아이들을 생각하면 그 무리가 얼마나 많았을지 충분히 짐작할 수 있습니다. 그들은 하나님 나라의 복음을 배우고 주님이 행하시는 치유의 이적을 보느라고 시간 가는 줄 몰랐습니다. 예수님도 날이 저물어 저녁 시간이 다 되어가는데 계속해서 말씀을 전하시는 것입니다.

보다 못해서 제자들이 직접 나서서 오늘은 이만하자고 그럽니다. 그들의 이유는 정당했습니다. 저녁 시간이 되었으니 잠자리도 준비해야 하고 식사도 해야 하는데 여기 '빈들'(in a remote place)에서 그렇게 할 수 없지 않겠느냐는 겁니다. 그런데 의외로 주님은 이렇게 말씀하십니다. "너희가 먹을 것을 주라!"(You give them something to eat. NIV) 제자들은 즉시 이렇게 대답합니다. "우리에게는 오병이어밖에 없습니다." 우리는 다른 복음서를 통해서 그 '오병이어'가 어떻게 등장하게 되었는지 잘 압니다. 그러나 누가는 자세한 내용을 생략한 채, 예수님의 요구와 제자들의 현실이 얼마나 큰 차이를 보이는지에 집중합니다.

사실 예수님의 요구는 현실을 전혀 고려하지 않은 것처럼 보입니다. 오천 명의 남자들만 먹인다고 해도 얼마나 많은 양의 음식이 있어야 하는데, 제자들의 살림살이가 어떤지 예수님이 모르실 리도 없고 어떻게 "너희가 먹을 것을 주라"고 말씀할 수 있을까요? 게다가 제자들은 지금 쉬려고 여기에 왔는데 사람들 때문에 쉬지도 못했습니다. 그런데 이제는 그 사람들의 식사 문제를 해결하라고 주님이 요구하시는 겁니다. 아마 제자들은 화도 났을 것이고 마음도 불편했을 것입니다.

요한복음은 이때의 상황을 다음과 같이 기록합니다.

> 5예수께서 눈을 들어 큰 무리가 자기에게로 오는 것을 보시고 빌립에게 이르시되 우리가 어디서 떡을 사서 이 사람들을 먹이겠느냐 하시니 6이렇게 말씀하심은 친히 어떻게 하실지를 아시고 빌립을 시험하고자 하심이라. 7빌립이 대답하되 각 사람으로 조금씩 받게 할지라도 이백 데나리온의 떡이 부족하리이다(요 6:5-7).

예수님은 빌립에게 물으셨습니다. "우리가 어디에서 빵을 사서 이 사람들을 먹일 수 있겠느냐?" 왜 하필 빌립일까요? 빌립은 바로 여기 벳새다 출신이기 때문입니다(요 1:44). 이 지역 어디에 무엇이 있는지 훤히 알고 있는 사람입니다. 그러나 예수님이 원하는 진짜 대답은 '빵을 구할 수 있는 곳'이 아니었습니다. 오히려 '친히 어떻게 하실지를 아시고' 빌립을 시험하려고 했습니다. 다시 말해서 예수님에게 어떤 계획이 있었던 겁니다. 그 전에 빌립을 테스트해보고 싶으셨던 것이지요. 아니 빌립만이 아니라 제자들을 테스트하고 계시는 것입니다.

빌립은 계산이 빠른 사람이었습니다. 그는 이렇게 대답합니다. "각 사람에게 빵 한 조각이라도 돌아가게 하려면 은화 이백 개로도 모자라겠습니다"(7절).

한 데나리온이 당시 노동자의 하루 품삯이었다고 하니까 2백 데나리온이면 적지 않은 금액입니다. 한 끼의 식사를 위해서 그런 거금을 들여도 겨우 빵 한 조각이 돌아갈 뿐입니다. 게다가 그런 엄청난 양의 빵을 당장 구할 수도 없습니다. 결국 빌립의 대답은 '불가능하다'라는 것입니다. 그 대답은 사실입니다. 정답입니다. 그러나 예수님이 기대한 대답은 아니었습니다.

제자들은 지금 막 단기전도 사역을 마치고 돌아왔습니다. 그들이 무얼 가지고 사역을 해냈습니까? 아무것도 가지고 가지 않았습니다. 돈도 없었고 먹을 것도 없었고 여분의 옷도 없었습니다. 그들이 가진 것은 오로지 '예수 그리스도의 이름의 능력과 권위'였습니다. 그리고 그것으로 충분했습니다. 하나님 나라의 복음이 선포되고 구원과 치유의 역사가 나타나는 일을 직접 목격하고 의기양양하여 돌아오지 않았습니까? 그런데 얼마나 지났다고 오병 이어밖에 없어서 아무것도 할 수 없다고 강변하고 있는 것입니다.

제자들이 가지고 있는 것은 '오병이어'가 아닙니다. 그들에게는 예수님이 있습니다. 예수님을 앞세우면 불가능한 일이 없습니다. 그렇다면 "너희가 먹을 것을 주라"고 말씀하셨을 때 제자들이 어떻게 대답해야 할까요? "우리에게 오병이어가 있는데, 이것으로는 아무리 계산해도 답이 나오지 않습니다. 그런데 혹시 주님에게 어떤 계획이 있으신지요?"라고 그래야지요. 하나님 나라의 운동을 펼쳐나가는 주인공이 되려면 아직도 갈 길이 멉니다.

예수님은 더 이상 말씀하지 않으시고 오병이어의 표적을 베풀어 주십니다.

14 … 제자들에게 이르시되 떼를 지어 한 오십 명씩 앉히라 하시니 15 제자들이 이렇게 하여 다 앉힌 후 16 예수께서 떡 다섯 개와 물고기 두 마리를 가지사 하늘을 우러러 축사하시고 떼어 제자들에게 주어 무리에게 나누어 주게 하시니 17 먹고 다 배불렀더라. 그 남은 조각을 열두 바구니에 거두니라 (눅 9:14b-17).

"너희가 주라"고 하신 말씀은 사실 "너희를 통하여 내가 주겠다"라는 약속입니다. 그 말씀을 하실 때, 예수님의 마음에는 바로 이 장면이 그려지고 있었던 것입니다. 모세에게 "내 백성을 인도하여 내라"(출 3:10)고 하신 것은 "너를 통하여 내가 인도하겠다"라는 뜻입니다. 기드온에게 "네 힘으로 이스라엘을 구원해 내라"(삿 6:14)고 하신 것은 "너를 통하여 내가 구원하겠다"라는 약속입니다. 이렇듯 하나님의 '명령'에는 반드시 '약속'이 포함되어 있습니다. 그것을 아는 사람은 믿음으로 순종합니다. 오병이어를 내놓고 말씀에 순종하면, 지극히 작은 하나에 무한대의 능력이 곱해져서 무한대의 복이 쏟아지게 되는 것입니다.

이 장면에서 우리가 주목해야 할 것은, 벳새다 들판에서 예수님이 하늘을 우러러 축사하시고 떡을 떼어 나누어 주시는 장면과 마지막 유월절 만찬 자리에서 성찬을 제정하시던 장면이 용어나 이미지에서 거의 똑같다는 사실입니다. 주님은 지금 당신이 가지고 계시는 초자연적인 능력을 자랑하기 위하여 오병이어를 뻥튀기하는 묘기를 보여주시는 것이 아닙니다. 주님은 지금 당신의 생명을 나누어주고 계시는 것입니다. 목자 없는 양 같은 무리를 긍휼히 여기시는 마음으로 자기 몸을 내어주고 계시는 것입니다.

그것이 바로 예수님께서 하나님 나라의 선봉으로 이 땅에 오셔야 했던 이유였습니다. 하나님이 세상을 이처럼 사랑하셔서 독생자를 내어주신 것입니다. 그리고 자기 몸을 나누어주면서까지 사람들을 사랑하신 것입니다. 이것이 바로 하나님 나라의 복음입니다. 이것이 십자가를 통해서 열어놓으신 구원의 길입니다.

주님은 그 복음의 길로 우리를 초청하십니다. 그리고 "너희가 먹을 것을 주라"고 말씀하십니다. 우리의 부족한 삶을 통해서도 놀라운 역사를 이루고 싶어 하십니다. 안 된다고 하지 말고, 못하겠다고 하지 말고, 우리 손에 들려있는 것이 무엇이든지 그것을 드리고 주님이 직접 일하시도록 하면,

우리의 삶을 통해 오병이어의 표적이 나타납니다. 그렇게 하나님의 나라가 우리를 통해 놀랍게 확장되는 것입니다.

묵상 질문: 나는 무엇으로 일하는가? 오병이어인가, 예수님의 이름인가?
오늘의 기도: 더 이상 우리가 가진 물질이나 건강이나 재능이나 지식으로 일하지 않게 하옵소서. 우리의 부족한 삶을 통해서도 얼마든지 놀라운 역사를 이루실 수 있는 하나님을 바라보게 하옵소서. 하나님의 일하심에 믿음으로 뛰어들어 하나님 나라를 이 땅에 펼쳐가는 주인공이 되게 하옵소서. 예수님의 이름으로 기도합니다. 아멘.

너희는 나를 누구라 하느냐?

읽을 말씀: 누가복음 9:18-27

새길 말씀: 또 무리에게 이르시되 아무든지 나를 따라오려거든 자기를 부인하고 날마다
제 십자가를 지고 나를 따를 것이니라. 누구든지 제 목숨을 구원하고자 하
면 잃을 것이요 누구든지 나를 위하여 제 목숨을 잃으면 구원하리라(눅
9:23-24).

누가는 예수님 이야기를 삼등분하여 기록합니다. 갈릴리에서 하나님
나라의 복음을 전하는 이야기(4:14-9:50)와 갈릴리를 떠나서 예루살렘으로
여행하는 이야기(9:51-19:27) 그리고 예루살렘에서 벌어지는 십자가 사건을
포함하는 나머지 행적(19:28-24:53)이 그것입니다. 누가가 예수님의 동선을
이렇게 지역적으로 전개하는 것은 사도행전에 기록된 주님의 말씀 때문입니다.

**오직 성령이 너희에게 임하시면 너희가 권능을 받고 예루살렘과 온 유대와 사마리
아와 땅 끝까지 이르러 내 증인이 되리라 하시니라(행 1:8).**

사도행전은 누가복음의 후편입니다. 누가복음을 '데오빌로 전서'로, 사도행전을 '데오빌로 후서'라고 부르는 이유입니다. 누가는 데오빌로 전서를 쓸 때 이미 데오빌로 후서의 내용을 구상하고 있었습니다. 예수님의 행적과 그 이후 사도들의 행적 사이의 연관성을 염두에 두고 하나님 나라 복음의 전개 과정을 차례대로 기술하고 있습니다. 이에 따라서 누가복음은 '갈릴리에서 예루살렘까지', 사도행전은 '예루살렘에서 땅끝까지'라는 틀이 만들어진 것입니다.

그렇다고 예수님이 갈릴리 지역을 한 번도 벗어나지 않았다는 이야기는 아닙니다. 그럴 때마다 누가는 단순히 그 지역의 이름을 생략함으로써 문제를 해결합니다. 앞에서 살펴본 향유 옥합 사건(눅 7:36-50)도 사실은 예루살렘 근처 베다니에서 일어난 일이었습니다(요 12:1). 그러나 누가는 마리아의 이름과 장소를 밝히지 않습니다. 누가복음의 기본적인 동선을 유지하려는 의도 때문입니다.

빌립보 가이사랴 여행

아무튼 이제 갈릴리 사역의 막바지에 이르게 되었습니다. 새로운 단계로 나아가기 전에 주님은 지금까지 해왔던 하나님 나라 운동을 한번 점검할 필요를 느끼셨습니다.

> [18]예수께서 따로 기도하실 때에 제자들이 주와 함께 있더니 물어 이르시되 무리가 나를 누구라고 하느냐. [19]대답하여 이르되 세례 요한이라 하고 더러는 엘리야라, 더러는 옛 선지자 중의 한 사람이 살아났다 하나이다(눅 9:18-19).

18절에 보면 서로 잘 어울리지 않는 두 단어가 나옵니다. '따로'와 '함께'입니다. 예수님이 '따로' 기도하셨는데 어떻게 제자들이 주와 '함께' 있었을까요? 이 장면은 겟세마네 동산의 일을 연상하게 합니다. 주님은 '따로' 혼자서 기도하셨고, 제자들은 그냥 그 자리에 주와 '함께' 있었지요. 오늘 본문도 그와 비슷한 상황을 보여주는 것 같습니다.

본래 이 일은 '빌립보 가이사랴' 지방에서 일어났습니다(마 16:13; 막 8:27). 예수님은 의도적으로 제자들을 이곳으로 데리고 가셨습니다. 예루살렘으로 올라가야 할 때가 다가오는 것을 아시고 그동안 훈련해온 제자들을 시험해보고 싶으셨던 것입니다. 이 일은 사실 벳새다에서 피정(避靜)할 때 계획해놓으셨던 것입니다. 몰려든 사람으로 인해 그 계획이 무산되자, 이번에는 아예 사람들이 따라오지 못하도록 저 멀리 북쪽 끝에 있는 이방인의 땅으로 훌쩍 여행을 떠나셨던 것이지요.

첫 번째 시험문제는 "무리가 나를 누구라 하느냐?"(Who do the crowds say I am? NIV)였습니다. 다른 사람들이 예수님을 어떻게 생각하고 있는지를 묻는 말입니다. 이 질문에 대해서 제자들은 아주 쉽게 대답합니다. 사람들이 예수님을 '세례 요한'이나 '엘리야'나 '옛 선지자 중의 한 사람'이라고 부른다는 것을 잘 알고 있었기 때문입니다. 그러나 이보다 더 중요한 문제가 기다리고 있습니다.

> 20예수께서 이르시되 너희는 나를 누구라 하느냐. 베드로가 대답하여 이르되 하나님의 그리스도시니이다 하니 21경고하사 이 말을 아무에게도 이르지 말라 명하시고… (눅 9:20-21).

두 번째 시험문제는 "너희는 나를 누구라 하느냐?"(Why don you say I am? NIV)였습니다. 첫 번째 문제가 다른 사람들의 반응에 대한 것이었다면 두 번째 문제는 제자들 자신에 대한 것이었습니다. 이 문제에 대답하기는 쉽지 않습니다. 왜냐면 자기 자신의 속내를 드러내야 하기 때문입니다. 그것도 다른 제자들이 보는 앞에서 말입니다.

사람들은 군중 속에 자신을 숨기는 것을 좋아합니다. 예수님을 찾아왔던 니고데모도 그랬습니다. "랍비여, 우리는 당신이 하나님에게서 오신 선생인 줄 압니다"(요 3:2). 니고데모는 자신의 속내를 드러내지 않습니다. 단지 '우리'라는 모호한 주체 속에 숨어서 자기 고백 없이 예수님을 평가하려고 했지요. 주님은 제자들에게 그럴 여지를 주지 않으십니다. 예수님을 어떻게 생각하는지 그들의 솔직한 답변을 요구하십니다.

그런데 아무도 선뜻 대답하지 못합니다. 한동안 침묵이 흘렀을 것입니다. 마침내 그 침묵을 깨고 베드로가 용감하게 대답하지요. "하나님의 그리스도십니다." 마태복음은 "주는 그리스도시요 살아계신 하나님의 아들이십니다"(마 16:16)라고 길게 표현하지만, 마가복음은 "주는 그리스도십니다"라고 기록합니다(막 8:29). 아마도 마가복음이 신앙고백의 원형을, 마태복음은 신앙고백의 완결판을 담고 있는 것 같습니다. 누가복음은 그 중간 단계로 보입니다.

베드로의 대답은 예수님이 기대하고 있던 바로 그 말이었습니다. 예수님은 그 대답을 들으시고 얼마나 기뻐하셨는지 모릅니다(마 16:17). 베드로의 신앙고백은 그동안 제자들과 함께 지내며 훈련해온 일들에 대한 큰 보상이었습니다. 이제 갈릴리 사역을 끝내고 예루살렘으로 올라가도 될 전환점을 이루게 될 큰 사건이었습니다.

십자가의 도

그러나 누가복음 본문에서는 예수님이 기뻐하는 반응 대신에 "이 말을 아무에게도 이르지 말라"는 침묵 명령이 기록되어 있습니다. 주님이 기대하던 대답을 들었는데 즉시 그 말을 아무에게도 이르지 말라고 하시는 이유가 무엇일까요? 그다음 말씀에 대답이 나옵니다.

이르시되 인자가 많은 고난을 받고 장로들과 대제사장들과 서기관들에게 버린바
되어 죽임을 당하고 제 삼일에 살아나야 하리라 하시고…(눅 9:22).

예수님의 '첫 번째 수난 예고'입니다. 베드로의 신앙고백과 수난 예고
사이에는 특별한 상관관계가 있습니다. 주님은 그동안 당신의 십자가 사건에
대해서 말을 아껴왔습니다. 그런데 이제부터 본격적으로 십자가의 죽음과
부활에 대해서 말씀하기 시작하신 것입니다. 이 말씀은 제자들에게 큰 충격이
었습니다. 단순히 예수님이 죽임을 당하게 된다는 예고 때문이 아니라, 그들이
생각해 온 메시아의 모습과 큰 차이가 있었기 때문입니다.

다른 유대인들과 마찬가지로 그들은 로마의 압제에서 이스라엘을 해방하
는 정치적인 메시아를 기대해왔습니다. 베드로가 예수님에 대하여 '하나님의
그리스도'라고 고백했지만, 그것은 사실 '정치적인 메시아'에 대한 기대였을
뿐 예수님이 의도하시는 그런 메시아의 모습은 아니었습니다. 같은 말이지만
다른 의미로 사용될 수 있습니다. 그래서 예수님은 베드로의 고백에 대해서
한편으로는 기뻐하면서도 동시에 침묵 명령을 내리셨던 것입니다.

실제로 이때 베드로는 예수님의 수난 예고에 대해서 항변하면서 절대로
그럴 수 없다고 반대했습니다. 그러다가 예수님에게 큰 책망을 듣기도 했습니
다(마 16:22-23). 오랫동안 굳어온 선입견을 바꾸기가 그렇게 힘듭니다. 예수님
은 십자가의 길을 생각하고 있지만, 사람들은 영광의 길을 생각하고 있습니다.
메시아에 대한 이 두 가지 서로 다른 사고가 충돌하고 있는 것입니다.

침묵 명령 후에 예수님은 본격적으로 십자가의 도를 가르치십니다.

또 무리에게 이르시되 아무든지 나를 따라오려거든 자기를 부인하고 날마다 제 십자

가를 지고 나를 따를 것이니라(눅 9:23).

이것은 참으로 소화하기 힘든 말씀입니다. 십자가의 도는 주님의 제자들에게도 그렇지만, 오늘날의 모든 그리스도인에게 큰 도전이 아닐 수 없습니다. 특히 예수님을 믿기만 하면 무조건 구원받고 이 세상에서 물질적인 복을 받을 뿐 아니라 죽어서는 영생의 복을 받을 것을 기대하는 그런 신앙을 가진 사람들에게는 더더욱 그렇습니다. 그래서 많은 사람이 이 말씀을 외면합니다. 별로 좋아하지 않습니다.

그러나 십자가의 도가 영생으로 인도하는 길입니다. 주님의 십자가 사건과 부활 사건을 경험하고 나서야 이 말씀의 진정한 의미를 이해하게 될 것입니다. 그래서 주님은 그때까지 아무에게도 이르지 말라고 명령하셨던 것입니다. 그런데 '자기를 부인하는 것'과 '자기 십자가를 지는 것'은 무슨 뜻일까요? 메시지성경이 아주 쉽게 풀이합니다.

누구든지 나와 함께 가려면 내가 가는 길을 따라야 한다. 결정은 내가 한다. 너희가 하는 것이 아니다. 고난을 피해 달아나지 말고, 오히려 고난을 끌어안아라. 나를 따라오너라. 그러면 내가 방법을 일러 주겠다. 자기 스스로 세우려는 노력에는 아무 희망이 없다. 자기를 희생하는 것이야말로 너희 자신, 곧 너희의 참된 자아를 찾는 길이며, 나의 길이다(눅 9:23, 메시지).

"자기를 부인한다"는 말씀을 메시지성경은 "결정은 내가 한다. 너희가 하는 것이 아니다"(You're not in the driver's seat - I am. MSG)라고 풀이합니다. 그렇습니다. 길이나 방법은 주님이 결정하십니다. 그것을 나의 경험이나 기대를 앞세워서 구부리려고 하면 안 됩니다. 베드로는 주님의 십자가 죽음을 받아들일 수 없었습니다. 그것은 자기 생각과 완전히 다른 것이었기 때문입니다. 그와 같은 자기의 선입관과 고집을 꺾어버리고 주님이 결정해 놓으신 방법과 길을 수용하는 것이 곧 자기를 부인하는 것입니다.

"자기 십자가를 진다"는 말씀을 메시지성경은 '고난을 피해서 달아나지 않고 오히려 그것을 끌어안는 것'(Don't run from suffering; embrace it. MSG)으로 해석합니다. '고난'과 '희생' 없이 새 생명이 탄생하지 않습니다. 고난과 시련을 피해서 도망 다니기만 하면 세상을 이겨낼 신앙의 근육이 생기지 않습니다. 그래서 우리는 주님을 따라가야 합니다. 주님이 하셨던 대로 따라 하다 보면 고난을 이겨내는 믿음의 자리까지 나가게 되는 것입니다.

그런데 사람들은 자신의 힘으로 어떻게 해 보려고 합니다. 그래서 매번 실패합니다. 자기 스스로 세우려는 노력은 전혀 도움이 되지 않습니다(Self-help is no help at all, MSG). 주님을 본받아서 따라가면 주님이 방법을 가르쳐주십니다. 그 방법이 우리에게 진정한 도움이 됩니다. 십자가의 도는 인류를 구원하는 예수님의 길이면서 동시에 나를 구원하는 실제적인 행동 지침이기도 합니다.

누구를 위해 사는가?

한 걸음 더 나아가 주님은 삶의 목적에 대한 급진적인 변화를 요구하십니다.

> ²⁴누구든지 제 목숨을 구원하고자 하면 잃을 것이요 누구든지 나를 위하여 제 목숨을 잃으면 구원하리라. ²⁵사람이 만일 온 천하를 얻고도 자기를 잃든지 빼앗기든지 하면 무엇이 유익하리요(눅 9:24-25).

이 말씀은 그냥 단순히 역설적인 도덕적 훈계나 말장난이 아니라 모든 인생의 엄숙한 진실입니다. 사람들은 자신의 생명이 가장 소중하다고 믿고 있습니다. 몸의 건강을 위해서라면 모든 것을 아낌없이 투자합니다. 그러나 결국 어떻게 됩니까? 건강하게 살든지, 병들어 살든지 모두 때가 되면 목숨을 잃게 됩니다. 결국 생명을 잃어버리는 것입니다.

우리 그리스도인은 사명을 생명보다 더 소중하게 여기는 사람들입니다. "얼마나 오래 살 것인가?"보다 "왜 살아야 하는가? 또한 어떻게 살아야 하는가?"를 더 가치 있는 질문으로 여기는 사람들입니다. 그래서 만일 복음을 위해서, 진리를 위해서 우리의 생명을 내려놓아야 한다면 그것조차도 감수할 준비가 되어 있습니다. 그런 사람이 영원한 생명을 누리는 구원받은 자가 되는 것입니다.

이 세상에서 성공하여 모든 것을 소유하게 되었다고 하더라도 만일 생명을 잃어버린다면 그 소유가 무슨 소용이겠습니까? 결국 "누구를 위해 사느냐?"의 문제입니다. 나를 위하여 산다면 내 생명도 잃어버리고 다른 사람도 살릴 수 없습니다. 그러나 주님을 위하여 산다면 모든 사람에게 유익을 끼치며 나 또한 영원한 생명을 누리게 되는 것입니다.

누구든지 나와 내 말을 부끄러워하면 인자도 자기와 아버지와 거룩한 천사들의 영광으로 올 때에 그 사람을 부끄러워하리라(눅 9:26).

같은 직장 동료에게 자신이 그리스도인이라는 사실을 숨기는 사람이 많습니다. 자기의 행동에 어떤 제약을 받게 되는 것을 싫어하기 때문이거나, 아니면 가뜩이나 기독교에 대해서 부정적인데 그리스도인의 정체성을 밝히는 것이 손해라고 생각하기 때문입니다. 그러나 주님은 분명히 말씀하십니다. "나를 부끄러워한다면 나도 그를 부끄러워하겠다!"

이것은 박해 상황을 염두에 두고 하신 말씀입니다. 핍박하는 자들 앞에서 예수를 모른다고 하면 예수님은 하나님 앞에서 그를 부인하실 것이라고 말씀합니다. 신앙은 남들 앞에서 공개적으로 고백하기 전까지 진정한 신앙이 아닙니다. 예수님을 그리스도라고 믿는다면, 그것은 제자 중에 있을 때뿐만 아니라, 적대자들 앞에서도 똑같이 고백 되어야 합니다. 교회 밖에서 세상 사람들 앞에서 시인하지 않으면서 교회 안에서만 고백하는 것은 진짜가 아닙니다. 주님께서 다시 오실 때 그런 사람들은 인정하지 않으십니다.

주님의 재림은 그리 먼 이야기가 아닙니다.

내가 참으로 너희에게 이르노니 여기 서 있는 사람 중에 죽기 전에 하나님의 나라를 볼 자들도 있느니라(눅 9:27).

파루시아(Parousia), 즉 '재림'의 지연은 초대교회에 큰 시험 거리였습니다. 계속 지연되는 주님의 재림은 기독교 신앙을 포기하게 하는 좋은 핑곗거리가 되기도 했습니다. 그러나 주님은 분명히 말씀하셨습니다. "여기 서 있는 사람 중에 죽기 전에 하나님의 나라를 볼 자들도 있다"(some who are standing here will not taste death before they see the kingdom of God. NIV). 그러니까 하나님의 나라를 직접 보기 전까지 죽음을 맛보지 않을 제자도 있다는 것입니다.

이 말씀을 이렇게 풀이할 수 있습니다. 우리는 하나님 나라의 선봉으로 오신 예수님을 모셔드림으로써 이미 우리의 삶에 하나님의 나라가 이루어졌습니다. 그러나 그 왕국의 완성은 주님의 재림과 더불어 이루어질 것입니다. 이것을 '이미 그러나 아직'(already but not yet)으로 표현합니다. 하나님 나라가 '이미' 이루어졌지만 '아직'은 완성되지 않았다는 뜻입니다. 그러나 동시에 이 말씀은 뒤에 이어질 '변화산 사건'에 대한 예고이기도 합니다.

십자가의 죽음 없는 부활의 영광은 없습니다. 육신의 생명을 부지하기 위해서 비겁하게 살아가는 사람이 많지만, 생명보다 귀한 사명에 붙잡혀서 살아가는 사람 또한 적지 않습니다. 우리는 주님의 제자로 부름을 받고 사도로 보냄을 받았습니다. 이 땅에서 살아가는 채 백 년도 안 되는 육신의 생명 때문에 영원한 생명을 잃어버리는 어리석은 사람이 되지 않아야 하겠습니다.

우리는 지금 누구를 위해서 살아가고 있습니까? 우리 모두 주님을 위해서 살아간다고 자랑스럽게 고백할 수 있는 믿음의 사람이 되기를 간절히 소망합니다.

묵상 질문: 나는 누구를 위해서 살고 있는가?

오늘의 기도: 주님보다 앞서려고 했던 우리의 잘못된 태도를 용서하여 주옵소서. 주님을 제쳐놓고 모든 것을 결정하려고 했던 우리의 오만함을 용서하여 주옵소서. 그래서 늘 넘어지고 실패했습니다. 이제는 매 순간 주님의 주님 되심을 인정하고, 우리에게 다가오는 고난을 품고 주님의 도움을 간구하면서 늘 승리하는 신앙생활을 할 수 있도록 성령님 붙들어 주옵소서. 예수님의 이름으로 기도합니다. 아멘.

너희는 그의 말을 들으라!

읽을 말씀: 누가복음 9:28-43a

새길 말씀: 구름 속에서 소리가 나서 이르되 이는 나의 아들 곧 택함을 받은 자니 너희는
그의 말을 들으라 하고 소리가 그치매 오직 예수만 보이더라. 제자들이 잠잠
하여 그 본 것을 무엇이든지 그 때에는 아무에게도 이르지 아니하니라(눅
9:35-36).

베드로의 신앙고백을 확인한 후에 예수님은 비로소 예루살렘에서 일어날
십자가 사건을 예고하셨습니다. 이때 주님의 말씀을 이해하는 제자는 아무도
없었습니다. 한편으로는 주님이 많은 고난을 받고 죽임을 당해야 한다는
사실을 받아들일 수 없었을 것이고, 다른 한편으로는 죽음에서 부활한다는
말을 믿을 수도 없었을 것입니다.

변화산 사건

이런 상황에서 이른바 '변화산 사건'이 일어납니다.

²⁸이 말씀을 하신 후 팔 일쯤 되어 예수께서 베드로와 요한과 야고보를 데리고 기도 하시러 산에 올라가사 ²⁹기도하실 때에 용모가 변화되고 그 옷이 희어져 광채가 나 더라(눅 9:28-29).

변화산 사건이 일어난 시점은 '이 말씀을 하신 후 팔 일쯤 되었을 때'였습니다. '이 말씀'은 앞 장에서 살펴본 '첫 번째 수난 예고'(눅 9:22-27)를 가리킵니다. 여기에서 우리는 '변화산 사건'과 '수난 예고'가 깊은 상관관계가 있다는 사실을 알게 됩니다. 이때 예수님은 기도하러 산에 올라가셨습니다. 누가복음 은 그냥 '산'이라고 하지만, 마태복음은 '높은 산'(마 17:1)이라고 합니다.

팔레스타인 지역에서 가장 높은 산은 갈릴리호수 북쪽에 있는 '헐몬산' (Mt. Hermon)입니다. 게다가 빌립보 가이사랴에서 수난 예고가 이루어졌기 에, 그 후에 예수님이 기도하러 올라간 산은 헐몬산이었을 것으로 추정하는 것이 자연스럽습니다. 그러나 비잔틴 시대의 그리스도인들은 이스르엘평원 에 있는 '다볼산'(Mt. Tabor)을 예수님이 변모하신 산으로 생각하여 그곳에 예수님과 모세와 엘리야를 기념하는 세 개의 교회를 세우기도 했습니다.

주님은 중요한 일을 앞두고 늘 기도하셨습니다. 특별히 지금은 갈릴리 사역을 정리하고 예루살렘으로 올라가야 할 시점에 있습니다. 예루살렘에 올라가면 십자가 사건이 기다리고 있습니다. 주님은 자신의 사역에 대한 확신과 그것을 시행할 용기가 필요했습니다. 그래서 먼저 하나님의 나라와 그의 뜻을 구하기 위하여 높은 산으로 올라가셨던 것입니다.

이때 주님은 베드로와 요한과 야고보를 데리고 가셨습니다. 이들은 결정적인 순간에 늘 주님과 함께했던 '핵심 그룹'(core group)이었습니다. 그러나 그들은 주님과 함께 깨어서 기도하지는 못했습니다. 오히려 '깊이 졸았다'(32절)고 합니다. 그러는 동안 기도하시던 주님의 용모가 변화하는 일이 벌어진 겁니다.

'용모가 변했다'라는 말은 '얼굴 모습이 변했다'(the appearance of his face changed, NIV)라는 뜻입니다. 그러니까 단순하게 얼굴에 빛이 난 것이 아니라 어떤 거룩한 형상으로 바뀐 것입니다. 이것을 가리켜서 요한은 '아버지의 독생자의 영광'(요1:14)이라고 표현합니다. 누가는 장차 부활하신 후에 승천하셨다가 다시 재림하실 때 나타날 '인자의 영광'(눅 9:26)이라고 표현합니다. 그 모습을 이곳에서 미리 맛보기로 보여주는 것이지요.

바로 이 대목에서 우리는 빌립보 가이사랴에서 "여기 서 있는 사람 중에 죽기 전에 하나님의 나라를 볼 자들도 있다"(27절)고 말씀하신 의미를 깨닫게 됩니다. 사람들은 이 말씀을 역사의 종말에 이루어질 예수님의 재림과 관련하여 이해하려고 하지만, 실제로는 변화산 사건을 통해서 성취되었습니다. 예수님의 모습이 재림하실 때의 바로 그 모습으로 변화되었기 때문입니다. 그것을 직접 목격한 사람들이 있었습니다. 베드로와 요한과 야고보였습니다. 따라서 그들이 바로 '죽기 전에 하나님 나라를 볼 자들'이었던 것입니다.

이때 예수님의 모습만 변화한 것이 아니라, 예수님과 대화하는 사람들이 등장합니다.

> 30문득 두 사람이 예수와 함께 말하니 이는 모세와 엘리야라. 31영광 중에 나타나서 장차 예수께서 예루살렘에서 별세하실 것을 말할새…(눅 9:30-31).

그들은 뜻밖에도 '모세와 엘리야'였습니다. 그런데 왜 하필 '모세와 엘리야'였을까요? 두 가지 이유를 추론할 수 있습니다. 그 첫 번째는, 모세는 하나님이 그의 백성에게 율법을 주시던 통로였고, 엘리야는 가장 위대한 예언자였기 때문입니다. 그들은 성경을 대표하던 인물이었습니다. 모세는 율법(토라)을 대표하고, 엘리야는 예언서(느비임)를 대표하는 인물입니다. 예수님 당시의 성경은 곧 '율법과 예언서'를 의미했습니다(눅 24:44). 그 각각을 대표하던 인물들과 대화를 나누셨다는 것은 앞으로 전개될 예수님의 사역을 구약성경의 말씀을 통해서 확인하셨다는 뜻입니다. 그 내용이 구체적으로 무엇일까요? 바로 '십자가 사건'입니다.

두 번째 이유는, 모세와 엘리야가 죽음과 관련하여 공통점을 가지고 있기 때문입니다. 모세는 약속의 땅에 들어가지 못하고 모압 땅에서 죽어 장사 되었습니다. 그러나 '오늘까지 그의 묻힌 곳을 아는 자가 없다'(신 34:6)고 합니다. 무덤이 없다는 것은 그의 죽음이 신비스러웠다는 뜻입니다. 엘리야도 마찬가지였습니다. 그는 회오리바람으로 하늘로 올라갔습니다(왕하 2:11). 이 또한 죽음의 신비를 이야기하는 것입니다. 죽었지만 무덤이 없는 두 사람, 율법과 예언서를 대표하는 모세와 엘리야가 예수님과 나눈 대화의 주제가 무엇이었을까요? 바로 '신비스러운 죽음'이었습니다.

누가는 "장차 예수께서 예루살렘에서 별세하실 것을 말했다"(They spoke about his departure, NIV)고 기록합니다. '별세'(別世)는 물론 '죽음'을 의미하지만, 본래는 단순히 '이 세상을 떠나는 것'을 말합니다. 직역하면 '그의 떠나심'(his exodus, MSG)입니다. 모세도 이 세상을 떠났고, 엘리야도 떠났습니다. 그것도 신비스럽게…. 마찬가지로 예수님은 신비스럽게 이 세상을 떠나실 일에 대해서 그들과 대화를 나누셨던 것입니다.

여기가 좋사오니

마침내 제자들이 잠에서 깨어서 이 장면을 직접 목격하게 됩니다.

32베드로와 및 함께 있는 자들이 깊이 졸다가 온전히 깨어나 예수의 영광과 및 함께 선 두 사람을 보더니 33두 사람이 떠날 때에 베드로가 예수께 여짜오되 주여 우리가 여기 있는 것이 좋사오니 우리가 초막 셋을 짓되 하나는 주를 위하여, 하나는 모세를 위하여, 하나는 엘리야를 위하여 하사이다 하되 자기가 하는 말을 자기도 알지 못하더라(눅 9:32-33).

제자들은 잠에 취해있다가, 문득 깨어나서 예수님의 변화된 모습과 모세와 엘리야가 그 곁에 함께 서 있는 것을 보게 되었습니다. 한동안 숨을 죽이고 그 장면을 지켜보고 있다가 모세와 엘리야가 막 떠나려고 할 때 베드로가 침묵을 깨고 등장합니다. "우리가 여기서 지내는 게 좋겠습니다!" '여기'가 어디입니까? 헐몬산 깊숙한 곳입니다. 사람이 살 수 있는 곳이 아닙니다. 그러나 베드로는 예수님의 영광스러운 모습과 모세와 엘리야의 출현에 크게 감동하여 거기에 머물고 싶다고 말합니다.

한 걸음 더 나아가서, 베드로는 그곳에 초막 셋을 짓고 예수님과 모세와 엘리야를 모시겠다는 제안을 합니다. 물론 좋은 뜻으로 말한 것입니다. 기꺼이 그런 수고를 할 의향도 있었습니다. 문제는 예수님의 마음을 제대로 읽지 못했다는 사실입니다. 예수님은 지금 십자가의 길을 놓고 씨름하고 있는데, 베드로는 자기의 감정에 도취하여 십자가의 길에 오히려 방해물이 되고 있었던 것입니다.

그래서 누가는 베드로의 상태를 "자기가 하는 말을 자기도 알지 못했다"라고 표현합니다. 그 말이 무엇을 의미하는지, 그것이 예수님의 생각과 얼마나 동떨어진 것인지, 제대로 알지도 못하고 무심코 내뱉은 것이지요. 이것은 신앙생활을 통해서 우리도 종종 경험하는 이야기입니다. 나름대로 열심히 신앙생활을 한다고 하는데 결국에는 하나님의 뜻과 전혀 다른 결과를 만들게 되는 경우가 얼마나 많은지 모릅니다.

³⁴이 말 할 즈음에 구름이 와서 그들을 덮는지라. ³⁵구름 속으로 들어갈 때에 그들이 무서워하더니 구름 속에서 소리가 나서 이르되 이는 나의 아들 곧 택함을 받은 자니 너희는 그의 말을 들으라 하고 ³⁶소리가 그치매 오직 예수만 보이더라. 제자들이 잠 잠하여 그 본 것을 무엇이든지 그 때에는 아무에게도 이르지 아니하니라(눅 9:34-36).

베드로가 이렇게 말을 하고 있는데 갑자기 구름이 몰려와서 그들을 덮어버렸습니다. 빽빽한 구름은 하나님의 임재를 상징합니다(출 19:16, 40:34). 제자들은 몹시 두려워했습니다. 그때 구름 속에서 소리가 들립니다. "너희는 그의 말을 들으라"(Listen to him). 그러고 보니까 지금까지 베드로는 주님의 말씀을 듣지 않고 자기 말만 내뱉었습니다. 최소한 주님께 어떻게 된 일인지 물어보았어야 할 터인데, 그러지 않고 자기 기분에 들떠서 자기 생각만 늘어놓은 것입니다.

그러자 구름이 사라지고 오직 예수님만 보이게 되었습니다. 이때 주님의 모습은 예전으로 되돌아가 있었을 것입니다. 이러한 과정을 연결해보면 아주 극적인 장면이 연출이 됩니다. 구름 속에서 하나님의 음성이 들리고, 구름이 확 걷히고 나니까 예수님이 등장합니다. 자, 그러면 그다음 장면에 무엇이 진행되어야 할까요? 예수님이 제자들에게 어떤 말씀을 하시는 것입니다. 그래야 "그의 말을 들으라"는 하나님의 음성과 잘 연결이 됩니다.

그런데 누가복음은 주님께서 하신 말씀은 기록하지 않고, 제자들이 잠잠하여 그 본 것을 아무에게도 이르지 않았다고 합니다. 이때 예수님이 말씀하신 내용은 마가복음에 나옵니다.

⁹그들이 산에서 내려올 때에 예수께서 경고하시되 인자가 죽은 자 가운데서 살아날 때까지는 본 것을 아무에게도 이르지 말라 하시니 ¹⁰그들이 이 말씀을 마음에 두며

서로 문의하되 죽은 자 가운데서 살아나는 것이 무엇일까 하고…(막 9:9-10).

아하! 역시 '침묵 명령'이 있었습니다. 주님이 '죽은 자 가운데서 살아날 때까지' 변화산에서 일어난 사건에 대해서 아무에게도 말하지 말라고 명령하신 것입니다. 그래서 제자들이 잠잠했던 것입니다. 그러나 그 모든 일을 제대로 이해했던 것은 아닙니다. 그들은 '죽은 자 가운데서 살아나는 것'이 무슨 뜻인지 이해하지 못했습니다. 주님의 부활 사건은 직접 경험해 보아야만 알 수 있습니다. 그때까지는 차라리 침묵하는 것이 낫습니다.

간질 귀신 들린 아이

그렇게 주님은 산에서 내려오셨습니다. 산 밑에는 큰 무리가 기다리고 있었습니다.

> [37]이튿날 산에서 내려오시니 큰 무리가 맞을새 [38]무리 중의 한 사람이 소리 질러 이르되 선생님 청컨대 내 아들을 돌보아 주옵소서 이는 내 외아들이니이다 [39]귀신이 그를 잡아 갑자기 부르짖게 하고 경련을 일으켜 거품을 흘리게 하며 몹시 상하게 하고야 겨우 떠나가나이다 [40]당신의 제자들에게 내쫓아 주기를 구하였으나 그들이 능히 못하더이다(눅 9:37-40).

예수님을 기다리던 큰 무리 중에 외아들의 병을 고치기 위해서 찾아온 아버지가 있었습니다. 예수님을 보자마자 소리를 질러 도움을 청합니다. 그런데 이 아들이 앓고 있는 병의 증세를 보면 거의 간질 발작에 가깝습니다. "갑자기 소리를 지른다"든가, "경련을 일으킨다"든가, "입에 거품을 문다"든가 하는 것들이 모두 간질 증세처럼 보입니다. 그런데 아버지는 그것을

"귀신이 그 아이를 사로잡기 때문"이라고 합니다.

실제로 마태복음의 평행본문에서는 "그가 간질로 심히 고생한다"라고 하소연합니다(마 17:15). 그러나 모든 본문에서 주님은 "귀신을 꾸짖으셔서" 아이의 병을 고쳐주셨습니다. 이는 그 병의 원인 제공자가 귀신이었다는 사실을 분명하게 보여줍니다. 귀신이 영혼을 지배할 때도 육신에 여러 가지 질병이 나타날 수 있습니다. 그래서 의학적인 치료와 함께 영적인 치료, 즉 기도가 필요한 것입니다.

> 41예수께서 대답하여 이르시되 믿음이 없고 패역한 세대여 내가 얼마나 너희와 함께 있으며 너희에게 참으리요. 네 아들을 이리로 데리고 오라 하시니 42올 때에 귀신이 그를 거꾸러뜨리고 심한 경련을 일으키게 하는지라. 예수께서 더러운 귀신을 꾸짖으시고 아이를 낫게 하사 그 아버지에게 도로 주시니 43사람들이 다 하나님의 위엄에 놀라니라(눅 9:41-43).

주님은 이 대목에서 놀랍게도 무척 격한 반응을 보이십니다. "믿음이 없고 패역한 세대여! 내가 얼마나 너희와 함께 있으며 너희에게 참으리요?" 예수님은 본래 이런 식으로 과격하게 말하는 분이 아닙니다. 특히 도움을 바라고 주님을 찾아온 사람에게는 언제나 긍휼의 마음으로 따뜻하게 대하셨습니다.

그렇다면 지금 주님은 누구를 향해 이렇게 말씀하는 것일까요? '믿음이 없고 패역한 세대'는 누구를 가리킬까요? 예수님은 "제자들이 능히 고치지 못했다"라는 아이 아버지의 보고를 듣고 이런 반응을 보이셨습니다. 그러니까 산 밑에 남아있던 제자들이 고치지 못했다는 말을 듣고 주님은 그들에 대한 실망을 이런 탄식으로 표현하신 것입니다.

열두 제자를 파송하실 때 주님은 귀신을 제어하며 병을 고치는 능력과 권위를 주셨습니다. 그들은 실제로 각 마을에 나가서 복음을 전하며 병을 고쳤습니다. 그들에게 주어진 사역을 성공적으로 완수하고 돌아오자 주님은 이제 때가 되었다고 생각했습니다. 그래서 "너희는 나를 누구라 하느냐"고 물으셨고 '하나님의 그리스도'라는 베드로의 고백을 들으셨습니다. 그때부터 주님은 수난을 예고하기 시작하셨고, 변화산에서 모세와 엘리야와의 대화를 통해서 십자가의 길을 확정하셨습니다. 이 모든 일은 주님이 이 세상을 떠나신 후에도 제자들이 계속해서 하나님 나라의 사역을 이어갈 수 있으리라는 확신에서 비롯된 것입니다.

그런데 산에서 내려와 보니 "제자들이 능히 고치지 못했던 것"입니다. 앞에서 파송 받았을 때는 넉넉히 귀신을 제어하며 병을 고쳤는데, 지금은 왜 그러지 못했던 것일까요? "믿음이 없고 패역했기" 때문입니다. NIV성경은 '믿지 않고 비뚤어진(삐딱한) 세대'(unbelieving and perverse generation)라고 번역합니다. 제자들이 고치지 못한 것은 능력이 없어서가 아닙니다. 믿지 않아서입니다. 주님의 기대와는 어긋나게 행동했기 때문입니다.

아마도 주님이 그들과 함께 계시지 않았다는 것이 중요한 이유로 작용했을지 모릅니다. 게다가 제자 중에서도 핵심 그룹이 빠져있는 상태였습니다. 마치 시내산에 올라간 모세가 내려오지 않자 불안해진 이스라엘 백성이 금송아지를 만드는 것처럼, 그들도 달라진 상황으로 인해 주님이 가르쳐주신 대로 행동하지 못했던 것입니다. 그것에 대해서 주님은 "얼마나 더 함께 있어야 하는지 또 얼마나 참아야 하는지…"하며 탄식하셨던 것이지요.

물론 주님은 결과적으로 이 아이의 병을 고쳐주셨습니다. 그것으로 인해 사람들은 '하나님의 위엄'에 놀라게 되었습니다. 그러나 주님은 이 사건을 통해서 아직도 제자들이 충분히 준비되지 않았다는 사실을 확인하게 되셨습니다. 주님은 실망의 탄식을 내뱉기는 하셨지만, 그렇다고 해서 제자들을 포기하신 것은 아닙니다. 상황에 따라서 변하는 믿음이 아니라 어떤 상황에서도 믿음을 가지도록 그들을 계속 격려하셨습니다. 그리고 마침내 성령의 능력을 힘입어서 하나님 나라의 사역을 이어가게 하셨습니다.

우리도 믿음이 없어서 주님의 기대에 어긋나게 행동할 때가 참 많습니다. 그러나 주님은 어떤 경우에도 우리를 포기하지 않으십니다. 우리에 대한 기대를 접지 않으십니다. 따라서 우리도 한두 번 실패했다고 쉽게 자포자기해서는 안 됩니다. 오히려 하나님 나라의 빛나는 보석으로 빚으시는 주님의 손길에 우리의 삶을 더욱 내어드려야 합니다. 그렇게 주님의 이끄심에 온전히 순종하여 따라가다 보면 언젠가 우리도 하나님 나라의 복음을 전하는 통로로 쓰임 받게 될 것입니다.

묵상 질문: 나는 주님의 말씀을 경청하고 있는가?

오늘의 기도: 주님의 뜻을 헤아리지 못하는 우리의 지혜 없음을 불쌍히 보옵소서. 주님의 기대에 부응하지 못하는 우리의 부족함을 용서하여 주옵소서. 그러나 어떤 경우에도 우리를 포기하지 않으시는 하나님을 바라보며, 끝까지 믿음의 길을 걸어가게 하옵소서. 그리하여 마침내 하나님 나라의 빛나는 보석이 되게 하옵소서. 예수님의 이름으로 기도합니다. 아멘.

하나님 나라 운동

주 안에서 사랑하는 성도님들에게!

기독교는 변화의 종교입니다. 변화되지 않고서는 기독교인이 될 방법은 없습니다. 예수 그리스도를 영접하는 순간 우리는 그리스도 안에서 새로운 피조물로 변화되는 일을 시작하게 되는 것입니다. 또한 제대로 된 기독교 신앙은 우리를 어느 한 자리에 둥지 틀고 그냥 머무르게 하지 않습니다. 끊임없이 움직이게 만듭니다.

기독교는 언제나 '운동'(movement)으로 존재합니다. 구약 시대에는 '출애굽 운동'이 있었고, '예언자 운동'이 있었습니다. 신약 시대에는 '하나님 나라 운동'이 있었고, '초대교회 운동'이 있었습니다. 또한 '종교개혁 운동'을 통해서 개신교회가 시작되었고, 웨슬리의 '메도디스트 운동'을 통해서 감리교회가 시작되었습니다. 기독교 신앙은 매 시대 새로운 운동으로 이어졌습니다. 따라서 운동성이 바로 기독교 신앙의 생명력입니다.

우리 교회는 매년 사순절 특별 새벽 기도회를 통해서 모든 성도가 함께 하나님의 말씀을 묵상해왔습니다. 개인적으로 '그리스도인다움'을 잃어버리지 않으면서 동시에 공동체적으로 '교회다움'을 잃어버리지 않는 가장 좋은 방법이라는 확신 때문입니다. 물론 쉽지 않습니다. 매일 말씀을 준비해야 하는 목회자나 새벽마다 하나님 앞에 나와야 하는 성도님이나 힘들기는 매한가지입니다. 그렇지만 대충 받은 훈련으로는 영적인 근육이 자라날 수 없습니다. 우리의 마음 밭을 옥토로 만들려면 적어도 40일은 헌신해야 합니다.

올해부터 우리는 '하나님의 나라'라는 새로운 키워드로 누가복음과 사도행전을 묵상하기 시작했습니다. 예수님이 로마제국의 변두리 팔레스타인에서 펼쳐가셨던 하나님 나라 운동이 어떻게 땅끝까지 확장되어 가는지를 살펴보려는 것입니다. 《하나님 나라의 복음》(2023년)에 이어서 《하나님 나라의 길》(2024년)과 《하나님 나라의 증인》(2025년)과 《하나님 나라의 사명》(2026년)에 대해서 매년 차례대로 묵상하게 될 것입니다.

언제나 그랬듯이 이번에도 저와 함께 말씀 묵상의 길을 걸어주신 성도님이 참 많이 계십니다. 깨알 같은 글씨로 빽빽하게 채워진 설교 노트를 한 권씩 확인하면서 제 마음에 큰 감동과 함께 무거운 책임감으로 다가왔습니다. 이번 사순절 특새를 완주하고 나서 남겨주신 소감 중에 일부 성도님의 글을 여기에 실어봅니다.

인생의 후반전을 어떻게 준비하고 살 것인가? 나의 화두에 하나님께서는 "먼저 그의 나라와 그 의를 구하며 살라"고 말씀하신다. 내 뜻과 계획을 앞세우기보다 하나님의 뜻을 먼저 구하고, 하나님의 말씀이 다 이해되지 않아도 그 말씀에 순종하며 주신 사명 잘 감당하라고 하신다. 그렇게 살 수 있도록 성령님 도와주옵소서. _ 조○○ 권사

하나님의 말씀과 행하심에 그동안 어떻게 반응해왔는지 생각해보았다. 하나님의 나라와 그 의를 구하는 것은 늘 뒷전이었고, 바쁘다는 핑계로 게으름을 합리화시켜왔다. 내가 아무리 고민해보아야 해결할 수 있는 게 하나도 없는데, 가장 가까이에 계신 하나님을 찾으려고 하지 않았다. 나의 모든 것을 이미 알고 계시는 주님께 이제부터 말씀과 기도의 작은 발걸음

으로 매일 다가가겠다고 다짐해본다. 그 걸음에 아이들과 신랑이 동참하길 간절히 기도한다. _ 임OO 권사

이 땅에 하나님의 나라가 이루어지기를 간절히 바라시는 예수님의 마음이 피부로 느껴졌습니다. 철없는 제자들을 가르치고 훈련하여 사도로 빚어가시며 전하신 복음이 지금 나에게까지 전해져서 하나님 나라를 맛보며 살게 되었다고 생각하니 새삼 감사의 눈물이 났습니다. 흠이 많은 나에게도 가능성이 보였습니다. 순종으로 나아갑니다. 하나님 나라를 이루어가는데 예수님의 열정 위에 나의 열정을 포개고 싶습니다. _ 정OO 장로

하나님은 낮은 자, 부족한 자, 아픈 자들을 긍휼히 여기시며 그들을 구원하고 회복하여 하나님 나라의 복음을 위하여 사용하기를 원하신다는 사실을 알게 되었습니다. 여전히 믿음이 부족하고 순종하는 마음도 부족하지만, 이제부터 나를 긍휼히 여기시는 주님만 바라보며 주님을 닮아가는 사람이 되기를 기도합니다. _ 최OO 집사

나는 누구를 위해 살고 있는가? 온종일 곱씹어보았다. 10대에는 아무 생각 없이 살았고, 20대에는 부모님을 위해서 살았고, 그 이후 50대가 된 지금까지는 오직 딸을 위해 아등바등 살았다. 매 순간 나름대로 최선을 다했지만, 그것이 진정한 삶인지 되돌아본다. 이제부터는 주님께서 맡겨주신 사명을 감당하며 그렇게 하나님 나라를 위해, 주님을 위해 살겠노라 다짐한다. _ 범OO 권사

네 가지 땅의 비유를 들을 때마다 나를 돌아보며 나는 지금 무슨 땅인지 생각하게 되는데, '길가'에서 시작해서 '돌밭'을 거쳐서 이제 '가시덤불'까

지 왔습니다. 아직 '핑계'의 잡초를 넘지 못하는 나를 돌아봅니다. 조금씩 더 나아가겠습니다. _ 정OO 권사

상식을 뛰어넘는 믿음에 대한 말씀이 큰 울림으로 다가왔습니다. 나를 위한 하나님의 계획은 이미 세상의 상식을 넘어서서 진행되고 있는데, 매일 스스로 정해놓은 한계에서 벗어나지 못하는 내 모습이 보였습니다. 하나님의 뜻은 내 능력이 아니라 오직 하나님의 능력으로 이루어진다는 말씀 앞에 순종하여, 이제부터 상식을 뛰어넘는 믿음의 길을 가기를 소망합니다. _ 이OO 장로

그 외에도 여러분이 소감을 남겨주셨습니다. 여기에 모두 싣지 못하는 것이 참으로 아쉽습니다. 돌이켜보면 정말 쉽지 않은 40일 말씀 묵상의 길이었습니다. 그렇지만 늘 저와 동행해주시는 믿음의 동반자들이 있어서 여기까지 올 수 있었습니다. 앞으로 계속해서 그 자리에 남아 주실 것을 기대합니다.

2023년 4월 6일
《하나님 나라의 복음 묵상》을 마치며
그리스도의 종 한강중앙교회 담임목사 유요한